역.사.적
인.간
02

루이 14세는 없다

루이 14세는 없다

이영림 지음

푸른역사

연표

1638 루이 14세의 탄생
1642 리슐리외의 사망
1643 5월 14일 루이 13세의
      사망으로 루이 14세가
      즉위하고 안 도트리슈가
      섭정이 되다
1648 10월 24일 베스트팔렌
      조약 체결로 30년
      전쟁이 종식되다
1649 파리 고등법원의
      프롱드난이 일어나자
      마자랭이 루이 14세 및
      모후와 함께
      파리를 탈출하다
1649 1월 엑스 고등법원의
      반란, 2월 2일 영국 왕
      찰스 1세가 처형되다
1650 1월 대귀족의
      프롱드난이 시작되다
1651 2월 마자랭이 추방되다

1653 2월 3일 마자랭의 귀환과
      프롱드난의 종결
1654 루이 14세의 대관식
1659 11월 7일 피레네조약 체결
1660 5월 대 콩데의 귀국,
      6월 9일 루이 14세와
      마리 테레즈의 결혼,
      8월 26일 루이 14세와
      마리 테레즈의 파리 입성
1661 3월 9일 마자랭의 사망,
      9월 5일 재무총관 푸케가
      낭트에서 체포되다,
      11월 1일 세자의 탄생
1666 1월 20일
      안 도트리슈의 사망
1667 귀속전쟁의 발발
1668 엑스라샤펠 평화조약 체결
1669 베르사유 궁전 증축 시작
1671 대공과 팔츠 대공비의 결혼
1672 네덜란드와의 전쟁

1673 루이 14세,
      파리 고등법원의
      간주권을 박탈하다
1675 브르타뉴의 반란
1678 네이메헨조약 체결
1680 세자의 결혼
1681 스트라스부르 합병
1682 5월 궁정이 베르사유로
      이주하다, 8월 6일
      부르고뉴 공작의 탄생
1683 마리 테레즈와 콜베르의
      사망, 10월 왕과 맹트농
      부인의 비밀결혼
1685 10월 18일 낭트칙령의 폐지
1689~1697
      아우구스부르크 동맹전쟁
1691 루부아의 사망
1693 이상 기후와 기근
1694 5월 왕의 서자들의 서열 상승
1695 인두세의 신설

1697 정적주의 논쟁 및 교황의
     단죄, 9~10월
     라이스바이크
     조약 체결로
     아우구스부르크 동맹
     전쟁이 종식되다, 12월 7일
     부르고뉴 공작과
     사보이아 공작 딸의 결혼
1700 11월 에스파냐 왕
     카를로스 2세의 사망 및
     앙주 공작(펠리페 5세)의
     즉위
1702~1713
     에스파냐 왕위계승 전쟁
1709 혹한과 기근, 10월 26일
     포르루아얄 데 샹 파괴와
     얀센주의 박해
1710 부르고뉴 공작의 차남
     앙주 공작(루이 15세) 탄생
1711 4월 16일 세자의 사망

1712 2월 12일 부르고뉴
     공작부인의 사망, 2월 18일
     부르고뉴 공작의 사망,
     3월 8일 부르고뉴 공작의 장
     남 브르타뉴 공작의 사망
1713 4월 11일 위트레흐트
     평화조약의 체결로 에스파냐
     왕위계승 전쟁이 종식되다,
     9월 8일 교황
     클레멘티누스 11세,
     우니게니투스 대칙서 선포
1714 5월 4일 베리 공작의 사망,
     7월 멘 공작과 툴루즈 백작
     에게 왕위계승권이 부여되다
1715 9월 1일 루이 14세 사망 및
     루이 15세 즉위, 9월 12일
     파리 고등법원에서
     루이 14세의 유언장이
     파기되고 오를레앙 공작이
     섭정으로 선포되다

**루이
14세
가계도**

〰〰〰 : 혼인관계

오늘날의 관점에서 보면 어리석기 짝이 없는 일이지만 19세기 이전까지 유럽 왕실에서는 근친혼이 성행했다. 루이 14세 역시 왕실의 고결한 피를 보전하기 위해 동생인 오를레앙 공작 가문과 반복해서 근친혼관계를 맺었다. 이 가계도에서만 보아도 두 가문 사이에는 4번이나 근친혼이 이루어졌다.

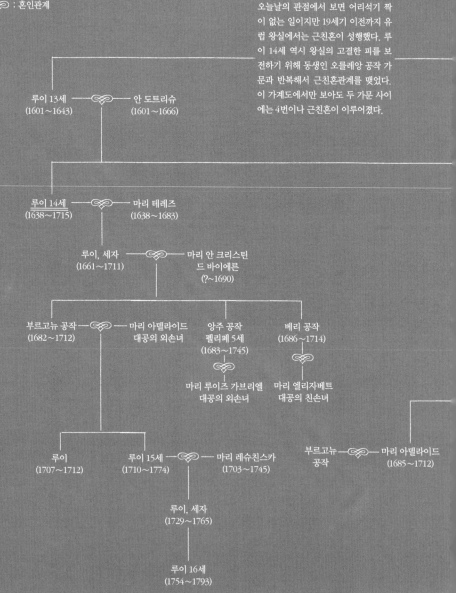

루이 13세
(1601~1643) 〰〰〰 안 도트리슈
(1601~1666)

루이 14세
(1638~1715) 〰〰〰 마리 테레즈
(1638~1683)

루이, 세자
(1661~1711) 〰〰〰 마리 안 크리스틴
드 바이에른
(?~1690)

부르고뉴 공작
(1682~1712) 〰〰〰 마리 아델라이드
대공의 외손녀

앙주 공작
펠리페 5세
(1683~1745)

베리 공작
(1686~1714)

마리 루이즈 가브리엘
대공의 외손녀

마리 엘리자베트
대공의 친손녀

루이
(1707~1712)

루이 15세
(1710~1774) 〰〰〰 마리 레슈친스카
(1703~1745)

부르고뉴
공작 〰〰〰 마리 아델라이드
(1685~1712)

루이, 세자
(1729~1765)

루이 16세
(1754~1793)

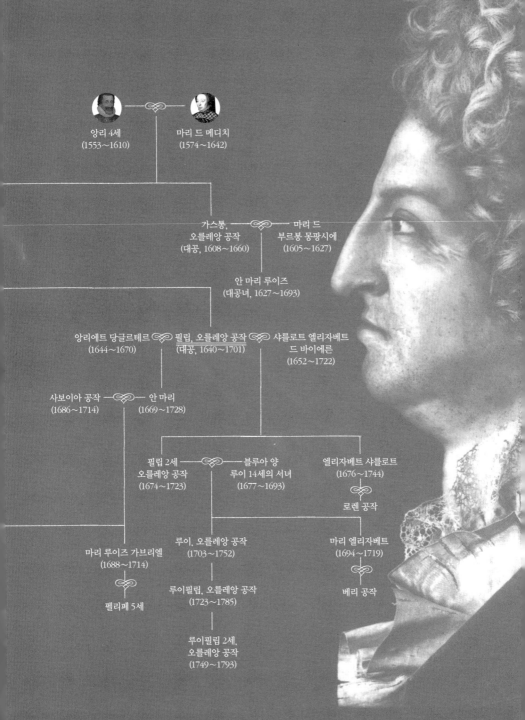

앙리 4세
(1553~1610)

마리 드 메디치
(1574~1642)

가스통,
오를레앙 공작
(대공, 1608~1660)

마리 드
부르봉 몽팡시에
(1605~1627)

안 마리 루이즈
(대공녀, 1627~1693)

앙리에트 당글르테르
(1644~1670)

필립, 오를레앙 공작
(대공, 1640~1701)

샤를로트 엘리자베트
드 바이에른
(1652~1722)

사보이아 공작
(1686~1714)

안 마리
(1669~1728)

필립 2세
오를레앙 공작
(1674~1723)

블루아 양
루이 14세의 서녀
(1677~1693)

엘리자베트 샤를로트
(1676~1744)

로렌 공작

마리 루이즈 가브리엘
(1688~1714)

루이, 오를레앙 공작
(1703~1752)

마리 엘리자베트
(1694~1719)

펠리페 5세

루이필립, 오를레앙 공작
(1723~1785)

베리 공작

루이필립 2세,
오를레앙 공작
(1749~1793)

루이 14세는 없다
차례

✤ 연표　　　　　　　　　　　　　4
✤ 루이 14세 가계도　　　　　　　6
✤ 책을 내며　　　　　　　　　　12

루이 14세와 만나기 위해　20
짐 스스로 통치할 것이다　　　20
춤을 추는 왕　　　　　　　　20
귀족 길들이기　　　　　　　　21
왕의 두 몸　　　　　　　　　22
짐을 닮지 말라　　　　　　　22

I
프롤로그　　　　　　　　　　25

역사의 부침 속에 선 루이 14세　25
1661년, 프랑스　　　　　　　31

II
푸케의 몰락과 친정 선포　43

비극의 발단　　　　　　　　44
희생양을 찾아라　　　　　　48
개미와 베짱이의 신화　　　　53
부와 권력의 뒷받침 위에서　　54
기회를 잡다　　　　　　　　57
다람쥐와 물뱀　　　　　　　60

푸케, 법정에 서다　　　　　62
다단계 판매구조:
　　재정 운영상의 관행　　　65

재정 왜곡의 주범, 전쟁　　　65
재정가, 국가를 상대로 한 고리대금업자　69

1661년의 정의법정,
　　혁명인가 쿠데타인가　　75
정의의 지팡이를 휘두르다　　75
여론 재판　　　　　　　　　77
카드 패의 재분배　　　　　　80

새 시대가 열리다　　　　　　82

III
콜베르와 루이 대왕 만들기 87

1661년의 행정혁명, 승리의 신기루   87
루이 14세의 《회고록》의 정체   87
대신체제   91
콜베르와 그의 족벌체제   98

위대한 세기, 초라한 재정   104
텅 빈 국고, 짧은 장밋빛 시절   104
중상주의의 진실, 화폐전쟁   110
관직매매, 끊을 수 없는 악순환의 고리   117
중앙집권화의 실상   123
• 지사의 정체: 지방의 정복군인가 앞잡이인가?   123
• 복종의 전염병   128

역사를 신화로, 신화를 역사로: 절대군주정의 정치선전문화   134
예술의 중앙집중화: 바로크에서 고전주의로   134
카멜레온의 시대   140
무대 위에 선 루이 14세   146

IV
후견제의 정점에 선 루이 14세 157

귀족, 신분인가 계급인가?   157
특권의 아성이 흔들리다: 인두세   159
신분상승의 빗줄을 타고: 법복귀족의 득세   164
귀족의 몰락: 좌절과 자기 연민의 수사   169

귀족의 정치문화: 이데올로기, 이해관계, 폭력   178
프롱드난: 반란의 의무, 그 마지막 불꽃   178
후견 조직망과 중간귀족의 정체   186
후견제의 변질: 군사조직에서 사회적 안전장치로   191
폭력의 공과 사   197
• 결투의 쇠퇴   197
• 전사귀족으로의 재탄생   203
귀족 세계의 평정   206
• 족보를 밝혀라: 귀족조사작업   206
• 귀족의 서열과 작위의 체계화   211

귀족의 혼합과 변신: 미덕에서 능력으로   212
야수에서 순한 양으로: 대 콩데의 변신   212
신분과 계급의 결합   221
새로운 소비집단의 탄생: 귀족의 삶과 문화   229
• 귀족의 일상생활   229
• 신분과 계급의 차이에서 문화적 차이로   233

V

태양–왕에서 인간–왕으로 239

태양왕의 무대, 베르사유 241
파리 탈출: 프롱드난의 악몽 241
자연의 정복: 베르사유 정원의 창조 248
카드로 지은 성에서 마법의 성으로 251
- 베르사유 궁전의 두 얼굴 251
- 베르사유는 공사 중 258
신화에서 역사로: 베르사유 궁전의 실내장식 262
- 르브룅의 혁명: 태양이 사라지다 262
- 왕의 두 몸 270

권력의 감옥, 궁정사회 273
일상생활의 연극화: 궁정의례의 발달 273
- 춤추는 왕에서 기계–왕으로 273
- 성무일과: 왕의 일상생활 279
차별과 경쟁: 복종의 정치학 283
궁정의 안과 밖: 문명화 과정의 실체 292
- 궁정 안: 가면무도회 292
- 궁정 밖: 숨은 왕, 전사–왕 296

권력의 미망 303
전쟁과 군사 군주정 303
- 영광의 순간 303
- 치욕의 순간 307
파벌과 음모 314
- 맹트농 부인 316
- 권력의 삼각구도 319
- 당구 게임: 파벌의 작동방식 326
- 음모와 독살설 330

질병에 시달린 몸 338
루이 14세의 〈건강일지〉 338
왕의 식습관과 체질 342
병든 몸, 만들어진 이미지 347
막이 내리다 352

VI

에필로그 359

새 시대, 낡은 굴레 359
상반된 증언들 364
절대주의와 절대군주에 대한 오해 366
절대군주의 신화 창조 371
절대군주정의 해체 과정 374

✤ 주석 378
✤ 참고문헌 410
✤ 찾아보기 421

책을 내며

루이 14세는 없다. 루이 14세에 대한 신화만 있을 뿐이다. 비단 루이 14세만이 아니라 역사적 인물 대부분이 미화되고 부풀려진 게 사실이지만 역사 공부를 하면서 루이 14세에 가까이 가면 갈수록 지금까지 우리에게 알려진 루이 14세와는 판이한 그의 모습이 흥미로웠다.

루이 14세를 만나게 된 것은 박사학위 논문 〈프롱드난 동안의 정치문화와 민중의식—마자리나드를 중심으로〉를 준비하면서다. 성공한 혁명보다 실패한 반란에 마음이 기우는 삐딱한 심리에서 우연히 논문 주제로 선택한 프롱드난의 성격은 모호하기 짝이 없었다. 그럼에도 불구하고 논문을 무사히 마칠 수 있었던 것은 마자리나드라는 사료를 접하게 된 행운 덕분이다.

마자리나드란 프롱드난 동안 인쇄되고 보급된 출판물을 일컫는 단어다. 1643년 루이 14세가 5세의 나이로 즉위하자 수석대신 마자랭이 미성년 왕을 대신해서 통치권을 전횡했다. 1648년 프롱드난이 일어나고 마자랭을 비방하는 출판물이 쏟아졌다. 마자랭 비방문이라는 뜻에서 유래한 마자리나드는 다양한 세력의 정치선전물로 이용되면서 1653년까지 5년간 약 5,000점이 출판되었다. 문자 그대로 글의 홍수를 낳은 마자리나드의 존재에 필자는 놀라움을 금할 수 없었다. 놀라움은 곧 의문으로 이어졌다. 프롱드난과 마자리나드의 역동성과 분방함이 그때까지 고정관념처럼 굳어져 있던 태양왕 루이 14세의 치세에 대한 상식과 도저히 연결이 되지 않았기 때문이다. 1661년 친정을 시작한 루이 14세는 어떻게 순식간에 프롱드난의 무질서와 혼란을 극복하고 중앙집권화를 완성할 수 있었을까? 공상과 격정, 자유분방함이 난무하는 마자리나드에 바로 뒤이어 어떻게 균형과 일치, 조화를 이상으로 하는 고전주의 문화가 꽃필 수 있었을까? 이처럼 극단적인 두 시기를 어떻게 이해해야 할까?

루이 14세 연구는 바로 이러한 의문에서 싹텄다. 박사논문을 마친 후 루이 14세에 의해 잔혹한 박해의 운명을 겪은 가톨릭 종파 얀센주의에 관한 몇 편의 논문을 발표한 것도 생시몽 공작의 《회고록》을 번역한 것도 그 답을 찾는 과정이었다. 특히 생시몽의 《회고록》은 루이 14세 시대의 복잡한 권력관계와 궁정사회의 이면을 밝혀주었다. 때마침 정치사 부활의 추세와 더불어 이루어진 최근 서구학계의 연구 성과는 루이 14세와 그의 시대를 새로운 시각에서 재조망하는 데 도움이 되었다. 이러한 맥락에서 2005년 두 편의 논문 〈루이 14세는 과연 절대군주였나?〉와 〈태양-왕에서 인간-왕으로〉[1]를 발표했다. 이 책은 이 두 편의 논문에서 출발했다. 다시 말해 루이 14세의 시대를 이전 시기의 연장선상에서 바라보며 태양왕 루이 14세와 위대한 세기의 성공신화를 재해석하려는 것이 이 책의 의도다.

흔히 절대군주의 전형으로 손꼽히는 루이 14세는 서구의 역사적 인물 중에서도 우리에게 가장 잘 알려진 인물 중 하나다. 절대군주정은 서유럽사회가 중세의 봉건적 분권국가에서 근대적 국민국가로 이행하던 16~18세기에 탄생한 과도기적인 정치 형태다. 이러한 절대군주정의 형성 과정에서 루이 14세는 귀족 세력을 제압함으로써 왕권강화를 이룩했을 뿐 아니라 전쟁과 외교에서 유럽을 제패하고 고전주의 문화를 일구어낸 강력한 군주로 평가된다. 실제로 그는 살아생전에 '대왕le Grand'의 칭호를 받았고 오늘날까지도 17세기 전체가 루이 14세 시대와 동일시되며 '위대한 세기le Grand siècle'로 불린다.

그러나 프랑스사에서 17세기는 사실상 고난과 역경의 시기였다. 17세기 전반기에 프랑스는 풍토병처럼 번진 무수한 반란에 시달렸고 후반부에는 전쟁에 집착한 루이 14세가 벌인 끝없는 전쟁과 이로 인한 재정 부담에 짓눌렸다. 그럼에도 불구하고 프랑스사에서 17세기가 영광과 질서의 시대로 간주되어온 이유는 무엇일까?

루이 14세가 건설한 찬란하고 웅장한 베르사유 궁전, 그곳을 장식하고 있는 화려한 실내장식과 수많은 초상화는 오늘날에도 전 세계에서 몰려드는 관람객들에게 절대군주 루이 14세의 존재를 웅변해주기에 충분하다. 그와 마찬가지로 루이 14세와 그의 측근들이 남긴 《회고록》과 무수한 공문서, 법령집 등은 역사가들에게 그의 정치적 신념과 의지를 확인시켜주고 탁월한 통치력을 입증해주는 증거였다. 하지만 그와 정반대되는 증거와 증언도 무수히 많다. 베르사유에 거주하며 루이 14세와 그의 치세를 누구보다 가까이에서 목격하고 경험한 생시몽, 팔츠 대공비, 페늘롱 등은 우리에게 루이 14세가 보여주고 남기고 싶어 했던 것과는 다른 이야기를 전한다. 루이 14세 치세 초기 군주정의 실체를 폭로한 수많은 마자리나드와 병든 루이 14세의 모습을 적나라하게 묘사한 《건강일지》도 있다.

우리는 오랫동안 한쪽 목소리에 쏠려 있었던 게 사실이다. 이제 루이 14세를 대변하고 옹호하는 증언만이 아니라 비판적 목소리에도 귀를 기울일 필요가 있다. 서로 다른 관계와 운명 속에서 한 시대를 살았던 다양한 인물들의 증언을 통해 우리는 루이 14세의 실체와 그 시대의 복잡한 정치적 역학관계를 파악할 수 있다.

루이 14세는 새로운 국가 건설의 이상에 불타오른 인물이 아니었다. 백성의 고통을 헤아리는 자상한 군주도 아니었다. 그의 가장 궁극적인 목표는 절대군주로서의 영광을 과시하는 것이었다. 그가 치세 내내 전쟁을 계속한 것도 베르사유 건축에 집착한 것도 이 때문이다. 2,000만 프랑스인의 대다수인 농민들은 잔혹한 전쟁과 무거운 세금에 짓눌린 말 없는 희생양이었을 뿐이다. 긴박한 전쟁 자금을 충당하기에 급급했던 수취 구조와 재정 제도의 모순은 계속되었다. 귀족의 비리와 횡포가 완전히 사라진 것도 아니다. 한마디로 루이 14세의 업적으로 일컬어지는 중앙집권화는 불완전한 것이었으며 절반의 성공에 불과했다.

그럼에도 불구하고 루이 14세가 절대군주의 모델로 각인된 이유는 무엇일까? 루이 14세는 중앙집권화의 한계와 귀족의 위험성을 누구보다 정확하게 꿰뚫고 있었다. 그런 그가 가장 전력을 기울인 것은 정치선전문화였다. 그가 파리의 광장에 설치된 무대 위에서 춤을 추고 베르사유를 건설하며 화려하고 엄격한 궁정예절을 체계화한 것은 모두 군주권을 강변하기 위한 치밀한 정치적 전략에서였다. 왕과 궁정을 사회 지배의 모델로 선전하는 이 대규모 프로젝트에 당대 최고의 예술가들이 총동원되고 귀족도 적극 동참했다. 대신 그들에게는 사회적 지위와 특권, 막대한 경제적 혜택이 보장되었다. 절대군주 루이 14세의 신화는 거대한 사회적 타협과 치밀한 정치선전문화의 결과였던 것이다.

이런 점에서 보면 루이 14세 시대는 화려한 연극 무대나 다름없었다. 그러나 연극 무대의 이면이 그렇듯이, 루이 14세 시대의 무대에서도 막 뒤의 실상은 지금까지 우리에게 알려지고 보여진 것과는 사뭇 다르다. 이제 루이 14세 시대의 다양한 증언과 증거들을 길잡이 삼아 궁전 깊숙이 들어가 보자. 그 안에서 루이 14세와 그 주변의 인물들 사이의 복잡하고 다양한 관계방정식을 살펴보자. 왜냐하면 루이 14세 시대의 관료제와 상비군의 조직과 수치보다는 그러한 제도를 만들어내고 운영하는 가운데 벌어진 인간의 권력 다툼이 더 궁금하고, 베르사유 궁전의 겉모습과 태양왕으로 미화된 루이 14세의 이미지 자체보다는 그런 이미지를 만든 사람들과 그들의 의도가 더 중요하기 때문이다.

이처럼 태양왕의 신화로 가려져 있던 루이 14세와 그의 시대를 있는 그대로 이해하려는 것이 이 책의 주제다. 다시 말해 위에서 아래로의 획일적이고 일사불란한 제도 개혁의 성과로 간주되어온 루이 14세 시대의 진면목을 추적하고자 한다. 그러기 위해서 루이 14세 시대의 변화와 성과를 좀 더 장기적인 시각으로 바라보며 담론과 실제, 제도와 관행, 복종과 타협, 겉모습과 실제 모습 사이의 괴리를 구체적이고 정교하게 설명하려고 했다. 그 과정에서 이 글에서는 직접 다루지 못한 2,000만 프랑스인들과 프랑스 왕국의 밑그림을 희미하게나마 드러내 보이려고 했다. 그렇게 되면 프랑스혁명 이전 구체제의 역사에서 루이 14세 시대가 갖는 의미도 좀 더 분명해질 것이기 때문이다.

나아가 권력의 미망에 사로잡힌 다양한 인간 군상과 권력의 복잡한 실체는 프랑스사의 차원을 넘어서 우리에게도 시사하는 바가 적지 않다. 정치적 신념과 이해관계, 공적 제도와 사적 인맥 사이의 모호하고 끈질긴 관계는 오늘 우리사회에서도 여전히 유지되고 있으니 말이다. 권력이란 무엇이며 인간이란 무엇인가? 죽음을 앞둔 루이 14세의 유언에서, 그리고 번번이 출세에 실패하고 좌절한 생시몽의 독백에서 우리는 경청할 만한 대목을 발견할 수 있을 것이다.

 이 책은 6개의 장으로 구성되었다. 1장 프롤로그에서는 우선 루이 14세의 연구사를 개관하며 역사적 변화 과정에서 부각된 다양한 루이 14세의 모습을 간략하게 설명했다. 시대적 요구에 부응한 역사가들의 노력에 의해 굴절된 루이 14세 이미지의 역사는 프랑스사의 변천사와 맥을 함께한다. 그 출발점은 친정이 시작된 1661년이지만, 그 이전 종교내전에서 프롱드난까지의 1세기도 루이 14세 이미지 형성의 시각으로 재구성했다.

 2장에서 5장까지 네 개의 장은 각각 재정, 제도, 사회, 정치문화의 시각에서 루이 14세 치세를 재조명했다. 각 장마다 주제를 선명하게 부각시키기 위해 루이 14세의 상대역으로 푸케, 콜베르, 대 콩데, 맹트농 부인 등 4명을 등장시키고 양자 간의 관계를 중심으로 글을 전개했다.

 2장은 1661년 루이 14세의 친정 선포 이면의 역사를 다루었다. 여기서는 친정의 사전 포석으로 준비된 푸케 사건이 핵심이다. 그러나 푸케 사건은 절대군주정의 재정 구조의 모순을 드러내는 정치적 막간극에 불과하다. 그보다는 권력의 이면에서 독버섯처럼 자라난 푸케와 콜베르 두 사람의 세력 배경과 치열한 경쟁을 루이 14세의 친정 탄생의 배경으로 설명했다.

 3장의 주제는 루이 14세의 친정 초기 과연 진정한 지배자는 누구인가

하는 문제다. 푸케가 제거되고 루이 14세가 정치의 무대 전면에 화려하게 등장하지만 왕과 정부는 사실상 콜베르의 사조직에 포위된 상태였다. 이 장에서는 새로운 제도사적 시각에서 루이 14세 시대의 관료제와 재정정책, 중앙집권화의 실체에 대한 재해석이 시도된다. 아울러 루이 14세 시대의 정치문화 역시 절반의 성공에 그친 제도적 개혁을 보완하는 정치적 의도를 강조하는 맥락에서 분석되었다.

중앙집권화의 불완전성은 사회적 측면에서도 중요한 의미를 지닌다. 4장은 루이 14세와 귀족의 관계를 통해 이 문제를 다룬다. 지방 영주로서 수많은 반란에 참여했던 귀족들이 반란을 포기하고 루이 14세에게 복종하게 된 이유는 무엇인가. 프랑스 17세기사 최대의 수수께끼인 이른바 '복종의 전염병'의 진정한 원인은 루이 14세와 귀족 간의 타협이다. 다시 말해 중앙집권화는 행정혁명의 결과라기보다는 중앙 정부와 지방 사회 간의 타협의 산물이었던 것이다.

5장의 무대는 베르사유다. 루이 14세는 베르사유에 새로운 우주를 창조하고 그 안으로 귀족을 끌어들여 자신을 중심으로 한 엄격한 궁정예절을 체계화하고 일상화했다. 그러나 소설이나 영화를 통해 다양하게 각색된 궁정생활의 내막은 귀족 길들이기의 차원에 그치지 않는다. 이 장에서는 권력과 지배의 도구이자 복종의 미끼로 활용된 에티켓을 통해 매순간 왕의 권위가 가시화된 베르사유의 연극 무대를 분석한다. 이러한 분석은 엄격한 궁정의례 역시 겉모습에 불과한 것이며 사실상 궁정을 움직인 동력은 파벌이고 루이 14세 역시 파벌 정치의 희생자였음을 보여준다.

마지막으로 6장 에필로그에서는 절대군주의 개념 분석을 통해 루이 14세 시대를 재평가하고 그가 남긴 유산이 절대군주정의 역사에서 어떤 의미를 지니는지 진단해보려고 했다.

이 책은 루이 14세의 전기가 아니다. 그렇다고 해서 루이 14세 시대의 프랑스사 전체를 개괄하려는 시도도 아니다. 궁정을 중심으로 펼쳐진 루이 14세 시대의 권력의 실체와 그 작동 방식이 이 책의 주제다. 지배층 내부의 문제로 논의를 국한시킨 만큼 이 책의 한계는 자명하다. 2,000만 프랑스인들이 간접적으로 언급될 뿐 본격적으로 다루어지지 않았다. 종교 문제를 자세히 다루지 않은 점 또한 이 책의 한계다. 종교는 정치나 사상, 문화뿐 아니라 17세기 프랑스 사회 전체를 관통할 수 있는 의미심장한 주제인 만큼 다른 지면에서 좀 더 포괄적이고 체계적으로 다루어져야 하기에 이 책에서는 필요한 부분에서만 간략하게 언급하는 데 그쳤다. 이 모든 부족함에도 불구하고 애초부터 이 책을 권유하고 끈기 있게 기다려주신 푸른역사 박혜숙 사장님, 백승종 선생님 두 분께 진심으로 감사드린다.

2009년 7월
이영림

루이 14세와 만나기 위해

임을 공언하며 국정을 직접 챙길 것을 다짐했다.

짐은 네 명의 국무비서들에게 짐과 논의를 거치지 않은 어떤 사안에 대해서도 서명하지 말라는 명령을 내렸다. 어떤 재정 문제도 짐이 지닌 수첩에 기록되지 않고서는 집행되지 못하도록 명령했다.

친정 선포의 장면은 더욱 극적이다. 국무비서 브리엔의 《회고록》에 의하면 1661년 3월 10일, 수석대신 마자랭이 사망한 바로 이튿날인 이날 루이 14세는 국무참사회에서 친정을 선언했다.

마자랭

없이는 그리고 짐에게 보고하지 않은 사안에 대해서는, 국무비서가 짐의 명령을 하달하지 않는 이상, 결코 옥새를 사용할 수 없소.

낮고 메마른 목소리로 내뱉은 이 말에 그 자리에 모인 8명의 대신들과 국무비서들은 모두 경악을 금치 못했다. 5세에 왕위에 오른 후 국사보다는 도박과 여자 뒤꽁무니 좇는 데 몰두하던 허울뿐인 왕이 아니던가. 내심 마자랭의 자리를 탐내던 자들은 몹시 놀랐지만 23세에 불과한 젊은 왕의 폭탄 선언이 실현될 것이라고는 아무도 예측하지 못했다.

짐 스스로 통치할 것이다

도처에 혼란과 무질서가 지배했다. 궁정은 짐이 마음속으로 바라던 것과는 거리가 멀었다. 귀족들은 대신들과 거래를 했다. 대신들은 그 사실을 전혀 괘념치 않았고 또 때때로 필요한 일이라고 여겼다.

루이 14세가 세자 교육을 위해 집필한 《회고록》에서 묘사한 1661년 이전의 상황은 거의 무정부 상태다. 하지만 1661년 이후 모든 게 달라졌다. 프랑스 왕국 전체에 질서 구축을 위한 원대한 기획이 드러나기 시작했다. 루이 14세는 기회 있을 때마다 왕국의 일인자

이렇게 대신들과 국무비서들과 함께 그대들을 모이게 한 뜻은 지금까지는 고인이 된 추기경에게 국사를 맡겨왔지만 이제 짐 스스로 통치할 때가 왔음을 알리기 위해서이오. 대상서, 그대에게 명하거니와, 그대는 짐의 명령

1660년경의 루이 14세

춤을 추는 왕

1670년 2월 4일, 구름을 뚫고 하늘에서 내려온 루이 14세가 머리 끝에서 발끝까지 온몸을 황금빛으로 감싸고 머리에는 태양을 상징하는 왕관을 쓴 채 무대 한가운데서 춤을 춘다. 몇 년 전 국내에서 개봉되었던 프랑스 영화 〈왕의 춤〉에서도 등장한 이 장면은 사육제 기간에 거행된 무도극 《멋진 연인들》의 일부다. 아폴론으로 분장한 루이 14세는 무대 위에서 춤을 추며 거대한 비단 뱀 퓌톤을 처단한다. 루이 14세의 무도극에서 단골손님처럼 등장하는 퓌톤은 무엇을 상징하는 것일까?

영화 〈왕의 춤〉

거리에 세워진 무대 위에서 춤을 추는 루이 14세의 모습은 1660년대 파리인들에게 낯선 풍경이 아니었다. 루이 13세 시대에 유행하기 시작한 무도극은 루이 14세와 더불어 절정에 달했다. 루이 14세는 이러한 극적이고 상징적인 표현 방식을 누구보다 확실하게 이해하고 또 즐겼다. 무대의 중심을 차지한 그는 음악에 맞추어 고도의 기예를 뽐내며 자신의 배역을 완벽하게 소화해내었다. 때로는 왕비도 무대에 섰다. 프롱드난에 앞장섰던 대 콩데도 콩티 공도 무대 위에서 단골 배역을 맡았다. 거리의 민중에게는 열광하는 관객의 역할이 주어졌다. 이처럼 왕을 중심으로 조화를 이루는 무도극은 새로운 정치를 위한 고도의 정치적 전략이었다. 장면 전환을 위해 개발된 무대장치와 구성원들의 위치는 연출자의 치밀한 계산과 조율에 따라 정해지고 각자에게 맡겨진 배역 또한 정치적 역할과 관련이 있었다. 친정 9년차였던 루이 14세는 이것을 끝으로 다시는 무대에 서지 않았지만 태양왕의 이미지는 사람들 마음속 깊이 각인되었다. 당대 최고의 문필가들은 앞 다투어 루이 14세를 칭송하고, 1679년 파리 시는 그에게 '루이 대왕'의 칭호를 바쳤다. 1682년에 파리를 떠나 베르사유에 정착한 프랑스 궁정은 전 유럽의 중심이 되었다. '위대한 세기'의 신화가 탄생한 것이다.

귀족 길들이기

왕은 매사에 화려함과 성대함, 풍성함을 좋아했다. 왕은 그런 취향을 정치적 좌우명으로 발전시켜 궁정의 매사에 적용시켰다. 음식, 의복, 사냥 장비, 건축물, 도박 등에서 화려하게 치장하는 것이야말로 왕의 마음을 흡족하게 했다. 왕이 사람들에게 말을 거는 것은 바로 그럴 때였다. 왕의 속셈은 그런 식으로 모든 사람들이 사치를 영광으로 여기고 일부는 필수적인 것으로 여기며 가진 것 전부를 탕진할 지경에 이르게 된 뒤, 서서히 생계유지를 위해 모두가 자신의 호의에 전적으로 의지할 수밖에 없도록 만드는 데 있었다. 나아가 왕은 모든 면에서 최고인 궁정을 통해, 그리고 출생의 구별을 점점 더 소멸시키는 엄청난 혼란을 통해 자신의 자만심을 충족시켰다. 한번 시작된 사치는 점차 모든 개개인들에게 파고들어 그들을 괴롭히는 암적 존재처럼 화근덩어리가 되었다. 사치는 빠른 속도로 궁정에서 파리로, 지방과 군대로 번져나갔기 때문이다.

생시몽 공작

생시몽 공작의 《회고록》은 루이 14세 연구에서 각별한 의미를 지닌다. 유구한 귀족 가문에서 태어나 누구보다 화려한 인맥으로 둘러싸인 그는 1691년부터 루이 14세가 사망할 때까지 베르사유에 머물며 왕의 곁을 맴돌았다. 하지만 그에게 돌아온 것은 번번이 출세 길에서 배제되는 아픔과 쓰라린 후회뿐. 궁정을 떠난 뒤 그는 《회고록》 집필에 몰두했다. 베르사유에서 목격하고 경험한 바를 토대로 한 그의 《회고록》에 의하면 궁정은 허영의 시장이다. 그 한가운데 루이 14세가 우뚝 서 있다. 생시몽은 궁정과 루이 14세를 향해 서슴지 않고 독설을 내뿜는다. 그의 시선을 쫓아 베르사유 안으로 들어가면 위선과 음모, 술수가 판치는 아수라장이 펼쳐지고 권력 주변의 움직임은 곤충들의 먹이 다툼과 다를 바 없다. 루이 14세도 대왕의 풍모를 갖추기는 커녕 옹졸하고 이기적이며 편협한 욕심쟁이 늙은이에 불과했다.

왕의 두 몸

1701년 3월 9일, 왕의 발, 특히 왼쪽 엄지발가락에 통풍이 왔다. 9일에서 10일 밤은 불안하게 지나갔다. 왕은 통증에 못 이겨 잠을 깼고 발과 다리가 붉은색으로 변해 통통 부어올랐다. 왕은 3일간 들것에 실려 미사를 보러 갔다.

통풍은 1682년부터 루이 14세를 괴롭힌 고질병이다. 통풍 외에도 수석시의들이 기록한 《건강일지》 속의 왕은 영락없는 환자의 모습이다. 생사의 기로를 헤매게 한

귀족 남녀

전염병 외에도 그는 늘 크고 작은 병에 시달렸다. 피부병이나 위염, 설사 등 가벼운 질병을 달고 살았으며 평생 편두통, 치통, 통풍, 신장결석, 당뇨 등 만성 질병을 앓았다.

반면 같은 해 궁정화가 리고가 완성한 루이 14세의 초상화를 보라. 오늘날 루브르 박물관에 걸려 있는 이 작품은 194×277미터의 대형 초상화다. 에스파냐 왕이 된 손자 펠리페 5세에게 보내기 위해 주문 제작한 이 초상화 속에서 그는 흰담비 털로 안을 대고 황금빛 백합꽃 무늬로 가득 찬 푸른빛 화려한 망토를 걸치고 있다. 높은 사자머리 가발과 가슴팍을 화려한 레이스로 장식하고 하얀 비단 스타킹을 신은 그에게서는 근엄하고 당당한 군주로서의 품위가 느껴진다. 하지만 그림을 좀 더 자세히 살펴보면 왕의 모습에서 기묘한 이중성이 발

견된다. 우선 실집이 올라 보이는 상체는 젊음의 가면을 쓰지 않고 있다. 가볍게 늘어진 볼은 영락없는 63세 할아버지의 모습이다. 그러나 하체는 이와 대조적이다. 몸에 꼭 맞는 비단 바지를 입은 건강한 다리가 이제 막 춤을 추려는 듯한 자세를 취하고 있다.

젊은 몸과 늙은 몸이 합체된 이 괴물 같은 왕의 형상이 의미하는 바는 무엇일까? 살아 있는 왕은 언젠가는 소멸하게 될 육체를 지닌 인간적인 존재다. 그러나 왕국을 지배하는 최고 주권자로서의 왕은 초시간적인 영원불멸의 존재다. 살아 있는 군주를 영속적이고 절대적인 존재로 재현시킨 것은 중세 말 이후 프랑스 군주정을 지탱해온 정치신학, 국왕이체론의 핵심이자 국왕 초상화의 영원한 주제다.

짐을 닮지 말라

1715년 9월 1일 아침 8시 15분에 루이 14세가 사망했다. 만 77세가 되기 꼭 나흘 전이다. 재위 72년, 친정 54년 만

루이 14세

루이 15세

9월 4일, 왕의 장기가 파리 노트르담으로 옮겨졌다. 6일, 관례대로 왕의 심장이 도려내어져 예수회 수도원에 안치되었다. 9일, 왕의 시신을 실은 운구 행렬이 베르사유를 떠나 천천히 불로뉴 숲을 지난 다음 역대 왕들의 시신이 보존되어 있는 생드니 성당을 향했다. 새벽안개 속에서 800명의 기병대가 횃불을 손에 든 채 관을 호위하며 작은 보폭으로 움직이는 장관이 펼쳐졌지만 아무도 감탄하지 않았다. 이렇게 루이 14세는 역사의 무대 뒤로 사라졌다.

에 그의 장기 치세가 막을 내린 것이다. 임종을 닷새 앞둔 1715년 8월 26일, 그는 침상에서 왕위계승자인 만 5세의 증손자에게 마지막 유언을 남겼다.

아가, 너는 위대한 왕이 될 것이다. 건축물에 탐닉했던 짐의 취향을 닮지 말거라. 전쟁을 좋아하는 점도 닮지 마라. 그와는 정반대로 이웃 나라와 화친하도록 노력하라. 신의 은혜에 보답하라. 신에 대한 의무를 잊지 말라. 백성으로 하여금 신을 경배하게 하라. 항상 좋은 충고를 따르라. 백성의 짐을 덜어주려고 노력하라. 애통하게도 짐은 그렇지 못했느니라.

어린 증손자에 대한 애정과 진심어린 후회, 그리고 백성에 대한 염려로 가득 찬 그의 마지막 모습은 우리에게 알려진 절대군주 루이 14세의 이미지와 사뭇 다르다. 죽음 직전 그가 던진 마지막 말 한마디는 더욱 의미심장하다. "짐은 떠나노라. 그러나 국가는 영원히 존재할 것이다." 당조 Dangeau가 전하는 이 말의 의미는 자명하다. 유한한 생명체이자 영원불멸한 존재임을 과시하던 이 절대군주가 스스로 군주와 국가의 분리를 선언한 것이다.

Louis Le Grand Monarque

프롤로그

역사의 부침 속에 선 루이 14세

16~18세기 서유럽을 지배한 절대군주정의 역사에서 루이 14세가 지니는 의미는 각별하다. 무엇보다 먼저 그는 1643~1715년까지 72년이라는 유례없이 긴 기간 동안 왕위를 지킴으로써 정치적 지속성을 유지했다. 더구나 전 유럽에서 가장 많은 2,000만 인구와 65만 상비군을 갖춘 거대한 국가체제를 기반으로 유럽의 패권 장악에 성공했다. 또한 1만여 명의 인원을 수용한 베르사유의 규모와 웅장함은 그의 정치적 신념과 의지를 실감케 했다.

　루이 14세에 대한 역사가들의 평가는 극단적이다. 한편에서 그는 근대국가 건설을 주도한 강력한 행정 군주로 평가되는가 하면, 다른 한편에서 포악한 전제군주로 비난을 받는다. 그 어느 편이긴 루이 14세를 강력한 통치권을 행사한 지배자의 전형으로 간주하는 것은 마찬가지다. 그 모두가 루이 14세를 지난 날 프랑스가 누린 영광과 동일시하려는 역사가들의 노력에서 비롯되었다. 이러한 전통에 의해 루이 14세의 성공신화는 무수히 재생산되었다.

위대한 루이 14세의 기억을 만든 최초의 역사가로 흔히 볼테르가 손꼽힌다. 1751년에 발표된 《루이 14세의 세기》에서 그는 루이 14세를 자신의 통치철학을 체계화한 철학자—왕이자 강력한 통치차로 극찬했다. 그러나 이 문인 출신 역사가의 최대 관심사는 예술가들에게 인심이 후했던 루이 14세의 문화정책에 있었다. 그에게 루이는 문명화의 영웅이고, 역사상 유례없이 아름다운 것들을 총집결시킨 베르사유는 전 유럽의 등불이었다. 그가 루이 14세를 칭송한 것은 루이 15세 시대를 비판하기 위해서였다. 18세기 중엽 프랑스 사회의 부조리와 모순을 공격하기 위해 볼테르는 이처럼 우회적인 방법을 쓰지 않을 수 없었던 것이다.

프랑스혁명의 와중에서 루이 14세도 파란을 면치 못했다. 혁명가들은 루이 14세를 독재자로 낙인찍고 도처에서 그의 동상을 끌어내렸다. 1830년 7월혁명과 함께 루이 14세는 부활했다. 하지만 그의 이미지는 예전과 달라졌다. '시민왕' 루이 필립이 등장한 7월 왕정에서 루이 14세는 절대군주에서 국민의 영웅으로 바뀌었다. 베르사유도 복구되었지만 박물관으로 변신했다. 군주의 거처가 국민적 영웅들을 기리는 영광의 전당이 된 것이다.

이후 '위대한 프랑스' 건설이 지상과제로 대두한 19세기 민족주의 시대에 루이 14세는 국민 만들기의 핵심 존재가 되었다. 정복 전쟁과 화려한 궁전 건설에 집착한 군주의 존재는 자존심 강한 프랑스인들의 나르시시즘을 충족시켜주는 '아바타'로는 안성맞춤이었다. 역사가들은 앞 다투어 루이 14세의 업적을 찬양하고 리슐리외에서 마자랭, 루이 14세와 콜베르로 이어지는 절대군주정의 계보를 매끄럽게 설명했다. 그의 업적은 제도사가들에 의해 더욱 정교하게 각색되었다.[2] 중앙집권화와 관료제 등 제도적 효율성을 강조한 그들의 설명에 의하면 루이 14세는 천부적인 행정력을 발휘한 행정의 달인이다. 이런 측면에서 라비스는 전제 정치의 궁극적 형태를 시도한 루이 14세를 '행정 군주정'의 조종사, 부르주아 공화국의 기수로 묘사했다. 기형적으로 거대한 상비군의 존재도, 무자비한 종교적 박해도 그의 강력한 통치력을 더욱 두드러지게 부각시킬 뿐이다.[3] 이렇듯 제3공화국과 더불어 완성된 전통적인 루이 14세의 이미지는 모든 프랑스 교과서 근대 편의 골격을 이루고 세계 각국으로 전파되었다.

하지만 유럽 경제가 위축되면서 상황은 달라졌다. 1930년 이후 암울한 경제 현실에 직면한 역사가들은 정치보다는 경제와 사회라는 거대하고 야심 찬 주제에 눈을 뜨게 되었다. 권력과 지배의 문제보다 수의 개념이 중시되면서 루이 14세의 존재는 한동안 잊혀졌다. 루이 14세만이 아니라 정치사 자체가 외면당했다. 이른바 사회경제사가 정치사 대신 역사의 무대를 장악하게 된 것이다.

사회경제사는 1950년대 이후 절대군주정의 사회경제 구조를 장기적인 시각에서 분석한 일련의 지방사 연구 업적을 낳았다. 방대하고 지루하기 짝이 없는 작업을 통해 그때까지 알려지지 않았거나 외면해온 절대군주정의 이면과 실상을 밝혀준 역사가들의 노고는 정말 존경스러울 따름이다. 덕분에 부족한 토지와 낮은 토지 생산성의 악순환에서 헤어나지 못한 대다수 농민들의 실상이 드러났다.[4] 기아와 세금에 짓눌린 민중 반란이 새롭게 부각되기 시작한 것도 그때부터다.[5]

과거 정치사 연구에서 반란은 루이 14세의 치적을 돋보이게 하기 위해 간간이 등장할 뿐이었다. 그런데 1960~1970년대에 반란이 독자적인 연구 주제로 부상하면서 루이 14세와 그의 위대한 세기를 바라보는 시각도 달라질 수밖에 없었다. 그 대표적인 예가 피에르 구베르의 《루이 14세와 2,000만 프랑스인들》이다.[6]

사회경제사가 구베르는 라비스의 정반대 편에서 루이 14세를 바라본다. 서 있는 위치만 다른 게 아니라 역사가의 무기인 사료의 성격도 달랐다. 라비스가 정부의 법령집이나 회고록에 의존했다면, 구베르는 토지대장, 곡물가격표, 공증문서, 납세대장, 교회문서 등 지방이나 교회에 파묻혀 있던 엄청난 서류더미를 뒤졌다. 그 결과 드러난 루이 14세 시대의 모습은 그때까지 알려진 것과는 딴판이다. 태양왕과 화려한 베르사유에 가려져 온 헐벗고 굶주린 2,000만 백성의 참모습이 밝혀진 것이다. 루이 14세 치하의 비참한 현실을 구체적인 통계 수치로 입증한 구베르의 저술은 루이 14세에 대한 우상파괴작업을 시도한 셈이다. 그렇다면 루이 14세의 업적은 금칠에 불과했던 것일까? 루이 14세 시대의 진면목은 과연 무엇일까?

반란을 연구하면서 역사가들은 조금씩 제도와 정치의 영역으로 다가갔다. 국가조세에 맞선 민중 저항은 아무래도 조세 징수 과정과 재정 운영 방식의 문제와 무관할 수 없기 때문이다. 하지만 과거의 제도사 연구는 이 문제에 묵묵부답이었다. 제도의 딱딱한 껍질을 뚫고 들어간 것은 1980년대의 재정사가들이다.[7] 과거의 법령집을 나열한 표피적이고 평면적인 제도사와는 달리 재정사가들은 제도 이면에 복잡하게 얽혀 있던 인간 그물망의 존재와 그들의 움직임을 포착했다. 그랬더니 완벽한 중앙집권화를 이룩한 것처럼 보이던 루이 14세 정부가 지방의 이익을 고수하려는 지방 세력과 옥신각신하며 갈등을 빚고 그들과 타협하지 않는가. 인간 사회 어디나 존재하는 게임의 법칙이 드러난 것이다.

루이 14세를 반대했던 당대인들의 목소리가 다시 주목을 받기 시작한 것은 이때부터다. 1980년대에 생시몽의 《회고록》이 다시 조명을 받게 된 것도,[8] 마자랭을 비난하는 5,000여 편의 마자리나드로 말과 글의 홍수를 이루었던 프롱드난 연구가 유행한 것도 결코 우연이 아니다.[9]

마르크스주의와 구조주의를 토대로 한 거대 담론에 지친 역사가들은 이미 1970년대 이후 점차 계량적 접근 방식에서 벗어나기 시작했다. 그러한 변화는 급격한 정치 현실의 변화에 조응하려는 역사가들의 노력이기도 하다. 1930년 대 역사가들이 정치에서 경제로 기울어갔을 때와 정반대의 경향이 나타났다. 역사가 다시 경제에서 정치로, 구조에서 살아 있는 인간으로 되돌아간 것이다. 이러한 방향 전환에서 프랑스 정부의 적극적인 재정 지원도 적지 않은 역할을 했다. 1984년 프랑스 국립학술센터가 주도한 '근대국가의 기원Genèse de l'Etat moderne'을 주제로 한 연구 프로젝트는 수많은 역사가들을 동참시키면 서 정치와 국가 문제에 대한 그들의 관심을 환기시키는 데 기여했다.[10]

이렇게 해서 역사 연구의 무게 중심은 서서히 정치사로 되돌아갔다. 하지만 제도와 군주의 행적을 열거하는 데 일관한 과거의 정치사에 비해 새로운 연구 는 한결 치밀하고 정교하다. 역사가들은 군주정과 군주정을 움직인 사람들 자 체에 주목하되 권력 핵심 세력의 사회적 기반과 그들 내부의 미묘하고 복잡한 권력의 작동 방식에 주목했다. 이러한 새로운 역사 연구에 순발력 있게 뛰어 든 것은 영미사가들이다.[11] 아마도 프랑스사가들에 비해 상대적으로 프랑스 사 연구 전통에서 자유로웠던 점이 그들에게 유리하게 작용했을 것이다.

특히 영미사가들이 주목한 것은 귀족이다. 이는 매우 현명한 선택이었다. 귀족 연구는 오랫동안 공백상태에 놓였다고 해도 과언이 아니다. 혁명사 연 구의 전통이 강한 프랑스사에서 귀족은 절대군주정의 형성 과정에서 몰락하 거나 기생 집단으로 전락한 것으로 간주되었다. 따라서 귀족은 오랫동안 제도사에서도 정치사에서도 매력적인 주제가 아니었다. 더구나 20세기에는 사회구조와 계급갈등 문제에 밀려 귀족은 아예 역사 연구에서 외면되어왔다. 덕분에 영미사가들은 편지, 회고록, 족보 등 귀족이 남긴 엄청난 사료의 신천지를 발굴할 수 있었던 것이다. 새로운 사료를 토대로 밝혀낸 영미사가들의 최대 성과는 중앙에서 지방으로 연결된 귀족들의 촘촘한 후견 조직망의 존재다. 이는 루이 14세에게 복종하며 베르사유에 갇혀 산 것으로 알려진 귀족에 대한 기존의 인식과 모순된다. 이렇듯 새롭게 드러난 귀족의 모습은 오랫동안 우리의 고정관념을 지배해온 루이 14세의 '귀족 길들이기' 식의 일방적인 해석을 무색하게 만든다.

여기에서 더 나아가 담론과 이미지 분석을 통한 문화사는 기존의 루이 14세의 이미지 자체를 해체시킨다. 책 제목부터가 다분히 도발적인 피터 버크의 《루이 14세 만들기》에 의하면 우리가 알고 있는 루이 14세의 모습은 이미지화 작업의 결과에 불과하다. 당대 최고의 예술가를 동원해서 만들어진 초상화와 자신의 《회고록》에 비추어진 강력한 절대군주 루이 14세의 모습. 그것은 실재 존재했던 루이 14세의 자취가 아니라 군주권의 정당성을 확보하기 위한 정치적 계산과 예술의 합작물일 뿐이다.[12] 그러한 시도는 고대 로마시대 이래 오늘날 현대 정치판에 이르기까지 오랜 역사를 지닌 정치선전 역사의 일부에 지나지 않는다.

프랑스사가들은 한동안 영미사가들의 성과에 애써 침묵으로 일관해왔다. 한편에서는 여전히 전통적인 해석이 유지되고 있다. 기본적으로 19세기 제도사가들의 입장을 견지한 무니에의 《절대군주정의 제도》가 지금도 프랑스 대학의 핵심 교재 중 하나로 사용되고 있으니 말이다.[13] 국내 학계의 사정도 이와 마찬가지다. 서양근대사의 형성이나 프랑스 절대군주정의 제도적 측면을 설명하는 과정에서 단편적으로 언급되는 루이 14세는 중앙집권화를 완성시킨 절대군주의 전형으로 등장한다.[14]

그러나 최근 프랑스사가들의 대부분은 절대군주정의 한계에 더 관심을 기울인다. 그들은 영미사가들의 새로운 연구 성과를 수용하면서 프랑스 절대군주정에 대한 논쟁을 벌이고 루이 14세 시대를 재평가한다.[15] 이 점에서 새로운 정치사는 이전 정치사와는 사뭇 다르다. 그것은 제도사도 정치사상사도 또 전쟁의 역사도 아니다. 새로운 루이 14세 연구는 이상화된 제도보다는 군주정의 실제 운영 방식에 주목한다. 그것은 이론과 현실, 담론과 행위, 제도와 관행 사이의 괴리를 밝힘으로써 루이 14세 시대의 실체에 좀 더 가까이 다가가려는 노력의 일환이다. 이 책의 의도는 그 연장선상에 있다. 다시 말해 절대군주의 전형으로 일컬어지는 태양왕과 위대한 세기의 신화 속에 감추어진 루이 14세와 그 시대의 실상을 파헤치고자 하는 것이다.

1661년, 프랑스

프랑스사에서 1661년은 의미심장한 해다. 전통적인 역사가들은 루이 14세가 친정을 선포한 이 해를 중앙집권화의 분기점으로 여긴다. 1661년을 계기로 귀족과 부르주아의 운명이 엇갈리고, 국가체제도 봉건적 지배 구조에서 자본주의체제로 탈바꿈했다는 것이다. 실제로 루이 14세의 치세를 거치며 거대한 관료층이 형성되고 새로운 엘리트층이 부상했다. 그 와중에서 과거의 지배층인 귀족도 왕에게 복종하지 않으면 살아남을 길이 없게 되었다.

그러나 무엇보다 명백한 점은 루이 14세의 친정이 시작된 이 해부터 놀랍

앙리 2세(1519~1559)

강인한 기사의 풍모를 지닌 앙리 2세는 1547년 왕위에 오른 뒤 유럽 패권을 장악하려는 합스부르크 제국의 야망에 맞서 싸웠다.

프랑수아 2세(1544~1560)

15세에 왕이 된 소년 왕 프랑수아 2세는 아버지 앙리 2세와는 달리 병약해서 왕비의 집안인 기즈 가문에 휘둘렸고 그나마 재위 1년 만에 사망했다.

샤를 9세(1550~1574)

앙리 2세의 둘째 아들로 1560년에 왕이 되었으나 모후 카트린 드 메디치의 지배를 받았다. 그녀의 사주로 1572년 수천 명의 위그노를 학살한 성 바르텔르미 대학살 사건을 겪은 후 그는 죄책감에 사로잡혔고 결국 2년 후 결핵으로 사망했다.

게도 내전과 반란이 수그러들었다는 사실이다. 루이 14세가 계속해서 대외 전쟁을 벌인 대가로 세금 부담이 더욱 무거워졌음에도 불구하고, 또 1693년 과 1709년에 이상 기후와 심각한 수확 부진으로 인한 경기 침체를 겪었음에도 불구하고 루이 14세 치세 동안에는 국가의 안위를 위태롭게 할 만한 반란이 일어나지 않았다. 프랑스혁명 이전 최대의 반란인 프롱드난은 1648년에서 1653년까지 계속되었고 전국으로 확대되었다. 1653년 이후에도 반란의 불씨는 꺼지지 않고 소교구 주임 사제들이 일으킨 종교적 반란은 1659년까지 이어졌다.[16] 그런데 프롱드난을 정점으로 종교내전 이후 거의 한 세기 동안 계속된 반란의 물결이 잠잠해졌다. 그 이유는 무엇일까?

루이 14세의 친정 이전 국가 조세를 반대하며 격렬한 반란을 일으켰던 파리, 프로방스, 랑그독, 아주네, 노르망디의 지배층은 선선히 정부의 과세 요구를 받아들였다. 반란의 선봉에 섰던 대귀족들은 왕의 궁정으로 몰려들어 충성을 맹세했다. 프로방스의 반란을 연구한 프랑스 역사가 필로르제가 까닭 모를 '복종의 전염병'[17]이라고 표현한 이 역사적 수수께끼야말로 루이 14세 연구의 최대의 화두가 아닐 수 없다. 종교내전에서 프롱드난까지 한 세기에 걸친 혼란과 위기의 시대 후 도래한 질서와 복종의 루이 14세 시대를 어떻게

카트린 드 메디치(1519~1589)

이탈리아 피렌체를 지배한 메디치 가문 출신으로 1533년 14세 동갑내기인 앙리 2세와 결혼했다. 프랑스 궁정에 이탈리아 문화를 도입했으며 앙리 2세의 사망 후 차례로 왕위에 오른 세 아들의 배후에서 치열한 권력 다툼을 벌였다.

앙리 3세(1551~1589)

앙리 2세의 셋째 아들로 종교내전이 한창 중이던 1574년 왕위에 올랐다. 삼부회 소집과 제도 개혁을 통해 절대군주정의 기초를 닦았으나 신구교 간의 갈등에 휘말려 수도사 클레망에 의해 암살되었다.

앙리 4세(1553~1610)

종교내전의 와중에서 신구교 간의 화해를 위해 앙리 2세의 딸 마르그리트 드 발루아와 정략결혼을 했다. 1589년 앙리 3세가 후손을 남기지 않고 사망하자 그의 뒤를 이어 즉위하고 부르봉 왕조를 열었다.

이해할 것인가. 그것은 루이 14세의 탁월한 통치력의 결실인가 아니면 안정과 평화에 대한 사회적 합의인가?

우선 내전과 반란의 정체부터 살펴보자. 혼란의 시발점은 1559년 앙리 2세의 갑작스런 사망이다. 앙리 2세는 합스부르크 카를로스 1세와의 오랜 패권 전쟁을 일단락 지었다.[18] 그런데 평화조약과 왕실의 결혼을 자축하는 무술시합에 몸소 참여한 왕이 어처구니없게도 근위대 중대장 몽고메리의 창에 눈이 찔려 사망한 것이다. 백년전쟁 후 정치적 안정을 되찾아 가던 프랑스 정국은 그때부터 다시 불안해지고 왕권이 곤두박질치기 시작했다.

앙리 2세를 계승한 프랑수아 2세는 불과 15세의 병약한 소년이었다. 그나마 프랑수아 2세는 1년 만에 사망했다. 그의 동생 샤를 9세 역시 10세를 갓 넘긴 어린아이에 불과했다. 이탈리아 출신 모후 카트린 드 메디치의 섭정이 시작되자 대귀족들은 권력 다툼을 벌였다. 여기에 가톨릭과 칼뱅파인 위그노 사이의 대립이 뒤엉키면서 정치적 분열의 골이 깊어졌다. 섭정 모후는 프랑스의 정치 전통에 무지했다. 더구나 그녀는 마키아벨리가 《군주론》을 헌정한 피렌체의 메디치 가문 출신이었다. 대귀족들의 요구가 거세지자 그녀는 가톨릭과 개신교 사이를 오가며 온갖 정치적 술수를 동원했다. 결국 프랑스는

1562년부터 종교내전의 소용돌이에 휘말렸다.

여덟 차례나 계속된 종교내전은 프랑스를 공포와 불안의 도가니로 몰아넣었고 군주의 권위를 땅에 떨어뜨렸다. 귀족들이 저마다 가톨릭과 개신교 양측으로 나뉘어 전쟁을 벌이는 동안 프랑스는 무법천지로 변하고 도처에서 약탈과 학살이 자행되었다. 1574년 병약한 샤를 9세가 의문사한 뒤 카트린 드 메디치의 셋째 아들 앙리 3세가 즉위했지만 가톨릭 수사 클레망Cléement에게 암살되었다. 결국 위그노의 수장인 앙리 4세가 1598년 가톨릭으로 개종하는 대신 개신교의 예배를 허용하는 낭트칙령을 공포함으로써 종교내전은 간신히 진정되었다. 프랑스인들은 종교적 통합을 희생하고 정치적 통합을 추진한 앙리 4세의 결단을 환영했다. 그는 역대 프랑스 왕들 중에 백성들로부터 가장 사랑받던 왕들 중 하나로 손꼽힐 만큼 인기를 누렸다. 하지만 1610년 앙리 4세가 가톨릭 광신도 라바약François Ravaillac에게 암살되면서 프랑스 왕실에는 또다시 어두운 그림자가 드리워졌다. 국왕 시해의 악몽이 짓누르는 가운데 또다시 두 미성년 왕이 연이어 즉위했다. 루이 13세와 루이 14세가 1610년과 1643년에 왕위에 올랐을 때 그들은 9세와 5세도 채 되지 않은 어린아이였다.

당시 사람들에게는 미성년 왕의 존재 그 자체가 정국의 불안을 상징했다. 더구나 루이 13세와 루이 14세 즉위 후 재개된 외국인 출신 모후의 섭정, 그리고 리슐리외와 마자랭 두 수석대신의 권력 독점은 대귀족들의 반란을 부채질했다. 그것은 정치에서 배제된 대귀족들의 고지 탈환을 위한 몸부림이었다. 기사도적 전통과 뿌리 깊은 엘리트 의식에 젖은 대귀족들은 미성년 왕을 에워싼 사악한 측근의 제거야말로 자신들에게 부여된 소명이라고 믿었다. 감정의 겉치레와 격정적인 수사가 넘치던 바로크문화는 귀족들의 방종과 무절제를 부추겼다. 대귀족 주변에 몰려든 수많은 귀족들이 외치던 '반란의 의

루이 13세(1601~1643)

무'[19]는 이렇게 바로크 시대의 마지막 풍경을 장식했다.

국내의 반란에 시달리던 리슐리외는 1635년에 진검승부의 결단을 내렸다. 1618년부터 계속되어온 30년전쟁에 참전을 선언한 것이다. 합스부르크 왕가와의 오랜 패권 다툼을 종결짓는 동시에 대귀족들의 정치적 욕망과 혈기를 밖으로 뿜어내려는 이러한 계산은 독재자들이 흔히 사용하는 방법이다. 하지만 그의 선택은 오히려 사태를 악화시켰을 뿐이다. 전비 마련을 위해서는 증세가 불가피했고 세금 부담에 짓눌린 민중들은 불만에 가득 차 도처에서 반란을 일으켰다.

1635~1660년 동안 전국에서 무려 280여 건의 민중 반란이 일어났다. 풍토병처럼 번지던 반란은 파리에서 절정에 달했다. 루이 14세는 1638년 이러한 반란의 와중에서 태어났다. 반란으로 인한 혼란과 불안이 그의 유년시절을 지배했고 그중에서도 프롱드난은 감수성이 예민한 사춘기 소년인 그에게 깊은 상처를 남겼다. 1648년 파리 고등법원의 저항에서 시작된 프롱드난은 여러 면에서 한 세기 반 뒤의 프랑스혁명에 비유될 만했다. 정부가 전쟁으로 무리한 조세정책을 강행하며 편법을 일삼자 파리 고등법원의 법관들은 정부를 비판하는 성토를 벌였다. 이 기회를 이용해서 모든 불만이 폭발했다. 중세 이래 프랑스혁명기까지 제시된 모든 이데올로기가 표출되고 전 사회계층이 참여했다. 특히 전사 집단인 대귀족들이 합세하면서 프롱드난은 내전으로 발전했다. 1649년 1월 파리인들의 야유와 함성 소리에 떨던 루이 14세는 마자랭의 손에 이끌려 몰래 파리를 탈출했다. 때마침 바다 건너 전해온 영국왕 찰스 1세의 처형 소식은 프랑스의 앞날을 더욱 불투명하게 만들었다.

전국으로 확산된 프롱드난은 장장 5년간이나 계속되었다. 그동안 프랑스는 완전히 무정부 상태에 빠져버렸다. 1653년 우여곡절 끝에 프롱드난이 진압되었지만 재정은 완전히 마비 상태였다. 백성들의 피해도 막대했다. 파리

아브라함 보스의 〈프랑스의 기쁨〉(1638). 1638년 9월 5일 오전 11시, 1615년에 결혼한 루이 13세와 안 도트리슈 사이에서 23년 만에 왕자가 탄생하자 프랑스 전체가 기쁨에 휩싸였다. 이 귀한 아기는 보통 아기들처럼 속에 꽉 조이는 배내옷을 입었지만 겉에는 왕실의 상징인 푸른 망토와 왕관을 쓰고 있다.

주변과 국경 지대가 포격과 약탈로 황폐해지고 인구가 현저히 감소했다. 주요 도시들은 피로 물들고 사회경제 구조도 마비되었다. 하지만 합스부르크 왕가와의 패권 다툼은 아직 끝나지 않았다. 아메리카 은의 고갈로 재정이 바닥난 에스파냐가 더 이상 전쟁을 계속할 여력이 없어지게 되고 나서야 지루한 전쟁은 막을 내렸다. 1659년 양국 사이에 평화조약이 체결되었다.

루이 14세는 여러 면에서 운이 좋았다. 20세가 되던 1658년에 그는 죽음 직전에서 살아났다. 에스파냐와 마지막 전투를 벌이던 프랑스 군에 합류한 왕은 덩케르크에 진입하자마자 성홍열에 걸렸다. 왕이 보름 이상 고열에 시달리며 의식을 회복하지 못하자 시의들은 그에게 종부성사를 권했다. 모두가 그를 포기했다. 그러나 그는 기적처럼 소생했다. 따지고 보면 그의 탄생 자체가 신이 프랑스인들에게 내린 선물이었다. 원만하지 못한 결혼 생활을 하던 루이 13세와 안 도트리슈 사이에서 결혼 23년 만에 아들이 태어나자 사람들은 그를 '신이 주신 루이Louis Dieu-donné'라고 불렀던 것이다. 1659년 에스파냐와 프랑스 사이에 체결된 피레네 조약 역시 신의 축복으로 여겨질 만했다. 이 조약으로 24년간 계속된 에스파냐와의 전쟁이 종식되고 평화가 도래했을 뿐 아니라 프랑스는 커다란 선물을 받았으니 말이다.

이 조약에서 프랑스는 상당히 유리한 고지를 차지했다. 에스파냐 영토인 루시용과 아르투아가 프랑스에 합병되었다. 그러나 평화조약의 최대 성과는 조약문 첫 항에 명시된 양국 왕실 간의 결혼이었다. 교전국 왕실 사이의 결혼은 평화를 공고히 하기 위한 정치적 책략의 일환으로 역사에서 종종 등장하는 상투적인 수단 중 하나다. 하지만 루이 14세와 에스파냐 펠리페 4세의 딸 마리 테레즈의 결혼은 여러 면에서 의미심장했다. 프랑스인들은 무엇보다도 프랑스 왕과 에스파냐 공주의 결혼 그 자체가 갖는 상징성을 크게 반겼다. 남성인 왕이 여성인 왕비를 지배하듯이, 프랑스와 에스파냐 간의 우위가 확실해졌다. 더구나 평화조약은 신부의 지참금으로 50만 에퀴라는 어마어마한 액수를 약정했다.[20] 프랑스는 이제 유럽 대륙과 아메리카를 호령하던 거대한 제국 에스파냐 위에 군림하는 패권 국가로 확실하게 자리매김된 것이다. 프랑스인들은 죽음에서 되살아난 왕과 프랑스에 평화와 재물을 선물한 어진 왕비의 결혼을 열렬히 환영했다.

1660년 8월 26일 파리에서는 신혼부부인 루이 14세와 왕비 마리 테레즈를 맞이하는 성대한 도시 입성식' entrée이 거행되었다. 도시 입성식이란 중세 이래 도시를 방문하는 왕을 맞이하는 전통적인 국가 행사였다. 이때 도시에서는 왕을 환영하는 국가의례가 거행되었다. 늘 그렇듯이 도시는 왕을 최고의 예우로 맞이했다. 행사의 주관자는 도시마다 달랐고 시간이 흐르면서 바뀌었다. 이날 행사를 주관한 것은 파리 시였다.[21] 파리 시의 우두머리들을 필두로 거대한 십자가를 든 성직자들, 긴 법의 위에 흰담비 어깨 망토를 늘어뜨린 의학박사 42명, 신학박사 116명, 법학박사 6명, 파리 시의 16개 상업조합 대표들, 그리고 최고법원의 법관들이 차례로 도열해서 덮개가 달린 의자에 앉은 왕의 마차 행렬을 맞이했다. 높은 단상 위에 앉은 왕과 왕비에게 시와 교회, 대학, 고등법원이 경의를 표하는 의식이 치러졌다. 파리 시장은 왕에게 열쇠를 선사했다. 이는 파리 시를 왕에게 바친다는 상징적인 의미를 띤다. 파리 고등법원의 역할은 다른 때에 비해 눈에 띄게 축소되었다. 프롱드난을 일으켰던 파리 고등법원은 과거의 행적을 속죄하는 뜻에서 사중하는 모습을 보이는 것이 마땅했던 것이다.

의식이 끝난 후 왕과 왕비의 행렬이 앞장서고 그 뒤에 서열에 따라 도열한 긴 행렬이 4시간 동안 행진을 계속했다. 이 행렬을 구경하러 10만 인파가 몰려들었다. 중간에 쉬는 곳마다 임시로 개선문이 세워지고 '세상에 평화를 가져다준 루이에게LUDOVICO PACATORI TERRARUM'라는 문구가 걸렸다. 종교내전 당시 앙리 4세가 가톨릭으로 개종하기 전 성문을 굳게 닫아걸고 왕을 거부했던 파리. 1648년 프롱드파를 지지하며 거리마다 바리케이드를 치고 왕령군에 저항했던 파리. 그런 파리인들이 이제 왕의 행렬을 환영하기 위해 물밀듯이 거리로 쏟아져 나왔다. 이 광경을 보고 젊은 루이는 어떤 느낌을 받았을까?

도시 입성식은 화합과 복종을 위한 무대다. 이러한 구경거리를 통해 역대 왕들은 왕으로서의 권위를 확인하고 백성들은 충성과 복종을 맹세했다. 그것은 백성들을 위한 정치 학습의 장이었던 것이다. 이날 거리에서 '국왕 만세'를 외친 파리인들의 함성에는 비단 충성과 복종만이 아니라 평화와 안정에 대한 갈망이 담겨 있었다. 오랜 전쟁과 내전에 시달려온 프랑스인들이 진심으로 바라던 것은 모든 세력을 지배하고 절대 권력을 행사하는 군주의 존재였다. 역대 왕들에게 바치던 모든 축시, 진정서, 법 이론서 등이 앵무새처럼 되풀이하며 염원하던 바로 그 '절대군주' 말이다. 1661년 수석대신 마자랭의 죽음은 의례적인 수사로 존재해온 절대군주의 탄생 과정에 마지막 방점을 찍은 셈이다.

젊은 왕 루이에게 주어진 과제는 분명했다. 어떻게 하면 절대군주가 될 것인가. 변덕스런 백성들의 마음속에 왕의 권위를 영구히 뿌리박히게 하려면 어떻게 해야 하나. 왕국의 자산을 어떻게 운용할 것인가. 거대하면서도 다양한 영토와 언제나 대양으로 뻗어나갈 수 있는 긴 해안선을 지닌 프랑스는 천혜의 왕국이었다. 유럽의 다른 왕들도 이를 모르지 않았고 프랑스의 풍부한 자원을 부러워했다. 게다가 금은 세공과 직물 등 프랑스 수공업 제품의 탁월한 품질은 이미 유럽에서 정평이 나 있었다. 1661년 베네치아 대사 그리마니가 본국에 보낸 편지에서 묘사한 것처럼 프랑스는 사람들이 말하거나 인정하는 것보다 훨씬 더 부유한 나라였다. "프랑스는 비옥한 땅을 지닌 부유한 나라다. 지방의 주들은 하나로 결속되고 수많은 강들을 통해 수월하게 소통이 이루어진다. 또한 프랑스에서 생산되는 제품들은 자국 내의 수요를 충당할 뿐 아니라 많은 양이 수출되어 교역을 활성화시킨다. 인구도 매우 많다."[22] 이 유리한 조건을 어떻게 효율적으로 활용할 것인가. 그러려면 이제 누구를 믿고 누구를 경계해야 할 것인가.

리슐리외 추기경 cardinal de Rechelieu, Armand-Jean du Plessis(1585~1642): 귀족 가문 출신으로 파리 대학에서 신학 공부를 한 뒤 1607년 뤼송 주교가 되었다. 1614년에 개최된 삼부회에서 왕권 강화를 위한 열변을 토해 섭정 마리 드 메디치에게 발탁되어 정치에 입문했다. 1617년 성년이 된 루이 13세에 의해 궁정에서 쫓겨났으나 1624년 다시 루이 13세의 부름을 받고 그와 더불어 부국강병을 이루는 데 주력했다.

루이 13세 Louis XIII(1601~1643): 앙리 4세와 마리 드 메디치의 아들로 1610년 왕위에 올랐으나 섭정인 모후와 그녀의 측근인 이탈리아 출신 콘치니의 전횡에 시달렸다. 치세 내내 계속된 반란과 태양왕 루이 14세의 이미지에 가려 역사적으로 폄하되어왔다. 하지만 1624년 리슐리외를 등용해서 위그노의 반란을 평정하고 대귀족들의 음모를 분쇄한 절대군주다.

안 도트리슈 Anne d'Autriche(1601~1666): 에스파냐의 왕 펠리페 3세의 딸로 1615년 루이 13세와 결혼했다. 유럽에서 가장 아름다운 여인으로 정평이 나 있었으나 당시 합스부르크 왕가와 적대적인 관계에 있던 루이 13세는 그녀를 멀리했다. 1638년 루이 14세가 탄생하고 1643년 루이 13세가 사망하면서 운명이 바뀌어 섭정이 되자 수석대신 마자랭과 함께 정국을 주도했다.

Louis Le Grand Monarque

II
푸케의 몰락과 친정 선포

여기 루이 14세의 신화를 지탱해주는 또 하나의 신화가 있다. 어깨 위에 프랑스 군주정이라는 무거운 짐을 진 형상의 콜베르. 그는 프랑스 역사상 가장 유능하면서도 청렴한 국가 공무원의 전형이다. 루이 14세 치세 중 영광과 번영의 시기인 초기 20년은 바로 콜베르의 시기이기도 하다. 근대적인 행정국가를 건설하고 중상주의정책과 해군 증강으로 부국강병을 실현했다는 콜베르에 대한 역사적 평가는 법령집과 회계장부, 보고서와 회고록 등 구체적인 증거로 뒷받침된다. 게다가 일 중독자이자 근검·절약의 화신이고 공익 정신에 투철한 이 국민 영웅이 가난한 모직물 상인의 아들에서 자수성가한 입지전적인 인물이라니 과연 '근대인'의 표상이 아닐 수 없다.[23]

콜베르의 정반대 편에 부유한 법복귀족으로 온갖 사치와 영화를 누리다가 파멸의 나락으로 떨어져버린 푸케가 있다. 1661년 9월 5일, 루이 14세의 명령에 따라 그는 불시에 대역죄로 체포되었다. 루이 14세의 23번째 생일이기도 한 이날은 프랑스사에서 절대군주정의 탄생일로 기념되고 콜베르와 푸케, 두 라이벌의 운명은 오늘날까지도 개미와 베짱이의 동화처럼 판에 박은 듯한 교훈을 강요한다. 하지만 우리는 늘 승자의 이야기에만 익숙한 것이 아닐까? 이제 전통과 교훈의 무게로 우리를 짓눌러 온 루이 14세와 콜베르의 증언에서 벗어나 패자의 목소리에도 귀를 기울일 필요가 있지 않을까?

푸케 사건은 너무나 잘 알려져 있다. 간간이 소설의 소재로도 등장한다. 그러나 그만큼 역사적으로 왜곡된 사건도 드물다. 17세기 재정사를 연구한 프랑스의 역사가 데세르는 법정에서 푸케가 자기 변론을 위해 제시한 자료를 통해 푸케를 위한 역사적 변론을 시도했다. 그것을 토대로 푸케 사건의 진상을 파헤쳐 보자. 루이 14세와 콜베르의 기록도 좀 더 꼼꼼히 살펴보자. 그러면 곧 기묘한 모순이 드러난다.

비극의 발단

1661년 3월 9일, 마자랭(1602~1661) 시대의 막이 내리고 드디어 루이 14세(1638~1715) 치세의 제1막이 시작된다. 무대의 휘장이 올라가면서 세 명의 주인공 루이 14세, 콜베르(1619~1683), 푸케(1615~1680)가 등장한다. 1막의 주제는 푸케의 몰락이다.

루이 14세는 9월 5일 국왕 총사대에게 푸케를 체포할 것을 명령했다. 그후 장장 4년간의 재판을 거친 뒤 푸케는 피녜롤 요새의 감옥에 갇혔다. 1642

년에 프랑스에 합병된 험준한 알프스 산악지대의 외딴 고지에서 그는 18년을 보냈다. 죽음의 순간도 순탄치 않았다. 1680년 어느 날 그는 독에 중독된 듯 온몸에 극심한 경련과 심장 발작을 일으키며 고통스럽게 죽어갔다. 운명의 여신은 그에게 왜 이토록 처절한 벌을 내린 것일까? 잔인하기 짝이 없는 그의 비극은 어디에서부터 시작된 것일까?

사건의 시발점은 수석대신 마자랭이 사망한 다음 날인 1661년 3월 10일이다. 이날 아침 7시 뱅센 성에서 국무참사회가 열렸다. 국무비서 브리엔의 《회고록》에 의하면 대상서 세기에Séguier, 재무총관 푸케, 그리고 육군대신 르텔리에Le Tellier, 외무대신 리온Lionne, 그리고 4명의 국무비서[24]를 불러 모은 이 자리에서 루이 14세는 친정을 선포하고 마자랭의 사후 대책을 논의했다. 이후 오늘날까지 프랑스사가들은 루이 14세의 친정 선포가 바로 이 자리에서 이루어졌다는 환상에 사로잡혀 있다. 그러나 이 사건은 여전히 수수께끼로 남아 있다. 프랑스 최초의 신문으로 관보의 성격을 띤 신문 《가제트Gazette》에는 루이 14세의 친정 선포에 관련된 기사가 전혀 없다. 루이 14세의 《회고록》에도 구체적인 날짜가 기록되어 있지 않다. 그럼에도 불구하고 이날의 친정 선포는 3세기 동안 루이 14세의 신화를 부풀리는 데 기여했다.[25]

자신의 죽음을 예견한 마자랭은 임종 며칠 전 루이 14세에게 후사를 논의할 대상을 추천했다. 르텔리에, 리온, 푸케 세 사람은 각각 프롱드 난의 진압과 30년전쟁에서의 승리에 기여한 일등공신들이다. 정부 내의 핵심적인 세 인물 외에도 마자랭은 자신의 수족 콜베르를 천거했다.[26] 이제 누가 마자랭의 자리를 차지할 것인가.

참사회에서는 재무총관 푸케의 면모가 단연 돋보였다. 르텔리에는 전쟁 문제에 골몰했으며 외교 문제를 담당한 리온은 국내 문제에 별 관심이 없었다. 푸케는 재정 총괄자로 재정적 악습과 왜곡을 지적하면서 관행의 수정과 개선 대책을 건의했다. 이때만 해도 콜베르는 표면으로 드러나지 않는 존재였다. 그는 마자랭의 재산 관리인에 불과했다. 이 자리에서 루이 14세는 푸케에게 콜베르를 추천하며 그에게 마자랭의 유언 집행인 역할을 맡겼다. 콜베르가 정부 내의 공식 직책을 얻게 된 날은 3월 18일이다. 르텔리에의 건의로 루이 14세는 콜베르를 재무지사intendant des finances에 임명했다. 재무지사는 재무참사회에 참석해서 재정 문제를 함께 논의하는 실무 역할을 맡았다. 하지만 마자랭이 사라지고 재무총관이 재정에 관한 전권을 행사하는 한 그것은 실권이 전혀 없는 자리였다.

3월 말, 미묘한 상황이 벌어졌다. 마자랭 사후 문제를 좀 더 구체적으로 논의하는 자리에서 드디어 마자랭의 거대한 부의 정체가 드러났다. 마자랭이 남긴 재산의 총액은 자그마치 약 3,500만 리브르나 되었다.[27] 그것은 악명 높던 독재자 리슐리외의 재산 2,240만 리브르와 비교가 되지 않는 액수였다. 방계왕족인 콩데 공의 재산은 마자랭의 절반에도 못 미치는 1,460만 리브르였고 대상서 세기에의 재산은 고작 400만 리브르였다. 1661년의 화폐 가치에 비해 3분의 1 정도로 떨어진 18세기에도 최대 자산가인 콩데 가는 3,200만 리브르의 재산을 모으는 데 그쳤다. 아무튼 마자랭의 재산은 프랑스혁명 이전까지 개인의 자산 규모로는 최고의 기록이다. 더구나 돈가뭄으로 1661년에 정부가 파산 선고를 내린 상황에서 마자랭이 보유하고 있던 현금만 해도 약 870만 리브르에 달했다.[28]

루이 14세는 마자랭으로부터 적어도 겉으로는 평온하고 심지어 안정적으로 보이는 프랑스를 물려받았다. 프롱드난의 패배로 귀족들은 더 이상 옴짝달싹 못하게 되었다. 파리 고등법원을 필두로 반란의 선봉에 섰던 전국의 고등법원도 민중들도 순한 양처럼 잠잠해졌다. 하지만 마자랭의 엄청난 재산과 왜곡되고 모순 투성이인 재정 구조의 실체를 목격한 순간 루이 14세는 초라함과 무기력함을 느

안 도트리슈. 1615년에 동갑내기인 14세의 소년 왕 루이 13세와 결혼한 안 도트리슈는 프랑스 궁정에서 리슐리외의 감시와 남편의 냉대 속에서 우울한 나날을 보냈다. 그런 그녀에게 상냥하고 부드러운 기질을 지닌 새 수석대신 마자랭은 커다란 위안이 되었다.

끼지 않을 수 없었다. 그동안 자신은 주인이 아니라 노리개에 불과했던 것이 아닌가. 자존심이 강한 루이 14세로서는 인정하고 싶지 않은 냉혹한 현실이었다.

마자랭의 비리에 대한 조사가 시작되고 숙청의 회오리바람이 일 것 같은 불안하고 냉랭한 분위기가 이어졌다. 콜베르 역시 전전긍긍하지 않을 수 없었다. 왕이 마자랭 재산 축적의 관련자를 색출하여 처벌할 것을 명령하게 되면 자신이 표적이 될 것임은 뻔한 이치 아닌가.

루이 14세가 직면한 첫 번째 과제인 마자랭 문제는 난제 중의 난제였다. 마자랭은 루이 14세의 대부였다. 비단 그 때문만이 아니라 여러 가지 점에서 마자랭은 루이 14세가 하루아침에 내동댕이칠 수 있는 존재가 아니었다. 1643년에 선왕인 루이 13세가 사망했을 때 루이 14세의 나이는 불과 5세였다. 그후 섭정으로 권력을 장악한 모후 안 도트리슈에게 마자랭은 수석대신 이상의 존재였다. 그녀는 마자랭을 믿고 의지했다. 궁정에서는 두 사람의 비밀 결혼설이 공공연히 나돌았다. 마자랭도 그녀의 기대를 저버리지 않았다. 프롱드난을 진압하고 왕권을 무사히 보전시켜주었으니 말이다. 그 은혜만으로도 루이 14세는 마자랭을 평생 은인으로 모실 만했다.

하지만 이제 마자랭은 루이 14세가 살아남기 위해 반드시 뛰어넘어야 할 거대한 벽과도 같은 존재임이 확실해졌다. 마자랭 체제를 청산하면서 정작 그를 다치지 않게 하려면 어떻게 해야 할까.

희생양을 찾아라

5월 초, 콜베르에게 은밀히 푸케를 뒷조사하라는 왕명이 내려졌다. 푸케가 희생양으로 지목된 것이다. 이때부터 푸케의 운명은 동요하기 시작했다. 하지만 물밑 작업은 이미 그 이전에 이루어졌음이 확실하다. 몇몇 궁정인들은 마자랭이 마지막 유언에서 루이 14세에게 푸케의 제거를 당부했다고 증언한다.[29] 그러나 루이 14세는 《회고록》에서 자신이 직접 이 일을 결심했음을 자랑스럽게 언급한다.

재정 문제를 해결하기로 결심한 순간 짐이 결단을 내려야 할 첫 번째 과제는 재정 혼란을 초래한 핵심 관리의 직위를 박탈하는 것이었다. 왜냐하면 국사를 챙기면서부터 짐은

그들, 특히 재무총관의 사치와 낭비에 대해 날마다 새로운 정보를 접했기 때문이다.[30]

콜베르 역시 살아남기 위해서는 푸케를 제거해야 했다. 마자랭과 콜베르는 운명공동체였다. 프롱드난 이후 푸케가 공적인 재정 책임자였지만 재정의 실질적 책임자는 사실상 마자랭의 재산 관리를 도맡았던 콜베르 자신이었다고 해도 과언이 아니다. 수석대신 마자랭의 사적 금고는 국고와 다름없었기 때문이다. 이제 마자랭이 사라지고 모든 재정 비리의 책임이 돌아간다면 콜베르 자신이 그 모든 죄를 뒤집어쓸 판이었다. 그러니 어떻게 해서든지 마자랭을 살려야 했다.

어떻게 하면 죽은 마자랭의 명예를 지키고 자신도 살아남을 것인가. 궁지에 몰린 콜베르에게 유일한 돌파구는 바로 왕이었다. 다행히도 그는 이미 젊은 왕의 마음을 정확하게 읽고 있었다. 왕권의 남용에 치를 떨면서도 고인이 된 마자랭을 욕되게 할 수도 욕되게 하기를 원하지도 않던 루이 14세의 모호한 입장을 말이다. 게다가 콜베르는 재정에 대한 해박한 지식과 경험에다 마자랭의 모든 비밀문서를 손에 넣고 있었다. 그로서는 루이 14세를 분노케 하고 푸케에 대한 반감으로 몰아가기란 그리 어려운 일이 아니었다. 재정에 대해서는 거의 백지 상태인 왕에게 슬쩍 먹이를 던져주면 그만이었다. 예민하고 능란하면서도 의심이 많았던 마자랭 밑에서 10년간 쌓은 경험을 통해 그는 모든 것을 주무르면서도 겸손해할 줄 아는 비상한 재주를 익혔다. 목표 달성을 위해 상대방에게 슬며시 일의 방향을 암시하면서도 그로 하여금 마치 모든 일을 스스로 추진한 것처럼 느끼게 하는 재주 말이다.

그 과정에서 보르비콩트 성château de Vaux-le-Vicomte의 연회가 훌륭한 빌미를 제공했다. 8월 17일, 푸케는 파리 근교에 새로 건축한 보르비콩트 성에서 대대적인 연회를 개최했다. 왕과 궁정 신하들이 탄 마차가 도착하자 몰리에르 극단 소속인 여배우 베자르 양Mlle Béjart이 그리스 신화에 나오는 물의 요정 나이아스로 분장을 하고 왕을 맞이했다.[31] 정원에서는 화려한 불꽃놀이가 이어지고 식탁에는 당대 최고의 요리사 바텔Vatel이 준비한 온갖 진귀한 요리들이 즐비했다. 정원에서는 궁정인들을 조롱하는 몰리에르의 풍자극 〈훼방꾼들Les Fâcheux〉이 공연되었다. 아마도 이 순간 푸케의 인생은 절정에 달했을 것이다.

흔히 루이 14세가 푸케를 제거한 첫 번째 이유로 이 연회가 거론된다. 화려하고 웅장한 푸케의 성의 존재와 자기과시적인 그의 태도가 왕의 자존심을 상하게 했다는 것이다. 이러한 설명은 일견 타당해 보인다. 특히 축제 직후 평소 푸케와 절친하게 지내던 모후가 그에게 보낸 편지는 그의 운명을 예언하는 듯하다. "왕은 부자가 되고 싶어 합니다. 그는 자신보다 더 부유한 사람들을 결코 좋아하지 않아요. 다른 사람들의 부는 자신의 것을 훔쳐간 것이라고 믿지요."[32]

보르비콩트 성. 1661년 8월 17일 푸케가 베퓽 연회에 참석하기 위해 보르비콩트 성으로 몰려드는 귀족들. 푸케는 이날 6,000명의 손님을 초대했다.

푸케만이 아니라 당시 귀족들 사이에서는 건축 붐이 일었다. 1659년 사망 전까지 푸케와 함께 재무총관직을 겸하던 세르비앵도 뫼동에 화려한 성을 건축했다. 건축과 장식에 대한 관심은 바로크문화가 지배한 전 유럽의 현상이었다. 특히 파리에는 유럽에서 몰려든 예술가와 장인, 건축가, 시인, 음악가들이 넘쳐났다. 문제는 왕으로서의 권위와 명예에 집착한 루이 14세가 예술과 풍요의 영광 역시 오직 자신을 위해서만 존재해야 한다고 믿었다는 데 있다. 그런 루이 14세에게 푸케가 얼마나 오만불손하게 비추어졌을까. 보르비콩트 성은 누가 봐도 1661년 당시 루이 14세가 거처하던 낡고 비좁은 파리의 루브르와 비교가 되지 않았다. 그날 밤, 루이 14세는 하룻밤 묵어가라는 푸케의 간청을 뿌리치고 굳이 파리로 되돌아갔다.

그해 11월부터 베르사유에서는 대대적인 성 개·보수 공사와 정원 조경 사업이 시작되었다. 보르비콩트 성을 탄생시킨 건축가 르보Le Vau, 정원사 르노트르Le Noôre, 화가 겸 실내장식가 르브룅Le Brun 모두가 고스란히 베르사유 공사에 동원되었다. 훗날 완성된 베르사유는 구조 면에서 보르비콩트 성과 유사하다. 그러나 규모 면에서 베르사유는 보르비콩트와 비교가 안 될 정도로 웅장하다. 이 점에서 보면 보르비콩트 성에서의 연회가 푸케의 운명을 돌이킬 수 없는 지경으로 몰아간 계기가 되었음은 분명하다.

보르비콩트 성에서의 연회 후 푸케의 목을 조이는 본격적인 작업이 전개되었다. 하지만 신중해야 했다. 왜냐하면 푸케는 재무총관인 동시에 파리 고등법원의 검찰총장이라는 요직을 차지하고 있었기 때문이다. 현직 검찰총장을 기소한다는 것은 위험천만한 일이 아닐 수 없었다. 더구나 푸케는 특유의 쾌활한 성격으로 법복귀족, 특히 파리 고등법원 내에 광범위한 인맥을 구축해놓고 있었다. 그러니 법관들로부터 그를 떼어놓는 것이 급선무였다. 루이 14

세는 푸케에게 재정 운영을 위해 검찰총장직을 팔도록 권유했다. 아무것도 눈치 채지 못한 푸케는 측근의 만류에도 불구하고 검찰총장직을 140만 리브르에 팔았다. 이때부터 푸케를 제거하는 작업은 일사천리로 진행되었다.

9월 5일, 마침내 푸케가 낭트에서 체포되었다. 때마침 소집된 브르타뉴 지방 삼부회에 참석하러 떠나는 길에 루이 14세는 푸케에게 동행을 요구했다. 8월 31일에 루이 14세를 수행해서 낭트에 도착한 푸케 주변에는 가족도 측근도 없었다. 푸케를 가족과 주변 사람들로부터 떼어놓기 위해 지방 삼부회가 이용되었음을 추측하기란 그리 어렵지 않다. 여기에서 특기할 만한 것은 푸케로 하여금 아무런 의심 없이 홀로 낭트에 올 수 있도록 수개월간 그를 속여 넘긴 루이 14세와 콜베르의 연기력이다.

더욱 기묘한 사실은 9월 5일이 루이 14세의 23번째 생일이었다는 점이다. 루이 14세가 진정한 의미의 성년에 도달한 이날, 푸케가 체포된 것은 치밀한 계산의 결과일까 아니면 우연일까? 아무튼 1661년 9월 5일은 역사상 의례적인 수사로만 존재하던, 그러나 프랑스인들의 오랜 염원인 절대군주정의 탄생일로 기념된다. 이날의 의미를 더욱 빛내기 위해서인가. 푸케가 체포된 죄목은 뜻밖에도 대역죄다. 루이 14세는 《회고록》에서 푸케의 반역을 확신한다.

짐이 그의 죄를 벌하려고 하는 것은 그가 짐을 배반하려고 했기 때문이다. 그가 기만적인 행태를 보였음에도 불구하고 그의 역심逆心의 증거를 확인하는 데 그리 오래 걸리지는 않았다. 왜냐하면 그는 국가의 최고 지배자가 되려는 열망에 가득 차 자제하지 못한 채 엄청나게 사치를 누리고 자신의 사저를 요새화하며 성을 장식하고 도당을 형성하며 중요한 직책에 자기 사람을 심는 행동으로 일관해왔기 때문이다.[33]

하지만 아무래도 여기서 언급된 사건의 추이와 실제 사건의 순서는 뒤바뀐 듯하다. 푸케 사건을 다루기 위해 11월에 개정된 '정의법정'에서 대역죄의 증거로 제시된 '생망데 계획projet de Saint-Mandé'[34]은 푸케의 체포 몇 시간 후 행해진 가택 수사 과정에서 발견되었기 때문이다. 더구나 정의법정은 정치 재판을 위한 기구가 아니다. 정의법정이란 본래 왕의 주도하에 재정 문제를 총체적으로 검토하는 비상설 특별법정이다. 물론 재판 진행 과정에서 종종 왕이나 지배층의 정치 의도가 개입하기도 하지만 정의법정은 본래 대역죄를 논하는 자리가 아니다.

개미와 베짱이의 신화

마자랭의 사망 후 위태로워진 콜베르가 푸케를 희생양으로 삼은 대목은 쉽게 이해된다. 그렇다고 하더라도 그를 대역죄로 몰아갈 필요가 있었을까? 콜베르의 진의는 무엇일까? 각각 1615년과 1619년생으로 엇비슷한 연배의 푸케와 콜베르 두 사람이 서로 옥신각신하며 치열한 경쟁을 벌였음은 쉽게 짐작할 만하다. 증거도 무수히 많다. 마자랭에게 보낸 편지에서 콜베르는 집요하게 푸케를 비난하며 그의 하수인들과 그와 연관된 수많은 사람들에 대한 정보를 제공한다. 콜베르가 마자랭에게 보낸 편지 중 1659년 부분에는 푸케의 비리를 자세하게 고발하는 내용의 문건이 등장한다. 그의 주장에 의하면 한 해 세금 수입의 50퍼센트 미만이 국고로 들어가고 나머지는 푸케와 그의 잔당의 호주머니로 흘러들어 간다는 것이다.[35]

마자랭에게 중재를 요청하는 편지를 보낸 것을 보면 푸케도 콜베르가 자신을 노리고 있음을 모르지 않았다. 1657년에 작성된 '생망데 계획'은 "자신은 물론 동생마저 감옥에 갇힐지도 모르는 만약의 사태"를 우려한 비상 대책이었다.[36] 여기서 우리는 두 사람의 악연이 결코 두 사람에게만 국한된 것이 아니며 그 역사도 그리 짧은 것이 아님을 짐작할 수 있다. 서로를 돌이킬 수 없는 적으로 만든 깊게 뿌리박힌 악연, 그 정체는 무엇일까?

부와 권력의 뒷받침 위에서

푸케라는 성姓은 프랑스에서 흔한 편이다. 여러 지방에 존재하던 푸케 가문 중 역사상 가장 유명한 것은 앙주 지방의 푸케 집안이다. 기사 출신인 푸케의 먼 조상은 지방귀족에 속했다. 15세기에 경제적 곤궁을 견디지 못한 푸케 가문은 영지를 팔고 상업에 종사했다. 영지를 지니고 상업에 종사하지 않아야 귀족으로 인정하던 당시의 풍속과는 정반대의 길을 걸었던 셈이다. 귀족으로서의 삶을 스스로 포기한 푸케 가문의 사람들은 앙제에서 모직물 상인으로 상당한 부를 축적하며 재기에 성공했다. 이를 기반으로 그의 조상은 16세기에 법관직을 사들이고 다시 영지를 사들이며 16세기 말부터는 전형적인 법복귀족 가문 행세를 했다.[37]

콜베르. '대리석 인간'이라는 별명으로 불리던 콜베르. 과묵하고 성실한 그는 마자랭과 루이 14세의 절대 신임을 얻었지만 주변 사람들에게는 인기가 없었다.

17세기의 대부분의 야심가들과 마찬가지로 푸케의 아버지 프랑수아 푸케 François III Fouquet는 출세 길에 들어서는 가장 확실하고 빠른 수단인 관직, 특히 중앙 관직에 들어섰다. 파리로 이주한 푸케의 아버지는 리슐리외의 신임을 얻어 참사회의 참사가 되었다. 그러면서도 그는 경제에 대한 감각을 잃지 않았다. 브르타뉴 지방에서 여러 척의 배를 소유한 대선주이기도 한 그의 경제력은 훗날 아들에게 원대한 야망을 심어주는 밑거름이 되었다.

1633년 18세가 된 니콜라 푸케는 메스 고등법원 법관직을 구입했다. 곧이어 그는 3년 만에 청원심사관Maître des Requêtes직을 얻었다. 관직매매를 통해 구입한 이 자리는 당시에 국왕 임명직인 대신이나 지사가 되기 위해서는 반드시 거쳐야 할 출세의 지름길이었다.

과연 푸케는 1642년부터 출세 가도를 달렸다. 그르노블의 지사직을 필두로 전국의 지사직을 차례로 역임한 뒤 프롱드난 당시에는 파리 지사로 활약했다. 1650년에는 드디어 왕의 오른팔로 권위와 영향력, 명예가 보장된 파리 고등법원 검찰총장직에, 1653년에는 재무총관직에 올랐다. 1651년에는 같은 법복귀족 가문 중 명문가의 딸인 마리 드 카스티유와의 결혼에 성공함으로써 돈과 명예를 위한 발판을 더욱 확실하게 굳힐 수 있었다. 이렇듯 성공할 수

푸케. 화려한 옷차림에 뛰어난 화술을 지닌 당대의 풍운아 푸케. 게다가 권력과 부를 갖춘 그는 늘 사람들에 둘러싸여 지냈다.

있는 모든 패를 거머쥔 푸케는 한 가문이 몇 대에 걸쳐 일구어낸 신분상승의 결정판인 셈이다.

그렇다면 자수성가의 대명사 콜베르는 어떤가. 지금까지 콜베르는 랭스에서 나사羅紗를 팔던 모직물 상인의 아들로 알려졌다. 하지만 근면과 능력을 토대로 최고 지위에 오른 콜베르의 성공 사례는, 프랑스 제3공화국의 부르주아 정치가들과 교육자들이 과장한 것에 불과하다.[38] 아무리 관직매매가 절정에 달하고 신분적 유동성이 극심했던 17세기로서니 한 세대 만에 평민에서 대신으로 벼락출세한다는 것이 가능하단 말인가.

콜베르의 가문이 귀족의 핏줄에서 유래하지 않은 것은 분명하다.[39] 사실 그의 먼 조상은 랭스의 석공이었다. 이탈리아와 플랑드르를 연결 짓는 교역로에 위치한 랭스에서는 15세기 말에 대대적인 도시 개발 붐이 일었다. 그 덕분에 콜베르의 가문도 건축업에 뛰어들어 큰돈을 벌었다. 16세기에는 업종을 바꾸어 잡화 및 모직물업에 손을 대면서 가세가 번창했다. 아무튼 16세기 중엽 이래 콜베르 집안은 랭스에서 최고의 지위를 누렸으며, 관직을 구입하기 시작했다. 랭스의 재정관이었던 콜베르의 아버지는 파리의 재정가들과도 연을 맺고 있었다. 콜베르가 권력에 접근하기 이전에 이미 그의 가문은 파리의 고위 재정가 세계에 발을 들여놓은 상태였다.

1632년에 파리로 이주한 콜베르의 아버지는 1640년에 20세가 된 장남 콜베르에게 군 감찰관직commissaire ordinaire des guerres을 구입해주었다. 그 자리는 주로 군부대의 숙영지를 준비하고 물자와 봉급 지급 실태를 감시하는 말단 군행정직이었다. 그러나 군수품 납품업자들과의 거래로 수익성이 높은 관직이었다. 이후 콜베르는 징세관직과 재무관직을 사들이며 점차 공직에서의 위치를 굳혀갔다. 결국 콜베르가 푸케보다 한 박자 뒤쳐졌을 뿐 부모대의 부와 관직을 토대로 출세 가도를 달린 두 사람의 삶의 궤적은 퍽 유사하다.

더구나 콜베르의 경우에는 가문의 배경이 결정적인 역할을 했다. 파리 고등법원의 법관이던 콜베르의 오촌 당숙 우다르Oudart III는 마자랭과 친분이 두터웠고 재정가들과 연줄이 닿는 인물이었다. 콜베르의 사촌 생푸앙주 Colbert de Saint-Pouange는 르텔리에 누이의 남편이었다. 1643년 르텔리에가 육군 국무비서가 되면서 그의 수석 서기관이 된 생푸앙주는 1645년에 콜베르를 사무관으로 천거했다.

훗날 르텔리에의 아들 루부아가 콜베르와 치열한 권력 다툼을 벌이게 되지만, 르텔리에는 여러 면에서 콜베르에게 출세 길을 열어준 은인이다. 콜베르가 1648년 군납업자이자 재정가인 샤롱의 딸과 결혼에 성공할 수 있었던 것도 르텔리에의 주선 덕분이었다. 당시의 풍조처럼 콜베르에게도 결혼은 수익성 높은 일종의 사업이었다. 마리 샤롱Marie Charon이 가져온 10만 리브르의 지참금이 더 높은 관직을 구입하는 데 요긴한 종잣돈 역할을 했기 때문이다. 마자랭에게 콜베르를 천거한 것도 바로 르텔리에다. 이때부터 권력을 향한 콜베르의 질주가 시작되었다.

이렇듯 돈과 권력, 그리고 다양한 인맥으로 뒤엉킨 콜베르의 삶 어디에서도 자수성가의 이미지를 찾아보기 어렵다. 콜베르의 가족사는 금융업 집단과 권력 실세 사이의 끈질기고도 뿌리 깊은 결탁의 전형을 보여준다. 우리의 고정관념처럼 콜베르가 그의 가문을 일으킨 것이 아니라 그의 가문이 콜베르를 만들어냈던 것이다.

기회를 잡다

야망에 불타는 두 젊은이에게 국가적 불행은 오히려 능력을 발휘할 수 있는 절호의 기회일 따름이었다. 1648년에 프롱드난이 일어나자 각각 33세와 29세의 한창 나이인 푸케와 콜베르는 서로 다른 방식으로 자신의 운명을 시험했다. 하지만 그 방향은 같았다.

푸케는 프롱드난 동안 위험하지만 현명한 선택을 했다. 1648년 1월 15일, 검찰차장 오메르 탈롱은 왕이 입회한 파리 고등법원의 친림법정에서 왕의 재정 요구를 거부하는 연설을 했다. 이를 계기로 프롱드난이 일어나자 전국의 고등법원 법관들은 파리 고등법원을 지지하며 반란에 동참했다.[40] 파리 지사였던 푸케는 이때 자신의 운명을 건 도박을 했다. 법관 출신인 그가 자신의 집안과 동료 집단을 배반하고 마자랭 편에 선 것이다. 그는 온갖 역경을 무릅쓰고 왕실을 보호했다. 충성심을 인정받은 그는 1650년에 파리 고등법원 검찰총장 자리를 차지할 수 있었다.

검찰총장 당시 푸케는 프롱드난을 일으켰던 법관들을 설득해서 자기 편으로 끌어들여 프롱드파를 분열시켰다. 또한 파리 고등법원을 프롱드파 귀족들과 멀어지게 만들며 왕권 수호에 앞장섰다. 프롱드파의 기세에 눌려 모후가 마자랭을 추방시키고 모두 왕에게서 등을 돌렸을 때에도 그는 왕의 편에 남았다. 마자랭의 망명 기간 동안에는 동생 바르보 수도원장인 바질Basile과 함께 추기경의 정치적, 경제적 이익을 지켜주었다.

1653년에 프롱드난이 진압되고 마자랭이 돌아온 순간 그의 미래는 탄탄대로에 선 듯했다. 반란이 진압되고 평화가 회복된 데에는 자신의 역할이 주효했으며 자신은 응분의 보상을 받을 자격이 있다고 푸케는 믿었던 것이다. 그의 기대는 곧 실현되었다. 1653년 재무총관 라비외빌레La Vieuviller가 사망하자 푸케는 세르비앵Abel Servien과 함께 그 자리에 올랐다.

재무총관이 되자마자 그가 해야 할 일은 전쟁 자금을 충당하기 위해 돈을 끌어 모으는 것이었다. 경제적 침체와 내란으로 피폐해질 대로 피폐해진 상황이었지만 지칠 줄 모르는 그의 의욕과 재간 덕분에 프랑스 왕실은 군대를 확충하고 마침내 합스부르크를 무릎 꿇게 만들 수 있었다. 푸케가 없었다면 마자랭의 능란한 외교도 튀렌의 군사전략도 결실을 맺지 못했을 것이다. 아무튼 푸케가 마자랭과 함께 1659년까지 계속된 합스부르크와의 전쟁을 승리로 이끈 주역임은 분명하다. 그 공으로 1659년 세르비앵이 사망하자 푸케는 단독으로 재무총관직을 수행했다.

푸케에 비하면 콜베르의 선택은 상대적으로 수월했던 편이다. 재정가 밑에서 도제 수업을 거친 뒤 마자랭의 수하로 옮겨간 그의 능력이 비상시국에 더 빛을 발했을 뿐이다. 프롱드난 동안 반란을 피해 전국을 배회한 왕과 마자랭을 수행하면서 콜베르는 마자랭을 직접 대면할 기회를 얻고 그때부터 능력을 인정받기 시작했다. 1651년 마자랭이 프롱드파에 밀려 망명하자 콜베르는 매일 마자랭에게 편지를 보냈다. 그는 정국에 관한 자세한 내용을 보고하며 그의 모든 재산을 도맡아 관리해주었다. 1653년 마자랭이 귀국하고 그의 세상이 돌아왔다. 그것은 콜베르의 세상이기도 했다.

쇄도하는 모든 사람들을 마자랭과 연결시켜주고 또 마자랭과의 협의 후 실무처리하는 것까지 모두 콜베르의 몫이었다. 실제로 사소한 일에서부터 관직 매매까지 매사가 그의 손을 거쳐야 했다. 이때부터 그는 권력의 맛을 톡톡히 실감할 수 있었다. 마자랭이 거액을 축재한 것도 바로 이때부터였다. 그 덕분에 콜베르 자신도 엄청난 부자가 되었다. 예컨대 1659년 마자랭은 콜베르에게 충성의 대가로 선물을 주었다. 루이 14세가 결혼하면서 왕비를 보좌하는 자리가 생기자 그중 하나인 왕비 수비군 비서직secretaire des commandements de la reine을 넘겨준 것이다. 콜베르는 이듬해 이 자리를 50만 리브르를 받고

팔았다. 한 푼도 들이지 않고 거액을 번 셈이다.[41]

다람쥐와 물뱀

권력의 핵심에 속한 푸케와 콜베르 주변으로 사람들이 몰려들었다. 하지만 콜베르는 개인적으로 사람들에게 인기가 없었다. 파리 의사 기 파탱Guy Patin은 콜베르를 '대리석 인간'이라고 불렀다. 세비녜 부인조차 그를 '북극인'이라는 별명으로 부를 만큼 그는 말이 없고 심지어 침울한 편이었다.[42] 하지만 이런 과묵함과 성실함 덕분에 그는 마자랭의 신임을 얻을 수 있었다.

푸케는 콜베르와 정반대였다. 검은 옷을 고집한 콜베르와는 대조적으로 늘 화려한 옷차림으로 치장을 한 푸케는 전형적인 바로크적 인물이다. 그는 프롱드파에 등을 돌렸지만 자유분방한 그의 기질은 영락없는 프롱드파였다. 두 사람이 사용한 동물 문장도 의미심장하다. 푸케는 민첩한 다람쥐 문장을 사용했다. 콜베르 가문의 문장은 푸른색 물뱀이다. 기민한 설치류 동물은 이리 저리 부산하게 움직이며 먹이를 찾는 반면, 뱀은 표면 위에 드러나지 않게 은근히 주위를 살피며 먹이를 낚아챈다.

푸케는 다람쥐처럼 사람들의 눈에 띄고 호감을 주었다. 온갖 미사여구로 상대방을 즐겁게 하는 재주에다 지성과 수완, 친화력, 심미적 취향까지 두루 갖춘 당대의 풍운아였다. 그의 주변은 늘 사람들로 북적거렸다. 특히 예술에 대해 개방적이고 관대한 그의 태도는 문인과 예술가들에게 기대감을 불러일으키고 그들의 창작 욕구를 자극했다. 더구나 인심마저 후한 이 재무총관에게 시인 코르네유는 '문예총관님'이라는 별명까지 붙여주었다. 하지만 프롱드난이 진압되고 세상이 바뀌었다. 영웅과 모험의 바로크 시대는 가고 어느새 절대군주정과 절제의 미학을 추구하는 고전주의가 성큼 다가왔던 것이다. 이를 직시하지 못한 것은 그의 오만의 소치인가 아니면 순진무구함의 발로인가?

다양한 종교 세력과 긴밀한 관계를 유지한 대목에서도 푸케의 성격이 드러난다. 프롱드난 동안 그는 위그노 재력가들과 거래를 했다. 또한 리슐리외가 늘 위험시했던 완고한 종교 세력인 경건파[43]와 긴밀한 관계를 유지했을 뿐 아니라 1653년에 교황청으로부터 이단 선고를 받은 얀센주의자들과도 친분을 유지했다. 더욱 위험한 것은 얀센주의의 수장 격으로 마자랭의 감시 대상이 된 아르노 당딜리와도 서신 왕래를 계속했다. 푸케의 형제들 11명은 막내 질 Gilles을 제외하고는 모두 성직자의 길을 걸었다.[44] 형 프랑수아 푸케는 나르본 대주교, 동생 바질은 바르보 수도원장, 루이 푸케는 아그드 주교였으며 자매 6명도 모두 수녀로 주요 성직을 차지하고 있었다. 속세를 떠나 성직을 택한 이들의 선택을 어떻게 이해해야 할까? 그들은 이 세상과 절연하고 수도의 길을 걸었던 것일까? 오늘날의 잣대로 그들을 재단할 수 없음은 분명하다. 푸케의 형제들이 차지한 성직은 높은 성직록과 사회적 지위가 보장된 자리였기 때문이다. 나아가 종교와 정치가 긴밀한 관련성을 맺고 있던 17세기 당시 성직의 선택은 그 이상의 의미를 지닌다.

푸케 자신은 종종 정치 세력화를 과시했던 가톨릭 세력인 프랑스 경건파의 실질적 수장이었을까 아니면 몰리에르의 희곡 《타르튀프》에 등장하는, 여성에 둘러싸인 경건한 위선자의 전형이었을까? 그의 종교적 내면을 명확히 파악하기란 불가능하다. 또한 1660년대에 경건파가 어느 정도까지 정치 문제에 연루되었는지도 아직은 무어라 단정 짓기 어렵다.[45] 다만 분

콜베르의 물뱀 문장과 푸케의 다람쥐 문장

명한 사실은 신비주의적인 종교 집단이 푸케의 추종 세력이었다는 점이다. 위그노의 종교내전과 영국의 청교도혁명에 대한 기억이 생생한 루이 14세로서는 푸케가 특정 종교 집단에 연계되었다는 사실 그 자체만으로도 그를 위험스런 존재로 여길 만했다.

이 점에서도 역시 콜베르는 푸케와 대조적이었다. 마자랭과 르텔리에로 이어지는 권력의 피라미드 그물망에 얽힌 콜베르는 누구보다 그 구조에 무조건적으로 헌신하고 복종했다. 또한 자신이 가문의 후광을 입었듯이 친인척을 관직에 끌어들였다. 바로 손아래 동생 샤를Charles과 사촌 테롱Terron을 정부로 끌어들이고 재무국 도처에 자신의 수하 수십 명을 심어놓았다. 푸케를 제거하기 위한 음모는 이들을 통해 수집한 정보를 토대로 이미 1657년부터 차곡차곡 진행되었다. 결국 푸케와 콜베르 두 사람의 경쟁은 비단 두 인물의 권력 다툼에 그치는 것이 아니라 두 파벌의 싸움이었고 서로 다른 세계관의 충돌이었던 것이다.

푸케, 법정에 서다

11월 5일, 드디어 정의법정chambre de justice이 열리고 푸케가 법정에 섰다. 마자랭의 죽음으로 왕국 내의 제1인자가 되었다고 생각한 바로 그 순간 그는 꼭대기에서 밑바닥으로 추락한 것이다. 처음에는 수치심과 분노에 떨며 묵비권을 행사했다. 불시에 체포된 그는 자신의 무죄를 입증할 만한 아무런 증빙 서류도 수단도 챙길 수 없었던 것이다. 하지만 시간이 흐르면서 푸케는 검찰총장의 경험을 되살려 자기 변론을 펼치기 시작했다. 훗날 비밀리에 출판된 푸케의

법정 변론을 들어보자.[46]

가장 억울한 것은 대역죄 혐의였다. 자신이 제2의 프롱드난을 도모했다는 것이다. '생망데 계획'을 들이대며 대서양 앞바다의 작은 섬 벨일을 사들인 것도 사적 군사기지로 요새화한 뒤 반란의 거점지로 삼으려는 목적이 아니었느냐고 다그치는 검사에게 푸케는 유창한 언변으로 반론을 제기했다.

벨일은 브르타뉴를 동방교역의 교두보이자 해군력 증강을 위한 전초기지로 발전시키려는 원대한 계획의 일환으로 사들인 것이다. 아메리카와 동양과의 교역을 위한 교역 회사도 설립할 예정이었다. 그 모든 계획이 이미 리슐리외 때부터 시도된 것이며 벨일을 구입하라고 지시한 것은 마자랭이었다. '생망데 계획'도 반란 음모와는 거리가 멀다. 불안한 정치 현실에서 자신의 목을 죄어오는 위협을 느낀 나머지 1657년에 만약의 경우를 대비하는 문서를 작성한 뒤 자신이 살던 곳의 지명을 붙여 비밀 서류함에 넣어 두었을 뿐이라고 푸케는 항변했다.

대역죄 외에도 국고 횡령과 징세청부업자로부터의 뇌물 수수, 차명을 통한 징세청부 등 푸케는 8가지 죄목으로 기소되었다. 푸케의 모든 것, 예컨대 출생에서부터 성격, 가족, 친구관계, 과거의 경력, 복잡한 여자 문제, 품위를 손상시키는 사소한 문제까지 폭로되었다. 자유분방함, 원대한 포부, 능수능란한 사교술, 폭넓은 인간관계 등 그때까지 푸케의 출세 가도에 기여했던 모든 장점들이 돌연 치명적인 약점으로 둔갑했다. 그중에서도 푸케가 가장 자랑스럽게 여기던 보르비콩트 성의 건축과 사치스런 장식비에 대해 집중적으로 추궁받았다.

푸케는 모든 혐의를 부인했다. 특히 공금횡령에 의한 축재 혐의에 그는 분노하며 외쳤다. "내 신용과 열정이 없었다면 그리고 내가 위험을 감수하며 각서를 통해 보증을 서지 않았더라면 마자랭 추기경의 서류만으로 재정 문제를 처리하지 못했을 것이다."[47] 그의 주장에 의하면 화려한 성을 짓고 대연회를 베푼 것은 오직 나라를 위해서다. 1653년 경기 침체와 프롱드난으로 재정이 바닥난 상태에서 재정총관 자리에 오른 그였다. 재정총관의 업무는 국가의 지출에 필요한 만큼의 액수를 확보해야 한다. 더구나 전쟁 수행 중이던 당시 자신에게 부여된 최대 과제는 가장 신속하게 돈을 구하는 일이었다. 그러려면 대부에 의존하지 않을 수 없었는데 왕의 재정 상태를 의심한 전주들이 주춤거렸다. 그들을 안심시키기 위해서는 자신의 재산을 담보로 잡힐 수밖에 없었고 재력을 과시해야만 했다.

1653년 보르비콩트 성의 건축에 착수한 것도 바로 그런 이유에서였다. 다행히 평소 친구로 지내던 법관 펠리송Pellisson과 시인 라퐁텐La Fontaine이 당대의 뛰어난 예술가들을 끌어 모으는 역할을 맡았다. 보르비콩트 성에서의 축제 역시 왕과 궁정인들에게 자신의 신용을 과시하기 위한 전략이었다. 왕위의 존립 자체가 의심되던 전쟁 기간 동안에도 자신은 줄곧 그런 방법으로 돈을 끌어다 대었다. 그 과정에서 푸케 자신은 대부를 통해 높은 수익을 올리기는커녕 돈을 빌려 국가에 바침으로써 빚더미에 올라앉았다는 것이다. 실제로 체포 당시 푸케는 1,550만 리브르의 빚을 지고 있었다. 그의 재산은 마자랭 재산의 2분의 1인 1,540만 리브르인데 빚은 그보다 많은 1,550만 리브르였다.[48]

물론 1659년에 평화가 도래하면서 푸케 자신도 재정 개혁의 필요성을 인식했고 복안도 있었다. 그러나 그는 서두르지도 도덕주의자연하지도 않았다. 왜냐하면 실타래처럼 복잡하게 얽힌 재정과 경제 구조의 왜곡을 꿰뚫고 있던 그로서는 재정 파탄을 피하기 위해 현실적인 방안을 강구하지 않을 수 없었기 때문이다. 다시 말해 재정가들의 이익을 환수하는 극약처방보다는 점진적인 방법을 택했다. 즉 직접세를 줄이고 간접세를 늘리면서 징세청부인들과의 계약을 정비하고자 했다. 그 결과 계약 총액이 2,025만 리브르에서 3,200만 리브르로 증가했다.[49] 그런데 정작 대부로 엄청난 이익을 보고 있던 마자랭이 반대했다는 것이다.

푸케는 목소리를 더욱 높여 증인석의 콜베르에게 외쳤다. 마자랭 사망 후 자신은 전쟁 수행을 위해 비정상적으로 운영되어온 재정 상태를 상세하게 보고했고 그 모두에 대해 왕의 재가를 받지 않았는가. 대부는 오래전부터 전쟁 자금을 충당하기 위해 유지해온 관행이 아닌가. 자신이 대부를 통해 국고를 횡령했다면 횡령하지 않은 자 있으면 나와보라.

다단계 판매구조: 재정 운영상의 관행

재정 왜곡의 주범, 전쟁

푸케의 항변처럼 재정 부족에 시달리던 정부는 이미 오래전부터 대부에 의존해왔다. 국가재정을 이토록 왜곡시킨 주범은 17세기 유럽에서 정치, 사회, 경제적 구조에 결정적인 변수로 작용한 전쟁이었다. 국가란 전쟁에 필요한 인적·물적 자원을 동원하기 위한 기구나 다름없었다. 지배자의 입장에서 보면 전쟁은 군주권을 확인하고 과시할 수 있는 기회였다. 특히 절대군주에게 전쟁은 존재 이유자 운명이었다. 그러나 피지배층에게는 전쟁은 재난 그 자체였다. 전쟁이 휩쓸고 간 지역은 완전히 황폐화되었으며 군대 또한 일상적으로 약탈하였다. 전쟁으로 인한 피해는 거기서 그치지 않았다. 가장 질기고 가혹한 피해는 지칠 줄 모르고 늘어나는 세금 부담이었다. 절대군주정하에서 전쟁이 일상화되면서 군사비 부담은 천문학적인 숫자로 늘어나고 그 부담은 고스란히 백성들에게 전가되었다.

왕령지 수입에 의존하던 군주가 세금을 거둬들이기 시작한 것은 백년전쟁을 치르면서였다. 백년전쟁 당시 맹렬하게 돌격해오는 영국의 궁수에 맞서기 위해 프랑스는 고심 끝에 포병군을 창설했다. 그 포병군을 유지하기 위해 토지에 부과된 직접세 타유세taille는 전쟁 이후에도 계속 유지되었다. 섬 나라인 영국과는 달리 대륙국가인 프랑스로서는 군대를 상비군으로 유지할 필요가 있었기 때문이다. 상비군 유지를 위한 타유세는 1439년 이후 서서히 국가 조세로 정착했지만 군주는 그것만으로는 도저히 늘어나는 군사비 지출을 감당하지 못했다.

물론 전쟁이 빈번해지고 규모가 커진 탓도 있지만 징세 구조 자체에도 문제가 있었다. 우선 군복무를 담당한 제2신분은 세금에서 면제되고 성직자인 제1신분과 특정 지역이나 도시도 기부금을 조건으로 면세특권을 누렸다. 자연히 세금 부담은 전적으로 농민들의 몫이었다. 농민은 전체 인구의 85퍼센트 이상을 차지했지만 전국 토지의 절반도 보유하지 못했다. 농촌은 생산성을 향상시킬 능력도 그렇다고 도시로 인구를 방출할 만한 여건도 갖추고 있지 못했다. 농민들의 주관심사는 일용할 양식을 확보하는 수준에 머물렀고 농촌 세계는 생존 경제의 한계에 갇혀 있었다. 그런 농민들이 세금 부담을 전적으로 책임지고 있었다. 면세특권의 범위가 넓고 다양하며 또 부유한 자들이 그런 혜택을 누렸기 때문에 국내총생산에 비해 과세율은 무척 낮았다. 17세기 프랑스의 경우 전시에 17퍼센트, 평화시에는 10퍼센트 미만이었다.[50]

1515년 프랑수아 1세 즉위 이후 문제는 더욱 심각해졌다. 이 르네상스적 유형의 군주는 화려한 외교와 전쟁을 통해 왕권을 과시하기를 즐겼다. 군사비는 매년 재정 지출의 절반을 넘었다. 물론 일차적으로 기존의 세금을 올리

농민 가족. 루이 르냉이 묘사한 농민 가족의 식사하는 모습의 일부. 가장인 듯한 남자가 왼손에 커다란 빵 덩어리를 들고 오른손의 칼로 자르려고 한다. 식탁 대신 헝겊을 씌운 탁자 위에 덩그렇게 놓여 있는 큰 접시 하나와 소스 그릇은 허름한 옷차림과 함께 농민 가족의 비참한 생활을 짐작케 한다. 포크와 스푼 등 식사 도구가 사용되지 않았음은 물론 빵 외에 다른 먹거리도 없었다.

거나 새로운 세금을 신설하는 등 다양한 방법이 시도되었다. 그러나 세금 증가는 한계가 있었고 또 징수 자체가 더디게 진행되었다. 자연히 늘어나는 재정 적자를 메우기 위해 온갖 방법이 강구되었다. 왕실은 간접세와 성직자들의 기부금을 강요하고 관직매매와 귀족 작위매매도 서슴지 않았다. 그럼에도 늘어나는 재정 수요를 감당하지 못한 정부는 점차 세입을 담보로 일시에 목돈을 빌리는 응급처방에 매달리게 되었다. 이때 정부의 돈거래 대상은 주로 징세청부업자들이었다.

사실 징세청부의 역사는 절대군주정의 역사보다 더 길다. 국가조세가 보편화되고 세금의 종류가 다양해졌지만 행정체계의 발달이 이에 못 미쳤기 때문에 세금 징수는 징세청부업자들에게 의존했다. 세금 하청권은 공매를 통해 개인에게 부여되었다. 정부와 계약을 맺은 징세청부업자들은 국왕에게 선이자를 뗀 일정액을 선납하고 징세 과정에서 드는 모든 비용을 부담했다. 대신 계약액 이상을 징수하거나 선이자의 비율이 매우 높았기 때문에 징세청부업자들은 세금 하청권을 놓고 치열한 경쟁을 벌였다. 여기에 권력의 비리가 작용했음은 두말할 필요도 없었다. 그 모든 과정이 장기적으로는 국고에 엄청난 손실을 초래할 것임은 불을 보듯 뻔했다.

국가조세가 강화될수록 징세청부업자의 규모와 역할도 더 커졌다. 징세청부는 주로 소금세, 주세, 관세 등 간접세 징수에만 적용되었으나 전쟁과 반란으로 세금 징수가 어려워지자 직접세도 징세청부업자의 손에 넘겨졌다. 국가재정이 점차 부유한 징세청부업자 집단의 대부에 의존하는 비정상적인 구조로 변질되어갔다.

특히 30년전쟁을 계기로 프랑스 재정 상태는 악화되었다. 앙리 4세가 낭트칙령을 선포하고 8,000명만 남기고 해산시켰던 군대가 갑자기 10만으로 늘

어났으니 말이다. 그동안 타유세는 엄청나게 늘어났다. 타유세 수입은 1610
년의 1,200만에서 1657년에 5,300만 리브르로 늘어났다.[51] 반세기 만에 거의
4.5배 증가한 셈이다. 간접세도 2~3배 증가하고 관직매매도 절정에 달했다.
프랑스가 30년전쟁에 직접 참전한 1635년부터 사태는 극도로 악화되었다.
세금 부담은 계속 늘어났는데도 재정은 턱없이 부족했고 그 대부분을 대부에
의존하지 않을 수 없었다. 1643년부터는 국가조세의 근간인 타유세조차 담
보로 넘겨졌다.[52] 전쟁이 반영구적으로 지속되던 17세기에 대부는 만성적인
현상이 되어버렸고 군주정은 비교적 손쉽게 돈을 빌리는 이 방법에 중독된
상태였다. 예컨대 1635년의 총수입은 약 2억 800만 리브르로 17세기 전 기간
중 가장 많다. 그런데 이 수입의 75퍼센트가 대부금이었다.[53] 그 후 대부금 의
존도가 완화되기는 했지만 푸케가 재무총관으로 재직하던 당시에도 항상 60
퍼센트 정도에 육박했다.[54]

1643~1646년도 재정 수입을 담보로 빌린 대부금은 이미 1643년이 되기도
전에 바닥이 났고 정부는 또다시 대부를 담당한 '재정가'들에게 손을 벌리지
않을 수 없었다. 결국 군주정은 재정가들의 전횡에 내맡겨진 것이나 다름없
었다. 그런데 재정가라는 이 낯선 존재의 정체는 과연 무엇일까?

재정가, 국가를 상대로 한 고리대금업자

1690년에 출판된 《퓌르티에르 사전》에 의하면 재정가financier는 '국왕의 공
금을 운용하는 사람'이다.[55] 급박한 재정 수요와 함께 탄생한 이 단어는 국가
와 돈거래를 한 사적 개인이나 이에 관련된 사람들을 가리켰다. 하지만 막연
하기 짝이 없는 이 단어는 본래 부유한 관리의 돈을 관리해주는 사람들을 일
컫는 말이었다. 재정 요구가 급박해지면서 정부는 현금 동원력을 지닌 사람을

찾아야 했다. 재정의 원뜻은 '찾다' 라는 의미의 프랑스 고어 'finer' 에서 유래했던 것이다. 이렇게 탄생한 재정가는 정부와 계약을 맺고 돈거래를 했다. 재정가는 정부에게 목돈, 특히 전쟁 자금을 제공하는 대신 국가조세의 일부를 이자 명목으로 가져갔다. 그런데 이들 중 75퍼센트가 관직 보유자들이었다.[56]

국가와 돈거래를 하는 당사자가 관리라니 오늘날 우리의 사고방식으로 보면 도저히 이해할 수가 없는 일이다. 하지만 당시의 재정 운영 방식을 살펴보면 일견 수긍이 간다. 전쟁과 같은 비상사태가 벌어지면 참사회에서 대부 액수와 시기를 결정한다. 이때 재무총관이 돈을 빌려줄 전주를 찾는데 이에 즉각 응할 수 있는 인물이 주로 주변의 관리들이었다. 예컨대 1621년 8월 23일에 23만 3,750리브르의 대부 계약을 체결한 루이 마르샹Louis Marchand은 궁내부 국무비서였다.[57] 재무총관 푸케도 1653년에 국고에 128만 3,000리브르를 제공하고 대신 브르타뉴 조세권을 양도받았다.[58]

유럽 최강의 군대를 보유한 프랑스의 재정은 이렇듯 합리적이고 체계적이기는커녕 즉흥적이고 주먹구구식으로 운영되었다. 전쟁으로 재정 수요가 늘어나면서 관리들은 다른 사람의 돈을 끌어들이거나 새로운 계약자를 찾아야했다. 이 점에서 징세청부업자들은 상당히 유리한 입장이 아닐 수 없다. 관세, 보조세, 염세 등 간접세 징세청부업으로 국가와 돈거래를 해온 이들은 저마다 엄청난 자금력과 광범위한 인적 그물망을 구축하고 있었다.

실제로 재정가 집단에는 간접세 징수를 담당한 징세청부업자들이 많았고 이들은 이미 대부분 징수관이나 회계관 등 중간급 재무관직을 보유하고 있었다. 17세기 당시 재정가로 입신하는 길은 다음의 세 가지였다. 첫째 법원의 대소인직을 매입하는 것이다. 이 경우 소송 대리를 통해 징세청부 공매에 참여함으로써 재정가가 되었다. 큰 이변이 없으면 재무비서직이나 지사, 고등법원 법관직에 오를 수 있었다. 둘째, 재정관직을 보유한 경우에는 곧바로 징세청부권을 따내거나 총괄 징수관이 되었다. 셋째 군대의 생필품이나 무기를 조달하는 군납업을 통해 현금동원력을 키우고 인맥을 굳힌 다음 재정에 관여하는 경우였다.[59] 어느 경우이건 재정가는 징세청부업자이거나 관직과 관련이 깊었음을 알 수 있다. 나아가 재정가로의 변신이 단번에 이루어지는 것이 아니라는 점 또한 주목할 만한 사실이다.

실제로 당대인들의 증언에도 불구하고 재정가는 벼락출세자이기는커녕 상당한 재력과 지위를 갖춘 가문 출신이었다. 그중에서도 염세 청부업자들은 결코 한 세대에 만들어지는 존재가 아니었다. 세입의 가장 커다란 비중을 담당하던 그들은 재정을 움직이는 막강한 실세였다. 보노T. Bonneau, 오베르P. Aubert, 샤틀랭C. Chatelain, 스카롱M-A Scarron, 메로P. Mérault 등의 염세 청부업자들은 1632~1661년 동안 절박한 순간마다 국가에 피를 수혈해준 공로자들이었다. 한줌의 징세청부업자가 국가 재정을 주물렀던 것이다.[60]

재정가에게 가장 중요한 것은 현금동원 능력이었다. 그들 자신이 거부였지만 그것만으로는 끊임없이 늘어나는 국가의 재정 수요를 충당할 수 없었기에 어떻게 해서든지 돈줄을 찾아야 했다. 재정가들에게 뒷돈을 대준 사람들은 누구일까? 여기서 돈줄의 정체가 흥미롭지 않을 수 없다. 상식적으로 생각하면 재정가의 돈줄은 당연히 파리의 부유한 상인층이나 금융업자가 대부분일 것이다. 하지만 국가를 상대로 한 고리대금업의 주 고객은 예상과는 달리 대귀족, 성직자, 법관 등 특권층이 더 많았다. 1661년에 압수된 푸케와 측근의 회계장부에서 국고출납관 자냉 드 카스티유와 관직매매국 회계관 모느로의 이름이 발견된 것은 당시 관행상 그리 놀라운 일이 아니다. 하지만 그 명단에 콩티 공, 기즈 공작, 라로슈푸코 공작, 대상서 세기에, 파리 고등법원 법관 베르몽과 탕보노 등

고위 귀족과 관리들의 이름이 줄줄이 등장하는 것은 뜻밖이 아닐 수 없다.

국가를 상대로 한 고리대금업은 고귀한 귀족이나 성직자들의 품위를 손상시키는 일이 아닌가. '민중의 지팡이'로 자처하며 '공공의 적'인 징세청부업자들의 처단을 외치던 법관들의 체면에 그것은 더더구나 어울리지 않는 일이 아닌가. 하지만 재물 앞에서는 품위도 체면도 맥을 추지 못했다. 이율이 종종 20퍼센트 정도였고 때로는 50퍼센트에 달하는 경우도 있었으니 그럴 만도 했다.[61] 이토록 고율의 이자는 신분 노출에 대한 일종의 위험수당이었을까? 하지만 그들의 정체가 드러나는 법은 거의 없었다. 신중하고 빈틈없는 투기꾼인 재정가 덕분에 투자는 여러 단계를 거치거나 차명이 사용되었기 때문이다. 1653년 마자랭이 샹파뉴 지방에 주둔한 군대의 군납용 빵 납품권을 독점했을 때 그는 알베르라는 가명을 사용했다.[62]

징세청부업자 선정권을 지닌 대신들이나 왕의 측근인 대귀족들은 재정가들에게 징세청부권을 맡기는 동시에 차명으로 재정가들에게 투자했다. 자연히 재정가와 그 뒤에 숨은 전주 사이에는 긴밀한 유대관계가 형성되었다. 재정가들이 전주의 재산 관리까지 도맡은 경우라면 사적인 관계는 더욱 돈독해질 수밖에 없었다. 당시 재정가 사회에서는 '돈 만들기'와 '비밀 지키기' 외에 '관계 맺기'가 제3의 덕목으로 요구된 것은 바로 이 때문이다.[63] 재정가에게 그들은 후견인이자 최대의 전주인 만큼 그들과 끈끈한 인간관계를 맺는 일이 필수적이었다. 돈과 권력의 결합에 결혼과 우정이 적극적으로도 동원되었음은 두말할 필요가 없다.

재정가 집단은 혈연과 우정으로 더욱 견고하게 뭉치면서 권력의 핵심부에서 밑바닥까지 뻗어나갔다. 마자랭과 푸케, 콜베르 모두 그러한 인간 그물망의 정상에 있던 인물들이다. 어디 그들뿐이겠는가. 엄밀히 말하자면 앙리 4세의 재무총관 쉴리, 루이 13세의 수석대신 리슐리외도 마찬가지였다. 권력의 실세들과 궁정귀족, 관리들, 재정가들을 연결시킨 돈과 권력의 긴밀한 연결 조직망은 궁정에서 파리로, 파리에서 지방으로 뻗어나갔다. 규모 면에서 보면 푸케의 파벌이 가장 컸다. 푸케의 파벌에 속한 재정가는 116명이고, 마자랭은 114명, 니콜라 모느로Nocolas Monnerot 69명, 프랑수아 자키에François Jaquier 56명, 콜베르가 55명의 재정가를 거느리고 있었다.[64] 게다가 1653년 당시 모느로는 푸케의 사람이었고 자키에는 푸케와 마자랭 두 사람과 동시에 거래했음을 감안하면 사실상 푸케와 마자랭의 세력이 재정을 지배했다 해도 과언이 아니다. 이쯤되면 정부는 공적인 국가기구라기보다는 거대한 기업에 가까워 보인다.

이렇게 해서 심지어 프랑스에서 가장 부유한 자산인 교회 자산도 재정가들에게 투자되었다. 정부는 재정가들의 중개를 통해 자발적인 투자를 끌어내는 놀라운 신통력을 발휘한 셈이다. 하지만 국가는 직접적이건 간접적이건 그 돈지갑의 끈을 쥐고 있는 자

마자랭. 이탈리아 지방 소귀족 가문 출신인 마자랭은 1630년 28세의 나이로 교황 군대의 군관리로 공직 생활을 시작했다. 군대 생활에 적응하지 못한 그는 외교관으로 길을 바꾸면서 천부적인 능력을 발휘하기 시작했다. 1636년 교황의 특사로 프랑스에 파견되자 리슐리외와 루이 13세의 신임을 얻고 1642년 리슐리외의 사망 후 마침내 수석대신이 되어 외국인 프랑스에서 권력의 정상에 올랐다.

들의 손아귀에서 벗어날 수 없었다. 궁극적으로 군주정은 왕의 총애를 무기로 권력을 독점한 마자랭과 푸케를 수장으로 하는 거대한 사적 집단의 전횡에 내맡겨진 것이나 진배없었다. 그들은 자신을 정점으로 하는 인적 그물망을 구성하고 도처에 자기 사람을 심었다. 그 과정에서 행정기구가 불어나고 절대군주정이 발전했다. 그러나 절대군주정을 지탱한 관료기구는 봉건적인 수직적 인간관계의 전통이 유지된 모호한 정치체제에 불과했다. 다만 전쟁이 거의 반영구적으로 지속되던 상황이었기에 비정상적으로 비대해진 관료기구도 대신들의 축재도 군주에 대한 헌신과 국가의 영광이라는 화려한 이미지로 가려졌던 것이다.

이처럼 국가권력 내부에 침투한 수직적 인간관계는 근대 초 유럽에서 널리 파급되었던 귀족들의 후견제와 매우 유사하다. 문제는 그 구성원들이 사적인 목적과 인간관계로 묶인 동시에 대부분 공직 수행자들이라는 점이다. 겉으로는 공익을 말하면서도 실제로는 사적 이해관계를 우선시했던 재정가들은 국고를 사적으로 운용함으로써 관리를 살찌우게 했던 것이다. 왕의 총애를 받던 수석대신과 대신이 그 최대 수혜자였음은 당연하다. 게다가 크게 보면 그 수익은 조세를 담보로 한 것이었기에 모든 부담은 결국 조세 부담자인 농민에게 전가될 수밖에 없었다.

이렇게 보면 재정가를 매개로 국가에 기생한 이 복잡한 먹이사슬은 세금을 뜯어내는 절대군주정의 '사업'에 끼여 한몫 챙긴 다단계 판매구조와 다름없다. 가련한 군주는 막강한 재력과 권력을 겸비한 재정가들의 볼모에 불과했다. 그들의 전횡과 돈줄에서 헤어날 길이 없는 상황에서 절대군주정이란 그림의 떡 아닌가.

1661년의 정의법정, 혁명인가 쿠데타인가

정의의 지팡이를 휘두르다

그렇다면 1661년의 정의법정은 이 먹이사슬 구조를 뿌리 뽑고 문자 그대로 '정의'를 구현했을까? 기존의 해석에 의하면 재정 제도의 발전은 늘 1661년의 정의법정에서 출발한다. 구악의 상징인 푸케를 심판하고 벌함으로써 루이 14세는 행정혁명을 이룩했다는 것이다.[65]

하지만 정의법정 자체는 절대군주정의 성장사에서 심심치 않게 등장하는 낯익은 것이다. 그 기원은 명확치 않지만 15세기 이래 역대 왕들은 재정 비리를 소탕하기 위해 간헐적으로 이 법정을 열었다. 국왕 직속의 이 특별법정은 16세기 이후 항소가 불가능한, 이른바 명실상부한 최고법정으로 자리매김되었다. 군주권이 강화될수록 정의법정도 점점 빈번하게 열렸다. 특히 새 왕이 즉위하거나 권력의 실세가 바뀌면 어김없이 정의법정이 열렸다. 왕들은 국고 횡령을 단죄한다는 명분하에 비리 관리의 재산 몰수나 벌금형으로 재정을 충당했으며 간혹 정적 제거의 수단으로 악용하기도 했던 것이다.

17세기에 들어서서도 이미 1601, 1624, 1635, 1648년에 정의법정이 열린 바 있다. 1601년의 정의법정을 통해 재무총관 쉴리가 앙리 4세의 재정 수요를 충족시켜주었다면, 1624년의 정의법정은 리슐리외를 위해 마련된 무대였다. 이 법정을 통해 리슐리외는 라비외빌을 제거하고 정치 일선에 등장했던 것이다.[66] 1635년에는 30년전쟁의 참전을 위해 재정 모금을 하려는 목적에서 정의법정이 개최되었고 1648년의 정의법정은 왕권에 도전한 파리 고등법원의 기선을 제압하기 위한 것이었다.

본래의 취지상 정의법정의 처벌 방식은 벌금과 재산 몰수가 주를 이루었다. 그러나 때로는 추방, 감금, 사형 등 극형이 선고된 경우도 있다. 한마디로 정의법정은 잘못된 재정을 '정화purification'하려는 시도였다. 더러운 불순물의 제거를 뜻하는 정화라는 단어는 이 시기에 일상적으로 사용되었다. 그 의미도 사뭇 함축적이어서 가톨릭 사제들이 미사 성찬식 전에 손을 씻는 행위를 가리키는 종교적 의미에서부터 몸에 해로운 이물질을 제거하는 관장, 사혈 등의 의료 행위까지 다양했다.[67]

정의법정에서 거론된 정화는 '민중의 흡혈귀'라는 별명으로 불리던 재정가들을 소탕하는 사회적 의미를 띠었다. 정의법정의 기능에서 빠질 수 없는 것이 바로 사회심리적 배설 기능이었던 것이다. 그러기 위해 정의법정은 가급적 떠들썩하게 시작하고 또 요란하게 선전되어야 했다. 그러나 결과는 늘 마찬가지였다. 왜냐하면 너무나 많은 사람들, 특히 특권층이 거기에 연루되어 있었기 때문에 애초부터 재정 개혁은 불가능했다. 정의법정은 정의를 외치며 대대적인 선전 속에서 시작하지만 늘 왕과 재정가들 사이의 어둡고 비밀스러운 타협과 거래 속에서 끝났다. 그리고 난 뒤에는 늘 권력의 새로운 실세가 등장했다.

그러나 1661년의 정의법정은 이전의 것과 사뭇 달라 보였다.[68] 콜베르는 부담을 줄이기 위해 파산을 선택했다. 정의법정은 우선 1635~1661년 사이에 군주정이 체결한 모든 대부 계약의 무효화를 선언했다. 지난 한 세대, 아니그 이전부터 군주정을 지탱해오던 재정 관행이 일단 모두 정지된 셈이니 가히 혁명이라 하지 않을 수 없었다. 25년 전부터 국가가 발행해온 국채가 일순간 휴지조각이 되었다. 일부 국채증서는 아무런 보상 없이 폐기되었다. 최상의 경우에 처음의 액면가로 환불되었다.

시간이 경과하면서 1661년의 정의법정은 더욱 가공할 만한 위력을 발휘했다. 모든 재정가들에게 회계장부를 제출하라는 추상같은 명령이 내려지고 모든 징세청부인과 회계관이 조사를 받았다. 주범 푸케 외에 대귀족을 포함해서 약 500명이 소환되어 재판정에 섰다. 이렇게 해서 2~3개월 혹은 길어야 1년을 끌던 이전의 정의법정과는 달리 무려 8년간 지속되는 대장정의 역사가 시작되었다.

여론 재판

이 모든 역사의 무대 전면에 루이 14세가 홀로 우뚝 서 있다. 왕은 확신에 찬 모습으로 재판을 진두지휘하며 정치적 입지를 굳힐 수 있었다. 반면 콜베르는 무대 뒤에서 머물렀고 간혹 증인석에 모습을 드러낼 뿐이었다. 그러나 정의법정의 개최를 공포하는 칙령문 작성에서부터 재판부 구성까지 사실상 정의법정의 모든 것은 그의 손에서 이루어졌다.

정의법정이 열리자 곧 세간의 이목이 집중되었다. 국가재정을 착복하고 백성의 피를 빨아먹는 '거머리'를 소탕한다는 선동적인 문구는 여론의 기대를 모으기에 충분했다. 재정가들의 횡령과 축재에 대한 반감이 민심을 지배했기 때문이다. 법정의 개최와 재판 과정에 관한 공식문서뿐만 아니라 감추어진 뒷이야기를 담은 인쇄물이 신속하게 제작되고 보급되었다. 도덕과 정의, 능률 등 개혁의 언어가 난무했다. 정의법정은 이렇듯 늘 여론을 등에 업고 전개되었다. 재판이 시작되고 증인들은 한결같이 푸케에게 불리한 증언을 하였으며 푸케와 측근의 집에서 발견된 회계장부를 근거로 제시하였다.

그러나 재판이 진행되면서 여론의 방향이 묘하게 변하기 시작했다. 팸플릿과 입소문을 통해 재판부를 구성한 면면이 세세히 폭로되면서 여론은 푸케에 대한 동정론으로 기울었다. 이때 프롱드난 동안 비약적으로 발전한 출판업의 위력이 톡톡히 한몫했다. 평소 문인 세계에 탄탄한 기반을 구축한 푸케의 인

펠리송

라퐁텐

맥이 위험을 불사하고 푸케 구명운동을 펼쳤던 것이다.

함께 감옥에 갇힌 푸케의 친구이자 고등법원 법관인 펠리송P. Pellisson은 동료인 자나르Jannart에게 정의법정의 재판 과정을 비판하는 글 《푸케 소송 사건에 관해 그의 충실한 친구 중 하나가 왕에게 바친 정치적 견해Discours au roi par un de ses fidèles sur le procès de M. de Fouquet》를 써서 인쇄해달라고 부탁했다. 자나르는 조카인 라퐁텐과 함께 이 글을 써서 인쇄했다. 이 팸플릿은 시중에 보급되었고 최소한 3판이 인쇄되었다. 1662년 펠리송은 다시 푸케 사건의 전말을 밝히는 《푸케 소송에 관한 의견들 Considerations sommaires sur le procès de M. Fouquet》을 비밀리에 출판했다.[69] 같은 해 푸케는 자신의 법정 변론을 글로 옮긴 《변론Défenses》을 친구들에게 몰래 전달해서 인쇄시켰다. 이 글에서 푸케는 유려한 문체로 정의법정 전체가 콜베르의 작품임을 폭로했다. 루이 14세는 간신의 꾐에 빠져 독재자가 된 로마의 황제 티베리우스Tiberius(BC 42~AD 37)에 비유되었다. 티베리우스는 아우구스투스 황제비 리비아가 전 남편과의 사이에서 낳은 아들이다. 여기서 푸케는 루이 14세를 티베리우스에 비유함으로써 은연중에 그의 출생을 둘러싸고 떠돌던 불미스런 소문마저 은근히 내비친 셈이다.

편파적인 재판 과정과 콜베르 심복들의 위증, 문서 착복 등의 소식이 전해지자 푸케에 대한 동정론이 더욱 우세해졌다. 재판의 공평성, 심지어 소송의 저의까지 의심하는 목소리가 들렸다. 실제로 30명의 법관들은 대부분 콜베르

파였다. 콜베르와 직접 혹은 그의 가문에 연루된 사람들이 상당수였고 심지어 콜베르의 삼촌 퓌소르Puissort도 끼어 있었다.[70] 특히 재판 도중 재판장이 평소 두터운 신망을 얻고 있던 파리 고등법원의 수석재판장 라무아뇽에서 순종적인 대상서 세기에로 바뀌자 비난의 여론이 빗발쳤다.[71]

법정에서 콜베르 대역을 한 세기에는 문인들로부터 '어릿광대'라는 별명을 얻으며 조롱거리가 되었다. 재판을 목격한 세비녜 부인의 편지에는 세기에와 푸케의 설전이 잘 드러나 있다.[72] 1664~1665년에는 이 재판을 주제로 한 《억압받은 순진무구함》이 필사본으로 유포되었다. 대화체 시로 구성된 이 작품에는 콜베르, 푸케, 루이 14세, 모후, 세기에 등 재판 관련자들이 대거 등장한다.[73] 냉정하고 교활한 콜베르의 웅변에서부터 자신의 역할을 변명하는 세기에의 독백에 이어 억울하게 희생당한 처지임을 토로하는 푸케가 왕에게 퍼붓는 악담으로 이 작품은 끝을 맺는다.

악한 왕이 세상을 지배해도

그의 무덤 위에 묘비가 세워지면 오직 선이 남는 법,

왕이여, 부디 현명하게 판단하소서.

그대 선조들의 위대함도 모두 사라지고

오만함과 함께 모두 먼지가 되었을 뿐,

그들처럼 그대 역시 옥좌에서 관으로 갈 것을.

그대의 야망을 죽이시오,

그대 운명의 종말을 평화롭게 맞이하고 싶거든…….[74]

하지만 재판 과정에서 우리가 주목해야 할 점은 콜베르의 심복인 베리에와

푸코가 정의법정의 서기였다는 사실이다.[75] 이들은 재판에서 어떤 역할을 했으며 그것은 역사에서 어떤 의미를 지닐까? 지금까지 우리를 지배해온 고정관념의 원조는 바로 이들이 아닐까? 푸케의 단죄를 당연시하고 제도의 발전을 찬양한 기존의 해석은 바로 그들 두 사람이 남긴 기록에서 출발한 것이 아닐까? 19세기 제도사가들은 국가기구와 포고령의 나열을 통해 콜베르 심복의 기록을 증명하고 선전해준 것이 아닐까? 20세기 보수적인 사가들은 이러한 순진무구함을 그대로 물려받아 1661년의 정의법정을 혁명으로 승격시킨 것이 아닐까?

카드 패의 재분배

1664년 12월 9일, 푸케 사건에 대한 공판이 열렸다. 푸케를 기소한 죄목 중 상당 부분은 무혐의 처리되었다. 판결문에서 대역죄목은 아예 자취를 감추었다. 국고횡령과 배임죄도 증거 불충분으로 무혐의 처리되고 다만 재정 운영상의 과실과 부정이 적용되었다. 콜베르는 퓌소르를 내세워 푸케의 사형을 주장했으나 13 대 9로 기각되었다. 법정은 푸케에게 추방령을 내렸을 뿐이다. 이에 만족하지 못한 루이 14세는 법정의 선고를 번복해서 종신 징역형을 명했다. 결국 푸케는 1664년 말 피녜롤 요새로 이감되었다. 조사를 받은 500명 중 465명의 재정가들에게도 형사처벌이 내려지고 그중 상당수가 감옥에 갇혔다.

그러나 푸케가 사라진 뒤 정의법정은 솜방망이로 둔갑했다. 1665년부터 1669년 8월 막을 내릴 때까지 계속된 정의법정에서는 수많은 재정가들에게 국왕사면령이 내려졌다. 형사처벌도 대부분 벌금형으로 바뀌었다. 재정가들에게 부과된 벌금은 자그마치 총 1억 5,670만 리브르에 달했다.[76] 개인별 벌금 액수의 결정권은 1665년에 새로 재무총감controleur général des finances이

피에르 세기에Pierre Séguier(1588~1672). 제복을 입은 하인들의 호위를 받으며 말을 타고 가는 대상서 세기에의 위풍당당한 모습(르브룅, 1660). 전형적인 법복귀족인 세기에는 1635년에 프랑스에서 왕 다음의 서열이자 사법권의 총수인 대상서가 되었고 죽을 때까지 이 자리를 지켰다. 그러나 강력한 수석대신 리슐리외와 마자랭, 그리고 콜베르의 위세에 눌려 그의 권한은 점차 유명무실해졌다.

된 콜베르에게 맡겨졌다. 이제 재정가들의 생사 여부가 콜베르의 손안에 놓이게 된 셈이다. 벌금형을 자세히 살펴보면 콜베르의 의도가 더욱 분명히 드러난다. 무거운 벌금형을 받은 자들은 주로 마자랭과 푸케 파벌에 속한 재정가들이었다. 반면 콜베르 파벌에 속한 재정가에게 부과된 벌금은 푸케 측이 내야 할 벌금의 60분의 1에도 못 미쳤다.[77]

벌금형은 가혹하게 집행되었다. 현금만이 아니라 토지, 저택, 심지어 귀금속마저 샅샅이 파헤쳐져 국고로 환수되었다. 특히 지라르댕, 자냉 드 카스티유, 모느로 등 푸케 측 재정가들은 엄청난 벌금으로 사실상 재기불능 상태에 빠져버렸다. 벌금 대신 관직이 변제 수단으로 허용되기도 했다. 이 과정에서 협박과 타협, 은밀한 뒷거래가 오갔음은 물론이다. 콜베르가 국무비서직을 손에 넣은 것도 바로 이때다. 60만 리브르의 벌금형을 선고받은 뒤플레시스 게네고가 벌금 대신 국무비서직을 헐값에 내놓았던 것이다. 이처럼 추잡하고 부당한 거래가 난무하는 가운데 지난 세대 동안 신설되었던 상당수의 관직이 폐지되거나 새로운 인맥으로 재정비되었다. 혁명의 외투를 걸친 1661년의 정의법정은 결국 카드 패를 재분배한 데 지나지 않았던 것이다.

새 시대가 열리다

1661년의 정의법정은 푸케와 그의 파벌을 심판하는 데 그치지 않았다. 법관들은 재판 내내 구악을 뿌리 뽑고 질서를 구축한다는 명분을 소리 높여 외쳤다. 푸케와 함께 프랑스 왕국의 과거 전체가 심판대에 오른 셈이다. 재판이 진행될수록 들뜬 분위기는 사라지고 사회 전반에 냉랭하고 억압적인 분위기가 번졌다.

1664년 얀센주의자들이 은둔해 있던 포르루아얄 수도원에 대한 박해가 시작되자 푸케의 친구 아르노 당딜리에 대한 앙갚음이라는 소문이 퍼졌다. 위그노 문제도 더욱 경색되었다. 푸케의 절친한 친구들이었던 최고의 예술가들은 숨을 죽이고 몸을 숨겼다. 생테브르몽은 망명을 떠났고 라로슈푸코 공작과 세비녜 부인은 불안해하며 궁정에서 먼 곳으로 몸을 피했다. 법관이자 시인인 펠리송은 감옥에 갇히고 라신은 조용히 위제스에 처박혔다. 푸케의 심판과 제거라는 충격요법이 기대 이상의 정치적, 사회적 억압 효과를 낳았던 것이다. 방종과 무절제, 사치와 격정의 바로크 시대는 이렇게 막이 내렸다. 예술 세계는 새 시대, 새 사람들로 채워지고 바로크와 정반대의 문화가

푸케. 1653년 마자랭에 의해 재무총관으로 발탁된 푸케. 관리들은 검은색 옷을 입어야 했던 당시 관례에 따라 푸케도 검은색 옷을 입고 있었지만 실크 셔츠와 풍성한 셔츠 소매를 묶은 은색 리본 장식으로 사치스러움을 과시하고 있다.

창조되었다. 위대한 고전주의 시대가 개막한 것이다.

지배층의 변화는 더욱 두드러졌다. 직접적이건 간접적이건 푸케에 연루된 귀족들과 고등법원 법관들은 재판이 진행되는 동안 전전긍긍하며 낮은 포복 자세를 취하지 않을 수 없었다. 지난 반세기 동안 반란을 일으키며 왕의 권위에 도전하거나 반발해온 귀족과 법관들의 기가 꺾이고 목소리가 낮아졌다.

이런 점에서 푸케 사건은 콜베르에게 경쟁자의 제거 이상의 의미를 지닌다. 그것은 권력의 정상에 오르기 위해 그가 거쳐야 할 관문이었다. 그러나 푸케 사건은 누구보다도 루이 14세에게 멋진 한판 승부였다. 푸케 사건을 통해 그는 프롱드난의 치욕과 섭정기의 혼란에서 벗어나 절대군주로 거듭날 수 있었다. 새로운 지배자에게 과거의 악을 상징하는 희생양의 제거보다 더 효과적인 정치적 막간극이 어디 있겠는가. 푸케 사건의 전말이 300년을 훨씬 지난 오늘 우리에게도 그리 낯설지 않은 이유는 바로 여기에 있다.

마자랭　Mazarin, Jules(1602~1661): 교황의 특사로 1636년에 프랑스 왕실에 발을 들여놓은 뒤 1642년 리슐리외의 뒤를 이어 수석대신이 되면서 루이 14세의 미성년 기간 동안 전권을 장악했다. 리슐리외의 정책을 계승하는 한편 온화한 성격과 천부적인 외교술을 무기로 귀족들을 분열시키고 독일의 분립 상태를 지속시킴으로써 루이 14세의 친정의 기틀을 마련했다.

푸 케　Fouquet, Nicolas(1615~1680): 법관 출신으로 재무총관직에 올라 엄청난 부를 쌓았으며 파리 인근에 화려한 보르비콩트 성을 건축했다. 학문과 예술에도 조예가 깊었으나 루이 14세와 콜베르의 견제를 받아 1664년 종신형과 재산몰수형을 선고받아 죽을 때까지 감옥에서 지냈다.

콜베르　Colbert, Jean-Baptiste(1619~1683): 랭스의 재정가 집안 출신으로 일찍이 마자랭의 신임을 얻어 루이 14세에게 천거되었다. 루이 14세가 친정을 시작한 1661년부터 국무대신, 재무총감, 궁내부 대신 등 여러 직위를 겸직하며 프랑스 정국을 주도했다.

Louis Le Grand Monarque

III

콜베르와 루이 대왕 만들기

1661년의 행정혁명, 승리의 신기루

루이 14세 《회고록》의 정체

도처에 혼란과 무질서가 지배했다. 궁정은 짐이 마음속으로 바라던 것과는 거리가 멀었다. 귀족들은 대신들과 거래를 했다. 대신들은 그 사실을 전혀 괘념치 않았고 또 때때로 필요한 일이라고 여겼다.[78]

루이 14세가 세자 교육을 위해 집필한 《회고록》에서 묘사한 1661년 이전의 상황은 거의 무정부 상태다. 하지만 푸케 사건을 계기로 모든 게 달라졌다.

새로운 시대가 열린 것이다. 1661년 정의법정의 요란한 나팔소리와 함께 프랑스 왕국 전체에 질서 구축을 위한 원대한 기획이 드러나기 시작했다.

루이 14세는 기회 있을 때마다 왕국의 일인자임을 공언하며 국정을 직접 챙길 것을 다짐했다. "짐은 네 명의 국무비서들에게 짐과 논의를 거치지 않은 어떤 사안에 대해서도 서명하지 말라는 명령을 내렸다. 어떤 재정 문제도 짐이 지닌 수첩에 기록되지 않고서는 집행되지 못하도록 명령했다."[79] 실제로 1661년부터 국사는 왕이 직접 혹은 왕과의 협의를 거친 뒤 그의 인장이 찍힌 공문서를 통해 집행되었다.

군주권을 누구와도 나눌 수 없음을 역설하고 실천한 루이 14세는 홉스의 영향을 받은 것일까? 1660년에 《리바이어던*Leviathan*》을 포함한 홉스의 저작들이 《정치학 개요*Elements de la politique de M. Hobbes*》라는 제목으로 때마침 프랑스에서 출판되었으니 말이다.[80] 홉스의 《리바이어던》은 1651년 영국에서 처음 출판되었다. '만인 대 만인의 투쟁'이라는 선정적인 문구와 함께 그는 영국 사회에서 논란을 일으켰다. 유럽 대륙에서도 그는 화제의 인물이 되었다. 베스트팔렌조약으로 30년전쟁을 간신히 마무리한 유럽은 여전히 아수라장이었다. 교황의 낡은 지배욕을 종식시키고 세속 군주의 손을 들어준 베스트팔렌조약은 현실 사회의 변화를 뒤늦게 수용하고 명문화한 데 지나지 않았다. 패권 장악의 욕망에 사로잡힌 군주들의 야심으로 국가 간의 경쟁은 걷잡을 수 없이 치열해지고 도처에서 전쟁이 계속되었다. 홉스의 《리바이어던》은 바로 그러한 혼란을 극복하기 위한 구체적인 지침서였다. "인간의 이기심과 맹목적인 감정은 무질서와 혼란의 무정부 상태를 초래할 것이므로 질서를 수립하기 위해 개인들은 군주에게 자신들의 권한을 양도해야 한다." 강력한 절대군주의 탄생 그 자체를 웅변한 홉스의 명성은 이미 프랑스에서도 자자했다.

그러나 루이 14세가 《회고록》에서 묘사한 군주의 이미지는 홉스의 것과는 사뭇 다르다. 유물론자에 가까운 홉스의 절대군주가 인민들의 사회계약의 토대 위에 서 있다면, 루이 14세의 군주권은 신이 부여한 것이다. "그대를 왕으로 만드신 분은 바로 신이다. 신은 그대가 선량한 의지를 유지하는 한 그대에게 빛과 지혜를 주실 것이다."[81] 루이 14세는 위대하고 고결한 왕의 직분을 '신이 주신 소명'으로 간주했던 것이다. 이러한 왕권신수설의 신학적 뿌리는 "모든 권위는 신에게서 비롯된 것이며 존재하는 모든 권위는 신에 의해 형성되었다"는 〈로마서〉 13장 1절이다.

왕권신수설은 루이 14세에 의해 창조된 것이 아니며 그만이 아니라 거의 모든 프랑스인들이 공유하고 있던 믿음이다. 왕을 신으로부터 기름부음을 받은 존재로 여기는 이러한 전통은 멀리 카페 왕조(987~1328)까지 거슬러 올라간다. 국왕 대관식은 중세 이래 경건하고 장엄한 종교의식으로 치러졌다. 왕이 지상에서의 신의 대리자임이 공포되는 그 순간 신분에 따라 도열한 사람들은 왕에게 복종하는 자세를 취하고 왕을 위해 기도했다.

절대군주정의 형성 과정에서 신의 이미지는 왕권 강화에 유리한 정치적 포석으로 활용되었다. 왕은 신을 대신해서 왕국을 수호할 정의의 사도이자 민중의 아버지로 여겨졌다. 전쟁도 신의 이름으로 치러졌다. 정치적 혼란기일수록 강력한 군주의 필요성이 역설되고 그럴수록 왕에게는 신의 이미지가 더욱더 강하게 투사되었다. 정치 이론서들도 늘 신의 후광을 빌려 군주권을 정당화했다. 가톨릭과 위그노가 피비린내 나는 살육전을 벌이던 1576년에 보댕은 《국가론》에서 군주가 주권자이며 절대자임을 천명했다. 1632년 카르댕 르브레도 반란의 소용돌이 와중에 쓴 《국왕 군주론》에서 "왕은 지상 최고의 권한을 누리며 그것은 결코 분할될 수 없다"며 신수권에 기초한 강력한 절대군주를 옹호했다. 그러나 17세기 전반기 프랑스를 풍미한 절대군주는 여전히 정치 현실이라기보다는 정치적 희망 사항이자 목표였다.

루이 14세의 《회고록》은 이러한 염원에 답하는 글이다. 1661년에서 1668년까지 계속되는 《회고록》은 그가 첫머리에서 밝히고 있듯이 세자에게 교훈을 남기기 위한 목적에서 쓰여졌다. 루이 14세는 1661년과 1662년 부분에서 프롱드난으로 인한 혼란에서 왕국을 구출한 자신의 행적을 과시하고 군주로서의 이상과 자세에 관한 교훈을 던지고 있다. 외형상 세자의 교육 지침서 형식을 취하고 있는 그의 《회고록》은 사실상 절대주의의 강령인 셈이다. 《회고록》 전체를 관통하는 일관된 주제는 자기절제라는 금욕주의적 자세다. 《회고록》에서 그는 자신을 이성의 군주이자 감정과 행동을 스스로 통제하는 스토아적인 군주로 자처한다. 볼테르는 이를 토대로 루이 14세에게 철학자–왕이라는 칭호를 부여했다. 이후 루이 14세의 《회고록》은 그의 정치적, 도덕적 증거이자 교훈서로 간주되었다.

그러나 《회고록》에 담긴 내용은 독창적이라기보다는 다양한 정치사상의 편린들을 혼잡스럽게 짜맞춘 듯하며 필체와 내용 면에서도 일관성이 없다. 또한 세자의 교육에 이 《회고록》이 한 번이라도 참조되었는지조차 확인할 길이 없다. 루이 14세의 《회고록》을 둘러싼 시비는 그것만이 아니다.

가장 커다란 논란거리는 《회고록》의 집필자 문제다. 앙리 4세와 루이 13세는 《회고록》을 남기지 않았다. 대신 쉴리와 리슐리외가 각각 《왕의 재정운영 Economies royales》과 《정치적 유언Testament politique》을 통해 앙리 4세와 루이 13세의 치세를 정당화했을 뿐이다. 그런데 루이 14세는 당시 유행하던 문학 장르 중 하나인 회고록의 형식을 빌려 자신이 직접 그 역할을 맡았던 것이다. 그렇다면 루이 14세는 과연 《회고록》을 직접 집필했을까? 오랫동안 역사가들은 원본 대조 작업을 통해 필자를 추적한 결과 루이 14세가 구술하고 펠리송이 받아쓴 것으로 단정 지었다.[82] 자연히 《회고록》에 담긴 사상은 루이 14세 본인의 것으로 인정되었다. 반면 루이 14세가 직접 기록하지는 않았다는 사실이 확인된 셈이다.

그러나 최근 역사가들은 《회고록》의 사상마저 루이 14세의 것으로 받아들이는 데 회의적이다. 《회고록》의 집필 과정이 집단적인 초안과 작문, 그리고 수정의 복잡한 과정을 거친 것임이 밝혀졌기 때문이다.[83] 우선 루이 14세는 1661년부터 서기 로즈Rose로 하여금 세세한 사항을 기록케 했다. 그러나 《회고록》의 또 다른 원고는 왕의 역사에 활용하기 위해 콜베르가 매주 있었던 일들을 직접 기록한 일지다. 1661년에 시작된 이 작업은 1665년에 그가 재무총감이 될 때까지 계속되었다.[84] 그 이후 왕의 행정과 언행을 기록하는 작업은 세자의 시강학사인 페리니Périgny에게 맡겨졌다. 《회고록》이 세자에게 주는 교훈서의 틀을 갖추게 된 것은 아마도 이때부터인 듯하다. 1667년경부터 국왕 역사편찬관인 펠리송이 《회고록》 집필 작업에 합세했다. 그는 이전에 쓰여진 내용을 고치고 필요한 내용을 첨가했다. 이 모든 작업은 1672년에 벌어진 네덜란드와의 전쟁으로 인해 중단되었다.[85] 결국 루이 14세의 《회고록》은 로즈, 콜베르, 페리니, 펠리송의 합작품인 셈이다. 아무 거리낌 없이 '짐'이라는 1인칭을 사용하며 절대주의 이론의 전도사 역할을 한 장본인들은 바로 그들이었던 것이다.

대신체제

《회고록》은 루이 14세가 친정을 염두에 둔 시점을 마자랭의 사망 이전으로 끌어올린다.

수년간 시간이 흐르면서 평화가 도래하고 짐이 결혼을 했으며 짐의 권위는 더욱 확고해졌고 게다가 마자랭이 사망했다. 짐은 오랫동안 간절히 원하고 우려해온 바를 더 이상 미룰 수가 없었다. 짐은 국사의 모든 부분을 방관자의 시선이 아니라 주인의 시선으로 주시하기 시작했다.[86]

그런 그에게 가장 참을 수 없는 것은 참사회였다.

참사회에서 마치 짐이 직접 내린 것처럼 짐의 이름으로 내려진 결정들은 다른 사법 기구들을 혼란에 빠뜨렸다. 이러한 혼란에 짐은 심히 수치스러움을 느끼지 않을 수 없었다.[87]

왕을 제치고 움직이던 참사회를 장악하려면 무엇보다 먼저 수석대신을 제거해야 했다. 수석대신premier ministre이란 국무참사회conseil d'Etat의 구성원인 대신ministre들의 우두머리를 가리킨다. 국무참사회는 국왕 참사회 중에서 가장 중요한 역할을 했으며 리슐리외와 마자랭은 수석대신의 이름으로 국정 전반을 파악하고 모든 국가정책을 주도했던 것이다. 이제 루이 14세는 마자랭의 사망으로 공석이 된 수석대신직을 비워두고 직접 수석대신의 역할을 맡았다.[88] 적어도 외형상 모든 것이 왕으로부터 비롯되고 왕에게 도달하게 된 것이다.

수석대신의 부재를 제외하면 루이 14세의 정부는 겉으로 보면 앙리 4세나 루이 13세의 것과 크게 다르지 않다. 무엇보다도 참사회와 국무비서Secrétaire d'Etat 제도의 기본 골격이 그대로 유지되었다.[89] 16세기에 왕족과 방계왕족,

참사회를 주재하는 루이 14세

고위 성직자들이 대거 참석한 참사회는 국사가 논의되는 핵심 기구였다. 그러나 17세기에 미성년 왕이 즉위하자 왕을 대신한 총신들은 사사건건 시비를 거는 참사회보다는 자신들에게 순종적인 국무비서들에게 더 의존했다. 루이 13세 시대부터 참사회 구성원의 규모가 축소되고 발언권도 약해졌다. 루이 14세도 마찬가지였다. 그는 국무참사회를 정규적으로 소집했지만 대신이나 국무비서와 직접 일대일로 국사를 처리하는 방식을 선호했다.

국무참사회는 매주 수요일, 목요일, 일요일의 주 3회 외에도 2주에 한 번 월요일에 소집되었다. 다른 참사회와 달리 왕이 거주하던 2층에서 소집되었기에 고등참사회conseil d' en haut로 불리기도 했다.[90] 이 참사회에서는 국사 전반이 논의되었지만 특히 군사와 외교 문제 등 국가 중대사가 주요 안건이었다. 마자랭이 사망하기 이전까지만 해도 국무참사회에는 모후와 수석대신, 3명의 방계왕족들princes de sang, 대상서chancelier, 중신pair직을 지닌 4명의 공작, 4명의 국무비서, 6명의 원수maréchal가 참석했다. 추기경 및 고위 성직자들도 고정 참석자들이었다. 왕족과 대귀족들에게 국정 참여의 기회를 부여한 이러한 전통은 중세 봉건사회의 유습이다.

루이 14세는 국무참사회에서 이들을 모두 몰아내었다. 방계왕족이 최우선적으로 배제되었다. 일부 역사가들은 흔히 이 점을 근거로 루이 14세 정부의 근대성을 주장한다.[91] 실제로 루이 14세의 참사회 구성원과 운영 방식은 그전과 대조적이다. 그렇다고 해서 루이 14세가 역사가들의 주장처럼 애초부터 봉건적 유습과의 단절을 염두에 두었던 것일까?

한 가지 분명한 사실은 프롱드난을 생생하게 기억하고 있던 그가 반란에 앞장섰던 콩데 공 및 콩티 공과 국정을 공유하기를 꺼렸다는 점이다. 더구나 그들은 지방의 영지를 기반으로 여전히 막강한 정치 세력과 군사력을 유지하고 있었기에 왕으로서는 그들의 정치적 야심을 봉쇄하지 않을 수 없었던 것이다.

왕의 직계가족도 예외가 아니었다. 루이 14세의 아우인 대공Monsieur은 죽을 때까지 국무참사회에 발을 디디지 못했다. 무수한 정치 음모와 반란에 연루되었던 루이 13세의 동생이자 루이 14세의 삼촌인 가스통 도를레앙이 루이 14세에게 반면교사의 역할을 한 셈이다. 평생 정치와 담을 쌓고 살아야 했던 대공은 도박과 사랑 놀음으로 인생을 탕진했다. 루이 14세는 자식에게도 냉정했다. 세자가 국무참사회에 참여하게 된 것은 30세가 넘은 1691년부터다.

이렇듯 국무참사회의 규모는 대폭 축소되었다. 국무참사회에는 보통 국무대신 3명이 참석했고 관련 부서의 실무자들이 참석해도 구성 인원은 많아야 7명이었다. 대신들과 단지 왕의 명을 받고 출석한 실무자들로 이루어진 국무참사회의 기능은 문자 그대로 국왕의 자문 역할에 그쳤다. 보수적인 역사가 무니에는 참사회에서 방계왕족과 대귀족을 몰아내고 그 위상과 역할을 위축시킨 1661년의 변화를 '정치혁명'으로 평가했다. 루이 14세 시대에 "국무참사회는 건축물의 외관을 돋보이게 하는 파사드façade(정면건물)에 지나지 않았다"는 것이다.[92]

루이 14세의 정부는 외형상 참사회체제를 유지했지만 사실상 소수의 대신에게 의존한 대신체제였다. 대신들의 면면을 살펴보면 루이 14세 정부의 실체가 좀 더 분명해진다. 3명의 국무대신은 르텔리에, 리온, 콜베르다. 마자랭의 유산인 이 3명의 법복귀족 출신 대신이 루이 14세 정부의 핵심 세력으로 고스란히 남았던 것이다. 실제로 왕족과 대귀족이 배제된 것을 제외하면 친정 이후 국무참사회의 구성원들은 거의 변하지 않았다.[93] 대신들은 거의 교체되지 않았고 그들이 사망한 뒤에도 후손이 그 자리를 물려받았다. 1661년부터 1715년까지 대신직을 거친 인원은 총 14명에 불과하다. 이들 중 5명을 배

출한 콜베르 가 사람들에 의해 행정적 지속성은 그대로 유지되었다.

그러나 전통적으로 참사회의 구성원에게 부여되던 대신의 증서가 사라졌다. 국무비서도 대신의 직위를 겸직하지 않는 한 국무참사회에 출석하지 못했다. 왕이 부르지 않으면 그것으로 그만이었다. 왕의 총애를 무기로 온갖 특혜를 누리던 귀족 출신의 총신favoris이 아니라 오직 왕의 말 한마디에 운명이 걸린 왕의 수족들creatures에 의해 정부가 움직이게 된 것이다. 이처럼 루이 14세는 새로운 정치사상에 의존하거나 제도적 개혁을 시도하기보다는 정부의 운영 방식을 바꾸는 방식을 택했다.

서열상 국무참사회의 다음에 위치한 것은 국왕 재무참사회conseil des finances du roi(이하 재무참사회)다. 이 참사회는 푸케를 체포한 지 열흘 만인 1661년 9월 15일에 설립되었다. 대신 재무총관직을 없애 버렸다. 이후 재무총관은 프랑스사에서 영원히 사라졌다. 루이 14세는 수석대신도 재무총관도 없이 매주 3회씩 직접 재무참사회를 주재했다. 재무참사회가 일명 '국왕 참사회'로 불린 것은 바로 그런 의미에서였다. 국가가 부의 생산과 소비, 분배까지 독점한 시기였으니 전면적인 재정 문제를 논의하고 지방에 파견된 지사의 선발과 감독권을 지닌 이 참사회야말로 왕국의 모든 자산을 운영하는 실질적인 핵심 기구였던 셈이다.

재무참사회의 구성원도 역시 3명뿐이다. 그런데 이 참사회의 수장이 루이 14세의 유년시절에 사부를 지낸 빌루아 원수maréchal de Villeroy라는 사실은 의외가 아닐 수 없다. 그는 루이 14세가 참사회에서 몰아내려고 애쓴 대검귀족의 전형이니 말이다. 빌루아 원수의 사망 후 이 자리는 보빌리에 공작duc de Beauvillier에게 이어졌다.[94] 재무참사회의 또 다른 참석자는 재무지사 콜베르였다. 반면 대상서chancelier는 이따금 그것도 왕의 명을 받을 때에만 참석할 수 있었다. 대상서가 정규적인 참석권을 지닌 것은 왕이 주재한 공문서참사회conseil des dépêches뿐이었다. 왕은 여기서 대상서와 대신, 국무비서와 함께 각 지방의 지사intendant와 총독gouverneur의 보고서를 읽고 그에 대한 대책을 논의했다.[95]

대상서직은 전통적으로 왕 다음으로 왕국을 대표하는 지위였다. 카르댕 르브레의 비유처럼 대상서는 왕을 대신해서 삼부회나 참사회를 주재하며 왕명을 전달하는 왕의 '목소리'였다. 왕이 사망해도 대상서는 상복을 입지 않고 장례식에도 참석하지 않았다. 왕의 부재시 그는 왕을 대신해서 왕국을 지켜야 했기 때문이다. 뿐만 아니라 왕명의 입안과 등기 집행 절차를 총괄하며 밑에 60여 명의 국왕비서secrétaire du roi들을 거느린 대상서는 전국 사법기구의 총수 역할을 했다.[96]

하지만 친정 이후 대상서는 국무참사회와 재무참사회에서 배제됨으로써 국정 운영에서 제외되고 지방에 대한 감독권마저 잃어버렸다. 수석대신과 재무총관이 사라진 데 이어 대상서마저 유명무실한 존재로 전락한 것이다. 1635년부터 대상서직을 맡아온 늙고 무기력해진 세기에는 이러한 상황 변화에 안성맞춤인 인물이었다. 정의법정에서 콜베르의 각본에 따라 허수아비 역할에 충실했듯이, 그는 종신직인 그 자리를 1672년까지 군말 없이 지켰다.[97]

1677년에 르텔리에가 그 자리에 오른 이후에도 대상서는 지극히 제한된 역할밖에 하지 못했다. 프랑스 근대사가 미셸 앙투안은 루이 14세 정부의 최대 성과로 바로 이 점을 꼽는다.[98] 대상서의 기능이 축소되면서 루이 14세 시대의 국가는 대상서로 대표되던 사법국가에서 점차 재무참사회가 지사를 통해 전국을 통치하는 재정국가로 바뀌어갔다.[99]

콜베르와 그의 족벌체제

그렇다면 드디어 절대군주정의 이상이 실현된 것일까? 이제 왕은 홀로 국정 전반을 파악하고 책임지게 되었을까? 루이 14세 시대의 수많은 증언들은 한결같이 모든 권력이 왕권에 통합되고 루이 14세야말로 국정의 최고 추동력임을 인정한다. 하지만 루이 14세의 궁정생활을 회고록으로 남긴 슈아지 신부의 증언은 그와 정반대이다. "참사회에서는 그(콜베르)가 거의 왕처럼 행세"했다는 것이다.[100]

마자랭의 사망 후 콜베르는 한동안 재무지사라는 낮은 직책에 머물렀다. 더구나 그는 새 시대의 공복답게 왕에게 맹목적으로 복종하는 충성스런 신하의 전범을 보여주었다. 바싹 몸을 낮춘 콜베르의 자세가 겉모습에 불과한 것임이 드러나는 데에는 그리 오랜 시간이 걸리지 않았다. 푸케 사건의 처리가 어느 정도 윤곽이 잡힌 1664년부터 그의 관직 사냥이 시작되었다.

가장 먼저 그의 사냥감이 된 것은 뜻밖에도 조영총관surintendant des bâtiment 직이다. 조영총관은 궁전 건축의 설계, 건축, 토목, 조경, 실내장식뿐 아니라 왕실 축제까지 모든 궁정 건설의 재정권을 쥔 자리다. 쉴리와 마자랭도 이 자리를 거친 걸 보면 절대군주정의 형성 과정에서는 궁정 건설이 얼마나 중요한 의미를 차지하는지 알 수 있다. 더구나 유난히 권력 과시에 집착한 루이 14세의

총애를 굳히는 데 이보다 더 좋은 기회는 없었다.[101]

1665년 이후 콜베르의 관직 사냥은 좀 더 실질적인 방향으로 이루어졌다. 우선 그는 재무참사회에서 재무총감직을 신설하고 직접 그 자리를 차지했다. 1669년에는 리온의 부서에 속해 있던 해군 업무를 빼앗아 해군 국무비서가 되었다. 이렇게 해서 콜베르는 해군과 항구, 운하, 식민지 건설 등 바다에 관련된 모든 분야를 담당하는 막강한 지위를 독점했다. 또한 같은 해 그는 궁내부Maison du roi 국무비서직마저 구입했다. 앞서 언급했듯이 푸케 사건에 몰려 벌금형을 받은 뒤플레시스게네고에게서 궁내부 국무비서직을 60만 리브르라는 헐값에 사들인 것이다. 궁정의 대소사를 관장하는 궁내부 국무비서직은 궁정 귀족들에게 영향력을 행사할 수 있었을 뿐 아니라 엄청난 궁정 소비와 납품권을 좌지우지할 수 있는 특권의 온상이었다. 1670년부터 그는 전국의 수로와 다리 건설, 숲, 화폐 주조, 광산 등 모든 부서의 총관직을 겸직했다. 1671년 외무대신 리온이 사망하자 그 자리를 탐내던 콜베르의 동생 크루아시 후작Marquis de Croissy은 1679년 마침내 외무대신이 되었다. 이로써 정부의 4개 부서 중 해군부, 외무부, 궁내부가 콜베르 집안에 독점되었다. 특히 경제에 관련된 모든 직책은 콜베르에게 직속되었다. 다만 육군만이 예외였다. 육군부는 국무비서이자 대신인 르텔리에 가가 독점했다.

마자랭이 사망한 지 10년 만에 정부 내의 거의 모든 자리를 독점하고 국무참사회와 재무참사회, 공문서참사회에 모두 참석한 유일한 인물 콜베르. 그의 존재는 수석대신 아닌 수석대신, 아니 그 이상이 아닌가. 수석대신제와 재무총관제를 폐지한 것도 대상서를 무력화시킨 것도 결국은 권력을 향한 그의 질주를 가로막는 걸림돌을 제거하기 위한 사전 포석이 아니었을까?

그렇지만 한 사람이 어떻게 이 많은 관직을 보유할 수 있으며 또 감당할 수 있단 말인가? 프랑스 특유의 관직매매하에서는 그 모두가 가능하다. 관직매매를 통해 관직을 구입한 뒤 매년 관직 가격의 60분의 1에 해당되는 관직세를 납부하면 관직 상속마저 가능했다. 해군 국무비서직은 일찍부터 해군관리직에 종사해온 장남 세뉼레 후작이 승계했다. 세뉼레 후작marquis de Seignelay은 곧 궁내부 국무비서직도 겸직했다. 차남인 오르무아 후작은 조영총관직을 물려받았다. 콜베르의 동생 크루아시 후작은 전국의 지사직을 섭렵하고 런던 대사직을 거친 후 외무비서직을 차지했다. 정의법정에서 콜베르를 도와 적극적인 역할을 했던 삼촌 퓌소르는 1666년에 국무참사를 거쳐 1672년에는 드디어 재무참사회에 입성했다. 재무참사회의 구성원인 재무지사도 콜베르의 사촌이었고 조카들이 그 뒤를 이었을 뿐 아니라 조카 데마레Desmarets는 재무총감직을 물려받았다. 이렇게 해서 콜베르가 사들인 정부 내의 요직은 차례로 그의 친족이나 하수인으로 채워졌다. 권력의 정상에 도달하는 주요 통로를 콜베르의 족벌이 장악한 것이다.

정부 내의 실무를 담당한 국무비서의 서기관과 사무관 자리도 콜베르의 수하로 채워졌다. 마자랭 밑에서 함께 일하던 그의 수하들이 그대로 각 부서의 우두머리 자리를 차지했기 때문이다. 콜베르 자신이 사촌 생푸앙주의 천거로 르텔리에의 서기관이 되었듯이 이들은 매직 관리가 아니라 대신이나 국무비서의 추천으로 임명되었다. 전문성을 지닌 유능한 이 실무자들은 대신과 국무비서의 수족처럼 움직이며 정부 내에서 중추적 역할을 했다. 16세기 말에는 국무비서당 1명의 서기관과 6명의 사무관에 불과했으나 점차 정부의 규모가 커지며 그 수가 늘어나 루이 14세 시대에는 이들의 숫자가 약 700여 명에 달했다. 이들이야말로 콜베르 체제를 지탱해준 장본인들이다.[102]

중앙의 권력 독점은 콜베르의 피붙이들과 수하 집단을 중심으로 무수히 잔가지를 쳐가며 전국으로 확대되고 재생산되었다. 우선 콜베르는 수도인 파리

콜베르

를 장악하기 위해 1667년에 경찰총감lieutenant général de police 직을 신설하고 그 자리에 자신의 수족인 법복귀족 라레니La Reynie를 앉혔다. 형식상 경찰총감은 파리 고등법원 소속이었지만 라레니는 콜베르의 지시를 받았다. 파리에는 전국에서 그리고 유럽 전역에서 온갖 계층과 다양한 직업의 사람들이 몰려들었다. 인구 50만에 달하는 파리는 문자 그대로 욕망과 활력의 도시자 혼란과 음모의 도시였다. 17구역으로 나뉜 파리의 골목 구석구석을 순찰하며 라레니는 콜베르의 눈과 귀의 역할을 했다. 귀족, 관직 보유자, 재정가, 성직자, 임대수입자, 소점포 상인, 동업조합에 소속된 상인과 수공업자, 숙련공과 견습공, 거지, 부랑아 등에 대한 모든 정보가 콜베르에게 직접 전달되었다.[103] 라레니가 경찰총감으로 활약하던 1667~1697년까지 30년간 파리에서는 거리의 부랑아들을 상대로 대대적인 소탕작업이 벌어졌다. 이른바 대감금의 시대가 시작된 것이다. 그것은 방종과 무질서, 저항을 연상시키는 프롱드파와의 전쟁이었다.

지방에 대한 통제는 지사를 통해 이루어졌다. 외무대신이 되기 전 크루아시 후작은 막 프랑스 왕국에 병합된 국경 지방의 지사직을 거쳤다. 그는 알자스, 투렌, 멘, 아주네, 피카르디, 플랑드르, 프랑슈콩테에서 파리의 지사직까지 두루 섭렵하면서 전국의 상황을 콜베르에게 보고하고 그 지방에 콜베르의 수하를 심었다. 그의 뒤를 이어 지사로 임명된 자들은 주로 콜베르의 낙점을 받은 인물들이었다.

항구나 해군 요새지도 마찬가지였다. 사촌 테롱이 해군을 장악한 가운데 콜베르 가문과 연결된 사람들은 점조직처럼 요직을 차지했다. 특히 대서양 연안의 상업도시이자 군요새 도시인 라로셸은 콜베르의 영지나 다름없었다. 콜베르의 지배와 더불어 갑작스럽게 비대해진 해군의 관리직은 재정가들이 관직으로 진출하는 통로 구실을 했다. 실제로 해군관리 중에는 콜베르와 선이 닿은 재정가들이 60퍼센트에 달했다.[104]

콜베르의 인적 그물망은 관직에 그치지 않았다. 콜베르는 세 딸을 모두 당대 최고 명문가의 공작과 결혼시키는 데 성공했다. 그 대가로 그는 슈브뢰즈 공작, 보빌리에 공작, 로슈슈아르 공작에게 각각 40만 리브르의 결혼 지참금을 지불했다. 17세기 프랑스 사회에서 부유한 법복귀족과 유구한 가문의 역사를 지닌 대검귀족의 결합은 비록 사람들의 입방아에 오르기는 했지만 더 이상 낯선 풍경이 아니었다. 하지만 40만 리브르의 지참금은 당시로서도 퍽 이례적인 경우에 속했다. 부유한 귀족이나 부르주아들의 지참금은 1,000리 브르 정도면 족했다. 당시 대귀족의 연수입이 보통 5만에서 20만 리브르에 불과하던 시절이었던 만큼 이러한 결혼은 대검귀족에게도 수지맞는 장사였음이 틀림없다.

콜베르 가와의 결합은 비단 경제적 혜택에 그치지 않았다. 예를 들어 콜베르의 둘째 사위인 보빌리에 공작은 거액의 지참금을 챙겼을 뿐 아니라 빌루아 원수의 뒤를 이어 재무참사회의 수장이 되었다. 생시몽의 증언에 의하면 첫째 사위인 슈브뢰즈 공작도 종종 이 참사회에 참석했으니 콜베르의 두 사위 모두가 재정에 깊숙이 관여한 셈이다.

콜베르가 이렇게 거액의 돈을 지불하고 대검귀족과 결혼관계를 맺는 데 집착한 것은 비단 명예를 위해서만은 아니었다. 1657년 세뉼레 남작baron de Seignelay, 오세르 백작comte d'Auxerre의 영지를 구입함으로써 이미 귀족이 되었지만, 대검귀족과의 결합은 그에게 충분히 그럴 만한 가치를 지닌 일종의 사업이었다. 대검귀족 내부의 복잡하게 얽힌 인맥은 권력의 기반을 다지는 데 필수적이었다. 법복귀족의 신분으로서는 도저히 닿을 수 없는 또 다른 권력의 공간인 궁정사회는 대검귀족의 독점 무대였기 때문이다. 이렇게 해서 콜베르의 인적 그물망은 절대군주정의 역사에서 중앙 정부와 지방 조직에 가장 치밀하고 깊숙하게 파고들 수 있었다. 적어도 외형상 성직을 지키며 독신을 고수했던 리슐리외와 마자랭에 비해 콜베르는 친족을 동원한 광범위한 족벌체제를 구축했던 것이다.[105]

권력의 사다리에 촘촘히 집결한 콜베르의 끈적끈적한 친족관계와 그것을 몸통으로 해서 끝없이 잔가지를 쳐가며 확대된 무수한 수직적 인간관계.

그 정점에 콜베르가 서 있다. 그렇다면 실제로 국가를 움직인 것은 누구였을까? 루이 14세가 부르봉 왕 중 재무참사회에 참여한 유일한 왕이었음은 분명하다. 그러나 마자랭의 사망 후 수석대신을 두지 않았음에도 불구하고, 또 재무총관 푸케를 제거했음에도 불구하고 그는 또다시 복잡한 인맥으로 얽힌 권력의 그물망에 갇힌 신세가 되어 콜베르와 그의 하수인들이 제출하는 서류에 의존하지 않을 수 없었다.

콜베르는 문서광이자 지독한 일 중독자였다. 1683년 64세의 나이에 신장염 발작 증세로 쓰러져 사망할 때까지 그는 문서 속에 파묻혀 지냈다. 그가 그토록 일에 매달린 것은 국사를 위해서였을까 아니면 가업을 위해서였을까?

위대한 세기, 초라한 재정

텅 빈 국고, 짧은 장밋빛 시절

푸케의 체포 후 콜베르가 해결해야 할 최대 과제는 빚더미에 앉은 재정 문제를 해결하고 텅 빈 국고를 채우는 일이었다. 1661년 당시 재정 상태는 30년전쟁을 시작한 1635년 이래 최악이었다. 1661년도 수입 8,400만 리브르 중 5,200만 리브르가 국채 및 대부금 이자, 타유세 징수자들의 선취금, 단기 대부금 상환 등 재정가에게 돌아갈 몫이었다.[106] 매년 초 회계법원chambre des comptes이 벌이는 전년도의 결산 보고서에 대한 감사에 의하면, 1661년에 이미 1662년과 1663년의 수입 일부가 지출된 상황이었다. 정의법정을 주도한 콜베르는 개혁의 구호와 선전에 걸맞게 재정가들을 소탕하고 재정에 대한 전면 개혁을 단행해야 했다.

그가 취한 첫 정책은 기존의 재정 거래를 차단하는 긴급조치였다. 이 조치는 즉각 효력을 발휘했다. 비정상적인 대부 이자 지출이 정지되고 부당한 재정 거래로 인한 부담이 줄어들면서 재정 지출이 현저히 감소했다. 또한 이때를 이용해서 그는 대부와 각종 채권의 되사기와 환불, 삭감을 시도했다. 환불금은 액면가로 지급되었으며 그것은 정의법정에서 벌금형을 받은 재정가들의 벌금으로 충당되었다. 타유세 대부금이 가장 먼저 삭감되었으며 공채 증서도 액면가의 20퍼센트가 삭감되었다. 이율도 5퍼센트로 고정되었다.[107]

그러나 재정을 회복시키려면 이러한 소극적 재정정책보다는 수입을 늘리는 적극적인 재정정책이 강구되어야 했다. 17세기 초 놀라운 발전을 보인 수학을 활용한 통계 작업과 문서화 작업이 재정정책에 도입된 것은 이때부터다. 방치되어 있던 왕령지의 토지대장에 대한 재조사 작업이 시도되고 타유세 납부자들의 토지대장도 체계적으로 정비되었다. 다른 한편 타유세 납부자 수를 늘리기 위한 노력의 일환으로 1666년 3월 22일 전국의 귀족 참칭자에 대한 조사가 시작되었다. 프롱드난을 진압한 이후 이미 노르망디 지방에서 시작한 '귀족 참칭자' 색출 작업이 본격화된 것이다.

사회적 혼란기를 틈타 급증한 가짜 귀족을 색출해서 면세특권을 박탈하는 이러한 작업은 1674년까지 계속되었다. 귀족 조사 작업을 통해 귀족의 수가 크게 줄어든 것은 사실이다. 하지만 전체 인구수에서 귀족이 차지하는 비율이 1퍼센트 정도로 극히 미미했던 만큼 이러한 시도는 재정에 커다란 도움이 되지 못했다. 귀족 조사 작업에는 아무래도 경제적 의도보다는 귀족을 억압하려는 정치적 의도가 더 강하게 작용했음이 분명하다.

그러나 재정 수입 증대를 위한 콜베르의 노력은 기본적으로 직접세를 줄이고 간접세의 비중을 높이는 방향으로 전개되었다. 타유세는 국가 조세의 근간이었지만 징세 구조가 근본적으로 왜곡되어 있었기 때문이다. 무엇보다 먼저 제1신분과 제2신분, 그리고 다양한 도시들이 면세특권을 누렸다. 자연히 가난한 농민층의 세부담은 그만큼 커졌다.

지방별 불균형도 무시할 수 없는 문제였다. 당시 18개의 징세구 지방pays d'élections의 세금 액수는 참사회에서 결정되지만, 지방 삼부회가 존속하는 삼부회 지방pays d'états에서는 지방 삼부회가 납부 액수를 결정하고 징수도 책임졌다.[108] 나머지 알자스, 루시용, 플랑드르 등 최근의 점령지인 과세 지방 pays d'impositions의 세금 징수도 삼부회 지방과 유사하게 이루어졌다. 이러한 지방의 납세총액은 징세구 지방의 것보다 적을 수밖에 없었다. 자연히 징세구 지방에서는 불만이 끊이지 않았다. 그렇다고 해서 수세기 동안 유지되어온 관행을 하루아침에 뿌리 뽑는다는 것은 상상할 수도 가능하지도 않은 일이었다.

가급적 직접세 비중을 낮추는 것만이 지방들 간의 불균형을 줄일 수 있는 길이었다. 그러한 발상도 실행도 전혀 새로운 것이 아니었다. 이미 리슐리외와 마자랭도 이 점을 인식하고 있었지만 전쟁이라는 특수한 상황이라 보류되었을 뿐이다. 정작 이를 실행에 옮긴 사람은 푸케다. 그는 1657년에 5,300만 리브르에 달하던 타유세 수입을 1661년에 4,500만 리브르로 감소시켰다. 결국 1665년 타유세 수입이 4,200만 리브르로 줄어든 것은 콜베르가 푸케의 재정정책을 계승했음을 입증하는 증거다.[109]

직접세 부담을 줄이는 대신 간접세 의존도를 높이려는 정책 역시 푸케가 이미 시도했다. 염세, 포도주세 등 소비세를 중심으로 한 간접세를 올리는 것은 즉각적인 반응을 일으키지 않을 뿐 아니라 사회적으로도 긍정적인 평가를 받았다. 직접세의 경우 면세특권을 누리던 제1신분과 제2신분도 여기서는 예외가 아니었기 때문이다.

간접세 수입을 증대시키기 위해서는 무엇보다 먼저 뒤죽박죽인 시장을 정비할 필요가 있었다. 그중에서도 소금 시장이 주목의 대상이 되었다. 소금은 일상생활에서 없어서는 안 될 필수품이기 때문에 소금에 부과되는 염세는 간접세 수입의 가장 큰 비중을 차지했다. 하지만 그만큼 밀매가 횡행했다. 염세국에서 파는 소금 가격의 차이가 지방마다 도저히 상상할 수 없을 정도로 심했다. 일드프랑스와 노르망디 등 북쪽에서는 소금 1미노minot(옛 부피의 단위로 39리터에 해당된다)당 가격이 60리브르인 데 반해 가스코뉴나 기엔 등 국경 지방에서는 5~11리브르, 알자스와 브르타뉴 등지에서는 2리브르에 팔렸다. 이러한 가격차의 근원은 염세 징수를 책임진 징세청부업자들이 국가에 막대한 자금을 대부해준 대가로 중간에서 엄청난 이윤을 챙긴 데 있었다. 결국 징세청부업자의 농간과 그들에게 의존한 국가 재정의 방만함을 고스란히 백성이 떠받치고 있는 셈이다. 자연히 가난한 농민들은 소금 밀매에 의존하지 않을 수 없었다.

1661년 콜베르가 취한 첫 시도는 소금 밀매 단속이었다. 이 해에만 2,300명의 부녀자, 6,600명의 어린이가 소금 밀매로 체포되었다. 간접세 증대가 주목적인 콜베르로서는 세수에서 빠져나가는 밀매를 단속함으로써 세수를 확보하는 데 주력해야 했다. 그 밖에 가축, 생선, 종이, 금속 등의 거래도 투명하게 만들어 과세 대상에 포함시켰다. 간접세 징수체제 정비는 그다음 문제였다.

지나치게 다양하고 세분화되어 있던 품목들을 총괄해서 계약하는 방식이 채택되기 시작한 것은 1664년부터다. 이 일괄 계약을 통해 콜베르는 계약품목을 정리하고 계약액도 늘릴 수 있었다.[110] 그 결과 1663년에 4,160만 리브르이던 간접세 수입이 1665년에 4,460만 리브르로 증가했다. 이후 간접세 수

세금 징수 장면. 루이 14세 시대에 사람들이 세금을 내기 위해 줄을 서서 기다리고 있다.

입은 꾸준히 상승해서 전체 수입의 절반 이상을 차지했다.

콜베르의 노력으로 1661년 친정 이후 10년간 재정의 순수입이 두 배로 늘어났다. 수입과 지출의 균형이 이루어진 것도 이 시절이다. 늘 재정 적자에 허덕이던 절대군주정의 재정사에서 1660년대는 매우 이례적인 장밋빛 시절이었음이 틀림없다. 하지만 이자 수입자들에게 이 시기는 지독한 수난의 시대였다.

실제로 1660년대에 재정이 균형을 이룬 것은 지출의 감소 덕분이었다. 우선 이자 부담금 및 부채 상환금이 1661년 5,200만 리브르에서 1662년에는 2,400만 리브르로 대폭 줄어들었다. 타유세 징수관들의 몫으로 돌아갔던 수수료의 비율도 25퍼센트에서 4퍼센트로 대폭 낮아졌다.[111] 이는 정의법정이 재정가들에게 철퇴를 가한 결과이며 수많은 투자자들의 희생을 담보로 한 것이 아닌가. 또한 1660년대에 프랑스가 전쟁의 부담에서 상대적으로 자유로웠던 시기였다는 점도 고려되어야 할 것이다.

상비군 유지를 위한 군사비 지출은 평상시에도 전제 지출의 절반에 육박했다. 1663년 전체 지출의 42.8퍼센트, 1669년 47.5퍼센트가 군사비였다. 그러나 전쟁이 시작되면 군사비는 대폭 늘어나 1675년에는 전체 지출의 72.4퍼센트로 치솟았다. 이때부터 재정은 또다시 비정상적으로 운영될 수밖에 없었다.[112]

결국 직접세의 부담을 간접세에 떠넘기는 미봉책을 쓴 것 외에 콜베르의 재정 운영은 근본적으로는 달라진 것이 없다. 재정 구조의 낡은 관행도 작동 방식도 바뀌지 않았다. 정의법정에서 내세운 구호와는 정반대로 그는 국가 재정에 기생하던 재정가 집단을 청산하려는 시도조차 하지 않았다. 오히려 그는 정의법정을 통해 푸케의 파벌을 해체하고 마자랭의 파벌에 속했던 재정가들을 자신의 수하로 끌어들였다.[113] 콜베르의 의도는 애초부터 재정 구조 개혁에 있었던 것이 아니라 재정가의 세계를 물갈이하고 감독 강화를 통해 기존의 체제를 좀 더 획일적이고 통합적으로 만들려는 데 있었던 것이다. 자타가 공인하는 콜베르의 수족 프랑수아 르장드르François Legendre가 다양한 간접세를 일괄징수하는 징세청부계약을 낙찰받게 된 것이 그 증거다. 1681년에 탄생한 총괄징세청부 계약자도 역시 르장드르였다. 전국적으로 약 10만 명에 달하는 징세청부 대행인들의 수장 격인 총괄징세청부업자를 통해 콜베르는 각종 이권 사업에 개입하며 중앙과 지방에 대한 경제적 통제권을 행사할 수 있었다.[114]

중상주의의 진실, 화폐전쟁

흔히 중상주의와 동일시되는 콜베르의 대외 경제정책은 기본적으로 재정 정책의 연장선상에 있다. 콜베르의 경제 개념은 지극히 단순하다. 그는 "국가의 위대함과 힘의 차이를 만드는 것은 오직 국가가 보유한 은의 양에 달렸다는 원칙에 모두 동의하리라고" 확신했다. 그만이 아니다. 이미 한 세기 전에 보댕도 "국가의 부유함은 금과 은의 양에 달렸다"고 주장한 바 있다.[115] 그러나 본래부터 풍부하지 못했던 프랑스의 금광과 은광은 바닥난 지 오래였다. 그나마 1659년부터는 아메리카로부터 귀금속을 싣고 오던 배들도 뚝 끊겼다. 이런 판국에 귀금속을 확보하는 길은 국내에서는 세금을 징수하고 국외에서는 무역을 통해 화폐를 획득하는 길밖에 없었다. 조세 수입의 증대는 한계가 있었던 만큼 콜베르에게 무역을 통한 화폐 취득 전쟁은 불가피한 선택이었던 것이다.

전 유럽에는 일정량의 은이 있을 뿐입니다. 그러니 공공 교역을 통해 은의 양을 늘려야 합니다. 은이 유입되는 나라들로부터 은을 끌어들여 왕국에 보존하며 유출을

막고 이용할 수단을 강구해야 합니다.[116]

1670년 루이 14세에게 제출한 《왕에게 바치는 재정 보고서*Mémoire au roi sur les finances*》에서 그는 "전 유럽을 상대로 한 은의 전쟁"을 호소하며 정치경제학의 프로그램을 제시했다. 그때부터 오늘날까지 콜베르는 중상주의의 창시자이자 대변인으로 여겨진다. 하지만 콜베르 시대에 중상주의Merkantilismus라는 단어는 존재하지 않았다. 그것은 19세기 후반에 독일 역사가들이 18세기 말과 19세기 초의 자유방임주의와 구별하기 위해 만들어낸 단어다.[117] 이런 점에서 콜베르주의가 더 정확한 표현일 것이다.

콜베르주의의 내용은 지극히 간단하고 현실적이다. 귀금속의 유출을 막기 위해 식량과 제품을 자급자족하고 본국의 교역을 활성화시키고 보호하려는 것이 그 핵심이다. 이처럼 콜베르주의는 경제에 관한 보편적 원칙에서 출발한 것이 아니라 지극히 현실적인 목표하에 추진된 다양한 방식의 경제정책에 불과하다. 더구나 그가 처음 이러한 정책을 시도한 것도 아니다. 유럽 각국의 군주들은 사실상 16세기 이후 저마다 이와 유사한 대외 경제정책을 추진해왔다. 17세기에 경기 침체와 더불어 이러한 정책은 더욱 강화되고 일종의 관례처럼 굳어졌다.

하지만 북서 유럽에서 강력한 해외팽창을 주창한 이들은 본래 정치 지배자들보다는 사적인 개인들이었다. 영국과 프랑스의 궁정 귀족과 재정가, 대상인들은 식민정책의 실행을 주장하며 정부와 왕실을 부추겼다. 식민화 초기에 영국 정부의 역할은 무역 상인들과 기업가들을 후원하는 데 그쳤다. 16세기 말 각국의 경쟁이 치열해지면서 소극적인 후원정책이 적극적인 팽창정책으로 바뀌었다. 앙리 4세가 1604년에 무역참사회conseil des commerces를 설립한 것도 그런 맥락에서였다. 이때 200종의 산업육성책이 계획되었지만 커다란 실효를 거두지 못하거나 일부는 불행하게도 아예 불발로 그치고 말았다.

1615년에 몽크레티앵이 《정치경제론》에서 강력한 보호무역정책을 주장한 것은 다른 나라와의 경쟁에서 이기기 위해서였다.

> 비옥하고 광대하며 산업이 발달한 프랑스는 유럽에서 유일하게 외국과의 무역 없이도 경제적 자립이 가능한 나라다. 반면 다른 나라들은 프랑스 물품을 필요로 한다. 따라서 프랑스는 수출 품목을 개발하고 외국의 화폐를 끌어들일 만큼 무역을 발달시켜야 한다. 또한 프랑스 선박에 의해 무역을 보호해야 한다.[118]

이 점에서 콜베르는 경제적 국가주의의 경향이 강한 프랑스 경제 이론가들의 전통을 물려받은 셈이다. 하지만 1661년의 상황은 그리 낙관적이지 않았다. 이미 프랑스 무역은 상당 부분 네덜란드 선박에 의존하고 있는 실정이었기 때문이다. 급속도로 늘어나는 궁정 사치품의 수요도 만만치 않았다. 콜베르가 루이 14세에게 제출한 보고서에는 수공업 제품에 대한 통제와 보호, 수출 감독, 식민지에 대한 효율적인 통제, 해군 창설과 발전에 관한 내용이 압축적으로 일목요연하게 정리되어 있다. 지금까지 남아 있는 그 어마어마한 양의 보고서는 그가 왕을 설득하기 위해 얼마나 애를 썼는지 짐작케 한다.[119] 하지만 콜베르의 최대 장점은 그 모든 내용을 꾸준히 그리고 강력하게 추진했다는 데 있다.

그러나 라비스의 주장과는 달리 콜베르는 부르주아 국가 건설을 추구한 이상주의자가 아니었다. 콜베르가 최우선적인 목표로 삼은 것은 산업의 보호와 육성이 아니라 궁정 장식과 사치를 위한 사치품 생산이었다. 1662년 국가 보

고블랭 공장을 방문한 루이 14세(1667). 이 공장의 책임자인 르브룅이 루이 14세의 오른편에 서서 궁전 장식을 위한 양탄자, 가구, 조각품 등에 관해 설명하고 있다.

조금으로 설립된 최초의 공장은 오를레앙의 유리 공장, 루앙의 자기 공장, 샤이오의 비누 공장 등이다. 그중에서도 가장 혜택을 누린 것은 양탄자를 제작하는 고블랭 공장이다. 20년간 1,600만 리브르를 보조금으로 지급받은 고블랭은 약 250명의 인원을 고용할 정도로 대규모 공장 시설을 갖추었다. 여기서는 양탄자만이 아니라 가구, 장, 서랍, 은기구 등 왕실에서 필요한 일상용품 일체가 생산되었다. 그의 궁극적인 관심은 왕실의 권위를 과시하는 데 있었다. 다른 나라와의 경쟁에 집착한 것도 같은 이유에서였다.

콜베르주의는 한마디로 국가가 경제 변화를 주도하고 부의 원천을 창출하기보다는 그것으로부터 좀 더 많은 이익을 얻으려는 입장을 취했다. 그렇다고 해서 국가의 경제정책이 체계적이거나 일관된 방향으로 추진된 것도 아니다. 그럼에도 불구하고 중상주의정책은 엄청난 영향력을 발휘했다. 도로나 운하 등의 유통망 건설 등 교역을 활성화시키기 위한 기간산업은 국가적 차원에서만 가능했기 때문이다. 그것은 도시를 중심으로 전개된 기근이나 질병 퇴치 사업, 전염병 환자의 격리, 식량 공급 조절, 방랑자 구속, 빈민구제책 등의 소극적인 자세와는 차원이 달랐다. 또한 국가의 수요는 특히 군비軍備와 선박과 같은 특정 분야의 산업을 지탱해주었다. 법과 군대를 동원해서 무역을 보호해주는 것도 국가만이 할 수 있는 일이었다.

콜베르주의는 각 지방에 파견된 50명의 감독관inspecteur에 의해 구현되었다. 출발 후 6개월 안에 상세한 보고서를 제출해야 하는 임무를 띤 감독관들은 각 지방의 동업조합을 감시하고 사사건건 트집을 잡으며 간섭했다. 그러나 말에 의존한 당시의 운송수단과 도로의 여건상 그들이 전국의 생산을 감독한다는 것은 거의 불가능한 일이었다. 지방에 거주한 감독관들은 점차 지방 도시의 상공업 세력과 타협하지 않을 수 없었다. 중앙의 통제 장치는 사실상 효율적으로 작동하지 못했고 특권을 공격하는 동시에 끊임없이 특권을 만들어냈다. 그 과정에서 프랑스의 상공업은 국가주의와 시장원리, 경제통제주의와 자유방임주의 사이에서 갈팡질팡했다.[120]

흔히 콜베르의 산업정책으로 대변되는 동업조합체제의 실상도 마찬가지였다. 콜베르는 대도시에 거주하는 소수의 상인과 수공업자만이 동업조합에 가입했음을 누구보다 잘 알고 있었다. 소도시의 수공업자들을 불신하고 경시한 그는 소도시나 도시 외곽의 노동자들을 통제할 능력도 의사도 없었다. 1673년 3월에 모든 상인과 수공업자들에게 동업조합 가입을 강요하는 칙령이 공포되었으나 이 칙령의 궁극적인 목적은 다른 데 있었다. 그것은 네덜란드와

전쟁을 치르던 당시 상인과 수공업자에게 동업조합 가입을 무기로 재정 부담을 강요하기 위한 고육지책이었다. 이처럼 콜베르주의에서는 항상 경제보다 정치가 우선시되었다.

해외 무역과 식민지 건설 및 운영 과정에서도 경제보다 정치적 목적이 더 강하게 작용했다. 콜베르의 해외정책은 기본적으로 해외 식민지 건설을 목표로 했다. 자연히 상업적 이윤 추구는 번번이 국가의 팽창정책에 희생되었다. 더구나 해외정책의 구상과 기반은 독창적인 것이 아니었다. 브르타뉴를 해외 무역의 중심지이자 해군기지로 발전시키려는 푸케의 계획을 가로챈 것이다. 콜베르와 푸케 두 사람은 무역에 대한 기본적인 인식은 물론 운영 방식도 달랐다. 푸케는 아버지로부터 캐나다와 앙티유의 해양사업과 식민지 경영을 물려받았다. 브르타뉴의 선주였던 아버지의 영향을 받은 푸케가 국가의 규제를 반대하고 자유무역주의를 추구했다면, 콜베르는 경제적 국가주의 신봉자였다.[121] 콜베르의 노력 덕분에 프랑스가 북아메리카 연안에서 서인도 제도까지 거대한 해외 식민지를 경영하게 된 것은 사실이다. 그러나 근대적 경제 대국은 그의 지상과제가 아니었다. 정치적 요소와 경제적 요소가 뒤엉킨 콜베르 경제정책의 최우선적 목표는 항상 절대군주정의 강화에 있었다.

무역 경쟁의 연장선상에서 일련의 전쟁을 벌인 것도 경제적 목적보다는 정치적 목적이 더 강하게 작용했기 때문이다. 합스부르크와의 전쟁에서 승리한 프랑스가 상대해야 할 새로운 적은 바로 무역 경쟁국인 영국과 네덜란드였다. 콜베르가 경제에 관련된 모든 직책을 독점하게 된 1670년 이후 콜베르주의는 마침내 네덜란드와의 전쟁마저 불사하게 되었다.

그러나 1672년에 감행한 네덜란드 침공은 그때까지의 성공마저 무로 돌려놓았다. 전쟁은 네덜란드를 무력화시키기는커녕 프랑스의 재정 압박을 가중시키고 경제 활성화 시도를 위축시켰다. 그때부터 전쟁이 모든 것을 지배했다. 국가의 수탈이 재현되고 농업은 또다시 침체의 늪에 빠졌다. 1674~1675년 브르타뉴에서 경기 침체와 가격 하락으로 세금 부담이 더욱 무거워진 농민들이 반란을 일으켰다. 귀족들 덕에 반란은 곧 진압되었지만 브르타뉴는 오랫동안 그 후유증에 시달려야 했다. 브르타뉴는 군대의 무자비한 진압과 강압적인 정책으로 해외시장을 잃었다. 또한 해군과 식민교역의 교두보로서의 기능도 크게 위축되었다.[122]

한마디로 콜베르의 경제정책은 실패했다. 1676년에 무역참사회가 폐지되고 그가 설립한 무역회사들도 대부분 그의 사후 파산했다. 국내산업 육성책도 흐지부지 되었다. 그럼에도 불구하고 중상주의정책을 추진한 콜베르는 오랫동안 근대국가 건설의 역군으로 여겨졌다. 볼테르에서 출발한 콜베르 신화는 라비스에 의해 절정에 달했다. 그는 《프랑스사》 제7권 '콜베르의 헌신'에서 그의 해군 육성 계획을 합리적이고 완벽한 것으로 평가했다. '위대한 프랑스 만들기'에 앞장선 이 제3공화국의 역사가에 의하면 콜베르야말로 루이 14세 시대의 주인공이다.[123] 라비스의 주장처럼 루이 14세가 영광과 전쟁에 집착하지 않았더라면 콜베르는 프랑스를 대륙에서 으뜸가는 나라로 만들었을까?

그러나 루이 14세 시대를 연구한 피에르 구베르는 콜베르의 지나친 규제를 경제 실패의 원인으로 꼽는다. "경제적 국가주의와 국가의 보호주의가 상업의 마비를 초래했다"[124]는 것이다. 이러한 주장은 새로운 것이 아니다. 콜베르주의는 그의 살아생전에 이미 신랄한 비판에 부딪쳤다. 1668년에는 경제적 자유주의를 주장하며 콜베르의 간섭과 통제를 비난하는 익명의 팸플릿이 유포되었다. 수공업자와 선주들은 콜베르주의를 경제적 위축의 상징처럼 간주했던 것이다.[125]

그럼에도 불구하고 콜베르의 옹호자들은 그가 18세기 식민제국 건설의 토대를 마련했다고 주장한다. 그들은 콜베르주의의 실패 이유를 외부에서 찾는다. 당시 프랑스 경제의 위축은 아메리카 귀금속 유입의 감소와 통화량의 감소, 가격 하락 등 유럽 경제 전체를 강타한 경기 수축 국면과 맞물린 현상이라는 것이다. 하지만 똑같은 상황에서 오히려 상공업을 발달시키고 해외 팽창에 박차를 가한 영국과 네덜란드의 예를 보면 콜베르의 실패를 외적인 요인 탓으로 돌릴 수만은 없다.

그렇다고 해서 콜베르주의의 실패가 콜베르 개인의 판단 착오와 지나친 통제 경제정책에만 기인한 것은 아니다. 콜베르주의도 절대주의 정치신학의 또 다른 표현에 불과했던 만큼 그것의 성패는 루이 14세 시대, 나아가 절대군주정의 구조적인 측면에서 진단해볼 문제다. 재화의 총량이 한정된 상황에서 다른 나라와의 화폐 취득 경쟁은 불가피했다. 그러기 위해 국내 산업 육성책을 시도한 것은 당연한 수순이다. 그러나 상업에서 축적된 자본을 제조업과 해외 교역 쪽으로 유도하려던 콜베르의 의도는 부르주아의 무관심이라는 벽을 뚫지 못했다. 자본의 주도권을 상인과 수공업자들이 아니라 관과 결탁한 재정가들이 쥐고 있었고 그들의 자금은 대부와 관직매매를 통해 국가로 흘러들어가 전쟁비용으로 충당되었기 때문이다. 콜베르의 경제정책을 가로막은 가장 뿌리 깊은 암초는 바로 여기에 있다. 이 암초를 제거하지 못하는 한 콜베르주의는 실패할 수밖에 없었다.

관직매매, 끊을 수 없는 악순환의 고리

대부와 함께 상업 및 수공업에 투자되어야 할 자본을 국가로 빨아들이는 무서운 흡입력을 발휘한 이 관직매매의 정체는 도대체 무엇인가? 중국의 영향으로 일찍부터 과거제가 관직의 등용문으로 정착한 우리의 역사에서 관직매매는 외척의 권력 남용이나 축재 수단으로 간간이 등장할 뿐이다. 하지만 절대군주정의 역사 도처에서 출몰하는 관직매매는 엄연히 국가의 공식적인 행위였다.

정부가 관직을 신설하고 공지하면 이것을 구입하는 이들은 대체로 부유한 부르주아들이었다. 여유 자금을 지닌 투자자들이 좀 더 안전하고 수익성 높은 투자처를 찾는 것은 당연하다. 문제는 그 투자처인 관직이 경제의 논리에 의해 움직이는 것이 아니라 정치와 권력에 지배되었다는 사실이다. 정치와 권력의 논리는 자본에 대한 약속을 무산시키고 자본의 흐름을 끊임없이 경제의 순환 궤도에서 이탈시키기 마련이었다.

하지만 역설적이게도 관직매매는 자본주의 발달의 증거다. 관직거래가 이루어졌다는 사실 자체가 어느 정도 화폐경제가 형성되었음을 의미한다. 동시에 관직매매는 단기적으로 화폐경제를 촉진시키기도 했다. 프랑스가 유럽 최대의 관직매매 국가라는 썩 명예롭지 않은 별명을 얻게 된 것도 다른 나라에 비해 비교적 일찍이 자본주의가 발달한 것과 무관하지 않다. 실제로 프랑스에서는 경제팽창기인 16세기에 관직매매가 비약적으로 발전했다. 바로 이 시기에 군주정의 성장과 더불어 관직매매의 규모도 커졌다. 물론 이는 프랑스만이 아니라 전 유럽적인 현상이었다. 다만 국가기구를 증대해야 할 필요성이 있고 전쟁 등으로 시급하게 재원을 마련해야 했던 프랑스에서 관직매매가 유난히 성행했을 뿐이다.

관직매매의 기원은 명확치 않다.[126] 관직매매는 관직의 공석이 발생하면 그 자리에 내정된 사람이 이에 대한 보답으로 왕에게 일정 액수를 바치던 관행에서 유래했다. 재무관직에서 가장 먼저 그러한 현상이 나타났다. 직접세의 징수 의지나 능력이 없는 군주들이 15세기에 징세청부업자에게 재무관직을 팔기 시작하면서 관직매매는 본격화되었다. 일종의 후불제 방식이던 관행도 프랑수아 1세 시대를 거치며 선불제로 바뀌었다. 그 과정에서 아무래도 정부와 돈거래를 하던 자들이 유리했다. 특히 돈이 많은 자들에게 이러한 기회가 주어지면서 관직매매를 놓고 치열한 경쟁이 벌어지고 가격도 상승했다.

쉽게 돈을 벌 수 있는 방법에 눈을 뜬 군주들이 점점 더 관직매매에 의존하면서 재무관직 외에 사법·행정 관직들도 매매되기 시작했다. 특히 이탈리아 원정을 위해 전쟁 자금이 필요했던 프랑수아 1세 치세에 관직매매의 규모는 비약적으로 커졌다. 1522년에는 관직매매국Partie Casuelle이 신설되었다.[127] 거액의 돈을 납부한 관직 매입자들에게 국가에서 지급되는 봉급은 아주 적은 액수였다. 그러나 국가를 상대로 한 관직매입은 다른 투자처보다 안전했고 공직 수행에 뒤따르는 수수료, 벌금, 뇌물 등으로 높은 수입이 보장되었다. 수입이 많은 관직일수록 관직 가격이 높았고 물가 상승과 더불어 그 가격도 상승했다.

이렇게 해서 한 세기만에 국가기구 전체를 포괄하는 거대한 관직 시장이 형성되었다. 17세기에 경제가 위축되자 관직매매는 더욱 진가를 발휘했다. 만성적인 재정 적자에 시달리던 군주들에게 관직매매는 재정 문제의 해결사 역할을 했다. 1630~1634년에는 관직매매 수입이 재정 수입 전체의 42퍼센트를 차지할 정도였다.[128] 부르주아들이 무더기로 국가기구에 편입된 것도 이때부터였다.

관직 매입자의 입장에서 보면 관직은 높은 수익과 권력을 보장해주는 도깨비방망이였다. 뿐만 아니라 1604년에 매년 관직 가격의 60분의 1을 세금으로 내는 폴레트법으로 관직의 상속과 양도가 합법화되자 관직매매의 위력은 더욱 커졌다. 부르주아 출신 관리의 욕망은 거기서 그치지 않았다. 왕을 보좌하는 고위 관직과 왕실법정에서 파생된 최고법원[129]의 법관직에는 귀족의 작위가 주어졌기 때문이다. 그때부터 20년간 직무 수행 후 귀족 신분이 보장된 국왕 비서직과 최고법원의 법관직은 모든 부르주아의 동경의 대상이 되었다. 결국 관직매매의 마지막 미끼는 귀족 신분의 제공이었다.

국가의 입장에서도 관직매매는 일석이조의 효과를 볼 수 있는 유리한 사업이었다. 한몫에 목돈을 챙길 수 있을 뿐 아니라 저렴한 비용으로 행정 기반을 구축할 수 있었으니 말이다. 관직 상속 역시 당시로서는 탁월한 아이디어로 각광받았음이 틀림없다. 우선 이미 팔아버린 관직의 상속을 인정해주는 대가로 매년 관직 가격의 60분의 1에 달하는 관직세 수입을 거두어들일 수 있었다. 또한 높은 수준에 도달한 관리들의 전문성을 유지할 수 있는 장점도 있었다.

대귀족들의 세력을 견제하는 정치적 기능도 고려되었다. 국가 편에서 보면 반란을 일삼는 대귀족들보다는 최고법원인 고등법원, 보조세법원, 회계법원, 대법원에 포진한 이른바 법복귀족들이 아무래도 덜 위험한 존재였다. 리슐리외가 《정치적 유언》에서 관직 상속이 대귀족들을 거세하는 역할을 했음을 강조한 것은 이런 맥락에서다. 결과적으로 관직매매와 상속을 허용함으로써 프랑스 군주정에서는 대검귀족과는 상이한 또 하나의 거대한 귀족 집단이 형성되었을 뿐 아니라 외형상 그럴듯해 보이는 관료제의 틀이 갖추어졌다.

하지만 장기적으로는 득보다 실이 컸다. 공적 권위의 사적 소유 방식인 관직매매를 통해 프랑스 군주정은 비약적으로 발전했지만 그와 더불어 해악도 눈덩이처럼 불어났다. 원칙상 관리는 왕권에 헌신해야 마땅했다. 그러나 공적 권위를 사적으로 매입한 매직 관리들은 국사보다 가문의 명예와 지위, 금전적 이익을 추구하는 데 몰두했다. 관직매매의 규모가 커지고 집단화하면서 매직 관리들은 점차 통제가 불가능한 존재로 변해갔다.

그중에서도 파리 고등법원은 군주권을 제압하려 들었다. 파리 고등법원 법관직은 최고가에 거래되었다. 법관직 매입 가격은 엄청난 액수였지만 관직수행은 이자보다 훨씬 높은 수입을 보장했다. 파리 고등법원의 법관직이 그토록 인기가 높은 것은 단지 높은 수입 때문만이 아니었다. 비록 매관직이었지만 파리 고등법원 법관에게는 돈으로 살 수 없는 권위와 명성이 뒤따랐기 때문이다.[130]

절대군주정하에서 고등법원은 결코 단순한 법정이 아니었다. 권력이 미분화되어 있던 당시 파리 고등법원은 사법기구로서의 역할뿐 아니라 사실상 행정적, 정치적 기능까지 수행했다. 왕의 칙령이 법적 효력을 지니려면 파리 고등법원의 등기 절차를 거쳐야 했다. 파리 고등법원은 등기권을 무기로 칙령의 등기를 미루고 왕에게 간주서를 제출할 수 있었다. 간주권은 엄청난 부와 사회적 지위에다 법률에 대한 전문적 지식을 갖춘 파리 고등법원에 날개를 달아준 격이었다. 이럴 경우 정부가 맞설 수 있는 유일한 방법은 왕이 직접 파리 고등법원에 행차하는 친림법정lit de justice을 통해 법령의 등록을 강행하는 것이었다.

프롱드난 때도 이러한 일이 벌어졌다. 30년전쟁이 막바지에 달한 1646년, 전쟁 자금 충당을 위해 마자랭은 전통적으로 면세특권을 인정받아온 파리 시민들에게 세금을 부과했다. 그것은 가장 위험한 수단이었다. 동요한 파리 시민들이 파리 고등법원으로 몰려갔다. 마자랭은 이번에도 어린 루이 14세를 앞세워 친림법정을 감행함으로써 사태를 무마하려고 했다. 그러나 1648년 1월 15일 친림법정이 개최되자 검찰차장 오메르 탈롱Omer Talon은 때를 만난 듯 루이 14세 앞에서 루이 12세, 앙리 4세를 민중의 아버지이자 완벽한 왕으로 꼽으며 국가가 냉혹한 압제자로 변했다고 비난했다. 탈롱의 발언이 루이 14세에게 어떻게 받아들여졌는지는 정확히 할 수 없지만 마자랭의 계산은 빗나갔다. 그의 발언을 계기로 권력에 대한 야심에 가득 찬 법관들은 민중의 지팡이로 자처하며 군주권에 도전했다. 탈롱의 발언이 프롱드난의 도화선이 된 셈이다. 전국의 고등법원과 수많은 매직 관리들이 파리 고등법원을 지지하고 나서자 국가기구가 마비되었다. 왕의 하수인에서 출발한 매직 관리들이 경쟁자로 탈바꿈한 것이다.

국왕권에 도전한 관리 집단의 존재는 관직 가산화家産化의 결과다. 리슐리외도 마자랭도 관직매매의 폐단을 모르지 않았다. 그럼에도 불구하고 두 사람 모두 그 악순환의 고리를 끊기는커녕 그것을 이용했다. 모두가 막대한 전비 때문이었다. 콜베르에게도 관직매매는 큰 골칫덩어리였다. 무엇보다도 원금에 대한 이자처럼 관리의 급료가 매년 국고에서 수백만 리브르씩 빠져나갔기 때문이다. 관리들의 보수 자체는 적었지만 관직의 수가 늘면서 재정 부담이 점점 커졌다. 파리 고등법원 법관 출신인 재무지사 퓌소르의 건의에 따라 콜베르도 관직매매를 검토했다. 1664년에 이루어진 전국의 관직에 대한 실태 조사 결과 상황은 결코 간단치 않음이 드러났다. 1664년 당시 관직 수는 모두 4만 7,580개였다. 1515년에 4,000개에 불과했던 관직이 150년 동안 11배 증가한 셈이다. 더 심각한 문제는 관직 가격도 계속 상승해서 16세기에 비해 약 5배가 되었다는 점이다. 당시 관직의 총 가격은 약 4억 1,900만 리브르라는 천문학적 액수에 달했다.[131] 관직매매를 축소하거나 폐지하려면 이 액수를 지불하고 관직을 되사야 했다. 하지만 그것은 도저히 불가능한 일이었다.

1668년 이후 전쟁이 재개되면서 오히려 관직매매에 의존해서 재정 부족을 메우는 어리석음이 되풀이되었다. 수많은 새로운 관직들이 만들어지고 팔렸다. 관직이 판매된 뒤에 새로운 관직을 만들거나 관직의 특권을 줄이겠다고 위협함으로써 관직 소유자로부터 더 많은 대부금을 강요하는 무지막지한 관행도 계속되었다. 영국이나 네덜란드와는 달리 은행 제도가 발달하지 못한 프랑스에서는 이렇듯 자기 살을 파먹는 것이나 다름없는 재정 편법이 계속되었다.

관직 가격이 하락하기 시작한 것은 1700년 이후다. 그 즈음이면 관직은 더 이상 팔 것이 없을 정도로 포화 상태였고 중복되는 관직도 허다했다. 그럼에도 불구하고 루이 14세는 관직매매를 멈추지 않았다. 특히 매사냥 관직 등 주로 궁내부의 시종직 중 한직이 거래되었다. 그런데 여기서 특기할 만한 현상은 관직매매가 쇠퇴하고 18세기 후반에 관직매매의 문이 사실상 봉쇄되면서 군주정이 서서히 국민적 기반을 상실했다는 사실이다. 절대군주정과 오랫동안 공생관계를 유지해온 관직매매는 절대군주정의 운명 그 자체였던 것이다.

중앙집권화의 실상

• 지사의 정체: 지방의 정복군인가 앞잡이인가?

관직매매가 가장 먼저 이루어지고 그 폐해가 가장 극심한 것은 재무관직이었다. 왕실 수입을 총괄하는 중앙의 국고 회계관들부터 징세구의 징세관élu과 수납관receveur까지 모두 매직 관리들이었다. 세금 징수는 소교구 단위로 이루어졌으며 납세 총액이 수납관에게 넘겨졌다. 세금 할당과 징수를 책임진 재무관리들은 사적인 이익을 위해 관직을 남용하기 일쑤였다. 징세 업무 자체를 하청받은 징세청부업자들의 경우에는 아예 공·사의 구분 자체가 불분명했다. 왕에게 제공한 선금과 대부금 이상의 징수액은 모두 그들의 차지가 되었기 때문에, 징세청부업자들은 조금이라도 더 많은 세금을 거두기 위해

리슐리외

수단과 방법을 가리지 않았다.

정부도 이러한 폐단을 모르지 않았고 또 그대로 방치하지도 않았다. 이미 16세기부터 매직 관리의 횡포를 감시하는 일명 '기마 순찰관'이 지방에 파견되었다. 이들의 존재는 우리나라의 암행어사와 유사하다. 순찰관들은 처음에는 암행어사들처럼 여러 지방을 순회하며 지방의 정보를 입수하고 세금 징수 문제에 관여했다. 관직매매가 성행할수록 이들의 숫자도 증가하고 근무 기간도 늘어났다. 불규칙적이고 임의적이던 이러한 시도가 강화된 것은 왕권 강화에 총력을 기울인 리슐리외 지배하에서다. 순찰관제를 지사제로 공식화한 1642년 8월 22일의 칙령은 중앙집권화를 향한 리슐리외의 집념이 거둔 마지막 성과였다.[132]

지사intendant는 분명히 매직 관리들과는 성격이 달랐다. 국왕이 임명했다는 사실 하나만으로도 지사는 근대적 관료의 성격을 띤다. 리슐리외는 지사의 파견 지역을 늘리고 지사의 권한도 군사와 재정 문제에서 점차 사법 및 경찰권으로 확대시켰다. 그러나 지사의 주된 임무는 역시 재정 문제였다. 그들은 타유세를 비롯한 직접세 명부를 작성하고 세금의 징수를 감독했다. 이러한 일들을 위해서 지사는 정기적으로 자신의 관할 구역을 순회하며 지방의 정보를 수집해서 중앙에 보고했다. 지사가 '왕의 눈'으로 불린 것은 바로 이런 이유에서였다. 그 외에 병사를 모집하고, 동업조합을 감시하며, 정기시장을 점검하고, 사법 분쟁을 해결하는 임무가 지사들에게 부과되었다. 지방의 엘리트층에게 지사는 눈엣가시 같은 존재가 아닐 수 없었다. 특히 전쟁으로 재정 수요가 급증한 1635년 이후 매직 관리인 기존의 지방 법관 및 재무관과 중앙에서 파견된 지사 사이의 분쟁이 끊이지 않았다. 지사들은 전쟁 자금을 충당하기 위해 세금 징수를 강요하고 강제 대부를 독려하는 역할을 했다.

1648년 전국으로 번진 프롱드난에서 전국의 고등법원이 제시한 요구 사항의 공통분모가 바로 지사제 폐지였다.

마자랭은 프롱드난 동안 일시적으로 폐지되었던 지사제를 부활시켰다. 마자랭의 뒤를 이은 콜베르 지배하에서 지사제는 전국적으로 확대되었다. 1661년 이후 재무참사회에서 선발된 지사들은 각 지방에 상주했고 근무 기간도 늘어났다. 지방의 수령 격인 총독이 궁정으로 이주하면서 상대적으로 지사들의 권한이 강화되었다. 군사와 재정 분야에 관련된 특별한 임무를 수행하던 지사들은 점차 정규적인 지방 행정 책임자로 정착해갔다.[133]

지사는 재무총감인 콜베르에게 직속되었다. 지사에게 부여된 임무는 고등법원에서 검증 절차를 거치지 않았으며 지사의 결정사항에 대한 항소는 오직 재무참사회의 전결사항이었다. 이를테면 1664년 각 지방의 관직매매에 대한 조사와 1666년부터 전국에서 전개된 귀족 참칭자 색출 작업은 재무참사회에서 논의되고 공문서참사회에서 세부적인 지침이 마련돼 전국의 지사들에 의해 시행되었다. 그 과정에서 지사들은 매주 콜베르에게 지방의 동태를 보고하는 편지를 보냈다. 왕국 전체의 인적·물적 자산에 대한 정보를 파악하고 최대한 활용하려는 콜베르의 끝없는 욕망은 방대한 양의 문서더미를 남겼다. 지사들이 보낸 보고서는 정규적이고 일관되며 전문적인 형태로 발전했다. 지방에 대한 지식과 정보야말로 그의 권력의 근원이었던 것이다.

1689년 브르타뉴에 포므뢰Auguste-Robert de Pomereu가 파견됨으로써 프랑스 왕국 전체에 지사가 배치되었다. 이로써 프랑스에서는 적어도 외형상으로는 중앙집권화가 완성된 듯하다. 그러나 지사와 콜베르가 주고받은 편지와 보고서에 의하면, 지방의 세금 징수는 여의치 않았고 민중의 불만도 여전했다. 공간적·시간적 거리감도 역력히 드러나 있다.

말 외에 다른 교통수단 및 의사소통 수단을 갖추지 못한 이 거대한 왕국의 상황에서 오늘날과 같은 중앙집권화는 상상할 수 없는 일이었다. 당시 프랑스 북에서 남까지 말로 달리면 22일, 동서로는 19일이 걸렸다. 지방 행정인원도 오늘날의 기준에 비하면 턱없이 부족했다. 전국에 파견된 33명의 지사들과 법률가 출신의 비서 및 5~6명의 직무대리인의 인원만으로 전국을 통치한다는 것 자체가 불가능한 일이었다. 그렇다면 루이 14세 정부는 그토록 열악한 교통 수단과 주먹구구식의 행정 인원으로 어떻게 2,000만 프랑스인들을 통치했을까? 지사가 군대와 채찍을 앞세워 정복군처럼 지방에 군림한 탓일까?

최근 정치사회사와 미시사 연구를 통해 드러난 지사의 실체는 이러한 추측과는 정반대다.[134] 루이 14세 시대에 부르고뉴 지방의 지사로 활약한 클로드 부슈Claude Bouche의 예를 살펴보자. 1654년부터 1682년까지 지사로서의 임무를 성공적으로 수행한 그는 중앙집권화에 공헌한 지사의 전형으로 꼽힌다. 그는 부르고뉴 지방의 중심 도시인 디종 고등법원의 수석 재판장인 장 부슈 Jean Bouch의 아들이다. 원칙상 지사는 출신지에 파견되지 않았고 파견 기간도 길지 않았다. 지사가 그 지방 토착 세력과 결탁하는 것을 막기 위해서였다. 이 점에서 그는 퍽 이례적이다. 그는 자신의 출신지에 파견되어 28년 동안 지사를 지냈으니 말이다.

더욱더 흥미로운 사실은 그의 아버지인 장 부슈와 콩데 공의 관계다. 장 부슈는 후견인인 부르고뉴 총독 콩데 공prince de condé 덕분에 1638년 디종 고등법원의 수석 재판장 자리를 차지했다. 콩데 공에게 충성을 맹세한 그는 프롱드난 동안 디종 고등법원과 시 정부를 부추기며 반란에 참여했다.[135]

그러나 프롱드난이 진압된 후 장 부슈는 변절했다. 그는 마자랭의 사람이되었다. 클로드 부슈가 부르고뉴 지방의 지사로 발탁된 것은 이런 아버지 덕분이었다. 나아가 아버지가 부르고뉴 지방에 구축해놓은 광범위한 인맥을 토대로 그는 지사로서의 임무를 성공적으로 수행할 수 있었다. 부슈의 예를 통해 우리는 루이 14세 시대 지방 행정의 단면을 엿볼 수 있다. 지사에게는 정복군이 아니라 왕실과 지방 세력 간의 중개 역할이 요구되었던 것이다. 33년간 랑그독 지방의 지사를 지낸 바스빌Basville의 예도 부슈의 경우와 유사하다.

부슈도 바스빌도 청원심사관 출신의 법복귀족이었다. 실제로 지사는 대부분 지방 고등법원 법관이나 지방 삼부회의 구성원인 지방 엘리트층과 동일한 배경 출신이었다. 유사한 출신인 두 집단은 개인적인 친분관계를 따지기 이전에 동일한 이해관계와 세계관을 공유했다. 한마디로 지사는 지방 사회에서 정복군으로 군림하기에는 태생적인 한계를 지녔던 셈이다. 루이 14세 시대에 지사제는 전국적으로 확대되고 정착했다. 하지만 지사의 권한은 루이 13세 시대에 비해 약화되었다. 부슈나 바스빌처럼 처음부터 중앙과 지방 사이의 중개 역할을 맡은 경우도 있지만, 근무 기간이 길어지면서 지사들이 지방세력화하는 경향을 보였다.[136]

• 복종의 전염병

그렇다면 지사는 구체적으로 어떤 역할을 했을까? 강압적인 국가조세에 저항하던 지방들로 하여금 왕실의 요구를 순순히 받아들이게 만든 비결은 무엇일까? 예를 들어 파리에서 가장 멀리 떨어진 지역 중 하나이자 중세 내내 거의 독립적인 지위를 누려왔던 프로방스는 30년전쟁 동안 리슐리외가 과세를 요구하고 군대의 숙박을 강요하자 반란을 일으켰다. 지사 도브레Dreuz d'Abray가 파견되자 반란은 폭력 사태로 발전했다. 프롱드난 동안 정부가 고등법원의 법관직을 대거 신설하고 징세관을 파견하자 지방 삼부회와 고등법원은 민중을 동원해서 다시 반란을 일으켰다.

그러나 프롱드난이 종식된 후 마자랭의 도움으로 프로방스의 귀족 오페드 Oppède가 지사가 되면서 이 지방의 엘리트층은 정부의 회유책을 받아들였다. 반란을 주동했던 엑스의 고등법원과 지방 삼부회 대표들은 왕에게 저항하는 것은 부질없고 위험한 일이라며 무릎을 꿇었다. 랑그독과 아주네에서도 이와 유사한 현상이 나타났다. 한 세기 동안 격렬했던 저항의 물결이 소리 없이 가라앉기 시작한 것이다. 지방 엘리트층에게 번진 이 '복종의 전염병'은 역사가들 사이에서 17세기 정치사의 불가사의 중 하나로 손꼽힌다.[137]

프로방스, 랑그독, 브르고뉴, 도피네, 아주네 등 조세 저항이 격렬했던 지방은 대체로 중앙에서 멀리 떨어진 곳들이다. 뒤늦게 프랑스에 병합된 이 지방들은 지방 삼부회를 유지하고 있었다. 과세 동의권을 보유하고 있던 지방 삼부회는 중앙의 요구에 맞서 지방의 이익과 특권을 보호하던 강력하고 독립된 기구였다. 이른바 삼부회 지방은 정부가 일방적으로 세금을 할당하고 징수하는 징세구 지방보다 상대적으로 유리한 입장에 있었다. 반면 지사의 권력은 그만큼 제한될 수밖에 없었다. 지사의 임무는 지방 삼부회에서 왕을 대표하고, 삼부회 대표들에게 왕의 요구를 전달하며 세금에 대한 승인을 얻는 것에서부터 출발했다. 징세액의 결정권을 지닌 지방 삼부회는 보통 징세액을 결정하는 데 시간을 끌었다. 조세 저항이 일어나면 총독을 지원해서 과세를 강요하고 폭력을 동원해서 반란을 진압하는 악역도 지사의 몫이었다.

하지만 프롱드난 후 마자랭은 방법을 바꾸었다. 부슈와 바스빌, 오페드처럼 새로 임명된 지사들은 대부분 그 지방 출신이었다. 리슐리외 시대에 지사들은 왕이 받아들일 수 있는 금액에 맞추기 위해 온갖 수단을 동원했다. 그 과정에서 정부가 징수액을 놓고 지방 삼부회와 줄다리기하며 흥정을 벌였다.

그런데 프롱드난 이후 이러한 관행이 서서히 사라졌다. 지방 삼부회 의원들은 왕이 요구한 금액에 갈채를 보내며 동의를 표했고 왕은 요구액을 줄임으로써 보답하였다. 이로써 왕은 자신이 원하던 순종의 표시를 얻을 수 있었고 지방 삼부회는 지방의 특권과 이익을 보호하는 역할을 한 셈이다. 이처럼 세금 할당을 감시하고 식량 공급을 원활하게 하며 상공업을 장려하고 지방 엘리트층을 규합하는 그 모든 임무를 수행하는 과정에서 지사들은 지방 엘리트층과 대립하기보다는 협력하고 서로의 합일점을 찾으려 했다. 지사는 중앙권력의 집행자도 지방 특권층의 희생양도 아니었다. 그들은 절대군주정과 지방 사이의 타협을 매개하는 중간층이었던 것이다.[138]

그러나 중앙과 지방의 관계는 여기서 그치지 않았다. 영국 역사가 바이크는 《17세기 프랑스에서의 절대주의와 사회》에서 겉으로 잘 드러나지 않던 중앙과 지방의 진짜 게임을 파헤쳤다. 그는 툴루즈 교구의 고문서와 지방 삼부회 기록을 토대로 랑그독 지방의 지방 재정 구조와 운영 방식을 분석했다. 삼부회에서 조세 할당액이 결정되면 징수권을 맡은 삼부회는 징세청부업자에게 세금 징수를 맡겼다. 이때 지사의 역할이 중요했다. 거액의 선납금을 제공하려면 중앙의 총괄징세청부업자에게 의존하지 않을 수 없었고 그들의 자금줄인 파리의 재정가 세력으로서는 자신들의 투자자인 귀족 및 대신들과 두터운 인맥을 구축하고 있는 지사의 보증이 필요했던 것이다. 이렇게 해서 끌어 모은 돈은 징세청부 공제금을 제외한 선납금으로 제공되었고 랑그독 삼부회에 관련된 정치적, 재정적 경로를 거치는 동안 이 돈에서 지방 중개업자들의 몫이 빠져나갔다. 중간 매개층이 많으면 많을수록 중앙의 국고로 들어가야 할 수입은 줄어들 수밖에 없었다. 파리의 재정가들과 그들에게 투자한 대신이나 대귀족 외에 지사, 삼부회의 구성원인 지방 엘리트층, 그리고 지방의 재정가들 몫으로 돌아갈 선납공제료, 수수료, 뇌물 등 다양한 명목으로 엄청난 액수가 중간에서 빠져나갔던 것이다. 결국 징수액의 41.8퍼센트만이 파리로 흘러가고 58.2퍼센트는 지방으로 유출되었다. 이러한 세금 누수 현상은 중앙과 지방의 거래와 타협에 의존해온 오랜 재정 관행의 단면이다. 문제는 중앙집권화가 완성되었다는 콜베르 지배하에서 그 액수가 더 늘어났다는 사실이다. 실제로 지방의 중간 매개자들에게 돌아간 이익의 비율이 1647년에 29.6퍼센트에서 1677년 36.4퍼센트로 늘어났다.[139] 랑그독의 지방 삼부회가 존속할 수 있던 비결은 바로 여기에 있었다. 지사가 성공적으로 임무를 수행할 수 있었던 것도 중앙과 지방의 뒷거래를 주선한 덕분이었다.

국경 지방인 프랑슈콩테에서 지사가 처한 상황은 더욱 난처했다. 기존의 관행과 특권이 유지되던 사회적·정치적 현실은 지사들을 압박하는 요인으로 작용했다. 지방 엘리트들을 적대시해서는 역효과만을 불러일으킬 뿐이었다. 업무를 성공적으로 수행하기 위해서 지사들은 그들의 의견을 경청하고 그들의 지지를 획득할 필요가 있었다. 지방 세력과 결탁한 지사들은 점차 지방 세력에 압도되었다. 심지어 시간이 흘러 토착화된 지사는 중앙에서 파견된 관리인지 지방의 이익을 옹호하는 지방의 대변인인지 성격 자체가 모호할 지경이었다.

물론 랑그독이나 프랑슈콩테의 예를 전국에 일반화시킬 수는 없다. 정부는 지방마다 다양한 방식으로 침투했고 지사의 역할도 지방마다 달랐다. 각 지방의 상황에 따라 정부가 직접 지방의 과두 세력인 지방 삼부회나 성직자들에게 연금과 하사금 형태의 미끼를 제공하는가 하면 지방 삼부회가 지사를 통해 왕에게 선금이나 대부금을 알선하는 중개 역할을 하기도 했다. 어느 경우이건 주목적은 세금을 더 많이 거두려는 목적을 달성하기 위한 것이었고 지방 삼부회와 고등법원을 장악하고 있던 지방 엘리트층은 상당한 중간 이익을 취할 수 있었다. 여기서 지사는 왕의 대리인 역할을 하는 동시에 지방의 대변인이자 정보 제공자로 활약하며 중개 역할을 했다.

브르타뉴의 예는 정반대 경우다. 대서양 교역의 교두보인 지리적인 특성상 브르타뉴는 간접세 비율이 높았다. 그러나 네덜란드와의 전쟁으로 정부가 인지세를 부과하자 자신들의 수입 감소를 우려한 법관들은 인지세에 부담을 느꼈다. 농민들이 동요하자 고등법원이 이에 동조했다. 결국 브르타뉴의 사태는 1675년 가을, 콜베르의 지원을 받은 총독 군대 6,000명이 자행한 무자비한 탄압으로 종결되었다. 동시에 콜베르는 고등법원에 대해 회유책을 썼다. 브르타뉴 고등법원의 수석 재판장인 퐁샤르트랭은 재정가 출신으로 콜베르와 긴밀한 사이였다. 그의 주도로 법복귀족들은 태도를 바꾸었다. 반란이 진압되고 농민 주동자 150명을 제외한 모든 반란 가담자에게는 특사가 베풀어졌다. 반란 이후 촌락 공동체는 시 행정 기구에 흡수, 편입되었다. 농민과 지방귀족 간의 전통적인 유대관계가 거의 소멸되었다. 반면 브르타뉴 반란을 통해 시험대에 올랐던 중앙과 지방의 유대관계는 더욱 굳건해졌다. 결국 루이 14세 시기 '복종의 전염병'은 귀족을 억압함으로써 얻어진 결과가 아니라 그들을 옹호하고 그들과 결합한 것임이 증명된 셈이다.

정부는 때로는 회유와 금전 거래를 통해, 때로는 계급갈등을 이용하거나 폭력을 통해 서서히 절대군주정에 대한 복종을 하나의 원칙으로 굳혀가는 데 성공했다. 그러나 콜베르에 의해 전국적으로 확대된 지사제는 제도적 차원에서 움직인 것이 아니라 재정가 세계를 장악한 콜베르의 사적 인간관계에 의해 주도되었다. 따라서 루이 14세의 친정 선포 이후 프랑스 왕국은 구석구석까지 중앙과 연관된 인적 조직망으로 재구축되었지만 프랑스인들 대부분의 삶은 이전과 크게 달라진 것이 없었다.[140] 이전의 전통과 관행이 유지되었고

1672년 네덜란드와의 전쟁 당시 라인강을 건너는 루이 14세

변화는 매우 완만하게 진행되었다. 한마디로 프랑스는 획일적인 법체계와 체계적인 행정 조직망을 갖춘 통일 왕국이라기보다는 각 지방이나 도시, 집단들이 다양한 종류의 특권을 누리던 복잡하고도 산만하기 짝이 없는 엉성한 집합체에 불과했다. 이러한 불평등하고 산만한 지방행정구조는 프랑스혁명기까지 지속되었다.

흔히 루이 14세의 작품으로 여겨지는 중앙집권화는 겉모습에 불과하고 지방 세력들이 중앙에 복종한 비밀의 열쇠는 지방 세력의 중앙과의 타협과 공존이었다. 복종은 상호이익을 전제로 한 타협의 결과며 자발적인 것이었다. 중앙의 필요와 지방의 이익이 합일점을 찾은 것이다. 이러한 타협과 일치를 통해 루이 14세는 왕국 전체에 지배권을 확립할 수 있었다. 그 과정에서 도시와 귀족의 자유가 어느 정도 박탈당한 것도 사실이다.[141] 이렇듯 루이 14세 치세는 법관들과 지방 엘리트층에 의존해서 절반의 성공을 거둔 셈이다. 그럼에도 불구하고 그가 절대군주의 전형으로 각인된 이유는 무엇인가? 이제 남은 절반의 성공을 위해 추진된 또 하나의 거대한 프로젝트를 살펴볼 차례다.

역사를 신화로, 신화를 역사로: 절대군주정의 정치선전문화

예술의 중앙집중화: 바로크에서 고전주의로

1661년은 정치사 못지않게 예술사에서도 뚜렷한 분기점을 이룬다. 1660년대를 거치며 문학과 건축, 미술 분야에서 새로운 예술 사조인 고전주의가 탄생한 것이다. 화려하고 방만한 바로크 예술과 달리 고전주의 미학의 가장 중요한 원칙은 통일성이다. 이는 전국에 지사를 파견하고 국왕 포고령이나 칙령을 통해 중앙집권화를 추구한 루이 14세의 정치적 메시지와 일맥상통한다. 정치적 신조와 예술 사조의 일치는 우연이 아니다. 개인적 취향과 표현의 자유를 부정하고 엄격한 형식미와 절제를 이상으로 한 고전주의는 안정과 질서, 조화를 추구한 루이 14세 시대의 예술적 표현인 것이다.

예술가들이 독자적인 예술 세계를 추구하게 된 것은 19세기 이후다. 그때서야 비로소 예술가들의 경제적 자립이 가능하게 되었기 때문이다. 그 이전에 예술가들은 늘 누군가의 후원에 의존해야 했다. 중세 이래 오랫동안 예술의 강력한 후원 세력은 교회였다. 서유럽에서 세속 지배층이 학문, 예술의 새로운 후원자로 부상한 때는 르네상스 이후다. 프랑스에서도 고대의 학문과 예술에 심취한 프랑수아 1세는 이탈리아의 예술가들을 환대했다. 앙리 2세와 결혼한 카트린 드 메디치의 영향으로 프랑스는 한동안 이탈리아 문화에 지배되었다. 프랑스에서 고유의 문화가 싹트기 시작한 것은 바로크 문화와 더불어서다.

바로크 예술은 본래 16세기 말 가톨릭 개혁의 종교적 열정에 사로잡힌 이탈리아에서 탄생했다. 그러나 권력 다툼이 난무하던 프랑스에 전파되면서 바로크 예술은 세속적인 영웅주의 예술로 발전했다. 반란의 선봉에 선 대귀족들은 스스로의 능력을 과시하기 위해 저마다 웅장한 성을 건축하고 화려하게 치장했다. 성 안에서는 환희와 공상, 과장된 미사여구와 감정 표현, 사치와 방종의 세계가 펼쳐졌다.[142]

오늘날 흔히 사용되는 메세나라는 단어가 탄생하기 전인 이 시기에 학문, 예술의 후원자는 종종 메센Mecène으로 불렸다. 귀족들은 로마 아우구스투스의 총신 마에케나스[143]의 이름에서 유래한 이 호칭을 동경했다. 리슐리외, 마자랭, 푸케, 대 콩데Grand condé, 콩티 공prince de conti 등 귀족들은 누구나 메센으로 불리기를 원했다. 그들 자신이 탁월한 예술적 취향을 지닌 경우도 있지만 그보다는 자신의 세력을 과시하기 위해서였다.[144]

이처럼 프랑스에서 귀족의 정치적 의도와 결합한 바로크 예술은 지나치게 과시적이고 웅장하지만 불균형적이고 격정적이었다. 울퉁불퉁한 돌을 뜻하는 포르투갈 어 바로코barroco에서 유래한 바로크 자체가 완벽하지 못한 미완성의 비정상적인 상태를 의미했다. 1690년 프랑스에서 출판된 퓌르티에르의 사전에서도 바로크는 "완전히 둥글지 않은 보석을 일컫는 보석세공 용어"로 정의되었으며 '괴상하다' 라는 단어의 최상급으로 사용되었다.[145] 바로크의 예술적 표현은 반란에 가담한 귀족들의 도전적이고 흥분된 정신세계와 일치하며 극적 형태로 고양되었다. 현실 정치에서 그것은 곧 무질서와 혼란을 의미했다. 프랑스에서 프롱드난과 함께 바로크 문화가 절정에 달한 것은 지극히 자연스런 현상이다.

그러나 1653년 프롱드난의 진압을 계기로 상황이 달라졌다. 무수한 영웅호걸의 시대는 가고 한 사람의 영웅이 세상을 평정한 것이다. 반란에 패한 콩티 공과 레 추기경cardinal de Retz을 위시한 수많은 귀족들이 왕 앞에 무릎을 꿇고 충성을 맹세했다. 정치사회적 변화는 예술 세계에도 여실히 반영되었다. 왕이 학문과 예술의 후원 사업을 독점하고 방계왕족인 대 콩데를 제외하고는 귀족들의 사적 후원은 자취를 감추었다. 푸케는 어리석게도 보르비콩트 성에서 자신의 예술 세계를 과시하다 비극적 운명을 자초했던 것이다. 그는 시대적 변화를 읽지 못한 것일까 아니면 지나친 자만심에 빠져 있었던 것일까? 콜베르는 이 점에서도 푸케와 달랐다.

정작 콜베르 자신은 마자랭이나 푸케에 비해 예술에 관심이 적었다. 그러나 푸케의 제거 후 그는 르보, 르노트르, 르브룅 등 당대 최고의 예술가들을 전리품으로 수거하며 예술 세계를 장악했다. 이를 계기로 프랑스 문화정책의 뱃머리가 근본적으로 바뀌기 시작했다. 이후 콜베르는 예술 세계에 새로운 원칙과 제도를 도입함으로써 고전주의 정신을 구현했다. 그러나 그의 궁극적 목적은 오직 왕의 권위와 영광을 선전하는 데 있었다.

콜베르가 1663년에 소 학술원Petite Académie을 설립한 것은 바로 그런 목적에서였다. 1648년에 설립된 회화 조각 학술원Académie de peinture et sculpture과는 별도로 만들어진 소 학술원은 그때부터 콜베르의 주도하에 왕의 신화를 주조해내는 공장 역할을 맡았다. 소 학술원이라는 명칭은 프랑스 학술원의 회원 중 몇 명이 모여 논의를 시작한 데서 유래했다. 이들은 매주 비공식적으로 모여 고대의 장식 문양과 비문, 예술 작품에 관한 의견을 나누며 왕의 명예를 높이기 위한 방안을 강구했다. 여기서 채택된 것은 주로 메달 주조 사업이었다. 구성원들은 우선 왕의 업적을 선전할 수 있는 메달의 문구, 조각의 비문, 상징물과 이미지를 선택했다. 국가의 공식 축제를 감독하기도 했다. 역사를 신화로 신화를 역사로 변신시키는 대서사시의 이미지화 작업은 바로 여기서 이루어졌다.[146]

오늘날 우리에게 익숙한 루이 14세의 이미지는 대부분 소 학술원의 작품이다. 오랫동안 왕자가 태어나지 않아 절망에 빠져 있던 왕국을 구원해준 그의 탄생에서 만 5세도 되지 않은 나이에 즉위한 어린 왕의 모습, 사춘기에 이미 왕으로서의 늠름한 자세를 갖춘 조숙한 소년 왕의 대관식 장면, 프롱드파를 무찌른 전사 왕, 눈부신 빛을 발하며 우주의 중심축임을 상징하는 태양왕의 모습 등 루이 14세의 일생 전체가 대중에게 공개되고 선전되어 광범위한 인기를 누렸다.

때로는 사실과 거리가 먼 이미지가 만들어지기도 했다. 루이 14세가 과학 아카데미를 방문하여 과학 기자재들에 둘러싸여 있는 모습을 담은 판화가 대표적인 예다. 이 작품을 통해 루이 14세는 과학에 지대한 관심을 가졌던 인물로 추측된다. 하지만 1670년대 초에 제작된 이 판화의 내용은 상상의 산물이다.[147] 루이 14세는 과학에 관심이 적었고 과학에 대한 후원은 우리의 상상보다 훨씬 드물었다.

이제 정치적 통일의 중심축인 왕의 존재가 모든 예술의 기준이 되었다. 예

옆의 인물은 왕립 과학 학술원에서 연구 활동을 펼쳤던 라부아제(1743~1794)다. 아래는 왕립 과학 학술원을 방문한 루이 14세의 모습이고 오른쪽 그림은 1671년에 설립된 파리 관측소를 방문한 모습이다. 의자에 앉아 관측소 소장인 이탈리아 천문학자 카시니의 설명을 듣고 있는 루이 14세 옆에 콜베르가 서 있다. 두 그림 모두 과학을 후원하는 루이 14세의 이미지를 선전하기 위해 제작되었다.

술의 역할은 오직 절대군주의 위대함을 찬양하는 것으로 인식되었다. 콜베르는 학문과 예술을 보수주의의 아성인 교회에서 해방시켜 학술원체제 속에 정착시켰다. 철저한 중앙 독점주의를 기반으로 한 프랑스의 학술원들은 자연히 이탈리아에 비해 훨씬 더 권위적이고 폐쇄적으로 운영되었다. 예술 사업을 관장한 것은 국가였으며 국가 이데올로기가 고전주의 미학의 전범이 되었다. 콜베르의 지휘하에 예술 세계가 통일되고 미술의 르브룅Le Brun, 문학의 부알로Boileau가 루이 14세의 정치적 이상을 선전하는 실질적인 책임을 맡았다. 특히 르브룅이 베르사유 건축과 실내장식을 맡으면서 프랑스 예술은 점차 경직되고 이데올로기화했다. 바로크 예술은 눈부시고 장엄하게 영웅 루이 14세의 승리를 표현했지만 군주정은 이 승리의 순간을 영원화시킬 새로운 양식을 필요로 했다. 웅장하고 화려한 바로크 예술에 절제와 균형, 통일성과 엄격성을 가미한 프랑스 고전주의는 바로 이 과정에서 탄생했으며 점차 이탈리아 양식을 극복하고 루이 14세의 명성과 함께 전 유럽에 전파되어 새로운 예술 양식의 준거틀이 되었다.

카멜레온의 시대

학문과 예술의 통일 작업은 이미 리슐리외 시대에서부터 서서히 윤곽을 드러내었다. 리슐리외가 1635년에 프랑스 학술원을 창설한 취지는 당시의 보편 언어이자 교회 언어인 라틴어를 대신해서 국가 권력을 상징하는 프랑스어를 아름답게 다듬고 완성하기 위해서였다. 하지만 콩라르Conrard를 중심으로 한 사적 모임을 제도화시킨 궁극적인 목적은 새로운 세대의 문인들을 군주정에 봉사케 하려는 데 있었다. 동시에 리슐리외는 이 기관을 통해 문인 세계를 통제하고 정치 음모에 연루될 가능성이 있는 문인들을 감시했다. 콜베르는 여러 면에서 리슐리외의 전통을 계승했다. 권력을 장악한 뒤 콜베르가 최우선적으로 시도한 학문, 예술 정책은 말과 글에 대한 통제였다.

무엇보다 먼저 인쇄업에 대한 철저한 통제가 시도되었다. 그것은 프롱드난의 후유증을 뿌리 뽑기 위해서였다. 5,000편의 팸플릿이 출판되어 말과 글의 홍수를 이루었던 마자리나드[148]의 전통이 사라지지 않고 왕의 애정 행각과 콜베르의 축재를 비난하는 팸플릿이 끊이지 않았기 때문이다. 콜베르의 독려로 파리 고등법원은 비방문의 유통과 판매를 금지하는 판결문을 연이어 공포했다. 이를 어긴 서적 행상인에게는 체형과 추방형이 내려졌다. 재범인 경우에는 갤리선의 노예형이나 강제징집형이 선고되기도 했다.

말과 글에 대한 통제는 여기서 멈추지 않았다. 콜베르는 모든 인쇄업자들을 대학가에 인접한 생자크 로에 집결시키고 집중적으로 감시했다. 80여 개에 달하던 인쇄업소가 강제로 30개로 줄어들고 새로운 장인의 수도 엄격히 통제되었다. 1667년에 탄생한 경찰총감lieutemant général de police이 맡은 첫 번째 임무가 바로 인쇄업자들을 감시하고 거리에서 불법 인쇄물을 팔며 소요를 일으키는 서적 행상인들을 색출하는 것이었다.[149]

이러한 통제정책과 더불어 문인들이 오직 왕에게만 봉사하도록 하기 위한 제도적인 대책이 강구되었다. 그것은 문인들에 대한 사적 후원의 형태로 나타났다. 리슐리외의 보호를 받던 시인이자 프랑스 학술원 회원인 샤플랭 Chapelin이 충실하게 콜베르의 자문 역할을 했다. 콜베르는 샤플랭에게 문인들의 목록을 작성케 했다. 샤플랭은 1663년 당대 최고 문인들의 장단점을 열거한 '위대한 왕의 위엄을 보존하기 위해 예술을 활용하는 방법'에 관한 긴 보고서를 제출했다.[150] 이를 토대로 1664년 왕 앞에서 50명의 문인에게 후원금이 든 가죽 지갑을 하사하는 엄숙한 의식이 거행되었다. 상여금 외에 이들이 받을 특별 수당의 액수가 조영총관의 장부에 기재되었다.

1664~1690년 동안 루이 14세로부터 연금을 받은 문인은 총 42명이다. 연금을 결정짓는 것은 오직 왕의 취향과 그가 베푸는 총애였다. 액수도 저마다 달라 샤플랭이 3,000리브르로 최고의 액수를 받았다. 푸케의 친구였던 라퐁텐은 제외되었다. 푸케가 보르비콩트 성에서 베푼 축하연에서 연극을 상연한 몰리에르도 푸케의 추락 후 체포되었다. 그러나 그의 희곡에 관심을 보인 루이 14세의 배려로 궁정 연극을 담당하게 되면서 몰리에르는 1,000리브르의 연금 수령자가 되었다. 라신은 얀센주의자였지만 샤플랭의 강력한 추천 덕분에 보잘것없는 액수나마 하사금을 받기 시작했다. 콜베르 시대 20년간 지급된 후원금은 170만 리브르에 달했다. 이는 리슐리외 시대의 3배다.[151]

당근과 채찍 정책은 놀라운 효과를 발휘했다. 왕 주변에 집결된 당대 최고의 예술가들은 군주를 미화하고 찬미하는 글을 앞 다투어 발표했다. 1665년에 창간된 《메르퀴르 갈랑Mercure galant》이 주무대였다. 1635년 리슐리외에 의해 창간된 《가제트Gazette》는 한 달에 두 번, 《메르퀴르 갈랑》은 한 달에 한 번씩 콜베르의 지원금으로 왕립 인쇄소에서 출판되었다. 특히 《메르퀴르 갈랑》은 관보 형식의 《가제트》보다 자유로운 형식으로 파리의 소식을 전하며 문학작품을 통해 왕실을 중심으로 한 정치적 선전에 앞장섰다.

문인은 이제 왕의 영광에 봉사하는 도구에 불과했다. 카멜레온의 시대가 도래한 것이다. 변신의 선구자는 변호사이자 파리 총징세구의 재정 수납총관인 페로Perrault였다. 그는 1660년 왕의 결혼과 피레네 평화조약을 찬양한 두 편의 시로 마자랭에게 발탁되었다. 마자랭의 뒤를 이어 콜베르의 신임을 얻은 그는 모든 분야의 문화정책에 관여했다. 펠리송도 콜베르의 사람이 되었다. 푸케를 변호하고 정의법정의 재판 과정을 비판하는 글을 썼던 그는 콜베르에게 충성을 맹세함으로써 1665년 국왕 역사편찬관이 되었다.

신랄한 풍자시로 명성을 날리던 부알로는 아예 문학 장르를 바꾸었다. 1668년에 〈왕에게 바치는 서간시Epître au Roi〉를 발표한 이후 그는 누구보다 적극적으로 왕의 찬미자가 되고 국왕 역사편찬관으로 변신했다. 그 대가로 그는 2,000리브르의 연금을 받게 되었다.[152] 푸케의 후원을 받던 몰리에르의 변신도 흥미롭다. 1670년 궁정에서 공연된 《서민 귀족Bourgeois-gentilhomme》을 통해 그는 귀족 사회를 통렬히 비웃고 조롱했다. 궁정 사회를 웃음의 도가니로 몰아넣은 이 희극에서 웃음거리가 되지 않은 것은 오직 왕뿐이다. 왕을 풍자의 대상으로 삼기는커녕 그는 종종 자신의 모든 재능을 루이 14세의 것으로 돌렸다. 루이 14세에게 바친 《훼방꾼들Les Facheux》의 헌정사에서 그는 왕을 학문과 예술의 후원자가 아니라 위대한 예술가 그 자체로 승격시켰다. "다른 대목을 전하께서 작업을 명령하신 이 대목만큼 수월하고 신속하게 완성한 적

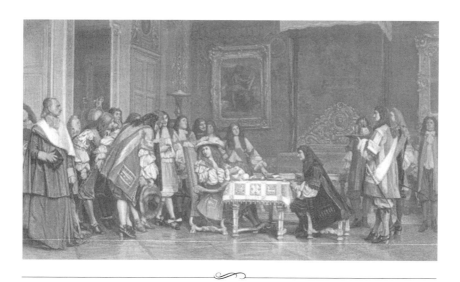

루이 14세와 몰리에르. 푸케와 대 콩데의 후원을 받던 몰리에르도 1663년 마침내 루이 14세를 알현하는 데 성공한 뒤 왕의 보호를 받는 영광을 누리게 되었다. 《타르튀프》, 《서민 귀족》 등 몰리에르의 주옥같은 작품은 바로 이 시기 후에 쓰여졌다.

이 없습니다. 저는 아폴론과 뮈즈보다 더 위대한 분께 복종하는 즐거움을 누렸나이다." 이 위대한 극작가는 스스로를 왕의 필사가로 자처했던 것이다.[153]

문인들은 루이 14세를 아우구스투스와 알렉산드로스 같은 고대의 영웅이나 태양왕 아폴론에 비유하고, 그의 시대를 아우구스투스와 페리클레스의 시대에 비유하거나 아니면 그 시대를 능가하는 것으로 묘사했다. 이렇게 해서루이 14세는 역사상 가장 위대한 군주일 뿐 아니라 그의 치세가 유례없는 황금기라는 인식이 형성되었다. 1678년 네이메헨조약 후 파리 시청이 루이 14세에게 대왕의 칭호를 바친 것은 이런 분위기에서였다.[154]

하지만 정작 '위대한 세기'의 증언들은 역사 서술이 아니라 시와 희곡 작품이다. 이 시대가 뛰어난 시와 희곡 작품을 남긴 반면, 대표적인 역사 서술도 탁월한 역사가도 탄생시키지 못한 이유는 무엇일까? 여기서 샤플랭이 1662년 11월 18일에 콜베르에게 보낸 편지를 인용해보자.

> 역사에 대해 말하자면 당신이 역사를 왕의 위대한 업적과 구체적인 기적을 보존하는 주요 수단들 중 하나로 꼽는 것은 옳습니다. 그러나 역사란 오래 유지되었을 때에야 비로소 효과를 내는 법입니다. 더구나 역사는 사실 뒤의 동기가 설명되지 않으면, 그리고 구체적인 증거가 수반되지 않으면 아무런 설득력도 위엄도 없는 단순한 사실의 나열에 불과합니다. 따라서 역사의 수단에 의존하려면 정부의 비밀을 폭로하지 않는 한 아무 효과도 없습니다. …… 대신 왕을 칭송하기 위해서는 산문과 시가 훨씬 뛰어난 효과를 발휘할 것입니다. 소신의 견해로는 왕이 이룩한 기적을 다루기 위해 최고의 문인들이 동원되어야 할 것으로 사료되옵니다, 각하.[155]

루이 14세와 콜베르에게 필요한 것은 객관적 판단이 아니라 화려한 수사와 웅변이었다. 권력의 편에서 보면 객관성이 담보되어야 하는 역사는 늘 성가신 도전자 아닌가. 궁정에서 식자층의 판단은 거부되었고 철학자는 이방인 대접을 받았다. 실제로 루이 14세의 후원을 받은 42명의 문인들 중 역사가는 메즈레Mézéray를 포함한 6명에 불과했다. 더구나 국왕 역사편찬관의 선정은 매우 신중을 요하는 일이었다.

1677년에 국왕 역사편찬관이 된 라신은 본래 비극작가로 명성을 날렸다. 왕을 찬양하는 시로 궁정의 주목을 받게 된 그가 국왕 역사편찬관에 발탁될 수 있었던 것은 연극 작품 《알렉산드로스 대왕Alexandre le Grand》 덕분이다. 루이 14세를 위대한 정복자 알렉산드로스에 비유한 이 작품은 곧 고블랭에서 일련의 장식용 양탄자로 제작되었다. 비극작가에서 시인으로, 국왕 역사판찬관으로 변신에 변신을 거듭한 라신은 역사편찬관이 된 이후 《페드라》를 마지막으로 더 이상 비극 작품을 쓰지 않았다. 인간 능력의 한계에 절망하는 고대 그리스 영웅들의 비극적 운명은 더 이상 왕을 만족시키지 못했을 뿐 아니라 왕에게 불경스런 일이었던 것이다. 말년에 그는 맹트농 부인의 요청으로 고전 비극과는 거리가 먼 교훈적인 종교극 《에세테르》와 《아탈리》를 완성했을 뿐이다.

그렇다면 몰리에르와 라신은 완전히 자신을 죽이고 오직 권력의 시녀 노릇을 한 것일까? 문인들의 궁극적인 목표는 오로지 물질적 이해관계였을까? 정치적 후원자의 존재는 17세기 문학의 성격을 이해할 수 있는 열쇠임이 틀림없다. 자신의 작품을 창조하고 표현하기 위해서는 국가의 제도적 지원에 의존하지 않을 수 없었던 시대 상황에서 그들은 권력에 복종하지 않을 수 없었다. 물질적 이해관계가 결정적인 변수로 작용한 것도 사실이다. 하지만 이 시기 문인의 선택을 단순히 이해관계나 입신 출세를 위한 수단으로 단정 지을 수만은 없다. 그것은 다른 각도에서 좀 더 정교하게 생각해볼 문제다. 질서와 평화의 담지자인 절대군주에 대한 염원이 지배하던 시기에 그들은 군주를 찬양함으로써 스스로의 존재 가치를 부각시키고 인정받기를 원한 것이 아닐까? 군주가 위대할수록, 그의 영광이 높이 칭송될수록 자신들의 존재 가치도 고양되고 예술 그 자체도 발전하는 것으로 굳게 믿지 않았을까? 군주를 찬양하는 예술가들의 진정한 의도는 예술의 위대함을 표현하는 데 있었던 것이 아닐까?

그렇다고 해서 17세기의 예술이 절대군주정의 논리에 완전히 함몰된 것도 아니다. 그와는 정반대의 예술 세계도 엄연히 존재했다. 궁정의 억압에서 벗어나 문학적 자유를 추구한 라퐁텐의 《우화Fables》, 라로슈푸코의 《회고록》, 세비녜 부인의 《서간집》, 페늘롱의 《오디세우스의 아들, 텔레마코스의 모험》

라로슈푸코

세비녜 부인

등 루이 14세나 콜베르의 세계에 속하지 않으면서도 탁월한 작품을 남긴 문인들이 적지 않다.[156] 푸케의 후원을 받던 이들은 푸케가 제거되자 은둔생활에 들어가거나 내면 세계로 침잠했다. 루이 14세가 증오한 이러한 문학 세계는 당분간 표면에 드러나지 못했다. 그러나 표면적인 잠복기에도 불구하고 그 불씨는 꺼지지 않고 유지되었다. 이 자유로운 학문과 예술의 불씨는 18세기에 계몽사상으로 꽃필 것이었다.

무대 위에 선 루이 14세

문학보다 더욱 효과적인 정치선전 도구는 이미지였다. 문자해독률이 낮았던 이 시기에 글은 식자층이라는 제한된 범주의 사람들에게만 유용할 뿐이었다. 이에 비해 그림과 조각 등 시각적 매체는 좀 더 광범위한 계층에게 전달될 수 있었다. 르네상스 이후 유럽에서 군주의 초상화가 유행하고 거리에 기마상과 개선문이 세워진 것은 더 많은 사람들에게 정치적 정당성을 주입시키기 위한 것이었다. 그러나 가장 확실하고 직접적인 전달력을 발휘한 것은 왕이 친히 모습을 드러내는 연극적 매체였다. 중세 이래 계속 유지되어온 전통적인 국가의례인 대관식과 국왕장례식이 그 대표적인 예다.

국가의례는 17세기에도 여전히 군주정의 이데올로기를 전달하는 도구로 활용되었다. 1654년 랭스에서 거행된 대관식은 루이 14세가 신으로부터 직접 권력을 위임받은 존재임을 과시하는 순간이었다. 그 권력이야말로 영구히 소멸되지 않는 정치적 실체로서의 왕을 지탱해주었다. 다른 한편 1660년의 파리 입성식에서 루이 14세는 백성의 절대 복종을 받는 살아 있는 왕의 모습으로 연출되었다. 이처럼 절대군주의 존재가 가시화된 국가의례는 정치선전의 수준을 넘어서 정치 무대 그 자체였다.

친림법정은 더욱 구체적으로 군주권이 확인되는 정치의 장이었다. 1643년 5월 루이 14세는 친림법정을 통해 처음으로 정치의 무대에 섰다. 루이 13세가 사망하자 안 도트리슈는 만 5세도 안 된 루이 14세를 이끌고 파리 고등법원이 위치한 시테 섬으로 갔다. 무대의 한가운데 놓인 옥좌에 앉아 수백 명의 법관들과 방계왕족, 공작 이하 대귀족들이 도열한 가운데 엄숙한 의식 절차가 거행되고 그는 국왕으로 선포되었다.[157] 이후에도 루이 14세는 종종 곤란할 일이 생길 때마다 군주권을 강요하기 위해 이 친림법정의 무대에 서야 했다.

그러나 정치적 혼란에 직면한 17세기 프랑스에서는 좀 더 극적이고 직접적으로 민중에게 호소할 필요가 있었다. 루이 13세 시대에 왕실이 주최하는 축제가 빈번히 거행된 것은 이 때문이다. 왕실의 결혼과 출생, 쾌유, 전승, 평화조약 체결의 순간마다 왕실의 번성과 영광을 선전하는 축제가 거리에서 벌어졌다. 이때에도 국가의례와 동일한 원리가 적용되었다. 이탈리아의 축제 문화가 도입되면서 축제는 더욱 활력을 띠었다. 이탈리아어로 축제festa는 '도시 전체에 환희가 넘친다'는 의미다. 화려한 조명으로 장식된 도시의 거리에서는 말과 마차, 거인이 등장하는 행진이 이어지고 마상시합이 벌어졌다. 이탈리아 출신 마자랭의 등장 이후 음악과 연극이 조화를 이룬 가운데 민중이 참여하는 거리 축제가 더욱 적극적으로 활용되었다.[158] 이처럼 도시 전체를 즐겁고 눈부신 연극 무대로 변신시키려는 목적은 여론을 왕실에 유리하게 조성하기 위해서였다. 자연히 왕실 축제는 철저한 정치적 계산에 의해 시도되었으며 정교한 정치 프로그램에 따라 진행되었다.

왕이 민중을 위한 무도극에 등장하는 순간 축제는 절정에 달했다. 화려하게 장식된 무대 위에서 왕은 고대 영웅이나 신으로 분장하고 춤을 추었다. 이처럼 민중에게 보여주기 위한 무대에서는 각본이나 음악보다 장면 전환을 위한 무대 장치와 발레가 더 중요한 요소였다. 이 점에서 프랑스의 왕은 에스파냐의 왕과 달랐다. 당시 대부분의 유럽 군주들처럼 펠리페 4세도 종종 무대 위에 섰다. 그러나 대제국을 건설한 에스파냐의 왕은 무대 위에서 부동의 자세를 취하며 신비감을 조성하는 것만으로도 충분히 군주권을 과시할 수 있었다. 반면 상대적으로 역사가 짧고 군주권이 미약한 부르봉 가의 왕은 근엄하면서도 좀 더 역동적이며 상징적인 이미지로 관객을 설득할 필요가 있었다.[159] 관객에게 정치적 실체로서의 자신을 드러내는 동시에 신화 속의 이미지를 빌려 초월적인 존재임을 웅변한 루이 14세. 가시성과 비가시성이 공존하는 이러한 이중성이야말로 바로크 문화의 속성이다.[160]

루이 14세는 누구보다 이러한 극적이고 상징적인 표현 방식을 즐겼다. 루이 13세도 춤을 추었다. 그러나 음악에 맞추어 엄격한 원칙을 지키며 고도의 기예를 보여준 루이 14세는 루이 13세와 비교가 되지 않았다. 1654년 4월 14일에 거행된 《펠레우스와 테티스의 결혼식 *Les Noces de Pelée et de Thétis*》에서 그는 아폴론 역을 맡았다. 온몸을 황금빛으로 감싼 아폴론으로 분장한 루이 14세가 특수 제작된 무대 장치를 이용해서 구름을 뚫고 하늘에서 내려온다. 이어 무대 위에서 춤을 추며 프롱드파를 상징하는 퓌톤을 처단한다. 그가 읊는 시의 내용도 의미심장하다.

세상을 혼란에 빠뜨린 이 퓌톤을 내가 쓰러뜨렸도다,
악마와 프롱드가 위험한 독으로

아폴론으로 변신한 루이 14세. 1653년에 공연된 궁정 무도극 〈밤의 춤〉에서 루이 14세가 아폴론으로 분장한 채 춤을 추는 모습이다.

이 끔찍한 뱀을 더욱 부추겼도다.

하지만 이제 반란은 더 이상 내게 피해를 입히지 못할 것이로다.[161]

1654년 당시 18세가 된 루이 14세에게는 아무런 실권이 없었지만 적어도 무대 위에서 그는 주인공이었다. 그럴 때마다 프롱드난은 정치적 반면교사이자 원대한 미래의 포부를 제시하기 위한 소도구로 활용되었다. 루이 14세는 늘 자신에게 맡겨진 배역을 확실하게 이해했고 누구보다 완벽하게 소화해냈다. 루이 13세 시대에 유행하기 시작한 무도극은 루이 14세와 더불어 절정에 달했다. 루이 14세는 늘 무대의 중심을 차지하고 때로는 왕비도 무대에 섰다. 콩티 공도 무대 위의 단골 배역을 맡았다. 정치 무대는 왕의 존재를 각인시키는 동시에 주변 인물들과의 관계를 가시화시키는 역할을 했던 것이다. 구성원들의 위치는 연출자의 치밀한 계산과 조율에 따라 정해지고 각자에게 맡겨진 배역 또한 정치적 역할과 관련이 있다. 이처럼 왕을 중심으로 조화를 이루는 무도극은 새로운 정치를 위한 고도의 정치적 전략이었다.

카루젤은 무도극보다 더 광범위하고 체계적인 거리축제였다. 1662년 6월 5일과 6일 양일에 개최된 카루젤은 왕의 위엄을 선전하는 동시에 일종의 놀이마당으로 연출되었다.[162] 그러나 이날의 카루젤은 거기서 그치지 않았다. 루이 14세가 《회고록》에서 밝히고 있듯이 거기에는 전 유럽에 자신의 정치적 영향력을 과시하려는 의도가 내포되어 있었다.[163] 이 무대에서도 역시 프롱드

1662년 카루젤

파를 제압하고 혼란을 극복한 왕의 이미지가 동원되었다. 카루젤은 본래 1559년 앙리 2세가 사망하게 된 위험하고 전투적인 기마 시합에서 유래한 것이다. 하지만 이날의 카루젤은 왕세자 탄생을 축하하기 위해 연출된 일종의 연극 무대였다. 프롱드난의 중심지였던 루브르 앞에 세워진 임시 극장에는 1만 5,000명의 관객이 입장하고 그 주변에는 파리의 민중들이 몰려들었다. 우선 무장을 하지 않은 귀족들이 성대하고 화려한 기마 창 시합을 벌이며 공연했다. 이어 로마 황제의 복장을 한 루이 14세가 화려한 방패를 든 채 입장했다. 왕의 방패 위에는 카이사르의 유명한 문구 '왔노라, 보았노라, 무찔렀노라Veni, vidi, vici'를 모방해서 '나는 보았노라 무찔렀노라Ut vidi vici'라는 문구가 라틴어로 새겨졌다.[164]

그 뒤를 이어 페르시아, 투르크, 아메리카 군사 복장을 한 긴 행렬이 천천히 등장했다. 각 군대를 이끌 우두머리를 결정하는 데에서도 정치적 의미가 부여되었다. 동생 오를레앙 공작과 대 콩데, 기즈 공작이 각각 10명의 기사로 구성된 페르시아 군대, 투르크 군대, 아메리카 군대를 이끌었다. 화려한 의상과 금 도금칠한 방패를 든 대귀족들은 한결같이 왕에게 무릎을 꿇고 머리를 조아렸다. 왕과 대귀족을 중심으로 주변에는 다른 귀족들이 원주 모양으로 배치되었다. 여기에 태양이 구름을 몰아내고 찬란하게 떠오르듯 루이 14세를 들어 올리는 무대 장치가 동원되었다. 이것은 실제 전투가 아니라 공연이다. 이 장난스러운 연출에서 우리는 루이 14세의 의도를 간파할 수 있다. 프롱드난에 앞장섰던 대 콩데와 기즈 공작 등 대귀족을 거느린 모습으로 나타난 그의 모습은 군주정의 승리를 만천하에 확인시키는 동시에 그들 각각이 군주에게 속한 존재임을 각인시키고 싶었던 것이다.

카루젤은 그 자리에 참석한 구경꾼들에게 놀라움과 환호, 경이로움, 탄성,

경외심을 자아내었을 뿐 아니라 수많은 문인들의 시나 편지를 통해 지방으로 전파되었다. 파리에 거주하던 외교사절단들의 목격과 증언, 편지, 보고서도 루이 14세의 영광을 전하는 나팔수 역할을 했다. 카루젤에 등장한 루이 14세의 모습은 영국 외교관 윌리엄 템플에게 경이로움 그 자체였다. 1663년 본국에 보낸 편지에서 그는 "혜성처럼 등장한 위대한 존재인 프랑스 왕은 모든 사람들의 시선을 집중시킬 뿐 아니라 전 세계 사람들의 감탄을 자아내었습니다"고 전하고 있다.[165] 카이사르로 변신한 루이 14세의 존재는 유럽의 군주들에게 어떻게 비추어졌을까? 로마 공화정을 몰락시킨 독재자를 연상시키는 루이 14세는 그들에게 제국 건설에 대한 공포심을 불러일으킨 것은 아닐까? 이날의 기억이 훗날 유럽 군주들로 하여금 훗날 반-프랑스 동맹으로 기우는데 일조한 것은 아닐까?

이렇듯 왕은 괴물이나 이교도를 물리친 성경이나 고대 신화 속의 영웅 혹은 역사적 인물로 분장했다. 그중에서도 태양신 아폴론은 오늘날까지 루이 14세와 동일시된다. 그러나 아폴론은 칼 5세 이후 유럽 군주들이 저마다 가장 선호한 상징이었다. 프랑스 16세기에 국왕입성식의 기념물에 처음 등장한 이후 아폴론은 루이 14세가 체계적으로 이용하면서 그의 전유물처럼 여겨지게 되었을 뿐이다.[166] 아폴론으로 분장하고 무대 위에서 춤추는 왕의 모습은 1660년대 파리인들에게 더 이상 낯선 풍경이 아니었다. 반면 1665년에는 비너스의 탄생 무도극에서 알렉산드로스로 등장해서 구경꾼을 열광시키기도 했다.[167] 권위에 대한 민중의 기대를 꿰뚫어 본 그는 자신의 위엄에 걸맞는 이미지를 창조해냈다. 나아가 필요한 단계마다 왕의 영광을 찬미하는 관객과 참여자를 동원하는 능란한 연출자이기도 했다.[168]

1670년 2월 4일을 마지막으로 루이 14세는 더 이상 무대에 서지 않았다. 그

아폴론으로 묘사된 루이 14세. 태양신의 황금전차를 타고 요정들과 여신에게 둘러싸인 루이 14세에게서 뿜어져 나오는 강렬한 후광을 보라.

의 배역은 아르마냐 백작과 빌루아 후작에게 맡겨졌다가 점차 전문 배우에게 넘겨졌다.[169] 발레 대신 다른 장르의 무대가 각광을 받았다. 그것은 발레가 곁들여진 희극이었다. 1670년 6월 몰리에르의 작품 《서민 귀족》이 공연되고 오페라가 유행하기 시작했다. 그와 더불어 궁정귀족들도 군주에게 복종하는 조연의 역할에서 해방되었다. 대신 그들은 단순한 관객이라는 배역을 맡아 필요한 경우 열심히 박수를 쳐야 했다.

루이 14세가 더 이상 무대에 서지 않게 된 이유는 무엇일까? 32세의 나이는 화려한 곡예를 펼치기에 무리였음이 틀림없다. 그러나 루이 14세의 정치사를 통해 우리는 신체적 제약 외에 또 다른 요인이 작용했음을 짐작할 수 있다. 1667~1668년 귀속전쟁에서 승리를 거둠으로써 그는 전사–왕으로 화려하게 데뷔했다. 전쟁은 변덕스런 민중의 함성보다 더 화려하게 영광을 담보해줄 수 있는 수단이었다. "도시에서 왕은 끊임없는 구경거리 신세를 피할 길이 없었다. 마침내 왕은 군중의 눈에서, 그리고 매일 매일 주시받는 관례에서 벗어나서 훨씬 위엄 있는 존재가 되기로 마음먹었다."[170] 이제 왕은 자신의 지배를 더욱 확실하게 과시할 수 있는 수단을 찾았던 것이다.

르텔리에 Le Tellier, Michel(1603~1685): 법관 출신으로 마자랭과의 친분 덕분에 육군 국무비서가 되었으며 프롱드난 동안에도 루이 14세와 마자랭의 편을 지켰다. 루이 14세의 친정 이후 육군 대신으로 활약하며 유럽 최강의 육군을 건설하는 데 공헌했다. 1677년 대상서가 되면서 자신의 자리를 아들 루부아에게 물려주었다.

마리 테레즈 Marie Thérèse(1638~1683): 에스파냐의 왕 펠리페 4세의 딸로 1660년 루이 14세와 결혼했다. 무덤덤한 성격으로 정치와 문학에 무관심했으며 루이 14세의 숱한 여성 편력에도 침묵했다. 대신 신앙생활과 도박에 몰두하며 지냈다.

생시몽 공작 duc de Saint-Simon(1675~1755): 피카르디 지방의 유서 깊은 귀족 가문 출신으로 1691년 국왕군에서 군복무를 시작했으나 1702년에 퇴직했다. 이후 궁정에서 루이 14세 주변을 맴돌며 출세 길을 노렸으나 번번이 실패했다. 1691년부터 1723년까지 베르사유에서 경험하고 관찰한 바를 토대로 집필한 방대한 양의 회고록을 남겼다.

PORTRAITS
DE
LOUIS LE GRAND
SUIVANT
SES AGES

Louis Le Grand Monarque

IV
후견제의 정점에 선 루이 14세

귀족, 신분인가 계급인가?

루이 14세의 군주정은 사회 변화에 어떤 영향을 미쳤을까? 앞 장에서 언급되었듯이 지방에서건 중앙에서건 과거의 특권이 유지되었음은 분명하지만 새 권력 구도의 정착과 더불어 사회의 각 계층은 동요하고 스스로 탈바꿈하지 않을 수 없었다. 제도와 국가기구가 복잡해지고 변질되면 게임의 법칙도 바뀌는 법이니 말이다. 절대군주정의 형성 과정에서 귀족과 부르주아는 줄곧 사회 지배의 패러다임과 다양한 형태의 특권과 수익 분배를 놓고 경쟁을 벌여왔다. 마침내 그 절정기인 루이 14세 치세에 사회적 헤게모니를 장악한 것은 귀족인가 부르주아인가?

유럽 최대의 관직매매 국가라는 명성에 걸맞게 프랑스 절대군주정은 부르주아층을 대거 국가기구로 끌어들였다. 정치적 야심에 가득 찬 부르주아 출신 관리들이 포진한 프랑스 절대군주정은 외견상 부르주아 지배체제로 간주될 만하다. 하지만 문제는 그리 간단치 않다. 부를 토대로 권력의 핵심을 차지한 부르주아 출신 관리들의 야심이 거기서 끝나지 않았기 때문이다. 권력에 대한 야망보다 더 지독한 신분상승의 열망이 그들을 사로잡았던 것이다.

1790년 프랑스혁명에 의해 신분제가 공식적으로 폐지될 때까지 프랑스 사회에서는 신분적 불평등이 유지되었다. 프랑스 고유의 3신분 구도가 처음으로 제시된 것은 11세기 초 랑의 주교 아달베롱에 의해서다. 〈국왕 로베르 전하께 바치는 시〉에서 그는 사회적 기능에 따라 사회 구성원들을 기도하는 자 oratores, 싸우는 자bellatores, 일하는 자lab oratores로 구분지었다.[171] 아달베롱의 3신분 구도는 법적 제도는커녕 현실과도 거리가 멀었다. 그것은 단지 종교적 이데올로기를 토대로 한 교회의 위계를 현실 사회에 적용하려는 노력의 일환이었다. 하지만 이후 3신분 구도는 중세의 수많은 문헌에서 인용되면서 점차 프랑스인들을 규정짓는 신분틀로 자리 잡았다.

그렇다면 신분을 규정짓는 기준은 무엇일까? 여기서 17세기 프랑스의 대표적인 법이론가 샤를 루아조Charles Loyseau의 말을 인용해보자. 그는 프랑스 사회를 신분사회로 규정지었다. 1610년에 출판된 그의 저서《신분론과 간단한 품계들Traité des ordres et simples digntés》에 의하면 당시 "사회집단의 구별 기준은 품계, 명예, 사회적 평판 등이다. …… 군사적 복무와 군주에게 봉사하는 것이 돈보다 더 높이 평가된다." 루아조의 책은 수차례 재간행되었고 그와 유사한 견해는 17세기 문헌에서 수없이 발견된다.[172]

하지만 16세기 이후 번성한 관직매매는 프랑스 사회가 이미 자본의 힘에 지배되고 있음을 의미한다. 굳이 관직 진출이 아니더라도 결혼과 교육은 부와 직접 관련된 문제다. 나아가 명예와 평판이란 과연 경제와 무관할 것일까? 체면 유지를 위해 엄청난 돈이 드는 것은 지금이나 그때나 마찬가지 아니었을까? 부와 명예의 힘이 어떻게 교차되었는지 살펴보지 않는다면 17세기 프랑스 사회는 인간이 살아 숨 쉬는 역동적인 모습이 아니라 신분의 틀에 고정된 정물화에 지나지 않을 것이다.

특권의 아성이 흔들리다: 인두세

신분인가 계급인가? 제2차 세계대전 후 역사학계를 지배한 사회경제사 연구가 전통적인 해석을 공격하면서 시작된 이 논쟁은 1960년대 프랑스 사학계를 뜨겁게 달궜던 문제 중 하나다. 17세기 당시 법이론가들의 문헌을 토대로 한 전통적인 견해에 의하면 프랑스 사회는 사회적 명예와 지위에 따라 구성원들의 지위가 정해지는 신분 사회다. 경제적 측면은 중요하지 않다.[173] 반면 사회경제사가들에 의하면 공식적인 신분 제도는 피상적인 것에 불과하다. 진정한 사회구조는 이미 부나 계급에 따라 편성되었다는 것이다. 라브루스의 영향을 받은 사회사가들은 17세기부터 이미 생산과 교환 수단 및 생산관계의 분배가 프랑스 사회를 지배하였다고 주장했다.[174] 17세기 프랑스 사회의 성격을 둘러싼 이 논쟁에서 양측은 으레 그렇듯이 서로의 입장차를 확인했을 뿐 뚜렷한 결론에 도달하지 못했다. 하지만 양측의 팽팽한 의견 대립 과정에서 제시된 다양한 견해와 준거를 통해 우리는 17세기 프랑스 사회의 복잡한 실상을 좀 더 구체적으로 파악할 수 있다. 특히 1695년 신설된 인두세capitation를 통해 드러난 루이 14세 시대의 프랑스 사회는 우리가 알던 전통적인 프랑스 사회의 모습과 사뭇 다르다.

1695년 1월 18일에 루이 14세는 인두세를 공포했다. 1688년에 발발한 아우구스부르크 동맹전쟁으로 재정이 고갈되고 경제는 마비 상태였다. 이때 전쟁 자금을 충당하기 위해 짜낸 고육지책이 인두세다. 보방이 제안한 이 세금은 프러시아의 조세 징수 방식을 모방한 것이다. 인두세 징수를 위해 작성된 등급표에서는 성직자를 제외한 모든 프랑스인들이 특권 신분이건 아니건 22등급으로 구분되었다. 각 등급은 다시 10~60여 개의 범주로 구분되어 모두 569개의 집단으로 나뉜다. 같은 등급의 사람들에게는 같은 액수의 세금이 부과되었다. 1등급에게는 2,000리브르, 2등급 1,500리브르, 3등급 1,000리브르, 19등급 6리브르, 21등급은 2리브르, 22등급 1리브르가 부과되었다.[175]

무엇보다 의미심장한 사실은 귀족과 평민의 구분이 불분명해졌다는 점이다. 7등급에 후작, 백작, 자작, 남작과 함께 화폐법원장이, 8등급에는 전형적인 대검귀족인 궁내부 연대장과 평민인 대신의 수석사무관이, 10등급에는 연대장과 은행가가 나란히 분류되었으니 말이다. 이렇게 해서 종래에는 2신분이라는 하나의 집단에 속하던 귀족이 다양한 등급에 분포되었다. 귀족은 2등급에 속한 공작에서부터 19등급에 속한 '봉토도 성도 없는' 지방귀족까지 모두 7개 등급으로 나뉘었다. 19등급의 지방귀족과 같은 등급에는 작은 읍의 읍장, 소도시에서 이자 수입으로 생활하는 부르주아, 술집 주인 등이 포함되었고 이들 모두에게는 6리브르의 세금이 부과되었다. 이렇듯 귀족이 서로 다른 등급으로 구분된 것은 경제적 수준차 때문이다.

그렇다고 해서 같은 등급으로 분류된 사람들의 재산 상태가 동일한 것은 아니다. 예컨대 관직 가격이 45만 리브르에 달하는 파리 고등법원 수석재판장과 2만 리브르의 궁내부 관리직이 2등급에 나란히 배치되었으니 말이다. 물론 각각의 관직은 두 사람의 재산의 일부에 불과하겠지만, 두 사람이 같은 등급으로 구분된 것은 재산의 기준에서는 아무래도 모순이다. 그렇다고 등급이 신분 서열과 일치하는 것은 더욱 아니다. 공작이 2등급에 속하는 반면, 대신이 1등급에 속한다. 귀족이기는 하지만 평민 출신임이 확실한 이 고위 관리들은 등급표에서 세자 및 방계왕족들과 함께 당당히 1등급의 자리를 차지하고 있다.

사실상 인두세의 등급 기준은 매우 복잡하다. 경제적 측면이 고려되었음은 분명하지만 전체적으로 볼 때 인두세는 단지 수입에 관한 세금이 아니며 재산을 근거로 세금 액수가 책정된 것도 아니다. 분명한 사실은 궁내부 관리직과 대신처럼 군주에게 봉사하는 직책의 종사자들이 상대적으로 높은 등급에 속한다는 점이다. 또한 군사직이 행정직보다, 행정직이 경제 관련 직업보다 높게 책정되었다. 이는 전통적인 사회적 위계와 가치체계가 적용되었음을 의미한다. 결국 인두세의 등급에는 부 외에 권력, 품계, 사회적 평판 등이 복합적으로 작용했음을 알 수 있다. 그중에서도 품계와 부가 가장 중요한 기준으로 작용했다.[176]

부와 사회적 지위가 미묘하게 결합된 등급표를 통해 드러난 17세기 말 프랑스 사회의 특성은 왕 중심으로 사회 구성원들이 재편성되었다는 점이다. 하지만 성직자의 세계는 여전히 난공불락이다. 인두세 등급표에서는 아예 성직자 전체가 빠져 있으니 말이다. 국가의 통제권이 아직은 교회에 세금을 강요할 수 있는 수준에 미치지 못했던 것이다. 당시 교회의 한 해 수입은 십일조를 포함해서 9,000만 리브르에 달했다. 이는 평시 국가의 한 해 지출과 맞먹는 액수다. 교회는 이렇듯 독자적인 생존 능력을 확보하고 있었을 뿐 아니라 그 뒤에는 심심치 않게 군주권과 갈등을 빚어온 로마 교황청이 버티고 있었다. 이번에도 국가는 교회와 타협하지 않을 수 없었다. 교회는 기존의 방식대로 왕에게 기부금을 제공하는 대신 면세특권을 유지함으로써 독립적인 사회집단으로서의 위치를 유지할 수 있게 되었다.

라신과 라브뤼예르

그 밖에도 인두세의 등급에서 누락되거나 일관성을 찾아보기가 어려운 사
례는 무수히 많다. 예술가들의 경우가 그렇다. 예술가들은 수입에 따라 각 등
급에 예외 직업군으로 추가되었다. 예컨대 루이 14세의 역사편찬관이던 라신
과 프랑스 학술원 회원인 라브뤼예르는 지방 재무국 회계관과 같은 10등급에
속했다. 화가와 조각가들도 유사하게 분류되었다. 아직 경제적으로 자립하지
못한 예술가들은 전문 직업인으로 취급되지 않았던 것이다. 이처럼 여러 면
에서 모호하고 불완전한 인두세 등급표는 루이 14세 정부의 복합적이고 타협
적인 성격을 드러내는 또 하나의 단면이다.

그럼에도 불구하고 프랑스인 전체를 아우르는 포괄적인 체계를 제시한 인
두세는 국가 운영 차원에서 가히 혁신적이라 할 만하다. 더구나 귀족의 면세
특권을 인정하지 않았다는 점에서 인두세는 흔히 근대적인 국가조세의 출발
점으로 평가된다. 그렇다고 해서 제1신분과 제2신분에게 면세 혜택을 부여하
던 기존의 타유세가 폐지된 것은 아니다. 귀족이 대대로 면세특권을 누려온

타유세야말로 신분적 불평등이 유지되고 있다는 산 증거 아닌가. 결국 전체적인 면에서 볼 때 프랑스 사회는 점차 계급적 질서가 우세해져 가고 있기는 했지만 여전히 신분적 위계질서가 엄존하는 혼란스런 상태였다. 하나의 사회가 또 다른 사회로 옮아가는 이러한 과도기적 상황에서 살아남은 자는 누구일까? 오랫동안 신분적 특권을 누려온 귀족은 서서히 밀려오는 변화의 물결에 어떻게 대처했을까?

루이 14세 시대의 귀족 하면 우리 머릿속에 가장 먼저 떠오르는 것은 베르사유 궁정에 거주하며 비굴할 정도로 왕에게 복종하던 궁정귀족들의 존재다. 하지만 궁정귀족은 전체 귀족 중 극히 일부에 지나지 않는다. 인두세 등급표에서 드러나듯이 귀족은 천차만별이었다. 궁정귀족에서부터 알량한 면세특권에 집착하며 농민을 쥐어짜는 지방귀족까지 귀족은 도저히 하나의 집단으로 묶을 수 없을 정도로 정치, 사회, 경제적 측면에서 다양했다. 혈통귀족, 문벌귀족, 구귀족, 신흥귀족, 대검귀족, 법복귀족 등 귀족의 종류도 각양각색이었다. 그럼에도 불구하고 모든 귀족은 적어도 한 가지, 면세특권을 옹호하는 문제에서만큼은 일치했다. 그런데 바로 그 특권을 침해한 인두세에 대해 귀족은 어떤 반응을 보였을까?

인두세는 처음부터 논란에 휩싸였다. 1695년 인두세가 처음 공포된 이후 세 차례 보완책이 발표된 것은 그 때문이다. 최종 보완책은 1696년 1월 31일에야 공포되었다. 그나마 평화조약이 체결되면 3개월 후에 중지시키겠다는 조건이 붙었다. 실제로 인두세는 1697년 아우구스부르크 동맹전쟁이 종결된 이듬해 3월에 중지되었다. 프랑스혁명 전야에 전개될 면세특권의 폐지를 둘러싼 공방과 줄다리기는 이미 17세기 말에 싹이 텄던 것이다.[177]

　물론 인두세가 귀족의 신분적 특권을 겨냥해서 신설된 것은 아니다. 하지만 귀족으로서는 도저히 인두세를 용납할 수가 없었다. 경제적 부담보다 더 참을 수 없는 것은 사회적 우월성의 침해다. 일찍이 군복무에 종사한 대가로 받은 면세특권은 귀족의 경제적 특혜자 명예로운 훈장이 아니던가. 그런데 돌연 평민들과 마찬가지로 국가조세를 강요받자 귀족들이 반대하고 나섰다. 중세 이래 피카르디 지방의 유서 깊은 귀족 가문을 이어온 생시몽 공작은 인두세에 격분했다. 루이 14세의 국무대신인 보빌리에 공작과 슈브뢰즈 공작도 겉으로 드러내지는 못했지만 인두세에 강한 불만을 표했다.

　문제는 정부 내의 고위 관리들 중에도 인두세 반대자가 적지 않았다는 점이다. 심지어 재정 문제를 총괄하는 재무총감이자 궁내부비서, 해군비서직을 겸하고 있던 퐁샤르트랭마저 끝까지 인두세에 주저하는 태도를 보였다. 어디 그뿐인가. 퐁샤르트랭의 아들인 국무비서 펠리포도, 외무대신 크루아시 후작도 인두세에 반대했다. 아우구스부르크 동맹전쟁을 일으킨 장본인인 루부아가 살아 있었더라면 어떤 태도를 취했을까? 이들은 루이 14세와 함께 국사를 관장하던 장본인이다. 문자 그대로 정부의 핵심 세력인 고위 관리들이 정부의 정책을 반대하는 이 모순을 어떻게 이해해야 할까? 고위 관리인 이들의 정체는 무엇일까?

　인두세를 반대한 루이 14세 시대 고위 관리들의 태도를 이해하려면 그들이 처한 기묘한 모순적 상황을 고려해야 한다. 퐁샤르트랭은 부르주아 출신으로 대신이 되었지만 동시에 그는 귀족이었다. 1683년 사망한 콜베르도 왕의 수족이 되기 전 1657년에 이미 세뉼레 영지를 사들여 귀족이 되었다. 콜베르의 동생으로 외무대신이 된 샤를은 크루아시 후작으로 변신하고 그의 아들 토르시 후작은 아버지로부터 국무비서직을 물려받았다. 루부아 역시 아버지 르텔

루이 14세와 퐁샤르트랭. 1699년 9월 5일 61번째 생일날 퐁샤르트랭에게 대상서와 국새상서직을 내리고 그로부터 충성 맹세를 받고 있는 루이 14세.

리에로부터 육군 국무비서직을 물려받지만 그는 르텔리에라는 이름 대신 루부아 영지의 영주임을 드러내는 루부아 후작으로 자처했다. 여러 대에 걸친 관직매매를 통해 고위 관리가 된 이들은 이미 다양한 방식으로 귀족 대열에 합류했던 것이다. 이 신흥귀족들이 이른바 전형적인 법복귀족들이다.

법복귀족이라는 명칭이 탄생한 것은 1607년에 발표된 《프랑스 연구》(1607) 에서다. 최초의 프랑스사로 평가되는 이 책에서 저자 에티엔 파키에는 프랑스 제도의 발달을 언급하면서 왕권 강화에 협력한 법관들의 귀족화 문제를 거론하며 처음으로 이 단어를 사용했다.[178] 이때 그가 가리킨 법복귀족은 엄밀히 보면 기능상의 행정귀족에 가깝다. 그들은 대부분 콜레주나 대학에서 교육을 받고 학문과 법적 지식을 쌓았다. 한마디로 전사귀족과는 판이한 사회적, 문화적 배경을 지닌 이들은 군주정이 비대해지면서 왕의 행정 업무를 보좌하는 역할을 맡게 되었다.

부르주아 출신임이 명백한 이 법복귀족들의 약진은 루이 14세 시대에 절정에 달했다. 생시몽은 늘 "왕이 귀족을 멀리하고 천한 부르주아들을 가까이한다"고 불평했다. 엄밀하게 따지면 생시몽의 불만은 옳지 않다. 그가 부르주아로 경멸한 인물들은 대부분 이미 엄연한 법복귀족이었기 때문이다. 법복귀족이 되면 보조세법원에 귀족으로 등록됨과 동시에 전통귀족과 마찬가지로 면세특권을 누렸다. 루이 14세 정부의 중추 세력인 이들이 인두세에 반대한 이유는 바로 여기에 있다. 그들이 아무리 왕의 총신으로 권력을 쥐고 있기로서니 어찌 대대로 누릴 면세특권을 포기하겠는가. 부르주아의 귀족화야말로 루이 14세 시대, 아니 그 이전부터 프랑스 절대군주정을 왜곡시킨 결정적인 요인이다.

더 심각한 문제는 법복귀족의 범위가 정부 내의 고위 관리직에 국한된 것이 아니라는 점이다. 국가의 법률 조직과 기능이 강화되고 전국에 법원이 확대되면서 법복귀족의 수는 무한정 늘어났다. 귀족 전체의 수는 시대에 따라, 그리고 지방마다 다르지만 대체로 전체 인구수의 1퍼센트 안팎에 불과했다. 약 15~20만 명 정도에 달하는 귀족 중 17세기에 가장 많은 비중을 차지한 것은 뜻밖에도 신흥귀족이고 그중에서도 법복귀족이 절반을 차지한다. 예컨대 파리의 경우 귀족의 4분의 3 이상이 1560~1690년 사이에 귀족 대열에 끼게 되었다. 특히 관직매매를 통해 귀족이 된 경우가 많았다. 보스 지방의 경우 1560년 이전에 관직매입을 통해 귀족이 된 경우는 신흥귀족 전체의 17퍼센트였으나, 1560~1600년에 48퍼센트를 거쳐 17세기에는 61퍼센트에 달했다.[179]

물론 이러한 문제의 근원은 모두 왕실에 있다. 관직 보유자에게 귀족의 지위가 부여된 때는 1485년부터다. 샤를 8세가 대상서실 소속 국왕 비서에게 20년간 관직 종사를 조건으로 귀족 증서를 부여했던 것이다.[180] 그것은 본래 포상의 의미를 띠었으나 점차 돈거래로 바뀌었다. 이렇게 해서 평민에게 정치적 권한과 사회적 지위의 두 마리 토끼를 한꺼번에 잡을 수 있는 길이 열린 셈이다. 이후 재정 수요가 늘어나면서 관직매매의 규모 자체가 급속도로 커지고 관직매입을 통한 귀족화의 범주도 확대되었다. 국왕비서 외에도 국무참사, 청원심사관 등 왕을 측근에서 보좌하는 관직매입자들은 마치 부수입처럼 귀족의 지위를 챙길 수 있었다. 물론 20년이라는 유예기간이 필요했지만 말이다. 16세기에는 사법기구 중 최고 기관인 고등법원의 법관에게도 귀족의 지위가 부여되었다. 이때부터 관직 가격이 폭등했다. 하지만 법관직의 경우에는 20년이라는 유예기간 외에 제2세대에 가서야 비로소 귀족이 될 수 있다는 조건이 첨가되었다.

부유하고 야심 찬 평민의 자제들이 국왕비서직을 동경하며 신분상승의 밧줄에 매달린 것은 당연하다. 국왕비서직은 평민의 때를 씻어주는 비누였으니 말이다. 실제로 왕명을 입안하고 작성하는 업무를 총괄한 대상서실은 귀족화의 산실이었다. 대상서실에서 귀족화된 관직 수는 1494년에 60개, 1658년 661개, 1709년에 1,549개로 급속히 늘었다. 1540년대에는 해마다 평균 3.9명의 신흥귀족이 탄생했으나 110년 후인 1650년에는 약 5배에 가까운 19.2명이 귀족 대열에 합세했다.[181] 루이 14세 시대 말기에 가면 국왕비서의 수는 300명에 달했다. 생시몽은 국왕비서의 수를 40명으로 줄이고 자동적으로 귀족이 되는 특권을 폐지할 것을 제안했으나 이는 때늦은 외침에 지나지 않았다.[182]

이렇게 해서 다양한 직종의 부르주아들이 귀족 사회에 통합되었다. 그들 중 다수는 현금 동원력을 지닌 상인 출신이나 법률가들, 혹은 하급관리들이

몰리에르

었다. 그 비율은 지방에 따라 시기에 따라 다양했지만 17세기 중엽에는 전국적으로 관직매매를 통한 귀족화가 절정에 달했다.

그러나 왕은 그 대가를 치러야 했다. 귀족의 수가 늘어날수록 그만큼 타유세 면세자의 수가 늘어났기 때문이다. 국가는 관직 매입자가 20년간 관직에 종사했다 하더라도 당대에 곧바로 귀족이 되는 것을 막기 위해 1600년 타유세 칙령을 공포했다. 하지만 1604년 폴레트법으로 관직 세습을 법적으로 인정받은 이들은 대대로 자신들의 직위와 귀족의 지위를 보존할 수 있었다. 이제 관직은 영지나 마찬가지로 세습이 가능한 재산권이나 다름없었다. 그러니 법관들로서는 당대에 귀족이 되는 특권을 포기할 리가 없었다. 1644년 파리 고등법원을 필두로 회계법원(1645), 보조세법원(1645), 지방 고등법원은 차례로 20년만 지나면 자동적으로 귀족이 되는 특권을 획득했다.[183] 결국 중앙정부만이 아니라 지방행정과 사법기구의 고위직은 귀족 신분을 차지한 법복귀족에 의해 장악되었다.

사회적 변화의 틈새를 비집고 귀족 사회에 입성하는 데 성공한 법복귀족은 전통적인 의미의 귀족과는 달랐다. 법복귀족과 전통귀족 사이에는 특권의 옹호라는 점 외에 아무런 일치점도 없었다. 검은 법복을 걸친 데서 그 호칭이 유래한 법복귀족은 금은 자수를 놓은 화려한 비단옷에 감싸인 전통귀족과 쉽게 구별되었다. 그뿐이 아니라 사고방식, 생활방식, 마차, 하인들의 제복 등 매사에서 그들은 확연한 차이를 보였다. 법복귀족은 법적으로 귀족의 지위를 획득하고 면세특권을 누렸음에도 불구하고 귀족으로 간주되기는커녕 전통귀족은 그들을 천한 부르주아 취급했다. 17세기 문학작품에서도 마찬가지였다. 몰리에르의 희극 《서민 귀족》의 주인공 주르댕Jourdin처럼 그들은 17세기 문학작품에 단골로 등장하는 조롱거리였다.

관직을 구입함으로써 귀족의 지위를 확보했으나 최소한 20년 이상을 기다려야 하는 애매모호한 위치에 놓인 법관들. 나아가 법적으로는 귀족이지만 사회적으로는 평민인 이 법복귀족들. 이들은 제2신분인가 아니면 제3신분인가. 1610년에 출판된 《신분론》에서 샤를 루아조는 이들을 제3신분으로 분류했다. 실제로 1614년에 소집된 삼부회에서 전국의 고등법원 법관들을 위시한 법복귀족은 분명 제3신분 대표로 참여했다.[184] 사람이 되고 싶어 하는 요괴인간처럼 법복귀족이 그토록 갈망하는 귀족이 되려면 도대체 어떻게 해야 할까?

귀족의 몰락: 좌절과 자기 연민의 수사

귀족의 어원인 nobilis는 '고귀한 혹은 출중한'이라는 형용사다. 다시 말해 귀족의 가장 중요한 특성은 사회적 우월성이다. 그렇다면 그 기준은 무엇이었을까? 라틴어 nobilis는 '평판이 좋은'이라는 의미의 noscibilis에서 유래했다.[185] 귀족이란 무엇보다도 평판이 좋은 집단을 가리켰다. 평판과 사회 인식이 귀족을 구분 짓는 중요한 잣대였던 것이다.

귀족이라는 평판을 얻기 위해서는 귀족의 혈통과 미덕을 갖추어야 했지만, 그보다 더 중요한 것은 겉으로 보기에 다른 사회집단과 뚜렷이 대비되어야 했다. 귀족이 de라는 소사를 사용하고 문장을 사용한 것은 바로 그 때문이다. 또한 귀족이 되기 위해서는 귀족다운 삶Vivant noblement의 방식을 쫓아야 했다. 예컨대 귀족의 영지를 구입하고, 상업을 포기하며, 검을 차고, 방패와 투구에 문장을 사용하며, 이웃 혈통귀족과 친교를 맺음으로써 귀족으로 인정받았다. 그러나 이 모든 것들을 점차 평민들이 전유하면서 더 이상 귀족임을 드러내는 증거가 되지 못했다.

평판을 통해 귀족임이 증명되었음은 여러 증인들의 말이 전거였음을 의미한다. 이처럼 구두 문화에 의존한 사회에서 귀족이 되는 것은 부정확하고 막연한 기억에 달려 있었다. 자연히 귀족과 평민 사이의 경계는 불분명했다. 귀족을 참칭하는 게 가능했던 것은 바로 이런 상황에서였다. 귀족이 되기를 원하는 자들이 다양한 수법을 동원해서 슬그머니 귀족 집단에 합류했다. 그러나 그들이 귀족이 아님을 증명할 수 없는 한 귀족의 참칭은 통제할 길이 없었다.

귀족의 참칭이 빈번해지면서 귀족의 범주를 규제하는 일련의 법적 조치가 시도되었다. 귀족이란 무엇인가를 둘러싸고 격렬한 논쟁이 벌어지면서 귀족 개념의 정석이 제시되기도 했다. 그 한 예로 1577년 프랑수아 드랄루에트는 《귀족론》에서 "유구한 가문 출신으로 대대손손 귀족의 소명과 조상의 미덕과 충성심을 유지해온 자들이야말로 진정한 귀족"이라고 못 박고 있다.[186] 귀족임

을 확실하게 보증하는 것은 혈통과 미덕이었다. 여기서 귀족의 미덕이란 권력
도 부도 폭력도 아니다. 그것은 전사로서 지녀야 할 탁월한 자질인 용맹이다.
일찍이 몽테뉴도 "귀족 중 대단한 가치를 지니며 탁월한 자를 언급할 때 우리
는 단지 용맹한 자를 꼽을 뿐"[187]이라고 언급한 바 있다. 1691년 아버지의 손에
이끌려 베르사유에 가서 처음으로 루이 14세를 알현한 생시몽도 루이 14세를
따라 전쟁터에 가기를 학수고대했다. "몽스 봉쇄가 첫 출정하는 내 또래의 젊
은이들 거의 모두를 유인"[188]했던 것이다. 그에게 싸우는 자로서의 특권이야말
로 귀족 고유의 권한이었던 것이다. 하지만 이미 법복귀족이 신흥귀족의 절반
이상을 차지하는 17세기에 귀족은 더 이상 싸우는 자와 동일시될 수 없지 않은
가. 그럼에도 불구하고 전쟁터에서의 공훈을 최대의 가치로 여기며 혈통의 순
수성을 항변하는 귀족의 외침을 어떻게 이해해야 할까? 더구나 프랑스에서 귀
족은 혈통에 의해 유지되던 폐쇄적인 단일 집단이 아니지 않은가.

　프랑스의 신분제는 카스트제와는 달랐다. 역사상 귀족이 되는 길이 봉쇄된
적도 없다. 관직매매를 통해 귀족이 된 법복귀족이 탄생하기 훨씬 이전부터
귀족 사회의 구성원들은 끊임없이 교체되었다. 유구한 역사를 지닌 가문이
소멸하는가 하면 새로운 신흥귀족이 귀족 사회에 새로 합류했다. 실제로 중
세 말 이후 귀족 내부에서는 세대마다 약 20퍼센트 정도가 교체되었다.[189]

　전통귀족의 입장에서 보면 귀족은 계속해서 몰락했다. 귀족의 몰락을 한탄
한 토크빌은 몰락의 기원을 찾아 멀리 십자군 전쟁 시기까지 거슬러 올라간
다. 그에게도 귀족 본연의 모습은 영락없는 전사귀족이다. 989년 샤루 공의
회에서 교회는 귀족을 위해 싸우는 자milites castri인 기사에게 기독교 전사
milites Christi가 되기를 권유한 바 있다.[190] 십자군전쟁 동안 군사적 기능이 중
요한 의미를 차지하게 되면서 기사와 귀족이 동일 집단으로 인식되었다.[191]

토크빌은 기독교를 수호하는 임무를 수행하기 위해 기꺼이 자신의 목숨을 버린 이 숭고한 귀족을 진정한 의미의 귀족으로 간주했던 것이다. 13세기가 되면 전투가 귀족을 정의하는 중요한 속성으로 정착하게 되었지만 이미 귀족은 내리막길에 처했다.

귀족이 몰락하게 된 결정적인 계기는 백년전쟁이다. 백년전쟁 중 신무기가 등장하면서 전쟁 기술과 전략의 변화가 불가피해졌다. 석궁과 화약이 전쟁터를 누비자 보병이 군 주력부대로 부상했던 것이다. 이때부터 기병으로서의 우위를 누리던 귀족의 위상이 흔들리기 시작했다. 물론 보병 중심으로 군대가 재편성된 뒤에도 군 지휘부는 여전히 귀족들이 차지했지만 군복무는 더 이상 대검귀족의 독무대가 아니었다. 더 심각한 문제는 백년전쟁을 거치며 귀족 수가 현저히 줄어들었다는 점이다. 게다가 높은 유아사망률에다 혈통을 중시하는 폐쇄적인 결혼 관행으로 인해 많은 전통적인 귀족 가문이 사라졌다.

하지만 전체 귀족의 차원에서 보면 귀족 수는 꾸준히 늘었다. 특히 16세기 종교내전 기간 동안 귀족은 프랑스 역사상 가장 많은 수치를 기록했다. 어수선한 사회 분위기를 틈타 귀족 대열에 편승하려는 무리에게는 이때가 적기였다. 귀족의 영지를 구입하고, 상업을 포기하며, 검을 차고, 방패와 투구에 문장을 사용하며, 귀족들과 친교를 맺으면 귀족으로 인정받던 오랜 관행이 여전히 유지되던 시절이었으니 말이다. 훗날 루이 14세와 비밀결혼을 한 맹트농 부인의 가문이 귀족 행세를 하기 시작한 것도 이 무렵부터였다. 그녀의 할아버지 아그리파 도비녜는 루됭에서 구두를 만들어 팔던 양화공의 손자였으나 종교내전의 와중에 귀족으로 변신하는 데 성공했던 것이다.[192]

귀족 사회에 적극적으로 새로운 피를 수혈해준 장본인은 왕이었다. 관직매매 이전부터 왕의 옥쇄가 찍힌 증서는 평민을 단번에 귀족으로 만들어주는

베르사유 성 공사를 책임진 망사르

도깨비 방망이 역할을 했다. 이른바 귀족서임장 혹은 귀족 특허장(lettre de noblesse 또는 patente de noblesse)은 본래 필립 3세가 금은세공사 라울을 귀족으로 만들기 위해 서명한 문서에서 유래했다.[193] 하지만 시간이 흐르면서 귀족서임장은 왕실의 돈벌이 수단으로 변질되었다. 언제부터인가 관직매매와 더불어 귀족서임장의 매매도 왕실의 중요한 부수입 역할을 톡톡히 했던 것이다. 여기서도 주요인은 전쟁 자금 충당이었다. 왕실이 본격적으로 귀족서임장을 거래하기 시작한 때는 프랑수아 1세 시대다. 17세기에 귀족서임장 매매는 가속화되었다. 30년전쟁을 치르던 루이 13세 시대에 귀족서임장은 무수히 남발되었고, 루이 14세는 아예 무더기로 팔아 1696년 한 해에만 500건에 달했다.[194] 물론 루이 14세 시대에도 모든 귀족서임장이 경제적 목적에서 거래된 것은 아니다. 왕은 종종 자신에게 헌신한 사람들에게 보상을 베푸는 방식 중 하나로 귀족서임장을 활용했다. 예를 들어 루이 14세는 1682년 베르사유로 이전하면서 성 공사를 책임진 망사르Mansart의 공을 치하하기 위해 화가의 아들인 그에게 귀족서임장을 부여했다. 여기서 우리가 주목해야 할 점은 돈거래에 의한 것이건 아니건 귀족 신분의 획득은 점차 왕의 자의에 따라 이루어졌다는 사실이다.

귀족 수가 많아지고 귀족이 되는 길이 다양해지면서 귀족을 가리키는 용어도 다양해졌다. 과거부터 귀족 신분을 유지해온 귀족과 새로 귀족이 된 자를 구분하는 구귀족과 신귀족이라는 막연한 용어 외에도 혈통귀족, 대검귀족, 법복귀족, 지방귀족 등의 용어가 새로 만들어지거나 그 의미가 굳어졌다. 그중에서도 가장 흔히 사용된 단어는 오늘날까지도 다양한 의미로 해석되는 장티옴gentilhomme 이다. 먼 혈족이라는 뜻을 지닌 gentilis에서 유래한 이 단어는 한 번도 종속 신분에 놓이거나 평민에 속한 적이 없는 혈통의 후손을 의미한다.[195] 중세 이래 봉건

귀족의 순수 혈통을 보존한 귀족은 흔치 않지만 장티옴은 당시 왕의 특허장이나 관직매매에 의한 귀족과 대비되는 혈통귀족의 의미로 사용되었다.

이처럼 복잡하고 다양해진 귀족을 구분 지으려는 시도가 나타난 때는 귀족 수가 급증한 16세기 후반이다. 귀족 혈통의 순수성이 강조된 것도, 신흥귀족을 경멸하는 구귀족들의 담론이 쏟아지기 시작한 것도 이때부터였다. 귀족화의 집단 열병 상태에 직면해서 구귀족이 신흥귀족과의 차별성을 강조하기 위해 혈통 예찬에 집착한 것은 어쩌면 당연한 일 아닌가.

귀족은 관직매매를 귀족에 대한 모욕이자 왕과 귀족을 연결 짓는 상호 신뢰의 파괴로 여겼다. 잃어버린 명예를 되찾기 위해서는 어떻게 해야 하나. 종교내전의 종식 후 기사로서의 역할은 더 이상 귀족의 절대적인 소명이 아니었다. 그 무렵 누구도 흉내 낼 수 없는 잣대인 출생이 귀족을 다른 사회집단과 구별 짓는 강력한 기준으로 부상한 것이다.[196] 출생과 혈통이 귀족을 가름하는 결정적인 기준으로 자리 잡게 되면서 귀족은 족보 경쟁에 몰두했다. 17세기 이후 빠른 속도로 확대된 글의 보급으로 족보는 유행처럼 번졌다. 족보 외에도 세례명부, 유언장, 결혼계약서 등 글로 작성된 문서가 귀족의 증명서 역할을 하게 되었다. 이렇게 해서 17세기 말이 되면 귀족은 미덕보다는 혈통을 증명해주는 서류에 의해 증명되는 신분이 되었다. 신분상승의 열풍으로 귀족 사회의 문이 활짝 열린 순간 신분적 폐쇄성을 입증하는 증거들이 쏟아지기 시작한 이 역설! 귀족을 폐쇄적인 혈통주의자로 간주하는 역사가들의 고정관념은 바로 그 증거들에 의존한 결과다.

혈통 예찬과 족보의 유행은 사회적 우월성을 유지하려는 귀족의 몸부림인 동시에 자기 불안감의 표현이다. 이 시기 귀족들이 주고받은 수많은 편지와 회고록 그리고 일기는 귀족의 몰락을 슬퍼하는 좌절과 한탄의 수사로 가득 차 있다. 1614년 삼부회에 제출된 귀족들의 진정서에는 파멸이나 몰락을 뜻하는 ruine이라는 단어가 가장 빈번히 등장한다.[197] 루이 14세의 궁정 사회를 묘사한 생시몽의 《회고록》은 평민 출신 대신에게 희생당한 귀족의 우울한 자화상과 다름없다. 생시몽에게 영향을 미친 불랭빌리에의 표현은 생시몽보다 더욱 과격하다. 로마에 맞서 골 지방을 정복한 프랑스 귀족이 루이 14세 의해 노예로 전락하고 말았다는 것이다. 귀족이 영지에서 자유로운 권한을 누리던 봉건제야말로 그에게는 인류 정신의 최대 걸작품이다.[198]

17세기의 이 두 귀족 문인은 루이 14세 시대에 정체성의 위기에 빠진 귀족을 대변한다. 귀족이 정체성의 혼란을 겪기 시작한 것은 종교내전을 거치면서다. 피비린내 나는 내전을 겪고 왕권에 패함으로써 수많은 귀족이 사라지고 몰락했다. 더구나 역동적인 사회적 변화로 귀족의 위치가 불안정해진 것도 사실이다. 16세기 이후 자본주의 시장경제에 민첩하게 적응하지 못한 귀족들의 상당수가 경제적 곤란에 빠지고 파산했으니 말이다. 그와는 정반대로 약진하는 부르주아 출신 관리들의 존재는 귀족의 불안감과 박탈감을 부채질했다. 프랑수아 1세 시대에 대검귀족이 독차지했던 참사회는 어느새 법복귀족으로 가득 차고 귀족은 아예 왕의 시야에서 멀어져 가기만 했다. 1630년대 리슐리외가 제시한 국가이성은 귀족을 더욱 위축시켰다. 리슐리외가 남긴 《정치적 유언》(1635~1640)은 권위의 개념이 어떻게 바뀌었는지를 잘 보여준다.

공익은 군주가 추구해야 할 유일한 목적이다. …… 이제 왕과 신민 사이에는 더 이상 인격적인 관계가 존재하지 않는다. 군주는 무엇보다도 공적인 인물이다. 국가이성의 원칙을 구현하기 위해 군주는 인신적인 관계를 규정짓는 전통적인 규범을 초월해야 한다.[199]

이렇듯 거의 고정관념처럼 굳어진 귀족의 몰락은 단순히 근대 초 귀족의 상황을 설명하는 데 그치지 않는다. 주지하다시피 귀족의 몰락은 17세기 위기론과 맥을 함께하면서 근대사회로의 이행을 설명하는 하나의 틀을 이룬다.[200] 독립적인 전사 집단인 귀족 세력을 약화시키고 길들이면서 중앙집권화에 성공한 루이 14세의 신화도, 왕권의 지지와 결탁을 통해 신흥 관료층이자 새로운 정치사회 세력으로 부상한 부르주아의 성장도 귀족의 위기설과 맞물려 있지 않은가.

그렇다면 군주권에 도전한 18세기 귀족의 정체는 무엇인가? 프랑스혁명기에 귀족이 타도의 대상이 된 이유는 무엇인가? 1789년 8월 4일 밤 엄숙히 선언된 봉건적 특권의 포기는 무엇을 의미하는가? 이렇듯 18세기 귀족의 모습이 그 이전 시기의 귀족에 대한 인식과 단절된 이유는 무엇일까? 그럼에도 불구하고 귀족 사회는 18세기 이전과 이후에도 집단적 연속성을 유지하지 않았겠는가. 서로 모순된 두 귀족의 모습은 아무래도 귀족이 아닌 왕이나 부르주아의 시각에서 귀족을 바라보았기 때문이다. 특히 루이 14세의 귀족 길들이기야말로 귀족에 대한 오해를 낳은 주요인이다.

이제 루이 14세 시대의 귀족을 바라보는 시각을 교정할 필요가 있다. 우선 귀족을 근대국가 형성의 잣대로 재단할 것이 아니라 역사적 변화 속에서 있는 그대로 이해하고 전체적으로 파악해야 할 것이다.

전통귀족이 정치, 사회, 경제적 측면에서 상대적 박탈감을 느끼며 과거의 향수에 빠진 것은 사실이다. 하지만 토지 외의 다른 방법으로 부를 축적하고 관직에 진출한 신흥귀족의 존재를 고려하면, 귀족의 몰락은 일부 전통귀족에게 국한된 현상일 뿐 귀족 사회 전체와는 거리가 먼 이야기다. 이런 맥락에서 보면 귀족의 자기 연민과 좌절의 수사는 귀족 전체의 현실과 심성을 대변하는 것이 아니라 개인이나 가문 차원의 심정을 토로한 것에 불과하다. 결국 귀족의 몰락은 상대적으로 받아들이고 정치적으로 재해석할 문제다. 그럼으로써 우리는 담론과 실제 간의 괴리를 포착하고 귀족 특유의 정치문화를 이해할 수 있다. 귀족의 몰락을 한탄하는 밑바닥에는 귀족이 왕국에서 핵심적 역할을 하던 과거에 대한 진한 향수가 배어 있기 때문이다. 17세기를 장식한 무수한 귀족 반란도 결국은 과거지향적인 귀족이 연출해낸 정치문화의 장면들이 아닌가.

귀족의 정치문화: 이데올로기, 이해관계, 폭력

프롱드난: 반란의 의무, 그 마지막 불꽃

1642년 2월 리옹에 있는 생마르Cinq-Mars의 저택으로 오베르뉴 귀족들이 속속 몰려들었다. 한때 루이 13세의 총애를 받던 마사 시랑감 생마르가 리슐리외를 제거하기 위해 꾸민 모의에 참여한 귀족은 모두 800명을 넘었다.[201] 생마르의 반란 기도는 실패하고 그는 처형되었다. 생마르의 반란 외에도 17

프롱드난 때 싸우는 장면

세기 프랑스사는 무수한 귀족의 반란과 음모로 얼룩져 있다. 귀족의 반란은 때로는 농민이나 민중 반란과 결합하며 엄청난 규모로 확대되기도 했지만 프롱드난에 이르러 절정에 달했다.

1643년에 사망한 루이 13세의 뒤를 이어 왕위에 오른 루이 14세는 5세에 불과했다. 모든 권력을 독점했던 리슐리외는 6개월 전에 사망했다. 지방에서 총독gouverneur으로 소군주처럼 할거하던 방계왕족과 대귀족은 뛸 듯이 기뻐하며 기대에 부풀었다. 물론 최대의 수혜자는 모후 안 도트리슈였다. 왕이 죽자마자 재빨리 어린 왕을 앞세워 파리 고등법원에서 친림법정을 개최하고 선왕의 유언장을 파기함으로써 섭정권을 획득했으니 말이다. 해방감과 스스로 쟁취한 권력에 도취된 그녀는 방계왕족들에게 커다란 선물을 베풀었다. 루이 13세의 아우이자 루이 14세의 삼촌인 가스통 도를레앙Gaston d'orléans에게는 프랑스 총사령관직, 방계왕족인 콩데 공에게는 국무참사회의 수장직을 주었다. 파리 고등법원에게는 등기권과 간주권 등 정치적 권한을 보장해주었다. 그러나 모두를 만족시킬 수는 없었다. 곧 카드 패의 분배에서 제외된 대귀족들이 거세게 항의했다. 앙리 4세의 서자인 방돔 공작duc de Beaufort의 아들 보포르 공작이 그 우두머리였다. 하지만 안 도트리슈의 뒤에는 그녀와 긴밀한 관계를 유지하던 마자랭이 있었다.

1643년 9월 2일 돌연 보포르 공작이 체포되었다. 겉으로는 늘 겸손하고 상냥한 마자랭은 사실상 리슐리외와 다를 바가 없었던 것이다. 새로운 기회를 엿보고 있던 방계왕족과 대귀족은 또다시 절망에 빠졌다. 1648년 파리 고등법원의 법관들이 정부의 재정정책에 불만을 터뜨리며 반발하자 방계왕족인 콩티 공과 그의 매제인 롱그빌 공작, 보포르 공작이 곧바로 반란에 합류했다. 여기에 수많은 귀족들이 합세하며 프롱드난은 전국으로 확대되었다.

이렇듯 왕과 피를 나눈 방계왕족과 대귀족이 반란에 가담한 이유는 무엇일까? 지금까지 귀족의 반란은 흔히 부와 권력에 눈먼 이기적 욕망과 동일시되어왔다. 하지만 왕권에 대항해서 무기를 들고 국가의 존립 자체를 위협한 5년간의 내전을 과연 귀족의 이기심만으로 설명할 수 있을까? 더구나 반란에 앞장선 귀족들은 하나같이 부유하고 막강한 권력 기반을 지닌 대귀족들이다. 이런 점에서 보면 귀족의 반란은 정치적 억압과 경제적 위축보다는 상대적 박탈감의 심리와 전통적인 정치문화의 미묘한 측면에서 이해해야 할 문제다. 몰락과 파멸로 일관한 귀족의 수사도 좀 더 역동적으로 재해석될 여지가 있다. 귀족들의 비관이 화려했던 옛시절에 대한 강한 노스탤지어에서 비롯되었다면, 반란은 마자랭에 대한 경쟁심과 과거의 영광을 재현하려는 적극적인 의지의 표현인 셈이다.

사회적 우월감에 사로잡힌 귀족의 과거지향적인 심성, 그것은 스스로 정치적 핵심이었던 과거에 대한 동경이자 엘리트 의식이다. 정치적 권위가 왕에게만 귀속되어 있는 것이 아니라 귀족에게도 있다는 전통적인 신념은 중세이래 유지되어온 주권의 공유 개념에 기반한 것이다. 주권의 공유 개념은 중세 말 왕의 두 신체 이론을 통해 강화되었다. 왕은 인간적인 육체와 정치적이고 신성한 실체의 두 몸을 가진 존재다. 이 정치적 실체의 머리는 왕이며 세 신분은 왕의 몸이다. 따라서 주권을 행사하는 정치체는 왕뿐 아니라 다른 신분층 없이는 불가능하다. 모르네의 《반폭군론Vindicae contra Tyrannos》(1579)처럼 이러한 논리는 종교내전의 혼란기에 종교적 신념과 결합하면서 왕의 처단을 주장하는 급진적 정치이론으로 발전하기도 했다.[202]

그러나 1598년 낭트칙령 이후 종교는 더 이상 반란의 동기도 명분도 되지 못했다. 무정부 상태의 혼란 속에서 국가 존립의 위기를 경험한 프랑스에서는 점차 정치적 현실주의가 팽배해지고 급진적 정치이론은 명맥을 유지하지 못했다. 대신 또 하나의 정치적 전통인 권위에 대한 경외심과 절대군주에 대한 염원이 강한 힘을 발휘하게 되었다. 17세기 귀족 반란의 표적은 어느새 왕이 아니라 왕과 귀족 사이를 가로막는 장벽인 수석대신의 존재로 바뀌었다. 물론 리슐리외 이전에도 왕의 눈과 귀를 막고 귀족에게 방해가 되는 총신은 늘 존재했다. 1611~1661년 동안 프랑스는 사실상 콘치니와 뤼느, 리슐리외, 마자랭이 지배했다고 해도 과언이 아니다. 이는 프랑스만의 현상이 아니다. 에스파냐에서는 레르마Lerma와 올리바레스Olivares가, 영국에서는 세실 경, 버킹검, 스트라포드 백작이 왕의 총애를 무기로 권력을 독점했다. 하지만 루이 13세와 루이 14세, 두 미성년 왕이 계속해서 즉위한 프랑스에서는 문제가 좀 더 복잡했다. 더구나 콘치니와 마자랭은 이탈리아인이었고 뤼느는 무능력했으며 리슐리외는 포악한 독재자였다.

일명 '마자리나드' 라 불린 팸플릿

프롱드난은 이러한 불만이 총체적으로 터진 것이다. 미성년 왕을 에워싼 수석대신 마자랭의 전횡과 부패는 국가 파괴 행위로 간주되기에 충분했다. 여기에 권력의 정당성 문제를 제기할 만한 여건이 갖추어진다면 대귀족의 불만은 언제든 결정적인 상황으로 치달을 수 있었다. 이때 파리 고등법원의 법관들이 제시한 제한군주정의 이데올로기는 귀족의 대의명분이 되었다. 대귀족이 무기를 들고 나선 이유는 바로 여기에 있다.[203] 귀족의 정치문화에는 순종하지 않을 권리, 곧 반란의 의무라는 저항 이데올로기가 내포되어 있었던 것이다. 프롱드난 동안 출판된 5,000여 편이 넘는 팸플릿 가운데 귀족 측에서 쓰여진 2,000여 편 중 상당수가 이러한 귀족의 반란의 의무를 합리화하고 있다. 마자랭 비방문이라는 의미에서 일명 '마자리나드'라 불린 이 팸플릿들은 새로운 정치사상을 제시하기보다는 귀족의 정치적 명분을 선전하고 당시의 상황을 구체적으로 전달해준다.[204]

1648년 8월 파리 고등법원이 반란을 일으키자 제일 먼저 반란의 기수가 된 것은 보포르 공작이다. 하지만 1650년 1월 대 콩데Grand Condé가 합류하자 반란의 차원이 달라졌다. 1643년 에스파냐 군을 격파한 로크루아 전투에서 대승을 거둔 그는 왕실을 지켜줄 마지막 보루였을 뿐 아니라, 왕실과 가장 가까운 혈족인 콩데 가의 장남이었으니 말이다. 이때를 회상하는 루이 14세의 어조도 자못 비장하다.

짐과 피를 나눈 방계왕족이자 명망 높은 콩데 공이 적의 선봉에 섰고 국가는 음모로 들끓었으며 고등법원은 짐의 권위를 빼앗아 즐겼도다. 짐의 궁정에서도 충성심은 거의 찾아볼 수 없었다. 겉으로는 순종적으로 보이는 신하들조차 짐에게는 반역의 무리처럼 부담스럽고 위험해 보였다.[205]

마자랭은 1650년 1월 18일 즉각 대 콩데와 그의 동생 콩티 공, 노르망디 총독 롱그빌 공작의 체포를 명령했다. 방계왕족의 체포는 그 자체로서 왕실의 분열이자 정치적 위기를 의미한다. 방계왕족은 위그 카페의 남자 후손들 중 합법적인 결혼에서 태어나 왕위 계승권을 지닌 이들을 모두 가리키지만 실제로는 성 루이 왕의 후손들만이 방계왕족으로 인정되었다. 왕의 혈통을 의미하는 du sang이 봉건 제후 등 다양한 의미로 사용되던 prince와 결합한 때는 샤를 5세 시대다. 왕권 강화와 더불어 방계왕족의 서열과 지위는 다른 모든 귀족들 위에 확고하게 자리매김되었다.[206] 하지만 이때부터 방계왕족은 점차 군주권을 위협하는 존재가 되었다. 군주권이 약화된 시기, 이를테면 미성년 왕의 시기에 그들은 자신들의 정치적 권한을 강력하게 행사하려고 했기 때문이다. 더욱 위험한 것은 그들 주변에 포진한 수많은 귀족 세력이다.

1651년 2월 가스통 도를레앙이 반란에 동참하면서 사태는 더욱 확대되었다. 루이 13세의 아들인 그는 유사시 루이 14세를 대신해서 왕위를 물려받을 수 있는 왕위계승 서열 1위의 인물이다. 이렇게 해서 1648년 파리에서 '프롱드' 라는 새총을 이용한 돌팔매질에서 시작한 프롱드난은

가스통 도를레앙

전국으로 확대되었다. 이전부터 누적되어온 귀족들의 불만이 폭발하고 대귀족들을 중심으로 전국의 귀족들이 이합집산했다.

프롱드난 파의 우두머리들인 대귀족들은 대부분 지방 총독들이었다. 당시 프랑스는 지방 총독인 방계왕족과 공작들의 후견 조직망에 의해 지배되었다. 대 콩데는 부르고뉴, 로스내 백작은 샹파뉴, 레스디기에르 공작은 도피네, 에페르농 공작은 기엔, 모바종 공작은 일드프랑스, 빌루아 후작은 리요네, 롱그빌 공작은 노르망디, 알레 백작은 프로방스의 총독이었다. 총독은 중세 가신제의 유산이다. 백년전쟁 동안 왕실은 지방에 주둔하는 군대를 감독하고 통솔하기 위해 방계왕족이나 대귀족을 총독으로 파견했다. 16세기에 권한이 강화된 총독은 세금 징수와 군대 징집과 숙박 등의 문제를 전담했다. 그러나 16세기 후반 이후 정치적 혼란 과정에서 총독은 지방에 독자적인 조직망을 구축하고 정치적 영향력을 증대시키며 점차 국왕권을 위협하는 세력으로 성장했다.

각 지방에서 총독은 소군주처럼 행세했다. 그들은 늘 한 무리의 귀족들을 이끌고 다녔다. 가스통 도를레앙의 수하에는 400명의 기사가 있었다. 바욘 총독 그라몽 공작은 106명, 그리냑 백작은 80여 명, 기엔 총독 에페르농 공작은 73명의 기사에 40명의 수행 기사를 대동하고 다녔다. 유사시 그들은 수백에서 수천 명의 군대를 동원할 수 있었다. 이들의 모습은 오늘날의 '조폭'을 연상시킨다. 추종자의 수와 규모가 보스의 지위와 정치적 역량을 판가름하는 기준인 점도 마찬가지다. 이러한 폭력 조직을 무기로 총독은 종종 반란을 일으켰다. 17세기 전반기에 일어난 무수한 반란 세력의 핵심에는 늘 총독이 있었다. 프롱드난이 일어나자 동일한 현상이 되풀이되었다.

가스통 도를레앙이 반란에 합류하자 랑그독 지방의 귀족들이 그의 뒤를 따라 반란에 가담했다. 콩데의 집안이 대대로 총독직을 이어온 부르고뉴에서도

보방과 그가 고안한 요새

귀족들이 대 콩데의 석방을 요구하며 반란을 일으켰다. 기껏해야 남서부 부르고뉴 지방에 처박혀 있던 지방귀족들은 이렇듯 반란을 통해 전국적인 무대에 등장했다. 훗날 루이 14세의 총애를 받아 프랑스 국경의 요새화를 주도할 보방Vauvan도 이때 대 콩데 세력에 참여했다.[207] 노르망디 귀족 수십 명도 총독 롱그빌 공작의 체포를 구실로 삼아 반란에 합류했다. 반란군의 기세에 눌려 왕실은 어쩔 수 없이 마자랭을 추방하고 프랑스는 완전히 무정부 상태에 빠졌다. 위험에 빠진 주군을 구하기 위해 전국에서 몰려든 귀족들의 무리들. 반란을 눈덩이처럼 불어나게 한 이 인적 그물망의 정체는 무엇일까? 이들의 집단적 행태를 이해하지 않고는 프롱드난도 루이 14세의 궁정 사회도 제대로 이해할 수 없다.

후견 조직망[208]과 중간귀족의 정체

프롱드난의 성격은 반란에 참여한 각양각색의 귀족들만큼이나 다양하다. 그러니 1651년 2월 파리에 모인 500여 명에 달하는 귀족들의 집단행동은 유난히 우리의 이목을 끌 수밖에 없다. 그들은 무엇보다 먼저 방계왕족의 석방을 요구했다. 이때 모인 귀족들은 후작, 백작, 자작, 남작, 기사들과 작위 없는 귀족들까지 다양한 중간귀족들이다. 여기서 중간귀족이란 방계왕족과 공작을 포함한 대귀족과 대비되는 동시에 지방 소귀족과도 구별되는 애매모호한 용어에 불과하다. 다만 특이한 점이 있다면 그들 대부분이 왕실과 중앙에 권력 기반을 지닌 대귀족에게 충성을 바치며 그들과 우정을 나누던 지방귀족들이라는 사실이다. 이 지방귀족들이 어떻게 궁정이나 파리에 거주할 뿐 아니라 생활수준과 방식에서도 사뭇 다른 대귀족과 긴밀한 유대관계를 맺게 되었을까?

중간귀족이라는 단어는 1989년에 탄생한 신조어다. 그것은 보스의 귀족을 연구한 프랑스 근대사가 콩스탕이 군사적이고 정치적인 역할을 담당한 부유한 지방귀족의 범주를 지칭하기 위해 만든 역사적 재구성물이다. 역사가들은 대체로 이 중간귀족의 존재에 동의한다.[209] 다만 그 범주가 약간씩 다를 뿐이다. 콩스탕의 경우 공작 수하에 모여든 다양한 작위 귀족뿐 아니라 작위를 지니지 못한 영주들도 중간귀족에 포함시킨다.[210] 샹파뉴 지방의 중간귀족에는 도시의 관직을 보유하고 농촌과 도시를 오가며 경제적 여유를 누리던 도시귀족도 포함된다.[211] 중간귀족의 범주가 이렇듯 다소 차이를 보이는 것은 각 지방의 특색 때문이다. 예를 들어 샹파뉴와 프로방스 지방처럼 일찍이 상업과 도시가 발달한 곳에서는 귀족들이 도시에 거주하며 시 행정에 관여했던 것이다.

중간귀족의 윤곽이 드러나기 시작한 때는 백년전쟁 이후다. 지방귀족 중 상위 집단인 이들은 군장교직이나 총독직을 얻지 못했다. 하지만 지방에서 분쟁이 생길 경우 대귀족인 총독이나 군사단장을 대신해서 실질적인 중재 역할을 했다. 그들은 주로 군대 숙박에 관련된 문제에서 정부를 대신해서 지방 사회를 설득하고 처리하는 역할이 맡았다. 한마디로 중간귀족은 중앙과 지방 사이에서 중간 매개 역할을 한 지방귀족이었던 것이다. 그들이 이러한 역할을 맡게 된 데에는 경제적 여유뿐 아니라 평소 돈독한 사이를 유지하던 대귀족과의 관계가 유리하게 작용했다. 중간귀족들에게 대귀족과의 유대관계는 여러 면에서 유익했다. 대귀족은 중간귀족을 경제적으로 지원해주거나 관직을 알선해주고 중앙과 연계시켜주기도 했다. 중간귀족들 역시 저마다 지방의 소귀족들을 거느리고 있었다. 대귀족을 중심으로 다단계로 엮인 이러한 귀족들 간의 수직적 유대관계는 결혼이나 우정 등을 통해 더욱 견고하고 광범위해졌다. 결국 중앙에서 지방까지 귀족 사회 전체가 다양하고 복잡한 인적 그물망에 묶여 있었던 셈이다.

지위가 높은 사람이 낮은 사람을 보호하고 낮은 사람은 높은 사람을 지지하던 이러한 유대관계가 바로 후견제다. 프랑스만이 아니라 근대 초 유럽에 널리 파급되었던 후견제의 존재는 귀족들이 남긴 수많은 편지를 통해 쉽게 증명된다. 우정과 충성, 신의와 명예의 언어로 가득 찬 이 증거물을 보면, 후견제는 영락없는 충성관계다. 하지만 충성과 우정의 화려한 수사를 액면 그대로 믿을 수 있을까? 프로방스 지방의 반란을 연구한 캐터링의 연구는 이러한 의구심을 해결해주었다. 그녀가 주목한 것은 아름답게 미화된 수사 이면에서 후견제를 작동시킨 물질적 이해관계다.[212] 그렇다고 해서 한번 맺어진 인연이 영구히 지속된 것은 아니다. 프로방스의 법복귀족 오페드는 본래 이 지방 총독 기즈 공작의 보호를 받았다. 하지만 30년전쟁을 치르기 위해 증세와 군대 숙박을 강요하는 정부의 압박에 대항하는 반란이 일어나자 그는 기즈를 떠나 더 강력한 후견인 리슐리외 편에 섰다. 고등법원 수석 재판장직을 노리던 그는 리슐리외와의 거래에 성공했던 것이다. 귀족들은 오페드처럼 종 종 새로운 후견인을 찾아 말을 바꿔 탔다.[213] 때로는 견해차나 사소한 알력 때 문에 후견인을 떠나기도 했다. 귀족들 간의 관계에서 충성과 이해관계의 두 요소는 명확히 구분되기 어려우며 개인적 성향과 상황에 따라 복잡하게 얽혀 있었던 것이다. 이것이 바로 후견제의 실상이다.

한마디로 후견제란 충성과 이에 걸맞은 대가를 주고받던 지배와 복종의 불평 등한 관계다. 이 점에서 후견제는 중세의 가신제와 흡사하지만 가신제보다 훨 씬 복잡하고 이기적이며 비영속적이다. 그럼에도 불구하고 귀족들을 결합시키 고 동질성을 유지시켜주던 이 후견 조직망은 본래 반란의 결집체가 아니었다. 다만 폭력의 행사를 신성시하던 이 귀족 집단의 속성이 반란기에 더욱 빛을 발 했을 뿐이다. 대귀족들이 이전투구처럼 격돌을 벌이던 종교내전기가 그 예였 다. 심리적인 면에서나 물질적 기반에서나 국가로부터 독립해 있던 대귀족들과 중간귀족의 유대관계는 유사시에 군사 조직체로 쉽게 변질되었던 것이다.

종교내전이 종식되면서 대귀족들은 몰락하거나 궁정으로 이주했다. 방계 왕족은 잠재적인 위험 세력이었지만 궁정생활을 강요받지 않았다. 대신 왕에 게 복종하기만 하면 누구보다 높은 지위와 엄청난 경제적 보상을 받았다. 대 콩데의 아버지인 콩데 공 앙리 드 부르봉은 이때 현실적인 선택을 했다. 그는 가문의 종교인 개신교와 결별하고 리슐리외를 지지했다. 그 대가로 그는 30 년간 약 1,600만 리브르의 수입을 보장받았고 그 주변에는 늘 수많은 귀족들 이 북적거렸다. 프롱드난이 터지자 콩데 가에 속한 이 후견 조직망은 또다시 반란 조직으로 탈바꿈했던 것이다.

문제는 1651년 파리에 모인 중간귀족들의 태도다. 대귀족의 석방을 요구하며 반란을 일으킨 그들이 삼부회 소집을 언급했으니 말이다. 나아가 왕과 권력을 공유하는 구체적인 방안이 논의되고 459명의 귀족들이 여기에 서명했다. 삼부회는 1614년 이래 단 한 번도 소집되지 않았다. 프롱드난 당시 삼부회는 군주가 백성 전체에게 동의와 협조를 구하기 위해 재등장했다는 신화로만 남아 있었을 뿐 사실상 폐기 처분 상태에 놓여 있었다. 귀족들이 이 낡은 기구의 소집을 요구한 의도는 무엇일까? 왕권에 집단적으로 도전하며 제시한 온건군주정monarchie temperée의 이데올로기는 무엇을 의미하는가? 공익을 앞세운 삼부회 소집과 제한군주정을 주장한 중간귀족의 논리는 대귀족에 대한 충성심만으로도 단순한 이해관계의 추구만으로도 설명될 수 있는 게 아니다.

여기서 노르망디 귀족 캉피옹Campion의 행적과 《회고록》 속에 담긴 그의 생각을 살펴보자. 수아송 백작을 지지했던 캉피옹은 프롱드난이 일어나자 보포르 공작을 따라 반란에 참여했다. 이때 그는 더 이상 이전의 주군에게 충성심을 바치지 않아도 되는 온갖 그럴듯한 이유를 열거하며 자신의 행위는 프랑스의 정치적 전통을 따르는 것이라고 항변했다. 심지어 군주의 도덕적 의무를 언급하며 권력의 분배와 조화를 기반으로 한 이상적인 정치체제를 언급했다.[214] 리슐리외를 지지하던 오페드도 마찬가지다. 프롱드난 동안 그는 한때 콩데 편에 가담했다. 하지만 곧 마자랭으로 기울었다.[215] 오페드와 그의 후견 조직의 변신 과정을 살펴보면 지방귀족들이 내세운 대의명분이란 결국 사적 이익을 추구하기 위한 허울에 불과한 것임을 알 수 있다. 하지만 어떤 경우이건 그들은 자신의 정치적 신념을 내세웠다.

무기를 든 귀족의 태도가 개인적 욕심에서 비롯된 것임은 분명하다. 그러나 거기에 귀족의 의무감이 복잡하게 뒤섞여 있었다는 점 또한 부정할 수 없다. 특히 자신이 속한 지방의 입장과 이익을 대변해온 중간귀족의 역할은 프롱드난에서 간과할 수 없는 대목이다. 반란의 성격이 새롭게 해석될 수 있는 여지는 바로 여기에 있다. 프롱드난 동안 귀족이 제기한 원칙의 문제와 이해관계를 구분하기란 불가능하다. 반란의 의무로 무장한 귀족의 저항 이데올로기는 귀족의 사적인 이해관계에서 비롯된 것이 분명하지만 지방의 전통을 지키기 위한 방패막이었기 때문이다.[216] 저항 이데올로기로 채택된 제한군주정의 대의는 오랫동안 중간귀족이 맡아온 중개 역할의 이념적 표현이나 다름없다. 이들의 주장에서는 아직 권력분립에 대한 언급이 등장하지 않는다.[217] 하지만 프랑스 왕국을 지탱하는 전통적인 기본법의 준수를 외치며 권력의 분배와 조화를 요구하는 귀족의 주장에서 우리는 18세기에 몽테스키외가 제기하게 될 권력분립 이론의 전조를 엿볼 수 있다.

이 과정에서 드러난 또 하나의 의미심장한 측면은 대귀족과 중간귀족들 간의 분열 조짐이다. 지방과의 유대를 표방한 중간귀족은 삼부회 소집을 위한 진정서 작성 과정에서 대귀족에게서도 어느 정도 자율적인 태도를 취했다. 대귀족과 중간귀족 간의 유대와 반목은 언제나 공존했다. 대귀족과 지방귀족이 원하는 것은 궁극적으로 다를 수밖에 없었다. 대귀족은 중앙에서의 정치적 입지를 보장받기를 원한 반면, 지방귀족의 주된 관심사는 당연히도 지방에 국한되었기 때문이다. 다른 한편, 논의가 진행될수록 각 지방귀족들 사이에서도 논리가 팽팽하게 맞서고 알력이 불거졌다. 이길 뻔한 이 싸움에서 귀족들이 패배하게 된 것은 바로 이러한 내부의 반목과 분열 때문이었다. 용맹함과 전투력을 겸비한 귀족은 우월감에 집착하는 치명적인 약점에서 벗어나지 못했던 것이다. 영리한 마자랭이 귀족의 이러한 태생적인 약점을 놓칠 리 없었다. 그는 노련하게 삼부회 소집을 약속하는 동시에 계속해서 지연 작전을 썼다. 프롱드난은 결국 패패하고 삼부회 소집은 흐지부지되었다. 적어도 귀족을 다루는 솜씨에서 마자랭은 루이 14세에게 훌륭한 본보기가 된 셈이다.

후견제의 변질: 군사 조직에서 사회적 안정장치로

브르타뉴의 예를 제외하면 루이 14세의 친정 이후 귀족은 더 이상 반란을 일으키지도 반란을 부추기지도 않았다. 계속되는 전쟁으로 세금 부담이 늘어나고 전통적인 면세특권을 침해하는 인두세가 부과되었음에도 불구하고 귀족은 정부의 요구를 받아들이고 왕에게 충성을 맹세했다. 귀족이 반란의 의무를 저버리고 이른바 복종의 전염병에 감염된 이유는 무엇일까?

왕과 귀족의 군사력을 비교해보면 답은 명백하다. 전쟁 기술과 무기의 발달로 귀족은 더 이상 나날이 늘어나는 군사 비용을 감당할 수 없었다. 강력한 인적, 물적 기반을 구축한 국왕군은 1660년대에 이미 30만군을 훌쩍 넘어섰다. 한마디로 귀족에게 왕과의 대적은 도저히 승산 없는 게임이 되어버렸다. 그렇다고 해서 루이 14세에게 맹목적으로 복종하고 기꺼이 충성을 맹세한 귀족의 태도는 물리적 강제와 체념의 논리만으로 설명될 수 있는 문제가 아니다. 이제 정치, 사회, 군사적 변화 속에서 귀족이 직면한 미묘한 심리적 변화와 사회적 관계방정식에도 주목할 필요가 있다.

5년간 계속된 프롱드난으로 프랑스 왕국은 피로 물들고 화약 연기가 피어오르는 폐허로 변해버렸다. 국왕군이건 반란군이건 어디서나 약탈과 파괴를 일삼았다. 그중에서도 파리와 피카르디, 샹파뉴 지방의 피해가 가장 컸다. 이러한 무질서와 혼란을 초래한 장본인은 반란을 일으킨 귀족이다. 하지만 귀족은 동시에 그 피해자였다. 반란 도중 진압군과 맞서던 농민과 도시 민중층의 무분별한 폭력은 도처에서 귀족에게 향했다. 여기서 귀족이 얻은 깨달음은 왕과 국가보다 농민과 하층민의 분노가 더욱 위협적이라는 사실이다. 민중에 대

프롱드난을 묘사한 그림들. 리슐리외가 프로방스에 고등법원의 법관직을 대거 신설하고 징세관을 파견하려 하자 고등법원과 귀족들은 민중을 동원해서 반란을 일으켰다. 리슐리외가 일부 귀족들에게 제시한 회유책이 성공하면서 프로방스의 지배층은 분열되고 반란은 진압되었다. 1643년 루이 13세가 사망하고 루이 14세가 즉위하자 귀족과 법관들은 미성년 왕 앞에서 무릎을 꿇고 충성을 맹세했다. 그러나 1646년 마자랭이 30년전쟁의 자금을 충당하기 위해 전통적으로 면세특권을 누려온 파리 시에 타유세를 부과하자 파리 시민들은 파리 고등법원으로 몰려가 불만을 토로했다. 1648년 프롱드난이 터지자 마자랭은 1649년 1월 5일 밤 마차에 루이 14세와 모후를 태우고 파리를 탈출했다.

한 두려움이야말로 프로방스와 도피네, 랑그독의 귀족들로 하여금 왕에게 복종하게 한 결정적인 변수 중 하나로 작용했다. 한때 대 콩데 편에 가담했던 오페드가 마자랭의 요구를 받아들인 것도 같은 이유에서였다. 그때부터 그는 엑상프로방스의 고등법원과 지방 삼부회를 조종하고 그 안에 심어놓은 자신의 세력을 통해 전형적인 중개인의 역할을 자처했다.[218] 이렇게 해서 기본법을 수호하기 위해 귀족이 내걸었던 전통적 헌정주의와 같은 정치 이데올로기는 빛을 잃었다. 대신 부와 권력, 명예에 대한 기대가 귀족을 사로잡았다.[219] 하지만 지방귀족은 항상 지방의 특권과 이해관계를 대변하기를 잊지 않았다. 정부의 과세 요구를 받아들이면서도 거래를 통해 세금 액수와 납부 방식의 결정권을 확보하고 그 세금의 일부를 군대 유지와 도로 건설 등을 위해 지방에서 지출되도록 했다. 그 덕분에 그들은 중앙으로부터 어느 정도 자율성을 보장받았을 뿐 아니라 지방 사회에서 명사로서의 확고한 기반을 굳힐 수 있었다.

왕실도 프롱드난을 통해 귀한 교훈을 얻었다. 왕실의 입장에서 볼 때 반란의 최대 변수는 대귀족과 지방귀족의 관계였다. 반란의 기세가 예기치 않게 확대된 것도 또 갑자기 수그러든 것도 둘 간의 관계에서 비롯되었으니 말이다. 문제 해결의 열쇠도 바로 거기에 있었다. 마자랭은 일찌감치 후견 조직망의 위력과 동시에 그 불안정성을 간파했던 것이다. 프롱드난 이후 정부의 귀족 대응 방식도 달라졌다. 지방귀족을 상대하려면 대귀족을 상대할 때와는 다른 논리가 필요하며 저마다 고유의 논리와 이해관계를 지닌 지방 세력과 그들의 방식을 고려해야 한다는 점을 깨달았던 것이다. 귀족 사회의 아킬레스건을 노출시킨 점에서 프롱드난은 절대군주정의 역사에 크게 공헌한 셈이다.

실제로 프랑스에서 각 지방이 군주정에 통합되는 과정은 지방마다 다양한 반란과 그 진압 과정을 통해서였다. 이 경우 정부가 변화를 주도해갔으나 그 과정은 일방적인 것이 아니라 지방과의 타협과 협력을 통해 이루어졌다. 여기서 지방이라 함은 지방 사회 전체가 아니라 지방 엘리트층을 가리킨다. 지방과의 관계도 획일적인 것이 아니라 지방의 상황에 따라 달랐다. 다만 그 어느 경우이건 지방귀족에의 접근은 사적인 후견 조직망에 의존했다. 물론 이러한 수법은 이미 리슐리외가 활용한 것이다. 1630년에 리슐리외가 프로방스에 고등법원의 법관직을 대거 신설하고 징세관을 파견하려 하자 고등법원과 귀족들은 민중을 동원해서 반란을 일으켰다. 리슐리외가 일부 귀족들에게 제시한 회유책이 성공하면서 프로방스의 지배층은 분열되고 반란은 진압되었다. 이때 지방귀족은 한편으로는 지방의 전통과 권리의 수호자로 자처하고 다른 한편으로는 후견 조직망을 통해 중앙의 요구를 전달하고 집행하며 사적인 이해관계를 충족시키는 이중 역할을 했다.

이러한 구도가 확실하게 정착한 것은 루이 14세의 친정과 더불어서였다. 루이 14세는 리슐리외와 마자랭의 소중한 정치유산을 계승했다. 하지만 구체적인 대목에서 그는 리슐리외와 달랐다. 리슐리외는 군주권에 도전 가능성을 지닌 대귀족과 그 수하 귀족들을 제거하고 자신의 심복인 일부 귀족의 조직망에 의존했다. 외국인인 마자랭이 구축한 후견 조직망의 범위는 더욱 좁았다. 반면 루이 14세는 반란에 앞장섰던 총독들을 대거 궁정으로 불러들였다. 그것은 우선 각 지방에 존재하던 대귀족을 정점으로 한 과거의 인적 그물망을 교란시키기 위해서였다. 그런 다음 다양한 사회적 위계질서가 왕 중심의 다단계 동심원으로 재구축되었다.

총독직을 점유하고 있던 대귀족이 사라지고 난 뒤 지방 사회에서는 자연스럽게 중간귀족들의 역할이 증대되었다. 지방 삼부회를 장악하고 있던 대검귀족과 최고 법원에 종사하던 법복귀족들은 지방 사회의 최고 엘리트층으로서

서로의 이해관계를 위해 협조했다. 그 과정에서 점차 대검귀족과 법복귀족 사이의 구별이 희미해졌을 뿐 아니라 자신들을 특권과 사회적 우월성을 지닌 지배층으로 간주하면서 두 귀족은 서서히 결합해갔다. 이렇게 해서 잠재적인 반란 세력이던 후견 조직망은 지방 사회에서 사회적인 안정장치로 뿌리내렸다.

프롱드난 이후 랑그독 지방의 엘리트층의 구성원을 살펴보면 국가가 어떻게 지방 사회에 영향을 미치고 통제했는지를 파악할 수 있다. 당시 랑그독 지방의 전체 인구는 100만~150만이다. 그중 귀족의 수는 약 1만 명 정도고 중앙과 지방의 매개 역할을 한 중간귀족은 51명이다. 중간귀족은 대체로 두 부류로 나뉜다. 하나는 나르본 대주교와 21명의 고위 성직자층이다. 이들은 모두 귀족 가문 출신이다. 다른 한 부류는 고등법원의 수석 재판장을 위시한 11명의 종신 재판장과 10명의 회계법원의 재판장들이다. 콜베르가 파견한 총독 대리관이나 지사에게 정보를 제공하고 그들과 타협한 당사자가 바로 이들이다. 또한 중앙과 보조를 맞추며 지방 관리들과 소귀족들을 포섭하는 역할도 그들 몫이었다. 이 중간귀족들이야말로 지방을 움직이던 실세였으며 중앙정부의 앞잡이였다. 루이 14세 절대군주정의 성공의 열쇠는 바로 그들이 쥐고 있었던 것이다.[220]

콜베르는 다양한 방식을 통해 지방 사회의 후견 조직망을 중앙으로 일원화시켰다. 그 과정에서 중앙과 지방의 연대감이 형성되고 중앙의 질서가 지방에 파급되었다. 그 구심점은 물론 왕이었다. 이렇게 해서 점차 지방 간의 경계선이 흐려지고 왕을 중심으로 하는 국가와 국민적 정체성의 윤곽이 뚜렷해졌다.

결국 루이 14세 정부의 중추 세력은 효율적인 관료기구라기보다는 중앙과 지방을 연결 짓는 귀족들 간의 광범위한 인적 그물망이었다. 그 조직망은 지사와 대신의 직위를 가진 인물들을 중심으로 궁정에 수렴되었으며 어떤 방식으로건 왕에게 보고되고 왕과 관련을 맺었다. 오직 국왕만이 후견제와 충성 관계의 중추이자 통제자가 된 셈이다. 그럼에도 불구하고 루이 14세 시대의 후견 조직망은 리슐리외의 것과 근본적으로 다르지 않았고 사실상 콜베르에 게 의존했다. 귀족 사회의 밑바닥에서부터 꼭대기까지 연결 지어주는 후견제 의 복잡한 그물망은 결국 왕의 측근인 정부의 핵심 인물로 연결되었다. 루이 14세 시대에 후견제는 귀족들 간의 사적 유대관계에 그치는 것이 아니라 고 도의 권력 작동방식이었던 것이다.[221]

법과 제도 위에 군림한 권력의 그물망인 후견제는 더 이상 중세 가신제의 변형이 아니며 귀족 고유의 전유물도 아니다. 어쩌면 그것은 물질적 이득과 권력 재분배를 통해 끊임없이 사적 관계를 복제해내는 권력 그 자체의 속성 이 아닐까? 이런 측면에서 후견제는 종종 근대 초 프랑스 사회에 만연했던 현상이 아니라 일종의 사회구조로서 사회 전체를 설명하는 보편적인 열쇠로 간주되기도 한다. 물론 지방 세력들을 베르사유를 정점으로 하는 거대한 체 계 속에 통합해간 후견 조직망은 18세기에도 존재했을 뿐 아니라[222] 프랑스 에만 존재했던 것도 아니다. 영국혁명에 귀족과 젠트리가 동원된 것도 사적 인 유대관계를 통해서였다. 근대 초 이탈리아사와 영국사 연구에서는 예술가 집단과 관료 사회 등 다양한 분야에서 영향력을 행사하던 인간관계망 역시 이러한 후견 조직망의 틀로 분석된다. 이런 점에서 보면 오늘날 우리 사회에 서 수없이 이합집산하는 정치 인맥도 유사한 시각에서 분석해볼 수 있는 흥 미로운 주제가 아닐까?

• 결투의 쇠퇴

반란의 의무를 내세우며 프롱드난에 참여한 귀족은 반란에 패함으로써 폭력의 정당성을 상실했다. 그와 더불어 점차 귀족의 특권이자 상징인 결투도 빛을 잃었다. 17세기 귀족 사회에서 결투는 열병처럼 번졌다. 프롱드난 이전까지만 해도 결투는 거리의 낯선 풍경이 아니었다. 그런데 루이 14세 시대를 거치며 결투가 쇠퇴한 이유는 무엇일까? 루이 14세의 찬미자 볼테르는 《루이 14세의 세기》에서 이 모두를 루이 14세의 공적으로 돌린다. "결투의 폐지는 루이 대왕이 이룩한 가장 위대한 업적 중 하나다. 그의 엄격함은 우리 국민을 서서히 고쳐나갔다. 우리로부터 나쁜 행실을 배운 이웃 나라의 국민들도 우리의 현명한 행실을 따랐다."[223] 볼테르에 의하면 루이 14세는 프랑스인들의 폭력을 근절시

기 샤보와 라샤떼느레의 결투 장면

키고 품행을 교정한 문명화 과정의 기수다. 그러나 볼테르의 주장과는 달리 결투는 루이 14세 시대는커녕 프랑스혁명기까지 사라지지 않았다.[224]

국가의 편에서 보면 결투란 무분별하고 위험한 사적 폭력 행사에 지나지 않았다. 그러나 귀족의 입장에서 결투는 신분적 우월성을 지닌 귀족이 명예를 지킬 수 있는 수단이었다. 정해진 원칙에 따라 무기를 사용하는 싸움으로 시비를 가리는 것은 귀족의 정당한 행동으로 여겨졌다. 이러한 기사 문화의 전통은 중세 신명재판ordalie에서 유래한 것이다.

앙리 2세 시대에 자르낙Jarnac의 영주 기 샤보Guy Chabot는 라샤톄느레La Chateigneraie에게 모욕을 당하자 결투를 신청했다. 이때 모두들 그의 행위를 '신의 판단'이라고 칭송했다. '누가 죄인이고 누가 무고한지는 신만이 아신다.' 목숨을 건 결투는 신에게 판단을 맡기는 행위고 모욕을 씻을 수 있는 유일한 방법으로 여겨졌다. 결투에서 사망하는 것은 신의 뜻을 따른 것이기 때문에 오히려 불명예를 씻을 수 있는 기회였다. 결투에서 지건 사망하건 그 결과에 관계없이 결투자는 둘 다 똑같이 명예를 증명할 수 있었다. 여기서 왕은 결투 방식을 결정하는 중재자에 불과했다. 기 샤보의 결투는 앙리 2세와 왕비, 그리고 모든 궁정인들이 정식으로 무장을 한 채 지켜보는 가운데 치러졌다.[225]

종교내전기에 결투는 귀족들 사이에서 전염병처럼 유행했다. 허약한 왕들과는 대조적으로 혈기 왕성한 기즈와 부르봉 가의 젊고 호전적인 귀족들은 마치 왕실을 위협하듯 결투를 즐겼다. 그럼에도 불구하고 왕실은 단호히 대처하지 못하고 모호한 태도를 보였다. 결투에 완강한 입장을 표명하기 시작한 것은 교회였다. 트렌토 공의회 이후 가톨릭 개혁이 시도되면서 교황청은 결투를 범죄로 규정짓고 각국에 엄격한 금지령을 내렸다. 마침내 앙리 3세가 결투를 대역죄로 선언하며 금지했지만 소용이 없었다. 1599년 파리 고등법원에서 처음으로 결투 금지령이 포고되었다. 왕의 칙령이 내려진 것은 1602년이다. 그 후 결투 금지령이 반복되었다.

결투 금지령이 되풀이되었음은 그만큼 칙령이 실효를 거두지 못했음을 의미한다. 실제로 종교내전에서 프롱드난까지 귀족은 결투에 열광했다. 결투의 시대라고 해도 과언이 아니다. 1589~1610년 앙리 4세의 재위 기간 동안 프랑스에서는 약 4,000명의 귀족이 결투로 목숨을 잃었다. 바다 건너 영국에서는 이즈음 이미 결투가 쇠퇴하기 시작했다. 결투를 통해 사망한 귀족의 수가 14~15세기에는 46퍼센트에 달했으나 16~17세기에는 19퍼센트로 감소했다.[226] 반면 프랑스 귀족들이 이처럼 목숨을 건 결투에 집착한 이유는 무엇일까?

루이 13세 시대에 결투는 결투 그 이상의 의미를 띠었다. 결투라는 사적 폭력 행위는 정당한 자기보호 수단일 뿐 아니라 왕권에 대한 도전의 상징처럼 여겨졌다. 귀족은 결투를 통해 왕의 칙령을 무시하는 데서 오는 쾌감과 자유를 즐겼다. 결투 금지령이 가장 많이 공포된 루이 13세 시대에 결투가 절정에 달한 역설이 가능했던 것은 바로 이러한 귀족의 묘한 심리 때문이었다.

결투의 정치적 속성을 잘 알고 있던 군주권의 태도는 모호하기 짝이 없었다. 고등법원은 위반자들에게 거의 유죄 판결을 내리지 않았다. 유죄 판결이 내려지더라도 군주권자는 귀족의 회유책으로 사면령을 내렸다. 루이 13세 시대에는 8,000명의 귀족이 사면령의 혜택을 누렸다. 당국은 때로는 엄격하고 때로는 관대하게 결투를 금지하면서도 눈감아 주었다. 귀족은 그 틈새에서 당국을 시험하듯 결투를 즐겼다. 이처럼 당국과 귀족 사이의 시소게임이 되풀이되는 과정에서 결투는 점차 신성한 결판의 자리가 아니라 모험과 방종의 놀이 문화로 변질되었다. 특히 오만하고 무절제한 젊은 대귀족 사이에서 결투가 유행했다.

몽모랑시부트빌Montmorency-Bouteville의 예는 17세기 귀족 사회에서 결투가 지닌 의미를 단적으로 보여준다. 대귀족 가문 출신인 그는 결투광이었다. 그는 마치 결투를 위해 태어난 사람 같았다. 15세에 처음 결투의 맛을 본이후 28세의 나이로 사망할 때까지 총 22번이나 결투를 했다. 결투 금지령에도 아랑곳하지 않고 사소한 시비에도 맹목적으로 결투를 신청했다. 그에게 결투는 더 이상 명예로운 자기보호 수단이 아니었다. 그의 결투는 러시안룰렛처럼 단지 목숨을 건 무모하고도 경박한 놀이에 불과했다. 1627년 5월 12일에도 그는 뵈브롱 후작과 결투를 벌였다. 대담하게도 그가 결투 장소로 지목한 곳은 파리의 한복판인 루아얄 광장이었다. 그곳은 파리 고등법원 근처였다. 리슐리외로서는 그의 행위를 자신의 권위에 대한 도전으로 받아들이기에 충분했다. 며칠 후 체포 명령이 내려지고 그는 그레브 광장에서 참수형에 처해졌다.

몽모랑시부트빌 사건은 당시 귀족 사회에서 커다란 파문을 일으켰다. 몽모랑시부트빌이 첫 희생자는 아니었다. 여기서 특기할 만한 점은 콩데 공과 몽모랑시 공작이 리슐리외에게 강하게 항의했다는 사실이다. 여전히 결투를 귀족의 특권으로 간주한 그들은 몽모랑시부트빌의 처형을 귀족의 특권을 침해한 것으로 받아들였던 것이다. 실제로 그의 사건 후에도 결투는 법으로는 금지되어 있음에도 불구하고 공공연하게 자행되던 사회적 관행으로 남았다. 프롱드난 이전까지 프랑스에서는 매년 305명의 귀족이 결투로 목숨을 잃었다.[227] 세비녜 부인도 1652년에 결투로 남편을 잃었다.[228]

하지만 루이 14세의 친정 이후 결투는 쇠퇴하기 시작했다. 흥미로운 점은 1602년 결투 금지령이 내려진 이후 1660년까지 모두 7차례 결투 금지에 관한 칙령이 공포된 반면[229] 루이 14세의 기나긴 치세 동안에는 1679년 단 한 차례 결투 금지령이 공포되었을 뿐이라는 사실이다. 이는 결투가 더 이상 군주정에 위협적이지 않게 되었음을 의미한다. 그렇다면 프랑스 귀족 사회의 고질병이던 결투는 어떻게 해서 줄어들었을까? 제도적인 차원에서 보면 결투의 쇠퇴는 사법기구의 발달과 관련이 있다.

1665년 오베르뉴 지방에서 열린 4개월간의 '대 법정의 날Grands Jours'은 이러한 상관관계를 보여주는 대표적인 예다. 중세 이래 재판관으로서의 왕의 역할이 미치지 못한 곳에 임시로 개설되던 파리 고등법원의 법정이 오베르뉴에서 열렸던 것이다. 그렇다면 왜 하필 오베르뉴인가? 고등법원이 설립되지 않은 오베르뉴 지방은 파리 고등법원의 관할 구역에 속했다. 그러나 파리에서 320킬로미터나 떨어진 오지인 이곳은 종종 반란의 근원지가 되었다. 1642년 생마르가 귀족을 불러 모아 빈린을 기도했던 곳도 바로 오베르뉴였다. 여기에서 우리는 '대 법정의 날'에 사법적 의도만이 아니라 정치사회적 의도가 내포되었음을 짐작할 수 있다.

1665년 9월 28일 파리 고등법원 법관 20여 명으로 구성된 특별 법정이 오베르뉴 지방의 클레르몽에서 열렸다. 중세의 유산인 이 '대 법정의 날'은 4개월 동안 총 1,000여 건의 민사사건과 692건의 형사사건을 판결하는 괴력을 발휘했다. 692건의 형사 처벌 중 374건에 사형이 선고되었다. 그중 87건이 귀족의 결투였다.[230] 지방의 수도에 있던 다른 고등법원에서의 판결 사례 비율도 이와 유사했다.

실제로 지사제가 확대되고 사법기구가 발달하면서 소송이 개인 간의 시비와 분쟁을 해결하는 수단으로 자리 잡게 되자 사적인 폭력인 결투는 점차 설자리를 잃어갔다. 1679년 8월 25일에 공포된 결투에 관한 칙령은 결투 금지령의 완결판이다. 36항으로 이루어진 이 칙령은 총 33쪽에 달하는 분량으로 결투 금지령 중 가장 길고 구체적이다. 교회와 지방행정기구에 "모든 결투와 사적 폭력"에 대한 보고서를 궁정으로 보내라는 명령이 하달되었다.

결투의 쇠퇴는 단순히 정부의 엄격한 통제의 성과로 설명될 문제가 아니다. 반란에 패배한 귀족이 왕실과의 타협을 선택한 순간 이미 귀족은 전의를 상실한 셈이다. 반란의 의무를 버리고 부와 명예를 기대한 귀족 사회에서 복종의 전염병이 퍼지면서 귀족은 점차 온순하게 바뀌고 사회적 존재방식도 달라졌다. 칼을 버리고 대화와 펜에 길들여지는 과정은 결투의 쇠퇴 과정과 일치한다. 궁정을 중심으로 나타나기 시작한 이러한 변화는 지방귀족에게 파급되었다. 궁정에서 발달한 발레도 느리고 우아한 몸 동작을 훈련시킴으로써 귀족의 몸가짐을 바꾸는 데 일조했다.[231] 루이 14세 시대의 궁정 문화의 발달과 더불어 결투는 서서히 존재 이유를 상실해갔다.

라보기옹La Vauguyon의 예를 보면 결투자를 대하는 당대인들의 태도 변화가 역력히 드러난다. 루이 14세의 총신이었던 라보기옹은 베르사유에서 사소한 시비로 결투를 벌였다. 궁정인들은 그의 행위를 우스꽝스럽고 무모한 자기도취적인 것으로 여겼다. 루이 14세는 두 결투자를 곧 바스티유 감옥에 가두라는 명령을 내렸다. 그보다 더 심각한 벌은 왕이 두 번 다시 그를 돌보지 않았다는 사실이다. 왕의 총신으로 승승장구하던 그는 왕의 총애를 잃고 가난뱅이 신세가 되었다. 1693년 그는 결국 자살하고 말았다.[232]

비단 라보기옹의 예가 아니더라도 루이 14세 시대에 결투는 귀족의 명예를 지키는 행위이기는커녕 오히려 명예를 더럽히고 자멸의 길을 초래하는 무분별한 폭력으로 여겨졌다. 어떤 폭력은 정당하고 합법적인 반면 어떤 폭력은 부당하고 불법적인 것일까? 프롱드난에서 패배한 귀족은 군대를 잃은 반면 국가의 상비군은 놀랄 정도로 비대해졌다. 이처럼 국가가 실질적으로 폭력의 형태를 독점하고 법적인 정당성을 확보하게 되면서 공적 폭력과 사적 폭력의 경계가 분명해졌다. 공적 폭력의 담당자인 거대한 군대의 엄격한 규율과 조직적인 명령복종체계에 적응하고 길들여지면서 귀족의 꿈도 목표도 존재방식도 달라질 수밖에 없었다.

● 전사귀족으로의 재탄생

대륙국가인 프랑스는 상비군의 규모에서 단연 유럽 최고였다. 끊임없이 전쟁을 계속한 루이 14세의 치세 말기에 프랑스 상비군의 규모는 약 65만 명에 달했다. 이처럼 거대한 군대를 유지하기 위해 루이 14세는 더 많은 귀족을 끌어들여야 했다. 실제로 지사는 "관할 징세총구徵稅總區(généralité) 안에서 군복무를 할 연령의 사식들을 두었으면서도 아직 군대에 보내지 않은 지방귀족들을 수색한 다음 자식을 군대에 보내도록 그들을 압박했다." 생시몽의 증언에 의하면 "군복무할 나이에 있는 사람은 어느 누구도 감히 군복무 기회를 미루지 않았다."[233]

상비군의 규모가 늘어나면서 귀족의 군사화가 재정비되고 전문화되었다. 루이 14세 시대에 포병부대와 부르주아 출신이 상당수를 차지한 해군장교를 제외하고는 군 지휘부와 장교단의 거의 대부분은 귀족으로 충원되었다. 1690년 당시 2만 4,000명의 귀족이 해군과 육군에 봉직하고 있었다. 이는 군복무 가능 연령자의 3분의 1에 해당된다.[234] 귀족의 군사적 훈련은 전과 다른 방식으로 이루어졌다. 과거에 귀족의 자제는 어린 나이에 대귀족의 시동이 되어 귀족으로서 갖추어야 할 군사적 자질을 익혔다. 그런데 이제는 왕의 군대에 편입되어 사관학교의 생도로서 견습기간을 거쳐야 했다.[235] 귀족은 전사 집단으로 거듭났으며 르네상스 시대의 귀족보다 훨씬 더 호전적이고 군사적이었다.[236]

루이 14세가 전쟁을 지상과제로 삼았던 만큼 용맹스런 전사가 계속해서 귀족의 롤모델로 요구되었다. 정치, 사회적 측면에서와 마찬가지로 군사적 측면에서도 전통적인 가치체계와 위계질서가 유지되었던 것이다. 이런 측면에서 프랑스 귀족은 상업귀족의 성격이 강한 이탈리아 귀족이나 토지 귀족의 성향을 띤 영국 귀족과 다르다. 중세 이래 프랑스 귀족은 전사 집단과 동일시되었고 군복무는 귀족의 특권이자 의무였다. 신에 대한 봉사에 직결되었던 전사로서의 소명은 점차 외국의 군주들과 전쟁을 벌이는 왕에 대한 봉사로 성격이 바뀌어갔다. 15세기 중엽에 창설된 왕령군[237]은 왕과 귀족의 관계가 재정립되는 결정적인 계기를 제공했다. 중세의 문화적 전통 속에서 익숙해진 귀족의 군사적 소명이 왕에 대한 직접적인 충성관계를 통해 재확인되고 강화되었던 것이다. 이탈리아 전쟁(1495~1559)의 경험은 전쟁에서 왕을 위해 공적을 세우는 것이야말로 귀족이 명예와 부를 얻을 수 있는 가장 확실한 방법임을 확인시켜주었다. 에스파냐가 아메리카에 몰두하고 있을 때 프랑스는 이탈리아를 손에 넣었고 당시에는 아메리카보다 이탈리아가 훨씬 매력적인 전리품을 선사했다.

기사단의 존재는 왕과 귀족의 관계를 보여주는 구체적인 실례다. 1469년 루이 11세가 창설한 생미셸 기사단은 정관에서 "기사들, 완전무결한 전사 귀족들"이 구성원임을 명시하고 있다. "형제이자 동료"인 기사들은 교회를 수호하고 프랑스 왕실과 공익을 지키기 위해 무장을 했으며 기사단의 수장인 왕에게 기사로서 충성을 맹세하는 의식을 치렀다. 1578년 앙리 3세가 창설한 성령 기사단에서도 충성 맹세 의식은 그대로 유지되었다.[238] 1693년 루이 14세가 창설한 생루이 기사단에서도 마찬가지였다. 그러나 최소한 10년 이상 육군이나 해군에 복무한 자들로 이뤄진 이 기사단의 구성원은 귀족만이 아니

기사단 훈장과 기사단 임명식 장면

라 평민 출신 군인들도 포함되었다.[239] 루이 14세 시대에 평민 출신에게 군 장
교로서의 길이 열리면서 귀족이 독자적인 전사귀족으로서의 영광을 누릴 수
있는 입지가 줄어들었다.[240] 여단장 승진에서 탈락당하고 군에서 불명예 퇴진
한 생시몽의 예처럼 귀족의 군복무는 결코 순탄하지 않았다.

　실제로 왕과 귀족이 전사 사회의 성격을 이상화했음에도 불구하고 군복무
를 선택한 귀족은 소수에 불과했다. 때와 장소에 따라 다르지만 전사귀족은
대체로 전체 귀족의 6퍼센트에서 30퍼센트 정도였다. 노르망디의 경우에는 5
퍼센트에 불과했다. 이들 중 무기를 들고 전쟁터에 나간 귀족의 수는 더욱 줄
어들 수밖에 없다.[241] 대부분의 귀족은 아무런 직책 없이 농촌에 거주했다. 결
국 엄격한 의미에서 보면 귀족은 전사 집단이 아니었으며 전쟁이 귀족의 미

덕을 실현할 수 있는 유일한 경로도 아니었다. 전쟁은 귀족의 우월성이 드러날 수 있는 하나의 영역에 불과했다.

귀족 세계의 평정

● 족보를 밝혀라: 귀족조사작업

프롱드난이 종식되면서 지방 사회에서 귀족의 이익이 보장되고 사회적 우월성이 강화되었다. 그렇다고 해서 모든 귀족에게 혜택이 돌아간 것은 아니며 정부가 회유책으로 일관한 것도 아니다. 지방에는 더 이상 반란에 앞장서서 세력을 규합할 만한 우두머리가 존재하지 않았음에도 지방귀족 사회 전체를 억압하기 위한 사회통제정책이 전면적으로 시도되었다.[242] 1655년 노르망디에서 시작된 귀족조사작업이 1666년부터 전국으로 확대된 것이다. 귀족을 사칭하는 자들을 색출하는 한편 지사들에게는 별도로 각 지방에서 귀족 가문의 태도와 풍습, 약점 등 모든 정보를 입수하라는 명령을 내렸다. 이러한 귀족조사작업이 처음 시도된 것은 아니다. 절대군주정의 역사에서 정부는 간헐적으로 이 작업을 시도했지만 그 목적은 시대마다 다양하다.

귀족에 대한 조사가 최초로 시도된 것은 1463년이다. 특히 노르망디에서 이러한 조사가 가장 빈번히 시행되었다. 노르망디에는 봉토를 보유한 평민이 유달리 많았기 때문이다. 노르망디의 관습에 의하면 40년간 봉토를 소유한 평민이 귀족에게 금지된 직업에 종사하지 않으면 귀족으로 인정되었다. 1463년에 즉위한 루이 11세는 이를 문제 삼으며 봉토취득세franc-fief[243]를 요구했다. 1471년에 타협이 이루어져 루이 11세는 국고에 일정 금액을 납부하는 조건으로 기존의 관습을 인정하고 왕이 파견한 순찰관들을 통해 봉토취득증서 charte des franc-fiefs를 부여했다. 루이 11세의 궁극적 의도가 재정 충당에 있었음은 자명하다. 하지만 여기서 우리가 주목할 점은 평민이 귀족으로 신분 상승하려면 왕의 재가가 필수적이었다는 사실이다. 그러나 16세기 동안 귀족에 대한 조사사업이 수차례 반복된 점으로 미루어보아 루이 11세의 의도가 지속적으로 관철되지 못했음을 알 수 있다. 실제로 봉토 소유에 의한 귀족화는 꾸준히 이루어졌고 프로방스와 보스에서는 16세기에도 이런 과정을 거쳐 귀족이 되는 경우가 30퍼센트 정도에 달했다.[244]

귀족을 통제하려는 군주권의 노력이 체계화된 것은 1561년 오를레앙 왕령부터다. 이 왕령은 귀족의 특권 상실dérogeance에 관한 조항을 마련해 귀족이 상업에 종사하거나 중개인을 통해 징세청부업에 관여하는 것을 금했다.[245] 마르세유나 낭트와 같은 항구 도시에서는 수많은 귀족들이 상업에 종사했으며 루이 11세는 해외 교역을 권장하기도 했다. 그러나 16세기 중엽 이후에는 상업 행위와 귀족의 자질은 양립 불가능하다는 인식이 보편화되었다. 특히 고리대금업, 잡화점, 수공업이 귀족에게 금지된 반면 도매상이나 유리 제조업 등은 예외로 인정되기도 했다.

귀족 신분의 법적 틀이 확고해진 것은 1579년 블루아 왕령을 통해서다. 3세대 동안 봉토를 소유함으로써 귀족이 되던 관습이 폐지된 것이다. 이는 관습적으로 이루어지던 신분상승의 기회를 차단하고 귀족을 군주권의 통제하에 두려는 적극적인 의지의 발로다. 그 전까지 평민들은 3세대 동안 봉토를 소유하고 귀족으로 인정받으면 쉽게 귀족이 되었다. 종교내전과 같은 혼란기에는 시간이 단축되기도 했다. 여기서 3세대라 함은 그 집안의 최연장자와 주변에서 더 이상 평민 출신임을 기억하지 못하게 되는 시점을 의미한다. 1583년에는 귀족 신분을 명확히 규정짓는 국왕 특허장이 공포되었다. 귀족은 혈통이나 가계를 계승한 자와 왕으로부터 귀족 증서를 취득한 자의 두 범주로 한정되고 최소한 4대의 족보를 지닌 귀족만이 문벌귀족noblesse de race 으로 규정되었다.[246] 증조부대부터 본인까지 4대 족보가 요구된 것 역시 구두 문화의 유산이다.

이러한 기준은 1666년의 전국 귀족조사작업에서도 그대로 유지되었다. 1666~1668년 동안 27개의 법령이 공포된 것을 보면 정부가 얼마나 귀족 조사에 전력을 기울였는지 짐작할 만하다. 나바르와 베아른을 제외한 대부분의 지방에서 법령이 포고되었다. 1667년 3월 19일 참사회가 감찰관들에게 하달한 포고령은 귀족 가문이 제시해야 할 문서들을 구체적으로 명시하고 있다.

전하의 명령으로 귀족 신분을 유지하려는 자들은 감찰관에게 자신들과 아버지, 그리고 조부가 1560년부터 현재까지 어떻게 기사와 에퀴예[247] 자격을 유지해왔는지를 밝히고, 또 그 자식과 직계자손들이 봉토를 소유하고 결혼계약서, 봉신서약서, 각종 조사서에 명시된 직업을 갖으며 봉사를 하고 귀족의 품행을 상실할 만한 일에 종사하지 않았음을 입증해야 할 것이다. 귀족 신분을 유지하려는 자가 만약 이 조건을 충족시키지 못하면 평민으로 규정되는 것은 물론 이 조사작업을 위해 공포된 포고령, 법령, 법규에 따라 재산 상태별로 책정된 벌금을 감찰관에게 납부해야 할 것이다.[248]

1667년의 이 포고령이 귀족 신분을 유지한 최소한의 시한을 1560년으로 잡은 점에 주목하자. 1579년 왕령이 요구한 3세대가 4세대, 즉 1세기로 연장되었다. 더구나 이번에는 귀족임을 증명하고 귀족생활을 유지해왔음을 입증하는 문서 제출이 요구되었다. 그렇지 않으면 다시 타유세를 납부하는 평민 신분으로 강등되어야 했다. 여기서 결혼계약서, 유산목록, 봉토매입 공증문서, 족보 등 각종 문서들이 귀족 신분의 증명서로 활용된 점도 흥미롭다. 하지만 16세기는 귀족이 아직 문자 문화에 익숙하지 않은 시기였기 때문에 문서를 소장한다는 것은 결코 쉬운 일이 아니었다.

브르타뉴에서 귀족조사작업이 시작된 것은 다른 주에 비해 약간 뒤늦은 1668년이다. 세비녜 부인은 딸에게 보낸 편지에서 이 귀족조사사업에 대한 불평을 늘어놓고 있다. "그 어리석은 일 때문에 골치가 아파 죽겠단다. 브르타뉴에서 우리가 귀족이었음을 증명해야 한단다. 어떤 사람들은 자신들이 사들인 신분을 과시하기 위해 이 기회를 이용하고 싶겠지. 우리에게는 조상 대대로 물려온 결혼 계약서 14장이 있단다."[249]

귀족 서임장

이 엄격한 자격 심사에서 과연 누가 유리하고 누가 불리했을까? 우리에게는 실감이 나지 않지만 이 귀족조사작업을 통해 구귀족과 신귀족의 희비가 엇갈렸다. 신흥귀족들은 귀족임을 입증할 수 있는 문서를 쉽게 제시할 수 있었다. 귀족 서임장을 구입한 자들이나 대상서청의 국왕비서들은 곧바로 귀족임이 증명되었다. 관직매매를 통해 귀족이 된 법복귀족도 마찬가지였다. 이와는 대조적으로 가난한 지방귀족들 중 일부는 귀족임을 증명할 문서를 제시하지 못해 귀족 신분을 박탈당했다. 지방별 차이도 심했다. 투르에서는 귀족의 52퍼센트가 다시 평민이 된 반면 오를레앙에서는 18퍼센트, 바외에서는 6

퍼센트에 불과했다. 브르타뉴에서는 귀족의 40퍼센트가 가짜임이 드러났다.[250] 다른 한편 이를 기회 삼아 귀족에 편승한 재정가들도 있었다. 그들은 문서 위조를 통해 무난히 귀족조사작업을 통과했던 것이다. 그 과정에서 각종 밀고와 투서가 빈발하고 밀고자에게 벌금의 3분의 2가 상금으로 부여된 것을 보면 문서 위조가 횡행했음을 알 수 있다.

이 모든 조사 과정이 끝나고 귀족 문서에 대한 검증작업을 거친 후 지방별로 족보의 체계화작업과 통계작업이 이루어졌다. 콜베르가 주도한 이 귀족조사작업은 여러 측면에서 의미가 있다. 우선 오늘날 우리가 알고 있는 귀족에 대한 인식은 대부분 이때 만들어진 자료에 의존한 것이다. 특히 샹파뉴 지방에 파견된 지사 코마르탱의 보고서[251]는 수많은 법학자들과 역사가들의 귀족 연구의 전거로 활용되었다. 또한 문서의 위력을 실감한 귀족들 사이에서 족보를 중시하고 보존하는 새로운 풍조가 유행하게 되었다. 하지만 귀족의 역사에서 무엇보다 중요한 변화는 이를 계기로 귀족 수가 현저히 감소했다는 점이다.

역사상 귀족 수가 가장 많았던 시기는 16세기다. 이는 1579년 이전에 봉토 소유를 통해 비교적 수월하게 귀족이 되었으며 또 관직매매가 성행하고 귀족 서임장이 남용되었기 때문이다. 또한 종교내전의 어수선한 기회를 이용해서 귀족이 되는 기간을 단축할 수 있었던 점도 16세기에 귀족 수가 많았던 원인 중 하나다. 그런데 1666년을 정점으로 귀족 수가 급격히 줄어들기 시작했다. 1674년에 네덜란드와의 전쟁으로 귀족 조사작업이 일단락되었음에도 불구하고 이러한 현상은 1727년까지 계속되었다. 특히 귀족 수가 유달리 많았던 노르망디와 브르타뉴에서는 귀족이 절반으로 줄어들었다. 1650년 4만 명에 달하던 브르타뉴의 귀족 수는 1700년에 2만 1,000명, 1789년 1만 5,000명으로 줄었다.[252] 지방마다 다양하지만 대체로 귀족의 25~40퍼센트가 감소했다. 1789년

혁명 당시 귀족 수는 대체로 프랑스 전체 인구의 0.52퍼센트에 불과했다.[253]

• 귀족의 서열과 작위의 체계화

전국의 귀족조사작업과 함께 귀족의 서열과 작위의 체계화도 병행되었다. 이는 종교내전 이후 지방마다 우후죽순으로 늘어난 귀족의 위계와 서열을 왕 중심으로 일원화하려는 시도다. 왕국 내 첫 번째 귀족primus inter pares인 왕 다음의 서열을 차지한 것은 왕실 직계가족, 그리고 방계왕족의 순이다. 방계왕족에게는 자동적으로 중신직이 부여되었다. 중신pair은 "프랑스 왕국에서 왕실 다음으로 위대하고 높은 품계"였다. 상부상조하는 동등한 자들의 모임을 뜻하는 중신직은 게르만 전사 집단의 유습이다. 하지만 중세의 중신은 영토 통합 과정에서 사라지고 근대의 중신직이 절대군주정의 형성 과정에서 재탄생한 것이다. 이때 중신이란 왕실을 보좌하는 정치적 책무를 지닌 자를 의미하며 참사회와 고등법원 참석권을 누렸다.[254] 하지만 주지하다시피 루이 14세는 방계왕족의 국무참사회 참석권을 박탈하고 고등법원 참석권만 인정해주었다.

방계왕족 바로 다음 서열은 공작이다. 중세 이래의 대검귀족의 후손인 공작들은 대부분 중신직을 부여받았다. 공작-중신은 1589년 11명, 1610년 17명, 1643년 28명, 1661년 38명, 1715년 48명, 1723년 52명으로 완만한 증가 추세를 보였지만 다른 나라에 비해 훨씬 적은 편이다. 모든 작위 귀족에게 중신직이 부여된 영국의 경우 1628년에 126명, 1760년에 204명의 중신이 있었다. 작위와 중신직이 남발된 에스파냐에서는 중신이 1621년에 144명, 1700년에 446명에 달했다.[255] 프랑스에서 중신직을 지니지 못한 공작은 대귀족 Grand으로 불렸다. 생시몽의 회고록에 의하면 1690년대에는 공작-중신이 40명으로 늘었으며 대귀족은 15명이다.

대귀족 밑으로 중세 이래 정치적 권한과 사회적 역할에 따라 막연하고 다양하게 변형되어온 작위 귀족의 서열이 이어졌다. 후작, 백작, 자작, 남작 순으로 이어지는 작위 귀족은 모두 봉토를 보유했다. 봉토를 소유하지 못한 혈통귀족은 에퀴예écuyé로 불렸고 작위귀족 다음의 서열을 차지했다. 귀족 서열에서 제일 아래에 속한 법복귀족은 관직의 직급에 따라 서열이 정해졌다.

이렇게 해서 모든 귀족을 왕을 중심으로 하는 서열에 편입시키는 위계질서화가 진행되었다. 제도적인 중앙집권화보다 귀족 위계의 중앙집중화가 먼저 이뤄지면서 점차 자연스럽게 지방별 차이가 사라졌다. 대신 적자와 서자, 남자와 여자의 차별화가 강화되었다. 콜베르가 조사한 전국의 귀족들의 족보를 토대로 한 이 작업은 귀족의 존재나 권위 자체를 부정하거나 문제 삼으려는 것이 아니었다. 단지 귀족의 특권은 타고난 것이 아니며 왕으로부터 받은 것임을 확인시킴으로써 왕에 의존성과 복종심을 강요하기 위함이었다. 왕을 정점으로 한 귀족의 위계화와 서열화는 각국마다 상이하고 독자적으로 발전했다. 예를 들어 영국의 귀족은 프랑스 왕이 인정하지 않는 한 프랑스에서 영국에서와 같은 귀족 대접을 받지 못했다. 프랑크족의 후예임을 자랑하던 불랭빌리에처럼 전 유럽을 넘나들던 초국적 존재인 귀족도 이제는 국가의 울타리에 묶인 신세로 전락한 것이다.

귀족의 혼합과 변신: 미덕에서 능력으로

야수에서 순한 양으로: 대 콩데의 변신

프롱드난 후 가스통 도를레앙은 루이 14세에게 다시는 반란을 일으키지 않겠다고 맹세했다. 1659년 에스파냐에서 돌아온 대 콩데도 루이 14세 앞에서 공손히 무릎을 꿇고 충성을 맹세했다. 한때 야수처럼 전장을 누비며 왕을 향해 발포를 명령하던 그가 이렇듯 순한 양처럼 돌변한 이유는 무엇인가?

베르사유는 오랫동안 수많은 귀족들을 붙잡아 놓고 엄격한 의례와 에티켓으로 인형처럼 길들이는 정교한 덫으로 묘사되어왔다. 이러한 묘사는 궁정이 마치 군주정을 운영하는 실질적인 기능을 하는 정부와 동떨어져 있다는 착각을 불러일으킨다. 거기에는 귀족의 정치적 거세를 암시하려는 교묘한 함정이 숨어 있는 것은 아닐까?

루이 14세는 지방 사회에서 귀족의 우두머리로 군림하던 총독과 대귀족을 대거 궁정으로 불러들였다. 거기에는 두 가지 목적이 있었다. 첫째, 잠재적인 위험 세력을 가까이 둠으로써 감시와 통제를 확실하게 하기 위함이었다. 둘째 후견 조직망을 거느린 귀족 세력을 영지에서 분리시키고 그들의 복종을 받아냄으로써 지방에서 왕의 권위에 맞설 수 있는 존재를 뿌리 뽑으려는 심산이었다.

귀족에게 궁정은 희망의 등불이었다. 반란의 명분도 이데올로기도 상실한 그들은 부와 권력, 명예가 보장된 궁정에 매혹당했다. 물론 이러한 현상은 새로운 것이 아니었다. 종교내전에서 패배한 뒤 귀족은 궁정으로 몰려들었다. 왕권 강화와 더불어 궁정은 늘 다양한 인파로 붐볐다. 왕실 가족 외에도 방계 왕족, 손님, 귀족과 시종, 정부 관리, 외국 대사와 특사 및 그 가족, 그 밖의 청원인과 상인 및 다양한 종류의 하인 등으로 가득 찬 궁정은 사회적 용광로였다. 루이 14세 시대에 궁정 인원은 약 만 명으로 역대 최고 수준이다. 귀족은 그 절반 정도인 5,000명이고 나머지는 평민이다. 하지만 궁정귀족은 번갈아 가며 궁정에 머물렀기 때문에 전체 궁정귀족의 수는 모두 만 명으로 추산되며 전체 귀족의 약 5퍼센트에 해당된다. 물론 이는 1682년 궁정이 베르사유로 옮

긴 이후의 일이다. 그 전 궁정이 파리의 루브르와 생제르맹 성을 오가던 시절에만 해도 궁정귀족의 수는 훨씬 적었다. 16세기에는 궁정귀족의 수가 매우 유동적이었다. 앙리 3세 시대에 궁정 인원은 1,000명을 넘지 않았다. 궁정귀족의 수가 늘어나기 시작한 것은 종교내전이 종식된 17세기 이후다.

궁정에 거주하게 된 귀족들은 거의 대부분 대귀족이었다. 하지만 지방 소귀족도 시종직을 얻으면 궁정에 거주할 수 있었다. 또한 궁정귀족이 된 이후에도 귀족들 간의 사적 관계는 그대로 유지되었다. 사적 유대관계는 정치계와 궁정 입성을 보장하는 통로가 되었고 리슐리외는 이를 왕권 강화에 이용했다. 귀족들은 왕과 대귀족 어느 편에 줄서기를 할 것인가를 잘 판단해야 했다. 예를 들어 방돔 지방의 소귀족 마리 뒤부아Marie Du Bois는 1637년 루이 13세의 침전시종valet de chambre이 되어 궁정에 들어간 뒤에도 방돔 공작에 대한 충성관계를 유지했다. 이러한 관계는 자연히 군주에 대한 봉사와 경쟁관계에 놓이게 되고 군주권은 이들의 관계를 의심의 눈초리로 바라보지 않을 수 없었다. 뒤부아의 경우 방돔 공작에게 바치는 충성심은 군주에 대한 충성심과 어긋나는 것이 아니었다. 그러나 귀족의 반란이 빈번해지면서 뒤부아는 이러한 이중관계 속에서 군주권의 눈을 피해 미묘한 정치적

튀렌 장군

줄다리기를 했고 그럴수록 이중관계는 위험했다.[256]

하지만 프롱드난 이후 사정이 달라졌다. 루이 14세의 친정은 흔히 귀족 길들이기domestication의 서막으로 간주된다. 오늘날 domestication의 사전적 의미는 '예속화'다. 여기에는 부정적 의미가 함축되어 있다. 하지만 '거처'를 뜻하는 domus에서 파생된 domestication은 17세기 사전에서는 '식솔domestique 되기'로 정의될 뿐이다. 더구나 이 시기에 왕의 식솔이 된다는 건 영광스런 일이었다.[257]

실제로 루이 14세는 귀족을 자신의 품안에 끌어들이고 후하게 대접했다. 프롱드파 귀족마저 용서하고 오히려 그들에게 궁정 안의 중요한 직책을 맡겼다. 대 콩데는 궁정시종의 우두머리 격인 궁정 시랑감의 지위에 오르고 튀렌 장군은 원수가 되었다. 특히 대 콩데에게 루이 14세가 베푼 호의는 놀라울 정도다. 프롱드난의 선봉에 섰던 그는 반란이 진압된 후 적국인 에스파냐 군에 투신했다. 1659년 피레네조약이 체결되면서 귀국한 그에게 루이 14세는 부르고뉴 총독의 지위를 회복시켜주는 동시에 100만 리브르 이상의 연수입을 보장해주었다. 프롱드난의 패배로 800만 리브르에 달하는 빚더미에 앉았던 그가 재기할 수 있었던 것은 전적으로 왕의 호의 덕분이었다. 쇠퇴하던 콩데 가의 샹티 성도 다시 환해졌다. 1660년부터 매년 4만 리브르를 들여 성 보수 작업이 이루어지고 뿔뿔이 흩어졌던 수하 귀족들도 되돌아왔다. 하지만 수천 명의 군대를 호령하던 그는 이제 불과 수십 명의 시종을 거느리며 까다로운 궁정예법을 익혀야 하는 궁정인 신세가 되었다.[258]

대 콩데와 루이 14세 두 사람의 관계는 흔히 야수와 야수를 길들이는 조련사의 관계에 비유된다. 적어도 정치적 측면에서 보면 그 비유는 타당하다. 에스파냐에서 돌아온 뒤 대 콩데는 국무참사회의 참석권을 박탈당함으로써 국가의 핵심 권력에서 배제되었으니 말이다. 하지만 두 사람의 관계를 일방적인 지배와 예속의 관계로 단정 짓는 것은 지나치게 피상적이다. 정치적 측면을 제외한다면 그는 잃은 것보다 얻은 것이 많았다. 그에게 부여된 궁정 시랑 감직은 궁내부를 총괄하는 최고위직이었다. 궁정에서의 지위와 삶은 그의 사회적 우월성을 보장해주었으며 왕과 그 사이의 관계 회복을 가시적으로 확인시켜주기에 충분했다. 위계와 서열에 따라 체계화된 궁정의례 자체가 사회적 우월성에 기반한 귀족 문화의 속성과 유사했다. 더구나 대 콩데에게 궁정 거주는 무조건적인 강제만은 아니었다. 그는 파리 인근의 샹티 성에서의 독립적인 생활을 보장받았다.

그보다 더 실질적인 혜택은 경제적 특권이었다. 막대한 액수의 연금 외에도 대 콩데는 부르고뉴 총독직을 유지하며 후견인의 지위를 누렸다. 각 지방에서 총독의 권위는 점차 유명무실해졌지만 총독직은 여전히 엄청난 부와 특권이 보장된 자리였다. 대 콩데는 지방 삼부회와 협상을 벌이던 콜베르로부터 세금 할당액 삭감을 얻어내는 조건으로 막대한 중간 이득을 취할 수 있었다. 이런 맥락에서 보면 귀족 길들이기는 정확한 표현이 아니다.

대 콩데의 변신은 그의 아들 대에 이르러 절정에 달했다. 아예 전사귀족이기를 포기한 그의 아들 콩데 공 앙리쥘 드 부르봉Henri-Jules de Bourbon은 완벽한 궁정인으로 변신했다. 생시몽의 눈에 비친 콩데 공은 겉으로는 공손하지만 부와 권력을 향해 돌진하는 욕망의 화신이다. 그는 궁정에서 재정가로 활약했다. 그런 수완 덕분에 콩데 가의 자산은 루이 14세 치세 말기인 18세기 초에 3,100만 리브르로 불어났다.[259] 여기서 우리가 목격할 수 있는 것은 무조건적인 복종이 아니라 권력의 억압과 이해관계의 줄다리기 속에서 살아남아야 했던 궁정귀족의 끈질긴 생존전략이다. 어디 콩데 공 한 사람뿐이

대 콩데

겠는가. 실제로 궁정에는 생존을 위해 왕의 시종이 되고 복종의 굴레를 기꺼이 받아들인 콩데들이 무수히 많았다.

　루이 14세는 정치적, 군사적 독립성을 상실한 궁정귀족들에게 근위대 장교, 시종, 궁정사제 등 궁정 고위직을 분배했다. 기사적 전통과 개인적 명예에 익숙한 대귀족들에게 궁정의 고위직은 또 다른 사회적 우월감을 누릴 수 있는 기회를 제공했다. 더구나 왕은 대귀족과의 감정적 유대관계를 승화시킴으로써 자신에게 봉사하는 귀족들로 하여금 국가에 봉사하는 것으로 믿게 만들었다. 그러나 대귀족들에게 가장 확실한 보상은 경제적 혜택이었다. 부는 연금과 하사금 등 다양한 방식으로 획득되었으며 고위관직의 분배와도 연관되었다. 그중에서도 총독직은 귀족들이 가장 눈독을 들이던 먹이였다. 기엔 총독 슈브뢰즈 공작과 프로방스 총독 빌라르 원수는 대 콩데처럼 후견 조직망과 경제력을 통해 지방 사회에서 강한 영향력을 유지할 수 있었다.

이 모든 분배가 궁정을 무대로 펼쳐지면서 궁정을 지배한 것은 사회적 지위의 재분배와 물질적 이해관계였다. 그럴수록 궁정의 위력은 더욱 커지고 궁정귀족은 모든 귀족의 선망의 대상이 되었다. 귀족들은 점차 귀족으로서의 정체성보다 궁정이라는 사회집단의 구성원을 뜻하는 궁정인의 의미를 중시했다. 엄청난 구심력을 발휘한 프랑스 궁정은 하나의 집단 차원을 넘어서 프랑스 사회로 간주될 정도였다. 궁정 주변에는 수많은 사람들이 정부나 지방의 관직, 교회와 군대의 자리를 요청하거나 면세특권을 얻기 위해 몰려들었다. 그들 모두가 치열한 경쟁을 벌였다.

모든 경쟁을 뚫을 수 있는 동력은 오직 국왕의 총애라는 지극히 사적인 선택이었다. 왕의 총애를 얻기 위해서는 개인적인 연고나 혹은 봉사를 통해 왕 가까이 접근해야 했다. 그중에서도 자연스럽게 왕을 대할 수 있는 국왕의 시종이나 왕실 직계가족과의 연줄이 유리했다. 왕과의 직접 대면이 가능한 시종직, 특히 국왕 침전시종은 모든 궁정 신하들과 구별되었고 누구나 그 자리를 탐냈다. 1637년부터 1671년까지 침전시종을 지낸 마리 뒤부아에게는 청탁이 끊이지 않았다. 그의 봉급은 연 660리브르였다. 그러나 왕이나 후견인과의 관계를 이용해서 그는 더 큰돈을 벌었다.[260] 또 다른 침전시종 블루앵은 맹트농 부인의 신임을 얻은 덕분에 봉급 외에 1만 2,000리브르의 연금을 받았다.[261]

전체적으로 보면 궁정시종직은 왕권 강화와 더불어 늘어나고 세분화되었다. 왕의 시중을 드는 인원을 총괄하는 부서는 궁내부다. 궁내부가 체계화된 것은 1579년 앙리 3세의 블루아 왕령을 통해서였다. 당시 궁내부 인원은 약 1,000~2,000명에 달했다. 이후 궁내부의 인원수는 절대군주정의 역사와 미묘한 상관관계를 보인다. 앙리 4세 시대에 1,600명, 루이 13세 시대에 1,350명, 루이 14세 시대 초에 2,000명 정도이던 인원이 1675~1680년에 4,000명으로 급증했다. 상식적으로 생각하면 왕권이 강화되면 궁내 시종직이 늘어났을 것 같지만 실상은 그리 간단치 않다. 어느 왕이건 즉위 초에는 궁정 시종 수가 줄어들었다. 그러나 시간이 지날수록 다시 숫자가 늘어났다.[262] 특히 정치적 위기나 경기 침체기에 정도가 심했다. 정치적으로 어려운 시기에 왕은 자신의 지지 세력을 확보하기 위해 새로운 관직을 신설했다. 이처럼 정치적 고려에서 늘어난 자리들은 시간이 지나면 폐지되기 일쑤였다. 특히 왕을 직접 대할 수 있는 기회가 있는 직위, 예컨대 궁정사제나 침전시종직은 정치적 상황에 따라 변동이 잦아 한 명에서 수십 명 혹은 수백 명으로 늘어나기도 했다.

다른 한편 전쟁이나 재정 위기 시에 궁정 시종직은 대대적으로 매매되었다. 앙리 3세는 1579년 블루아 왕령으로 "혈통귀족만이 정규 국왕 침전시종직을 얻을 수 있다"고 못 박았다. 그러나 궁정시종직 또한 매매되기 시작하면서 혈통귀족만이 아니라 법복귀족, 그리고 마리 뒤부아 같은 지방 소귀족, 봉탕이나 블루앵 같은 평민도 궁정귀족이 되었다. 궁내부는 사회적 유동성의 중개소였다. 다양한 종류의 직업군에 속하는 평민들이 궁내부에 소속되었다. 그들은 사회적인 신분상승과 이에 합당한 품계를 얻었다.[263] 루이 14세는 역대 왕들 중 가장 많은 수의 시종 관직을 팔았다. 랑그독 지사의 아들인 브르퇴유가 외교사절 담당관직을 사들인 것은 1699년이다. 군주정의 의식과 의례를 책임진 이 자리를 12만 리브르에 구입한 그는 루이 14세가 사망할 때까지 6개월씩 교대 근무를 했다.[264] 매사냥 관직도 루이 14세 시대에 늘어났다. 가장 많은 수가 늘어난 것은 부속성당 사제직이었다. 그러다보니 루이 14세 시대에는 2~3개의 시종직이 한 사람에게 중복되기도 했다.[265]

궁정시종직이 분화되고 전문화되면서 왕에 대한 귀족의 봉사service 개념이 변질되었다. 앙리 4세 시대, 심지어 루이 13세 시대까지도 봉사는 군복무를 의미했다. 그러나 1661부터 봉사는 포괄적인 의미로 사용되기 시작하고 베르사유 시대에는 공적인 임무의 의미로 사용되었다. 실제로 생시몽의 《회고록》에서는 두 의미가 혼용되었다.[266] 봉사의 의미가 바뀌면서 귀족의 미덕은 더 이상 존재의 탁월함을 부각시키는 용맹보다는 특정한 능력mérite을 뜻하는 막연한 개념으로 바뀌었다.

이와 더불어 궁정귀족의 사회적 존재방식도 지난날과는 사뭇 달라졌다. 영주로서 소군주 역할을 했던 귀족이 지방 사회에서 누려온 전통적인 권위와 경제적 기반이 약화되었다. 그럴수록 귀족은 국왕에 의존적이 되었다. 왕의 총애 정도에 따라 달랐지만 궁정귀족의 경우 영지 수입은 5퍼센트에 불과했다.[267] 그들에게는 궁정이 가장 확실한 수입원이 된 셈이다. 왕이 부여하는 연금이나 하사금 외에 다양한 이권 개입을 통해 부를 축적할 수 있었다. 궁정은 높은 수익을 보장하는 투자처이기도 했다. 궁정 실력자와의 연줄을 이용해서 징세청부업에 투자하거나 국가를 상대로 한 대부를 통해 엄청난 부를 축적할 수 있었기 때문이다.

연금이나 하사금의 형태로 귀족에게 수익을 분배한 정부는 대부나 기부금의 형태로 이를 다시 빨아들여 더 많은 수익을 재분배해준 셈이다. 단순히 봉사와 선물 공세로 이루어지던 왕과 귀족의 관계도 점차 중층적으로 작동하는 복잡한 관계방정식으로 바뀌었다. 콩데 가의 예처럼 궁정귀족은 신분적 우월성에 집착한 집단에서 궁정 자본주의의 핵심 세력으로 변신하는 데 성공했다. 그러나 궁정귀족의 생존전략은 여기서 멈추지 않았다. 궁정이라는 살벌한 권력체 내부에서 살아남은 귀족의 궁극적인 목표는 권력의 핵심에 침투하는 데 있었던 것이다.

신분과 계급의 결합

32년간 베르사유에 거주한 생시몽의 불만과 좌절은 바로 거기에서 시작되었다. 대신이 되기를 갈망했으나 번번이 좌절당한 그는 자신의 실패를 루이 14세의 대신들 탓으로 돌렸다. 《회고록》에서 대신들에 대한 생시몽의 불평은 끝이 없다. "대신들은 출세를 위해 자신들과는 다르며 자신들이 오를 수 없는 지위에 있는 사람들 모두를 증오하고 깎아내림으로써 왕이 귀족과 거리감을 갖도록 했다."[268] 그러면서도 생시몽은 《회고록》에서 궁내부비서이자 대신인 퐁샤르트랭과의 우정을 자랑스럽게 언급하고 있다. 이런 생시몽의 이중성을 어떻게 이해해야 할까? 소위 한자리를 차지하려는 이기적 목적을 위해 생시몽이 가면을 쓰고 권력의 실세에게 접근한 것일까? 그렇게 단정 짓기에는 그들의 우정은 상당히 오래 지속된 편이다. 게다가 생시몽은 퐁샤르트랭 외에도 재무대신 샤미야르와도 우정을 나누었고 그와의 우정은 루이 14세가 사망한 후에도 유지되었다.

이런 모순은 도처에서 발견된다. 특히 결혼 문제에서 그의 태도는 혼란스럽기 짝이 없다. 1693년 18세가 된 생시몽의 최대 관심사는 결혼이다. 결혼에서 그가 가장 중시한 것은 귀족으로서의 명예를 지키는 것이었다. "나로서는 수백만 리브르에 현혹되어 신분이 낮은 사람과 결혼할 수 없었다. 유행도 경제적 곤궁도 나를 굴복시키지 못했던 것이다."[269] 이렇듯 그는 당시 유행하

생시몽 공작

던 신분차 나는 결혼에 적대감을 표현했다. 그러나 1695년에 결혼한 그의 아내는 정작 콜베르 밑에서 부를 축적한 재정가 프레몽의 외손녀다. 뿐만 아니라 그의 아들도 재정가 출신 국왕비서의 딸과 결혼했다. 생시몽만이 아니다. 에트레 원수는 재정가 출신 국무비서 모랭의 딸과 결혼했다. 생시몽의 언급처럼 이 시기에 대검귀족 가문과 부유한 법복귀족 가문 사이의 결혼은 유행처럼 번졌다. 결혼은 가문의 번영과 토지의 확보를 위해 추진되는 일종의 사업이나 다름없었던 것이다.[270]

생시몽의 《회고록》에 언급된 다양한 결혼 사례들을 통계화한 르루아 라뒤리의 수고 덕분에 우리는 17세기의 결혼 풍속도를 한눈에 일별할 수 있다.[271] 생시몽이 끈질기게 추적한 무수한 결혼 인맥은 일견 불필요하고 무의미하게 보일지 모른다. 그러나 애정에 기반한 근대적 결혼관이 뿌리내리기 전인 이 시기에 결혼은 사회적 지위와 서열, 작위의 거래와 교환, 계승이 이루어지는 사회적 관계망의 중요한 매듭이었다. 이 점에서 중상층 귀족들의 다양한 결혼 사례를 보여준 생시몽의 《회고록》은 우리에게 17세기 말의 프랑스 귀족 사회를 사회학적 측면에서 조망해볼 수 있는 기회를 제공한다. 아울러 정치적 변화와 경제적 변화가 어떻게 맞물려 있으며 그러한 변화가 결혼이라는 사회문화적 측면에 어떤 영향을 미쳤는지를 가늠해볼 수 있다.

생시몽의 《회고록》에 나타난 결혼 사례는 총 1,366건이다. 같은 신분끼리 결혼한 동등혼은 그중 740건으로 절반가량을 차지한다. 나머지 절반가량은 이른바 신분 차이가 나는 결혼이다. 신분 차이가 나는 결혼의 양상은 매우 다양하다. 남성의 신분이 여성보다 높은 남성 상위혼은 378건으로 약 4분의 1이다. 그중 대부분이 대검귀족과 법복귀족의 결혼이다. 생시몽은 "아내의 지위가 남편 가문의 지위보다 약간 낮은 것은 매우 정상적이며 이는 그들의 자녀의 지위에 아무런 영향을 주지 않았다"며 은연중에 남성 상위혼을 합리화한다. 이는 프랑스 사회에서 부계를 통해 재산과 사회적 지위가 상속되는 관행이 지배적이었음을 의미한다. 현실적으로 이러한 남성 상위혼을 작동시킨 힘은 부유한 여성의 지참금이다. 결혼을 통한 물질적 교환 역시 왕실을 비롯한 사회 지배층에서부터 농민층에 이르기까지 일반화된 관행이었다. 결혼 당일 신랑과 신부가 공증인 앞에서 서명하고 주고받던 결혼계약서의 주 내용이 바로 지참금이었다. 1659년 11월 9일에 에스파냐와 프랑스 사이에서 조인된 페레네조약은 에스파냐가 마리 테레즈의 지참금으로 루이 14세에게 금화 50만 에퀴를 지불한다는 내용이 담긴 일종의 결혼계약서이기도 했다. 콜베르는 세 딸의 지참금으로 각각 40만 리브르를 지불했고 생시몽의 경우에도 "현금 40만 리브르의 지참금과, 궁정과 군대에서의 유지비를 무제한 지급한다는 조건으로 모든 난관이 극복되었다."[272]

생시몽의 《회고록》에서 남성 상위혼의 반대 경우인 여성 상위혼의 비율은 훨씬 낮은 편이다. 즉 여성의 신분이 남성보다 높은 여성 상위혼의 사례는 모두 113건으로 남성 상위혼의 3분의 1에도 못 미친다. 실제로 대검귀족의 딸이 법복귀족의 아들과 결혼하는 예는 비교적 드물었으며 추문거리였다. 몰리에르는 1668년 파리에서 상연된 《조르주 당댕, 혹은 얼빠진 남편*George Dandin, ou le Mari confondu*》에서 이런 세태를 조롱했다. 지방귀족의 딸과 결혼한 부유한 농민 조르주 당댕은 장인과 장모뿐 아니라 아내로부터 늘 경멸을 당한다. 그들이 당댕을 사위나 남편으로 여기는 것은 오직 그가 가진 재산 때문이다.

아, 귀족 아내는 얼마나 이상한 존재인지 몰라. 나처럼 귀족 가문과 결혼해서 신분 상승을 하려는 모든 농민들에게 내 결혼은 얼마나 훌륭한 교훈감인가! 귀족 그 자

마리 테레즈

체는 괜찮고 또 상당한 것이지. 하지만 수많은 불상사를 감내해야 하니 웬만하면 덤비지 않는 게 상책이야.[273]

더욱 놀라운 사실은 오만한 귀족주의자 불랭빌리에의 예다. 노르망디 출신 귀족으로 근위기병을 지내고 궁정에 출입하면서 귀부인들에게 인기를 누리던 그가 딸을 사뮈엘 베르나르Smuel Bernard의 아들과 결혼시켰으니 말이다. 사뮈엘 베르나르는 화가의 아들이다. 그러나 그는 아버지와는 달리 파리에서 비단과 보석 상인으로 부를 축적한 뒤 재정가로 활약했다. 퐁샤르트랭을 통해 콜베르와 연이 닿은 그는 궁정 은행가가 되었다. 이러한 성공을 뒷받침해준 것이 결혼이었다. 재정가의 딸인 그의 첫 번째 아내는 그에게 엄청난 지참금과 인맥을 선물했다. 덕분에 궁정 은행가로 성공하고 귀족 신분에 영지까지 갖춘 그가 1720년에 두 번째로 결혼한 상대는 리무쟁의 유서 깊은 대검귀족인 근위대 장교의 딸이었다. 하지만 그의 아들의 결혼이 더욱 성공적이었다. 귀족 혈통의 순수성을 강조하는 불랭빌리에 백작의 딸과 결혼하는 데 성공했으니 말이다.[274]

대검귀족과 법복귀족, 구귀족과 신흥귀족의 결합은 비단 궁정을 중심으로 한 상층귀족의 범주에 국한되지 않았다. 1695년 프로방스의 도시 엑스에서 이루어진 조사에 의하면 신흥귀족의 70퍼센트, 구귀족의 73퍼센트가 1500년 이후 적어도 한 번 이상 족외혼을 경험했다는 것이다.[275] 엑스의 사례를 통해 우리는 17세기 말경 두 집단의 결합은 이미 보편적인 현상이었음을 알 수 있다. 신분차가 나는 결혼을 비난하면서도 그런 결혼을 선택한 생시몽은 이 시기 귀족의 일그러진 자화상이었던 것이다. 법복귀족에 대한 대검귀족의 경멸이 폭포수처럼 흐르던 당시 양자 간의 결합이 빠르게 진행된 이 역설. 생시몽의 《회고록》은 우리에게 루이 14세 시대 귀족의 이상과 현실, 담론과 실제 간

사뮈엘 베르나르

의 괴리를 실감케 한다.

개인적 차원에서 보면 그러한 결혼의 목적은 자신이나 가문의 유지와 번영을 꾀함 것임이 틀림없다. 그러나 귀족 사회 전체의 차원에서 보면 귀족은 혼혈을 통해 블랙홀처럼 경제적 여유와 정치적, 행정적 능력을 갖춘 새 집단을 빨아들이는 무서운 흡입력을 발휘한 셈이다. 귀족의 흡입력이 가장 유감없이 발휘된 예는 대신과 대검귀족 가문 사이의 결혼이다. 생시몽의 《회고록》에서 '특수한 사례'로 분류된 115건의 결혼 중 90건이 그러한 경우에 속한다. 이 유형은 수적으로는 적지만 그 파장은 자못 의미심장하다. 90건 중 66건은 대검귀족의 아들이 대신의 딸과 결혼한 경우이고, 나머지 24건은 대신의 아들과 대검귀족의 딸의 결혼이다. 예를 들어 콜베르가 세 딸을 슈브뢰즈 공작, 보빌리에 공작, 로슈슈아르 공작에게 차례차례 결혼시킨 사례는 전자에 속한다. 반면 퐁샤르트랭의 아들 바르브지외가 위제스 공작의 딸과 결혼하고 샤미야르의 아들이 로슈슈아르 공작의 딸과 결혼하는 데 성공한 것은 후자에 속한다. 이러한 대검귀족과 법복귀족의 결합에서는 남성 상위혼이건 여성 상위혼이건 그다지 문제가 되지 않았다. 신분과 위계에 예민한 생시몽조차 보빌리에 공작과 슈브뢰즈 공작의 결혼을 노골적으로 비난하지 않았다. 1695년 인두세 등급에서도 왕세자 및 방계왕족과 함께 1등급을 차지한 대신은 당시에 공작-중신과 대등한 대접을 받았던 것이다.

법복귀족에 속하는 대신이 이처럼 사회적 신분의 틀을 뛰어넘을 수 있었던 비결은 무엇일까? 부르주아 출신임이 명백한 그들을 대신으로 중용한 루이 14세의 영향이 가장 클 것이다. 그렇다고 해서 루이 14세 시대에 대검귀족이 대신직에서 완전히 배제된 것도 아니다. 실제로 빌루아 원수는 친정 초기에 국무대신이 되었을 뿐 아니라 재무참사회의 수장직을 맡았다. 보빌리에 공작도 1691년에 국무대신이 되고 슈브뢰즈 공작도 국무대신으로 활약했다. 이렇게 보면 애초부터 의도했건 아니건 과거 대검귀족의 전유물이던 참사회에 법복귀족을 끌어들여 두 집단의 혼합을 초래한 당사자는 바로 루이 14세인 셈이다.

이러한 현상은 지방에서도 나타났다. 프롱드난 이후 법복귀족들의 지방 삼부회 진출이 확대되는가 하면 이미 봉토를 지닌 대검귀족들이 도시의 사법, 행정기구에 진출하면서 법복귀족의 대열에 가세했다. 드문 예로 샹레처럼 법복귀족에서 대검귀족으로의 변신도 가능했다. 도시화 비율이 높은 프로방스와 샹파뉴 지방에서 전통적인 대검귀족은 행정귀족과 결합했다. 중세 말 이후 역사적 변화 과정에서 상대적으로 건재할 수 있었던 브르타뉴 대검귀족도 고등법원에 진출했다. 시간이 흐를수록 구귀족과 신흥귀족, 대검귀족과 법복 귀족의 경계는 불분명해졌다. 그럴수록 두 집단의 이해관계가 중첩되고 가치 관도 일치하게 되었다. 이처럼 루이 14세 시대의 귀족은 동질적인 집단이 아니었다. 귀족은 부르주아 출신 관리의 새로운 피와 경제력, 능력을 자기 것으로 만들며 몸 만들기와 부풀리기에 성공했던 것이다.

1715년에 가면 파리 고등법원에 속한 법관의 81.5퍼센트가 귀족으로 구성되었다.[276] 지방 고등법원에서도 상황은 마찬가지였다. 루이 14세 치세 말기에 이미 국가의 주요 기구의 고위 관직 보유자들이 대부분 귀족으로 구성되었다. 자연히 법복귀족의 의미와 위상도 달라졌다. 대검귀족과 대비되는 신분을 가리키는 용어로 사용되던 법복귀족은 점차 단순히 직업을 구분하는 용어로 통용되었다.[277] 이렇게 해서 18세기에는 혈통에 기반한 낡은 귀족 이론이 폐기되고 관직이 귀족의 상징이 되었다. 귀족의 전통적인 특권을 옹호하는 데 앞장선 것도 퐁샤르트랭, 라무아뇽, 다르장송 같은 법복귀족들이다. 이제 고등법원을 중심으로 똘똘 뭉친 그들이 군주권을 향해 대반격을 펼칠 것이었다. 1746년에 발표된 몽테스키외의 《법의 정신》은 이러한 귀족들의 이데올로기나 다름없었다.

새로운 소비집단의 탄생: 귀족의 삶과 문화

• 귀족의 일상생활

일부 가난한 귀족들이 파산하기도 했지만 전체적으로 귀족은 더욱 부유해졌다. 정치적으로 몰락한 귀족일지라도 부를 유지한 경우가 더 많았다. 17세기 전 기간에 걸쳐 프랑스에서는 토지 소유권의 절반이 바뀌었다. 그러나 평민이 귀족의 토지를 사들인 경우는 3분의 1에 불과했다.[278] 귀족조사작업을 계기로 귀족은 전체 인구의 약 1퍼센트 미만에 불과해졌지만 여전히 전국 토지의 35~40퍼센트를 소유한 막강한 경제 집단이었다.[279] 귀족 수가 줄어들면서 오히려 귀족의 경제력 집중은 더욱 강화되었다. 여기에 주교와 대주교, 수도원장 등 교회 고위직의 대부분을 장악한 귀족은 프랑스 전체 자산의 약 10분의 1을 차지한 교회 수입 중 상당 부분마저 독차지했다.[280]

그러나 귀족 집단 내부로 들어가 보면 귀족의 경제 상황은 천차만별이었다. 연수입이 수백만 리브르에 달하는 대귀족에서부터 200리브르에 불과한 가난한 농촌귀족까지, 1등급에 속한 대신에서부터 19등급의 지방 소귀족까지 귀족의 생활방식과 거주 공간은 수입과 재산 정도에 따라 사뭇 달랐다. 그중 가장 많은 수를 차지하는 것은 지방 소귀족들이다. 전체 귀족의 약 80퍼센트 이상을 차지하는 이들의 비율은 특히 수도에서 멀어질수록 높아졌다. 그들은 농촌에서 아무 직책 없이 영지 수입에 의존하며 살았다. 법복귀족과 대비된 개념의 혈통귀족인 장티옴이 때로 지방귀족과 동의어로 사용된 것은 이들의 존재에서 유래한 것이다.

우리가 이러한 지방귀족의 삶을 들여다볼 수 있게 된 것은 꼼꼼하게 《일지 Journal》를 기록한 구베르빌 덕분이다.[281] 《일지》를 통해 드러난 오베르뉴 지방의 소귀족 구베르빌의 일상생활은 부유한 농민의 삶과 크게 다르지 않다. 오베르뉴 지방의 전형적인 시골귀족인 그는 밭에서 직접 나무를 심고 가지를 치며 일했다. 또한 풀을 베어 말리고 추수하는 일꾼을 감독하기도 했다. 공동시설물을 관리하는 일도 그의 몫이었다. 화덕과 물레방아, 압축기의 독점권은 영주로서 그가 누릴 수 있는 권한이었을 뿐 아니라 훌륭한 돈벌이 수단이었기 때문이다.

구베르빌의 생활수준을 좀 더 객관적으로 파악하기 위해 당시 도시 숙련노동자의 생활비와 비교해보자. 당시 도시 숙련노동자의 하루 일당은 20솔로 1

리브르에 해당된다. 보통 한 달에 20일 정도 일하면 도시 숙련노동자의 월수입은 보통 20리브르 정도가 된다. 빵 1킬로그램의 가격은 2솔이고 당시 사람들은 하루에 빵 1~1.5킬로그램을 소비했다. 5인 가족이 하루에 최소한 4킬로그램의 빵을 소비했으며 액수로는 한 달에 약 12리브르 정도다. 결국 도시 노동자는 수입의 절반 이상을 빵값으로 지불한 셈이다. 이에 비하면 다양한 수확물에다 200리브르의 연수입을 지닌 구베르빌의 생활 형편은 꽤 넉넉한 편이었음을 알 수 있다. 더구나 그는 영주로서 다양한 특권을 누렸다. 공동시설물의 독점권 외에도 그는 사냥권을 누리며 농민들에게 다양한 종류의 부역을 강요할 수 있었다.

구베르빌의 생활 반경은 영지에 국한되었다. 이따금 도시를 방문하기도 했지만 도시에 거처를 따로 갖고 있지는 않았다. 이는 경제 형편 때문이기도 하지만 16세기에는 귀족의 도시 거주 자체가 퍽 보기 드문 풍경이었다. 17세기 말에 가면 도시생활을 하는 귀족이 눈에 띄게 늘어났다. 17세기 말 인구 3만 5,000명의 도시 아미앵에서는 1675년경 약 30가구의 귀족이 거주했다. 그중 4분의 1이 법관이나 재정관의 가족이었다. 18세기에 가면 도시귀족의 수가 급증하고 혁명기에는 농촌에 사는 귀족과 도시에 사는 귀족이 반반이었다.[282]

개인의 생활방식과 취향의 차이도 있었지만 도시 거주에서 가장 결정적인 변수로 작용한 것은 역시 경제력이었다. 도시에 거처를 마련하고 최소한 귀족으로서의 품위를 유지하려면 연수입 3,000~4,000리브르 정도가 필요했다. 1만 리브르 정도면 여유 있는 귀족생활을 누릴 수 있었다. 이 경우 도시에 그럴듯한 저택과 농촌의 성을 유지하면서 최소한 마차 2대를 갖고 10여 명의 하인을 둘 수 있었다.[283] 2만 5,000리브르 정도의 연수입이면 보통 20명 내외의 하인을 거느리며 사치스런 생활이 가능했다.

반면 파리나 베르사유에 저택을 소유하고 궁정에 출입한 대귀족의 지출은 다른 귀족들의 지출과 차원이 달랐다. 수도인 파리와 새로운 수도 역할을 하게 된 신도시 베르사유에서는 귀족의 도시 거주 열풍이 불면서 주택 건설 붐이 불었다.[284] 특히 불모지에서 인구 4만의 도시로 탈바꿈한 베르사유의 주택 가격은 가파르게 상승했다. 성과 저택의 건설과 유지비 외에 궁정 연회를 위한 사치스런 복장과 자식들의 결혼 비용의 지출로 대귀족의 경우 대체로 10만 리브르 정도의 연수입이 보장되어야 했다.

귀족 신분을 유지하기 위해서는 귀족답게 살아야 하는 사회적 관행에 따라 귀족은 무엇보다 먼저 겉모습으로 인정받아야 했다. 귀족인가 아닌가를 구분할 수 있는 지표는 여러 가지였지만 영지와 성의 소유는 귀족의 필수조건이었다. 구귀족이건 신흥귀족이건 부유하건 가난하건 대부분의 귀족들은 영지의 소유자들이었다. 여기서 영지란 단순히 거대한 규모의 땅덩어리를 의미하는 것이 아니다. 영주의 성을 중심으로 넓게 뻗은 토지와 거기서 오는 권리와 수입, 그리고 영주권이 다양하게 행사되는 공간 전체를 가리킨다. 영지 외의 다른 수입원이 없는 지방 소귀족을 제외하면 영지는 경제적 측면에서 점차 매력을 잃어갔다. 부유한 귀족일수록 영지는 여러 수입원 중의 하나에 불과했다. 자연히 영주권이 행사되는 소규모 권력의 중심지였던 성채의 역할은 한결 축소되고 기능도 바뀌어갔다. 공간적 배치도 달라졌다. 15세기 후반 이후 농촌 사회에 자본주의 물결이 거세게 몰아닥친 영국에서는 프랑스에 비해 이러한 변화가 더 일찍 더 빠르게 진행되었다.

프랑스에서는 17세기를 거치며 농촌 풍경이 바뀌었다. 그중 가장 눈에 띄는 변화는 농민들의 촌락 한가운데 우뚝 서 있던 중세의 성채와는 달리 귀족의 성이 점차 농민들의 거주지와 분리되었다는 점이다. 그 사이를 거대한 숲이 가로막았다. 바로크 시대에 이 숲은 기하학적 문양으로 장식되었다. 정원이 탄생한 것이다. 보르비콩트 성이나 랑부예 성, 샹티 성처럼 오늘날 우리에게 낯익은 아름다운 정원으로 둘러싸여 있으며 거대한 사냥터와 연결된 성의 모습은 대부분 이 무렵 만들어진 것이다.

정원의 탄생은 귀족의 생활사에서 예사롭지 않은 의미를 지닌다.[285] 정원을 경계로 한 안과 밖의 풍경과 삶은 퍽 대조적이었다. 정원 안은 영주의 거주 공간이다. 이 시기에 그곳은 아름답고 편안한 사적 공간으로 재구성되었다. 성은 공적인 삶의 도피처였고 도시에 별도의 거처를 지닌 귀족들에게는 주말이나 여름휴가를 즐기기 위한 휴식처였다. 18세기 계몽사상가들의 사상적 보금자리로 변모할 이 성에서 정원의 역할은 매우 중요하다. 정원은 귀족들의 삶을 감추어주는 사생활의 장벽이었기 때문이다. 정원은 노동의 공간이 아니다. 그것은 산책이나 연회를 위한 여가와 휴식의 공간이다. 생산수단으로만 여겨지던 자연이 관조의 대상이자 미의 대상으로 여겨지게 된 것이다. 이런 의미에서 보면 정원은 농민과 귀족 사이의 신분차를 드러내고 재확인시키는 신분의 구분선인 동시에 계급의 경계선이었다.

● 신분과 계급의 차이에서 문화적 차이로

신분과 계급의 차이는 곧 문화의 차이로 가시화되고 귀족들은 차별화를 강요했다. 생시몽의 경우 사고한다는 것은 곧 구별 짓는다는 것을 의미한다. 귀족을 지탱해주는 것은 사회적 우월성이었고 그러기 위해서는 매사에 다른 사람과 구별되어야 했다. 자본주의가 발달하면서 위계와 서열에 대한 귀족의 집착은 물질적 과시로 드러났다. 특히 상층귀족이 집결하고 위계와 서열이 엄격하던 궁정에서 사치와 낭비가 극심했다. 1만 리브르 정도면 여유 있는

루브르의 대회랑에서 그림을 보고 있는 귀족들

귀족 생활이 가능한 액수였지만 궁정에서는 드레스 한 벌 값에 불과했다.[286] 결혼식 전날 생시몽의 어머니는 새 신부가 될 로르주 양에게 40만 리브르 상당의 보석류를 보냈다.[287]

사치와 낭비는 화려한 옷차림으로 몸을 감싸고 성을 치장하는 겉모습 꾸미기에 그친 것이 아니라 성안으로 침투했다. 귀족들 사이에서 값비싼 가구를 사들이고 그림으로 실내를 장식하는 풍조가 유행했다. 성 축조와 정원 조경, 예술품 수집, 미식의 취향이 유행하면서 귀족은 새로운 문화적 소비 집단으로 거듭났다. 프랑스에서 포도주 소비가 증가하기 시작한 것도 이때부터다. 왕실과 방계왕족에게 독점되던 문화예술의 후원자 역할을 자처하며 예술가들을 고용한 귀족들이 늘어나면서 귀족 특유의 취향이 계발되었다. 귀족의 취향은 경제적 능력을 토대로 한 것이 분명하지만 아무 노력 없이 가능한 것

책을 읽고 악기를 연주하는 귀족들

은 아니었다. 우아하고 세련된 귀족 문화가 유행하면서 교육과 훈련을 통한 귀족 문화의 습득이야말로 귀족의 사회적 우월성을 입증해주는 또 다른 기준이 되었다. 17세기 중엽이 되면 귀족은 아카데미에서 승마를 배우고 책을 읽기 시작했다. 역사와 음악은 교양교육의 필수과목이었다. 관직에 대한 집착과 동시에 군복무에 대한 동경이 남아 있던 시기였기에 축성술은 빼놓을 수 없는 과목 중 하나였다. 축성술을 이해하기 위해 수학도 배워야 했다.

귀족들의 지적 호기심은 책 소유를 부추겼다. 17세기 귀족들이 남긴 유산목록에서 드러난 장서의 존재는 귀족의 지적 수준을 가늠해볼 수는 유용한 척도다. 생시몽은 8,000권의 장서를 남겼다. 도서목록에 포함된 베르길리우스와 키케로의 라틴어 고전과 호메로스, 헤로도토스, 리비우스, 마키아벨리의 역사서 등은 생시몽의 서가와 독서가 단순한 과시용만이 아니었음을 말해준다. 법복귀족의 도서목록에서 발견되는 축성술에 관한 책의 존재도 의미심장하다. 이는 선사귀족의 이상이 여전히 이 시기 귀족의 심성을 지배하고 있었음을 의미할 뿐 아니라 대검귀족과 법복귀족의 혼합과 엇갈림을 여실히 증명해주기 때문이다.[288]

회고록은 이러한 귀족의 복잡한 심경을 좀 더 구체적으로 살펴볼 수 있는 자료다. 중세 말에 탄생한 회고록은 루이 14세 시대에 절정에 달했다. 이 시기에 약 260권이 양산되면서 회고록은 독자적인 문학 장르로 자리 잡았다.[289] 루이 14세와 회고록에는 어떤 상관관계가 있는 것일까? 회고록의 저자는 대부분 귀족들이다. 공적 영역을 경험한 귀족은 자신의 경험을 후세에 전달함으로써 명예를 높이거나 아니면 공적 영역에서의 아쉬움을 토로하기 위해 회고록을 썼다. 그 어느 경우이건 회고록 집필의 관건은 공적인 영역, 특히 정치 참여였다. 레 추기경, 생시몽 공작, 모트빌 부인, 라로슈푸코 공작 등 루이 14세 시대의 귀족들로 하여금 주옥같은 회고록을 남기게 한 것은 정치에 대한 관심이었던 것이다.

이렇듯 회고록은 정치에 관한 공적 내용이 주를 이루지만 그 안에는 저자의 내면의 목소리가 담겨 있다. 회고록을 쓴다는 자체가 자신을 의식하고 자신의 삶의 외피를 내면의 흐름에 따라 재정리하려는 시도이기 때문이다. 이 점에서 회고록은 귀족의 자아 인식의 출발점이자 그 증거라고 할 수 있다. 이 시기에 귀족 사회에서 초상화가 유행한 것도 같은 맥락에서다. 초상화에 담긴 귀족의 표정에서 우리는 무엇을 읽을 수 있을까? 중세의 귀족과는 달리 교육을 받고 교양을 갖춘 17세기 말 귀족은 초상화에서 한결같이 우아하고 당당한 자세를 취하고 있다. 초상화 속 귀족의 겉모습은 회고록에서 드러난 복잡하고 착잡한 내면 세계와 퍽 대조적이다. 이러한 이중성은 화려하고 엄격한 궁정 문화가 꽃핀 베르사유에서 살아남아야 했던 귀족의 현실을 반영하는 것이 아닐까? 이제 루이 14세의 궁정 안으로 들어가 보자.

가스통 도를레앙　　　　　　　Gaston d'Orléans(1608~1660): 앙리 4세와 마리 드 메디치의 셋째 아들이자 루이 13세의 동생으로 오를레앙 가의 시조다. 대공이라는 지위와 우유부단한 성격으로 루이 13세 시대에 일어난 수많은 정치 음모와 반란에 이용당했으며 프롱드난에도 가담했다.

대 콩데　　　　　　　Grand Condé, Louis II de Bourbon(1621~1686): 부르봉 가에서 파생된 콩데 가의 4대손. 1641년 19세의 나이로 30년전쟁에 참전했으며 1643년에 북부군 사령관이 되어 에스파냐 군에게 대승을 거둔 다음부터 대 콩데라 불렸다. 1648년에 프롱드난이 일어나자 처음에는 국왕군을 지휘하며 반란군을 진압했으나 마자랭과 알력을 빚게 되자 귀족들을 이끌고 프롱드파의 기수가 되었다.

콩티 공　　　　　　　prince de Conti, Armand de Bourbon(1629~1666): 앙리 콩데의 아들이자 대 콩데의 동생으로 대 콩데와 함께 프롱드난에 참여했다. 그러나 반란이 진압된 후 마자랭의 주선으로 그의 조카딸과 결혼함으로써 왕실과 화해하고 부를 쌓았다. 콩데 가에서 분가한 콩티 가의 시조로 이후 므슈 르 프랭스라는 칭호를 얻었다.

Louis Le Grand Monarque

V

태양-왕에서 인간-왕으로

그것은 단순히 궁전이 아니라 하나의 완벽한 도시라네,

더할 나위 없이 웅장하고, 더할 나위 없이 화려한.

아니, 오히려 이 세상 전체지. 거대한 우주의

온갖 기적들로 가득 찬 바로 그 세상!

샤를 페로의 《루이 대왕의 세기Siècle de Louis Le Grand》(1687)

오늘날 베르사유에는 전 세계에서 수많은 관광객들이 몰려든다. 웅장하고 화려한 건축물과 진귀한 예술품은 그들의 탄성을 자아내기에 충분하다. 하지만 베르사유 관람은 거기서 그치지 않는다. 관광객들은 베르사유에서 루이 14세의 정치적 신념과 의지를 목격하고 다시 한 번 권력의 위대함을 느끼게 된다. 베르사유가 정작 우리에게 보여주는 것은 권력과 예술의 관계인 것이다.

궁정은 본래 군주를 위해 탄생하고 존재했다. 근대 초 유럽에서 국왕이 거주하는 사적인 공간이자 공식적인 국가기구를 관장하던 정부가 위치한 궁정은 절대군주정의 산실이자 심장부 역할을 했다. 이렇듯 사생활과 공적인 업무가 혼재된 궁전은 16세기 이후 군대와 더불어 빠른 속도로 비대해졌다. 궁정의 발달은 중앙집권화를 수반했고 중앙집권화는 궁정을 더욱 발달시켰다. 거대하고 화려하게 장식된 궁전은 군주의 위엄과 권위를 상징했다. 유럽의 군주들은 저마다 신민들과 다른 나라의 군주들을 압도하기 위해 끊임없이 궁전 건설 작업에 몰두했다. 따라서 궁전은 단순히 당대의 취향과 예술 양식의 산물이 아니다. 그것은 정치권력의 표현이자 정치적 메시지다. 이 점을 누구보다 정확하게 꿰뚫어 본 루이 14세는 베르사유를 통해 절대군주로서의 이미지를 완벽하게 구현했다.

그러나 정치사를 외면해온 서구 역사학계의 풍토에서 베르사유는 오랫동안 예술사의 한 귀퉁이를 차지했을 뿐이다. 20세기 초 이후 수많은 사료가 출간되었음에도 불구하고 오랫동안 베르사유 연구는 지연되었다. 군주와 궁정에 대한 무조건적인 찬미로 일관해온 19세기 역사가들에 대한 거부감이 20세기 역사가들로 하여금 아예 베르사유를 외면하게 만들었던 것이다.[290] 역사가들이 다시 베르사유에 주목하게 된 것은 비교적 최근의 일이다.

그러나 오늘날의 역사가들은 19세기 역사가들과는 다른 시선으로 베르사유를 바라본다. 그들이 주목하는 것은 화려한 베르사유의 겉모습이 아니라 베르사유에 거주한 루이 14세 치세의 의미와 실체다. 역사가들의 시각은 예술사가들의 시각과도 다를 수밖에 없다. 건축사가들이 베르사유의 건축 구조와 양식에 주목한다면 역사가들은 공간 배치와 활용 방식에서 정치권력의 작동방식을 읽어내려 한다. 베르사유를 장식하고 있는 실내장식의 양식과 형태가 미술사가들의 연구 목적이라면 역사가들에게 그것은 연구 수단에 불과하다. 역사가들의 주관심사는 미술과 건축의 상징과 개념이 어떻게 정치의 영역과 결합되며 서로에게 영향을 미치는가를 밝혀내는 데 있다. 나아가 베르사유를 무대로 연출된 다양한 축제와 의례, 그리고 여기에 동원된 이미지 또한 중요한 역사 연구의 대상이다.

자연히 베르사유의 역사는 루이 14세의 정치적 연대기와 긴밀한 연관성을 보인다. 정치적인 측면에서 루이 14세 시대는 둘로 구분된다. 영광의 시기인 첫 시기는 친정이 선포된 1661년부터 시작된다. 정치 개혁과 승전에 도취된 이 시기에는 화려한 거리 축제가 잇달아 개최되는 가운데 1677년에 궁정이 베르사유로 이주할 것임이 공식적으로 선포되었다. 두 번째 시기는 이와 대조적이다. 베르사유로 이주한 1682년부터 궁정의 분위기가 달라졌다. 이때부터 궁정예절은 더욱 경직되고 종교적 박해와 강압정책이 시도되었다. 더구나 연이은 대외정책의 실패로 인한 외교적 고립과 수확 부진으로 궁정에는 어두운 그림자가 드리워지기 시작했다. 말년에 늙고 병에 지친 루이 14세가 종교에 심취한 맹트농 부인의 영향을 받으면서 이러한 경향은 더욱 심해졌다.

태양왕의 무대 베르사유

파리 탈출: 프롱드난의 악몽

1682년 5월 6일 루이 14세의 궁정은 베르사유에 정착했다. 이미 1세기 전에 에스파냐의 군주 펠리페 2세도 엘에스코리알 궁전을 세웠지만 마법의 성처럼 거대하고 매혹적인 베르사유의 규모와 화려함은 그 누구보다 루이 14세를 절대군주의 전형으로 여기게 하는 데 손색이 없다. 대규모 토목공사와 건설 사업은 정치 지배자들이 가장 흔히 사용하는 권력 과시 수단이다. 그중에서도 연평균 2만 5,000명의 인부와 매일 말 6,000마리를 동원해서 척박한 불모지를 완벽한 궁전으로 변모시킨 루이 14세야말로 볼테르의 찬사처럼 과연 무에서 유를 창조한 조물주로 불릴 만하다.

　실제로 베르사유의 규모는 중세 이래 프랑스 왕실의 주거처였던 루브르와 비교가 되지 않는다. 궁정과 정원에서 끝없이 펼쳐진 대운하뿐 아니라 별궁인 마를리, 트리아농을 포함한 베르사유는 성벽의 길이가 44킬로미터에 달했으며 군데군데 25개의 성문이 세워졌다. 뿐만 아니라 궁전 앞에는 현대판 신도시처럼 하나의 계획도시가 탄생했다. 문자 그대로 거대한 하나의 우주가 인위적으로 창조된 셈이다. 더구나 궁정의 이동은 단순히 왕실의 거처를 옮기는 수준이 아니다. 행정 업무가 이루어지는 정부가 통째로 이동함으로써 프랑스의 무게 중심이 파리에서 베르사유로 옮겨졌다. 궁정을 따라 수많은 관리들과 귀족들이 이주하면서 황량하던 베르사유 시에도 주택들이 속속 들어섰다. 한마디로 수도가 이전한 것이다.

　베르사유로의 이전은 흔히 루이 14세의 강력한 정치 개혁 의지와 동일시된다. 왕조의 교체와 더불어 수도가 바뀌어온 우리나라 정치사의 잣대로 보면 이는 쉽게 이해할 수 있는 대목이다. 하지만 프랑스사에서 파리의 의미는 남다르다. 프랑크 왕국이 파리의 한가운데 위치한 시테 섬에 터전을 마련한 이후 파리는 줄곧 프랑스 역사의 핵심이었다. 비단 왕궁의 소재지여서만이 아니라 파리는 중세 이래 정치, 종교, 사상, 문화의 중심지 역할을 했다. 프랑스 군주는

근위대를 앞세우고 퐁네프 다리를 건너는 루이 14세. 오른쪽에 거대한 루브르 궁전이 보이고 다리 중앙에는 앙리 4세의 동상이 서 있다.

파리 한가운데에 위치한 루브르에서 민중과 이웃했으며 군주와 민중은 서로의 존재감을 느껴왔다. 이런 맥락에서 보면 루이 14세가 파리를 떠나 남서쪽으로 22킬로미터 떨어진 베르사유에 정착한 1682년은 루이 14세의 장기 치세를 구분 짓는 또 하나의 분기점임이 틀림없다. 그렇다면 파리와의 결별과 베르사유로의 이주는 치밀한 정치적 계산에 따라 준비된 것일까? 그것은 과거의 정치적 전통과의 단절을 만천하에 과시하려는 루이 14세의 정치적 선언이었을까?

하지만 베르사유의 탄생 과정을 차분히 들여다보면 이러한 짐작은 과장된 것임이 분명하다. 적어도 베르사유로의 이주와 파리와의 결별은 별개의 문제다.[291] 루이 14세는 1682년 궁정이 베르사유로 이전하기 이미 오래전에 사실상 파리를 떠났으니 말이다. 그가 마지막으로 파리에 체류한 것은 1666년이다. 1666년 모후 안 도트리슈가 사망하자 파리를 떠난 이후 그는 주로 생제르맹 성에 머물렀다. 그 이전에도 루이 14세는 수시로 파리를 탈출해서 파리 외곽에 있는 뱅센 성과 생제르맹, 혹은 그보다는 조금 멀리 떨어진 퐁텐블로 성에서 번갈아 가며 지냈다. 이처럼 파리 주변을 빙빙 돌며 지내던 루이 14세의 체류 방식은 왕이 한곳에 머물지 않고 이동하며 통치하던 중세의 관행과는 의미가 다르다. 그는 단지 파리를 피해 이곳저곳을 오가며 지냈던 것이다. 1660년 8월 26일 결혼을 기념하기 위해 거행된 장엄한 도시 입성식에서 파리와의 화해를 상징하는 의식이 치러졌음에도 불구하고 루이 14세는 곧바로 뱅센 성으로 갔다. 마자랭 사망 당시에도 그는 뱅센 성에 머물렀다.

이렇듯 루이 14세가 틈만 나면 파리를 떠난 이유는 무엇일까? 루이 14세가 파리와 최초로 결별한 것은 프롱드난 당시로 거슬러 올라간다. 1649년 1월 5일 밤 루이 14세는 모후와 마자랭의 손에 이끌려 몰래 파리 민중들의 함성과 야유가 끊이지 않던 파리를 탈출했다. 그 후 프롱드난이 진압되어 파리로 돌아오기까지 수년간 전국을 방황한 경험은 그에게 깊은 상처를 남겼다. 그는 오랫동안 파리를 용서하지 않았다.

1653년 돌아온 이후에도 파리는 그에게 여전히 불안한 곳이었다. 루브르와 튈르리 궁전 북쪽과 동쪽에는 프롱드난을 일으켰던 대귀족의 저택들이 마치 궁전을 포위하듯 늘어서 있었다. 뿐만 아니라 온갖 부류의 사람들로 가득 찬 인구 50만의 수도 파리는 늘 무질서와 혼란의 대명사였다. 귀족과 관직 보유자, 재정가, 성직자, 임대수입자, 자유로운 점포 상인, 동업조합에 묶인 상인과 수공업자 외에도 5만 명의 숙련공과 견습공이 존재했다. 게다가 거지와 무리를 지어 다니는 부랑아만도 6만 명에 달했다. 크고 작은 범죄가 판을 치고 1665년에는 형사 대리인 타르디외Tardieu와 그의 아내가 집에서 살해되었다. 특히 밤이 되면 파리는 무법천지였다.[292] 베네치아 대사 비스콘티가 묘사한 1667년 파리의 풍경은 정말 살벌하기 그지없다.

> 파리는 도둑과 암살범의 소굴이었다. 목숨을 잃을 각오를 하지 않으면 밤에는 도저히 외출을 할 수가 없을 정도였다. 낮에도 산책이 불가능했다. 왜냐하면 거리는 포장되지 않은 상태였고 농촌에서처럼 진흙구덩이였기 때문이다.[293]

더구나 파리 한복판에 위치한 루브르 궁전은 복잡하게 뒤엉킨 미로로 이루어져 불편하고 위험하기 짝이 없었다. 1662년에 대화재가 발생하면서 루브르는 궁전으로서 제구실을 하지 못했다. 콜베르는 루이 14세에게 루브르 증축을 건의했다. 1664년에 조영총관이 된 콜베르는 곧 르보Le Vau에게 루브르 개조공사를 맡겼지만 루이 14세의 마음은 파리를 떠나 있었다. 튈르리에서도 1659년부터 개조공사가 한창 진행 중이었다. 그러나 왕의 체류가 점차 뜸해지더니 언제부터인가 아예 발길이 뚝 끊겼다. 1671년에는 튈르리 공사마저 완전히 중단되었다.[294]

한편 베르사유에서는 이미 1661년부터 공사가 진행 중이었다. 푸케가 베룬 보르비콩트 성에서의 연회 후 갑작스럽게 시작된 그 공사는 정원 조성 사업 위주였다. 루이 14세가 베르사유를 만나게 된 것도 우연이었다. 1651년 사냥을 하던 중 베르사유를 발견한 그는 간간이 은밀한 놀이터가 필요할 때마다 그곳을 찾았을 뿐이다. 1662년부터 엄청난 공사가 시작되었음에도 불구하고 베르사유는 오랫동안 사냥과 연회를 위한 공간으로 남았다. 1668년부터 대규모 재건축공사가 시작되기는 했지만 왕실의 거처가 아니라 일시적으로 머물 휴식처를 마련하기 위한 것이었다. 이때만 해도 궁정이 베르사유로 이전할 조짐은 전혀 보이지 않았다. 반면 생제르맹에서는 르보의 지휘하에 대대적인 개축공사가 벌어지고 있었다. 1676년 루브르 공사가 완성되었을 무렵 왕의 마음은 이미 베르사유로 기울어 있었다. 그 이듬해인 1677년 연이은 승전으로 한껏 자아도취에 빠져 있던 왕은 드디어 베르사유 건설을 위한 공식 포고문을 공포했다.[295]

　1682년 궁정이 베르사유로 이전하고 1685년 궁정귀족의 거처가 착공되면서 루브르는 단지 허울뿐인 궁전에 불과해졌다. 그때부터 왕이 파리를 방문하는 일은 아주 드물어졌다. 1673년 2월 파리 고등법원의 간주권을 박탈한 이후에는 왕은 가끔 친림법정을 위해 시테 섬을 방문하던 일조차 중단하였다. 루이 14세와 파리의 관계가 전환점을 맞이하게 된 것은 1687년 1월 30일 왕의 파리 시청 방문을 통해서다. 이날 노트르담 성당은 오랫동안 병석을 지키던 왕의 쾌유를 축하하는 감사기도를 올렸다. 왕이 이 감사기도에 참석하기 위해 파리를 방문한다는 소식이 전해지자 파리 시는 성대한 만찬을 베풀며 왕을 환대했다. 흡족해진 왕은 만찬 후 시청 안뜰의 조상을 철거하라는 명령을 내렸다. 질 게랭의 작품으로 1654년 그 자리에 세워진 조상에는 〈프롱드파를 무찌른 루이 14세Louis XIV terrassant la Fronde〉라는 문구가 새겨져 있었다. 프롱드난을 일으켰던 파리를 루이 14세가 약 40년 만에 용서한 것이다.[296] 이 일화를 통해 우리는 루이 14세가 프롱드난의 망령에서 어느 정도 회복되었음을 짐작

질 게랭의 〈프롱드파를 무찌른 루이 14세〉

할 수 있다. 그러나 그 이후에도 그는 거의 파리를 방문하지 않았으며 1693년 이후에는 아예 자신이 창조한 우주 베르사유를 떠나지 않았다.

자연의 정복: 베르사유 정원의 창조

왕이 파리를 버린 것은 분명 베르사유 때문이 아니었다. 파리 서쪽의 생제르맹, 동쪽의 뱅센, 남쪽의 퐁텐블로 성은 이미 오래전부터 궁전으로 사용되어왔고 1660년대에는 각각 개보수 작업이 진행되었다. 특히 생제르맹은 카페 왕조 이후 군주정의 역사가 서린 곳인 동시에 자연적인 입지조건도 훌륭했다. 반면 베르사유는 거대한 숲과 늪으로 뒤덮여 있었다. 그곳에는 사냥터와 휴식처를 찾아 궁전을 탈출한 루이 13세를 위해 마련된 수수한 스파르타식 작은 건축물이 있었을 뿐이었다. 그럼에도 불구하고 루이 14세가 생제르맹이 아닌 베르사유를 선택한 이유는 무엇일까? 여기서 우리는 베르사유 선택에는 단순히 파리에 대한 혐오감만으로 설명할 수 없는 다른 요인이 작용했음을 짐작할 수 있다.

1661년부터 시작된 베르사유 공사는 건축물 공사가 아니라 조경과 분수 건설을 위한 대토목 사업이었다. 거대한 자연 정복의 대역사가 시작된 것이다. 당대인들의 증언에 의하면 베르사유의 입지조건은 거주지로서는 매우 열악한 편이었다. "모든 장소 중에서 가장 음산하고 척박한 곳인 베르사유에는 전망도 물도 흙도 없었다. 왜냐하면 땅은 전부 유사流砂나 늪지로 뒤덮여 있었고 그렇기 때문에 공기도 좋을 수가 없었다." 하지만 이처럼 불리한 조건은 루이 14세에게 하등 문제될 것이 없었다. 그에게는 오히려 자연을 상대로 한 싸움을 과시할 수 있는 기회로 여겨졌을 뿐이다. 생시몽의 증언처럼 루이 14세는 "자연을 지배하고 인간의 기술과 재물의 힘으로 굴복시키기를 즐겼다."[297] 아무엇도 없던 늪지대와 벌판에 흙을 퍼붓고 물을 끌어대고 헝클어진 숲을 인위적으로 다듬어 거대한 연못들과 수많은 분수가 있는 완벽한 정원이 조성되었다. 무질서하고 황량한 자연에서 거대한 질서와 조화의 세계가 탄생한 것이다. 새로운 세계의 윤곽이 드러나기 시작할 즈음인 1664년 베르사유 정원에서 개최된 궁정 축제는 자연과 대지에 대한 루이 14세의 정복 의지를 상징하는 듯하다.

1664년 5월 7~12일까지 개최된 〈마법에 걸린 섬의 향연Plaisirs de l'île de enchantée〉은 무도극, 제비뽑기, 산책, 가면무도회로 이어졌다. 몰리에르의 각본에 따라 정교하게 계획된 축제의 절정은 역시 5월 9일 밤에 공연된 무도극이다. 여기서 루이 14세는 모험을 즐기는 기사 로제Roger로 분장한 채 등장한다. 거대한 연못에는 괴물 형상의 섬들이 흩어져 있다. 그와 그의 수행 기사 수십 명은 마녀 알신의 마법에 걸려 이 섬에 갇힌다. 하지만 로제의 모험으로 구출된 그의 연인 앙젤리크의 반지가 로제의 손가락에 닿는 순간 마법이 풀린다. 요란한 조명과 축포로 연출된 천둥과 번개가 치면서 알신의 궁전은 순식간에 잿더미로 변한다. 마법에 걸린 섬을 구한 로제가 이제 섬의 새로운 지배자로 군림하는 장면에서 륄리Lully의 아름다운 선율이 울려 퍼지고 자연의 세계는 차분하고 정돈된 세계로 바뀐다. 《가제트》는 이 모든 축제의 광경을 세세히 전하고 있다. 600명이라는 제한된 인원을 대상으로 바로크적 유희의 마지막 풍경을 선보인 이 축제는 베르사유의 미래를 예고하는 듯하다.[298]

베르사유 건설 과정에서도 가장 거침없고 인위적인 힘의 찬가는 대운하공사였다. 1667년부터 거대한 연못을 운하로 연결시키기 위한 땅파기 공사가 시작되었다. 1685년 외르 강에서 물을 끌어대는 공사가 완료될 때까지 가장 많은 비용과 인원이 동원된 것도 이 운하공사였다. 그만큼 루이 14세는 서쪽으로 길게 뻗어나간 대운하에 애착을 보였다. 그 자신이 직접 집필한 《베르사유 정원을 구경시키는 방법》[299]에서도 그는 8킬로미터에 달하는 운하를 이용한 베르사유 관람법을 상세히 설명하고 있다.

대운하에서 궁전을 향해 동쪽으로 길게 뻗은 선을 중심축으로 거대한 정원이 조성되었다. 기하학적 모양의 이 숲은 루이 14세의 권위와 정치적 의지가 마음껏 구현된 공간이다. 정원 조경 공사를 맡은 르노트르Le Nôtre는 이탈리아 바로크 양식에 의존했다. 코페르니쿠스의 우주관으로 대변되는 바로크적 세계관은 조화롭게 닫혀 있는 세계가 아니다. 원과 정사각형을 기본 양식으로 안정적이고 닫힌 공간을 추구한 르네상스 양식에 비해, 바로크 양식은 타원과 삼각형을 통해 개방성과 역동성을 표현한다. 베르사유 정원에서는 이 타원과 삼각형 모양을 다양한 형태로 변형시킨 숲들이 조화를 이룬다.

그러나 베르사유 정원의 엄청난 규모는 협소한 이탈리아 정원과는 차원이 달랐다. 르노트르는 바로크 양식을 받아들이되 이탈리아식 조경의 차원을 넘어서야 했다. 여기서 그는 기본직으로 좁은 공간을 활용하기 위해 수직신의 개념에 의존한 이탈리아 바로크와는 다른 프랑스 고유의 정원을 선보였다. 신을 향한 염원을 상징하는 수직으로 뻗어간 이탈리아 바로크와 달리 베르사유 정원에서는 시야가 수평으로 펼쳐진다. 다양한 기하학적 모양의 숲이 연속적으로 뻗어나간 베르사유 정원의 모습은 무한한 공간 개념에 대한 새로운 인식을 반영한다. 17세기 천문학의 발달이 이룬 성과인 새로운 공간 개념이 끝없는 팽창을 갈구하고 실천하는 절대권력의 지향성을 상징하는 개념으로 활용되었던 것이다.

이국적인 식물과 동물들로 가득 찬 식물원과 동물원, 개선문, 주랑 모양, 돔 형식 등 다양한 형상으로 꾸며진 수십 개의 작은 숲은 거대한 우주의 축소판이다. 더욱 의미심장한 것은 그 공간 안에 재현된 고대 신화다. 신화 속의 인물들과 신들의 형상을 주제로 자연과 예술을 조화시킨 베르사유는 야외 조각 전시장이나 다름없다.[300] 특히 200여 개의 다양한 분수들을 장식한 조각상들은 올림푸스 산을 방불케 한다. 풍성한 알레고리 속에 숨어 있는 의미를 찾아내는 게임에서처럼 정원의 숲 모양과 조각상에서는 생과 사, 빛과 어둠, 질서와 혼돈을 대조시키는 바로크적 상징주의가 난무한다. 그중에서도 핵심적인 것은 아폴론의 존재다. 가장 꼭대기에 자리 잡은 연못에서 아폴론의 어머니 라토나는 달의 여신 다이아나와 태양의 신 아폴론의 호위를 받고 있다. 정원의 한가운데를 가로지르는 대운하의 중심축은 정원의 한복판에 우뚝 선 아폴론의 조각상으로 이어진다. 4마리의 말이 끄는 전차 위에 선 아폴론 상을 호위하는 것은 고래와 바다의 신 트리톤이다. 베르사유 정원을 지배하고 있는 것은 마치 자연을 길들이기 위해 물속에서 치솟은 듯한 태양신 아폴론이다.

카드로 지은 성에서 마법의 성으로

• 베르사유 궁전의 두 얼굴

대운하와 아폴론 상을 잇는 선은 베르사유 궁전의 중심으로 연결된다. 서쪽의 정원에서 출발한 이 중심선은 궁전을 관통해서 동쪽 베르사유 시의 한복판을 가로지르는 파리 대로로 이어진다. 정원과 베르사유 시 중간에 베르사유 궁전이 자리 잡고 있다. 서쪽에 위치한 정원은 거대한 우주의 축소판이다. 반면 동쪽에 위치한 베르사유 시는 인간 사회다. 그 중간에 있는 베르사유 궁전의 주인은 우주와 자연을 상징하는 정원을 지배하는 태양−왕이자 인간 사회를 지배하는 인간−왕이다. 동서로 대비되는 두 세계의 지배자인 아폴론과 인간−왕이 일체를 이루듯, 베르사유 궁전도 두 얼굴을 지닌 야누스처럼 정원 쪽과 도시 쪽의 두 얼굴이 하나로 맞붙어 있는 형상이다.

정원 쪽에서 바라본 베르사유 궁전은 바로크 양식의 정수를 보여준다. 흰색 석재로 이루어진 거대한 3개 동의 건축물은 웅장한 자태로 우주 전체를 감싸듯 거대한 정원과 조화를 이룬다. 반면 도시 쪽에서 보이는 베르사유는 건축 구조와 색, 양식 등 모든 면에서 정원 쪽의 궁전 모습과 대조적이다. 붉은 벽돌과 석재 건물에 커다란 청석 지붕이 덮인 건축물의 외관은 전형적인 프랑스식 건축 양식을 띠고 있다. 루이 13세 시대 별장의 기본 골격이 그대로 유지된 것이다.

일부 역사가들은 이를 루이 14세의 효심으로 해석하며 그를 미화한다.[301] 하지만 이 역시 루이 14세가 처음부터 베르사유에 궁전을 건축하려고 결심했다는 추측에서 빚어진 오해다. 1624년에 벽돌과 석재를 주재료로 건축된 루이 13세의 성은 사냥용 별장에 불과했다. 당대인들은 작고 빈약한 이 성을 '카드로 지은 성'이라는 별명으로 불렀다. 1668년에 르보가 공사를 시작했을 당시에만 해도 베르사유의 용도는 바뀌지 않았고 또 루브르와 튈르리의 공사가 한창 이었기 때문에 베르사유의 공사는 루이 13세 성의 증축공사 수준에 머물렀다. 1677년 궁전 이주를 목표로 본격적으로 공사가 시작되면서 문제가 달라졌다. 대규모 주거공간과 정부가 들어설 공간이 필요해졌기 때문이다. 루이 13세의 건축물을 허무는 전면적인 개축공사가 논의되었다. 그럴 경우 증축된 건축물까지 모두 재건축해야 하는 사태로 발전할 것이었다. 이때 조영총관 콜베르가 반대하고 나섰다. 그로서는 아직도 진행 중이던 네덜란드와의 전쟁 비용 충당이 급선무였던 것이다. 결국 오랜 논의 끝에 루이 13세의 성 본래의 상태를 유지하되 양 옆에 각각 익랑 건물을 증축하는 절충안이 강구되었다. 이렇듯 루이 13세 시대의 성이 유지된 것은 선왕의 유산을 존중하려는 의도보다는 재정적인 이유에서였다.[302]

　도시 쪽의 베르사유는 U자형 건물로 완성되었다. 이는 보는 사람의 눈을 의식하고 그의 시선을 집중시키려는 바로크 특유의 양식이다. 건축물 중앙에 원기둥을 배치한 것도 같은 원리에서였다. 그러나 이탈리아 건축물이 주로 단일 육면체를 통해 U자형 건축을 시도한 데 비해, 르보는 U자형 건물을 좀 더 입체적으로 처리한 3분법 구도를 채택했다. 1678년 베르사유 건축 책임을 맡게 된 망사르는 이를 더욱 발전시켜

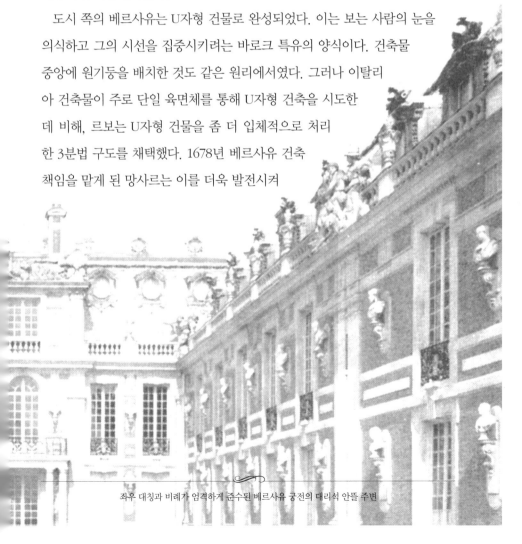

좌우 대칭과 비례가 엄격하게 준수된 베르사유 궁전의 대리석 안뜰 주변

5분법 구도로 확대한 돌출 구도를 통해 중앙을 더욱 돋보이게 처리했다.[303]

거대한 건축물 단지의 한가운데가 궁전의 중심부고 그중에서도 두 개씩 겹쳐진 1층의 8개 원기둥들이 떠받치고 있는 2층 중앙이 왕의 공간이다. 이곳을 중심으로 해서 양 옆으로 펼쳐진 건축물에서는 좌우 대칭과 비례가 엄격하게 준수되었다. 중앙에 본채 건물이 있고 양 옆으로 정확한 비례에 따라 측면 건물과 익랑 건물이 이어졌다. 남과 북 양 옆의 두 익랑 건물은 왕족과 궁정귀족의 거처였다. 이러한 공간 구조와 배치는 현실적인 정치사회적 위계를 반영한다. 이렇듯 베르사유에서 최우선적으로 고려된 것은 정치권력의 과시였다. 베르사유 전체가 "절대군주정을 선언하는 정치적 성명서"인 셈이다.[304]

건축물 내부는 정원 조경에서처럼 ㄷ자와 ㅁ자 등 다양한 기하학적 모양의 안뜰을 중심으로 배치되었다. 반면 복도는 가급적 길게 뻗는 형태로 변형되었다. 1668년 재건축 공사를 시작한 르보는 정원을 향한 건물의 정면 2층에 긴 테라스를 만들었다. 왕과 왕비의 처소는 모두 2층에 위치해 있으며 정원 쪽에 있는 이 테라스를 통해 연결되었다. 테라스 공사가 시작된 당시 베르사유 공사가 왕실의 거처를 만들기 위한 것이 아니었음은 여기서도 증명된다. 왕과 왕비의 처소 앞에 넓은 테라스가 만들어진 것은 정원과의 접촉면을 최대한 넓히기 위해서였다. 이때의 베르사유는 여름철을 나기 위한 별궁용이었던 것이다.

하지만 1678년 베르사유의 용도가 바뀌면서 이 테라스의 운명도 바뀌었다. 망사르는 이 테라스를 벽으로 감싸 길이 73미터의 긴 회랑으로 만들었다. 오늘날 거울의 방으로 불리는 곳은 이렇게 해서 탄생했다. 거울의 방이라는 용어가 유래한 것은 19세기며 프랑스혁명기까지 이곳은 왕과 왕비의 공식 처소를 연결 짓는 의미에서 단순히 '대회랑Grande Galerie'이라고 불렸다. 실제로 이곳은 본래 단순한 통로자 대기실 기능을 하는 공간으로 설계되었다. 당시는 아

부르고뉴 공작의 결혼식. 아우구스부르크 동맹전쟁을 종결지은 라이스바이크 평화조약의 조건에 따라 1697년 베르사유 거울의 방에서 거행된 부르고뉴 공작과 사보이아 공작 딸의 결혼식 장면.

직 대규모 집회나 연회를 위한 실내공간 개념이 생기기 전이라 도시나 궁전 건축물 앞마당에 조성된 광장이 그 역할을 대신했다. 시간이 흐르면서 대회랑의 용도가 바뀌었다. 오늘날 거대한 회화 전시관으로 변모한 이 회랑에서 루이 14세가 처음으로 치른 공식 행사는 1685년 제노아 총독의 접견식이다. 1697년에는 여기서 부르고뉴 공작의 결혼식이 거행되었다. 그러나 거울의 방은 대규모 행사가 개최되기에는 지나치게 좁고 불편했기 때문에 이곳의 용도는 주로 외교사절의 접견과 같은 공식 행사에 국한되었다.

정원과 평행선을 이루는 거울의 방을 중심으로 본채 건물은 한쪽 끝에서 다른 한쪽 끝까지 ㄷ자로 이어졌다. 거울의 방을 포함해서 길이 430미터의 2

층 내부는 각각 왕과 왕비의 공식 처소grand appartement로 나뉜다. 거울의 방의 남쪽 끝 왕비 처소에는 평화의 방이, 왕의 처소인 북쪽 끝에는 전쟁의 방이 배치되었다. 전쟁의 방과 평화의 방은 각각 승리자인 프랑스 왕과 평화를 갈구하는 에스파냐 출신 왕비의 것이다. 두 방의 좌우 대칭 구도는 두 사람의 결혼을 통해 이룩된 유럽의 균형 상태를 상징한다. 이로써 루이 14세는 스스로가 유럽의 패권자임을 과시한 것이다. 1871년 1월 18일 독일의 수석대신 비스마르크가 굳이 비좁은 거울의 방에서 독일제국의 선포식을 치른 것은 바로 이러한 상징성 때문이다. 루이 14세로서는 훗날 프랑스가 그런 치욕을 경험하게 될 줄은 상상하지도 못했을 것이다.

거울의 방에서 부속성당까지의 공간, 이를테면 전쟁의 방–아폴론의 방–메르쿠리우스의 방–마르스의 방–다이아나의 방–비너스의 방–풍요의 방에 이르는 7개의 방이 이른바 왕의 공식 처소다. 아폴론의 방에는 옥좌가 놓여 있고 그 옆에 있는 풍요의 신이자 다산의 신인 메르쿠리우스의 방에 왕의 침실이 마련되었다. 나머지 방은 구체적인 용도가 정해지지 않은 채 그때그때 상황에 따라 왕실과 방문객을 위한 공적 공간으로 활용되었다. 이 공식 처소의 끝 부분에 있는 넓은 계단은 오늘날 외교사절의 계단으로 알려져 있지만 당시에는 대계단Grand escalier으로 불렸고 주로 공식의례의 경우에만 사용되었다.[305] 평소에는 맞은편에 위치한 또 다른 대계단이 사용되었다. 왕비의 처소에 곧바로 연결된 이 계단은 오늘날 왕비의 계단이라 불린다. 이 왕비의 계단에서 시작되는 왕비의 공식 처소는 1683년 마리 테레즈의 사망 후 왕의 공식 처소에 통합되었다. 전쟁과 프랑스를 상징하는 왕의 처소가 평화와 에스파냐를 상징하는 왕비의 처소를 삼켜버린 것이다. 이런 루이 14세의 처사는 상징적인 행위에 불과했지만 훗날 역사로 실현되었다. 1700년 카를로스 2세의 사망으로 에스파냐의

베르사유 궁전 2층 평면도

1. 대리석 안뜰
2. 왕실 안뜰
3. 왕비의 안뜰
4. 왕의 안뜰
5. 대계단(왕비의 계단)
6. 왕비의 계단 층계참
7. 맹트농 부인의 처소
8. 왕의 처소 입구
9. 보초실
10. 대기실(공적 식사가 이루어지던 곳)
11. 제2대기실(욕실로 사용된 곳)
12. 침실(1684년 이후)
13. 공식 접견실(1701년 이후 침실로 사용된 곳)
14. 참사회의실
15. 가발의 방

16. 의상실
17. 반원형 계단
18. 통로
19. 사냥개의 방
20. 소계단 위의 방
21. 왕의 계단
22. 회화작품을 위한 방
23. 타원형 방
24. 보석의 방
25. 제1접견실
26. 소회랑
27. 접견실
28. 대계단(외교 사절들의 계단)
29. 메달의 방

30. 풍요의 방
31. 비너스의 방
32. 다이아나의 방(당구대가 놓인 방)
33. 마르스의 방(무도회의 방)
34. 메르쿠리우스의 방
35. 아폴론의 방(옥좌의 방)
36. 전쟁의 방
37. 거울의 방
38. 평화의 방
39. 근위대실
40~43: 왕비의 처소(보초실, 대기실, 부속실, 침실 등으로 이뤄져 있으며 1697년 이후에는 부르고뉴 공작부인의 처소로 사용됨)

왕위가 루이 14세의 손자 앙주 공작에게 계승되었던 것이다.

공식 처소로 감싸인 도시 쪽 베르사유는 대리석 안뜰에 면해 있다. 이 대리석 안뜰을 중심으로 ㄷ자로 배치된 공간이 왕과 왕비의 사생활을 위한 비공식 처소다. 왕비의 비공식 처소의 일부는 1683년 왕비의 사망 후 같은 해 왕과 비밀결혼한 맹트농 부인의 처소로 바뀌었다. 미로처럼 복잡하게 이어진 비공식 처소는 옷방, 욕실, 서가, 시중드는 방, 창고, 좁은 복도, 비밀계단 등 다양한 용도의 공간으로 오밀조밀하게 이루어졌다.

왕의 침실이 메르쿠리우스의 방에서 대리석 안뜰의 한가운데로 이동한 것은 1701년이다. 이렇게 해서 왕의 침실은 대운하에서 아폴론 상으로 연결된 정원의 중심축에 놓이게 되었다. 비로소 베르사유의 상징적 구도가 완벽하게 제자리를 잡게 된 셈이다. 왕의 기상의례와 취침의례가 거행되는 왕의 침실이 한편으로 정원, 다른 한편으로는 도시의 가운데 놓이게 되었으니 말이다. 2층 한복판에 위치한 이 침실에서 왕은 대리석 안뜰을 통해 베르사유 시를 주시했다.

● 베르사유는 공사 중

루이 14세의 최대 관심사는 늘 전쟁과 건축이었다. 하지만 엄청난 재정과 인력 동원의 부담으로 인해 베르사유 공사와 전쟁은 숨박꼭질하듯 엇갈려 진행되었다. 1661년에 시작된 베르사유 공사는 1667년 귀속전쟁이 일어나면서 잠시 중단되었다가 1668년에 재개되었다. 1672년 네덜란드와의 전쟁으로 다시 중단되었던 베르사유 공사가 본격적으로 진행된 것은 1678년 전쟁이 소강 상태에 들어가면서다. 이때부터 1688년 아우구스부르크 동맹전쟁이 일어나기 전까지 루이 14세는 베르사유 공사에 전력을 기울였다.

베르사유 공사 장면

하지만 우리의 상상에 비해 베르사유의 건축비는 그다지 과도한 편이 아니었다. 전쟁 비용과 비교하면 더욱 그렇다. 루이 14세 연구자인 프티피스에 의하면 베르사유 공사에 투입된 총 8,200만 리브르는 전투 2~3회에 해당하는 비용에 불과하며 재정 지출 전체의 3퍼센트 정도였다.[306] 재정 지출보다 더 심각한 문제는 아마도 건축에 대한 루이 14세의 지칠 줄 모르는 욕심과 관심이었을 것이다. 더구나 이를 간파한 망사르에 의해 왕의 허영심은 더욱 부추겨졌다.

그 영악한 석공은 왕에게 미완성된 계획서를 제시했다. 그러고는 노련한 솜씨로 아무도 눈치 채지 못하게 슬쩍 왕을 도와주며 그 계획서를 완성시키도록 했다. 그렇게 해서 왕은 문제점을 수정하거나 보완점을 제시했다. 망사르는 항상 왕의 정확성에 깜짝 놀라 넋을 잃은 듯 찬사를 늘어놓았다. 왕에 비하면 자신은 학생에 불과하며 왕이 통치술만큼이나 건축과 조경에도 탁월한 안목을 지녔다고 믿게 만들었던 것이다. 왕은 기꺼이 그의 말을 믿었다. 종종 왕이 형편없는 견해를 고집해도 망사르는 똑같이 감탄하며 왕의 취향에 따라 바뀐 안을 그대로 시행했다.[307]

실제로 루이 14세는 건축물의 설계에서부터 시공에 이르기까지 세세한 부분을 직접 결정하고 감독하며 수정했다. 그 과정에서 수없이 시행착오가 되풀이되고 수시로 공사가 지연되었다. 일시적인 소강 상태나 규모상의 차이가 있기는 했지만 베르사유 공사는 루이 14세가 사망할 때까지 진행되었다. 그럼에도 불구하고 베르사유는 미완성 상태였다. 임종을 앞둔 루이 14세가 진심으로 뉘우치며 어린 후계자에게 "건축물에 탐닉했던 짐의 취향을 닮지 말거라"고 충고했지만 아무 소용없었다. 루이 14세 시대에는 못 미치지만, 루이 15세 시대에도 베르사유 공사는 계속되었다.

1682년 5월 궁정 이주 당시에도 베르사유는 공사 중이었다. 이때 베르사유는 절름발이 상태나 다름없었다. 루이 13세의 작은 성을 중심으로 왼쪽에 남쪽 익랑 건물만이 완성되어 거주할 수 있었다. 사실상 궁정의 이주는 대규모 공사 도중에 이루어졌던 것이다. 공사로 인해 궁전은 온통 아수라장이었으며 소음도 극심했다. 공사가 어찌나 끔찍했던지 임신 중이던 바이에른 세자비는 자신의 처소인 남쪽 익랑 건물 주변에서 나는 소음과 먼지를 도저히 참을 수가 없어 부르고뉴 공작을 출산하기 위해 다른 곳으로 거처를 옮겨야 할 정도였다.[308]

1683년 왕비가 사망하자 다시 그녀의 처소를 왕의 처소에 통합시키는 내부 공사가 시도되었다. 루이 14세는 이 방들을 다양한 용도로 사용될 수 있는 크고 작은 방들로 개조하는 공사를 벌였다. 비공식 처소에서도 작고 은밀한 내실들이 수없이 만들어졌다.

왕은 전체적인 계획 없이 베르사유에 해마다 계속해서 건물을 지었다. 그래서 아름다움과 추함, 거대함과 옹색함이 함께 뒤섞여 있었다. 왕과 왕비의 처소는 극도로 불편했다. 부속실들과 그 뒤에 있는 방들 때문에 어두컴컴하고 답답하며 악취가 풍겼다.[309]

수시로 만들어지고 변경되기 일쑤였던 이 작은 방들은 19세기에 궁전이 박물관으로 변신하는 과정에서 아무 흔적 없이 사라졌다. 대규모 전시관을 확보하기 위해 작은 방들이 가차 없이 희생되었던 것이다. 베르사유에는 과시적인 공간밖에 없었기 때문에 궁정인들이 문 뒤나 계단 모퉁이에서 용변을 해결했다는 오해가 빚어진 것은 바로 이 때문이다. 당시의 평면도를 보면 루이 14세 시대에도 엄연히 욕실과 용변실을 위한 별도의 공간이 마련되어 있었음이 분명하다.[310]

1682~1684년 대신들의 건물이 들어선 뒤 1685년에는 북쪽 익랑 건물이 착공되었다. 1668년에 그 자리에 만들어졌던 거대한 테티스 동굴을 허물고 궁정귀족을 위한 거처를 세우기 위해 이 해에만 최대 3만 6,000명의 인원이 동

원되었다. 1689년에 이 건물이 완공되면서 베르사유에는 총 220개의 거처와 450개의 방, 5,000여 명이 거주할 수 있는 공간이 형성되었다.[311] 하지만 여전히 "본채 건물은 협소해서 숨이 막힐 지경이었고 거대한 익랑 건물들은 발 디딜 틈도 없이 꽉 차버렸다." 궁전은 늘 공간의 부족 상태를 면치 못했고 궁정 거주를 원하는 귀족들은 거처 마련을 위해 필사적인 경쟁을 벌이지 않을 수 없었다.

더구나 베르사유 특유의 구조와 공간 배치는 궁정인들에게 불편하기 짝이 없었다. 예를 들어 남과 북 양측의 익랑 건물 한쪽에서 다른 쪽으로 가려면 반드시 왕의 공식 처소에 위치한 거울의 방을 거쳐야 하는 불편함을 감수해야 했다. 그것이야말로 루이 14세가 원하던 바였다. 그는 궁전 안에서 벌어지는 모든 일들을 알고 싶어 했으므로 궁전 내의 모든 통로가 자신을 통해 이어지기를 바랐던 것이다. 하지만 베르사유 건축의 목적은 본래 안락함에 있다기보다는 군주정의 과시에 있지 않았던가. 그렇다면 안락함은 모두가 기꺼이 포기할 문제 아닌가. 궁정인들에게 화려한 건축물과 실내징식은 장엄한 신전이나 다름없었고 궁정의 불편함은 구원을 위해 치러야 할 금욕으로 인식되었다.

신화에서 역사로: 베르사유 궁전의 실내장식

● 르브룅의 혁명: 태양이 사라지다

매일 아침 왕은 기상의례를 마친 뒤 침실에서 나와 거울의 방을 거쳐 90도로 방향을 꺾은 다음, 전쟁의 방–아폴론의 방–메르쿠리우스의 방–마르스의 방–다이아나의 방–비너스의 방을 지나 풍요의 방에서 다시 90도로 방향을 꺾어 부속성당에 도달한다. 왕의 침실에서 부속성당까지 왕이 움직이는 동선

르노트르와 르보

을 따라 펼쳐진 이 공식 처소는 루이 14세가 방문객을 맞아들여 자신의 정치
적 의지를 과시하는 공적 무대였다. 다시 말해 자신을 드러내기 위한 공간이
었던 것이다. 이에 걸맞게 7개의 방에는 각각 신의 이름을 본 딴 7개 태양 위
성의 이름이 붙여지고 고대 신화의 상징물로 장식되었다.

루이 14세가 자신의 영광을 과시하는 데 탁월한 재능을 지닌 인물임은 잘
알려진 사실이다. 하지만 당대의 위대한 예술가들의 뒷받침이 없었다면 그의
치세도 베르사유도 그토록 찬란한 빛을 발하지 못했을 것이다. 정원사 르노
트르, 건축가 르보, 화가 르브룅은 루이 14세의 절대군주정에 적절한 상징적
인 세계를 창조해냈다. 그들 모두 콜베르가 푸케의 보르비콩트 성에서 회수
한 전리품의 일부다. 예술이 군주의 영광을 선전하는 도구로 전락한 카멜레
온의 시기에 그들은 기꺼이 루이 14세와 콜베르에게 충성을 바쳤다. 그중에
서도 르브룅은 루이 14세의 의지를 누구보다 정확하게 간파하고 예술로 표현
한 인물이다. 그에게 예술은 그 자체로서 존재하는 것이 아니라 위대한 군주

르브룅

를 기리고 재현하기 위한 부수적 수단에 불과했다.

수세기 동안 프랑스 군주는 초월적 존재로 규정되었다. 르네상스 시대에 정치적 실체로서 자신의 모습을 드러내는 동시에 지상의 인간들과 거리를 두려는 군주의 노력은 연극으로 표현되었다. 연극 무대 위에서 군주는 고대 신화 속의 영웅이나 신으로 미화되었다. 프롱드난이 진압되고 루이 14세의 친정이 시작되면서 정치문화적 과제는 더욱 절실해졌다. 초월적인 존재인 군주를 어떻게 현실 세계와 조화시킬 것인가? 르브룅은 정치문화가 직면한 이 미

묘하고도 어려운 문제를 해결했다.[312]

1619년 파리 출생인 르브룅은 본래 종교화가로 명성을 얻었다. 그 덕분에 1642년 로마 수학의 기회를 얻은 그는 3년간 이탈리아 바로크 예술 세계를 직접 접할 수 있었다. 귀국 후 그는 푸케, 콜베르 등 당대 최고의 권력자에게 봉사함으로써 이탈리아 바로크 예술과 정치권력의 이데올로기를 결합시켰다. 1663년에 궁정 수석화가가 된 그는 회화와 조각 학술원을 통해 미술계의 지배권을 장악하는 한편 고블랭 공장장직을 겸임했다. 이탈리아의 아카데미를 모델로 삼아 1648년에 설립된 회화와 조각 학술원은 비단 미술 분야만이 아니라 건축, 조경을 망라하는 바로크 종합 예술가들의 양성소였다. 이탈리아에서 학술원이 설립된 것은 예술가들에게 수공업자보다 높은 사회적 지위를 부여하는 동시에 길드의 제약에서 벗어나 자유로운 활동 기회를 보장하기 위한 취지에서였다. 반면 프랑스의 경우에는 특정한 화가, 조각가, 채색공들에게 왕실 공사를 독점케 하고 그들을 통제하려는 목적이 더 컸다. 왕실 예술가들의 세계에서는 유사 직종 간의 경쟁도 독자적인 작품 생산의 기회도 사라지고 오직 권력자의 의도와 주문에 맞춰 작품을 제작하는 역할만이 남았다. 후원자인 정치권력이 예술가의 선택뿐 아니라 주제와 소재의 선정에 독단적인 결정권을 행사함으로써 학술원에는 오직 절대군주정을 선전하는 사도 역할만이 부여되었다.

르브룅은 콜베르의 신임을 무기로 예술계의 절대군주처럼 행세했다. 그의 선택은 단호했다. 우선 궁전에서 선왕들의 초상화를 모두 없애버렸다. 그것은 역대 왕들의 초상화가 늘어서고 그 제일 끝에 루이 14세의 초상화가 놓이는 상황을 배제하기 위해서였다. 모든 예술의 구상과 계획은 오직 루이 14세를 위해 존재해야 했다. 루이 14세의 영광은 다른 나라의 군주들과 비교될 수 없는 것일

뿐 아니라 선왕들과도 차원이 다른 것이었기 때문이다. 이런 논리에 의하면 그리스와 로마의 영웅도 더 이상 루이 14세의 귀감 역할을 하지 못할 것이었다.

루이 대왕이 진정한 영웅인데 헤라클레스와 알렉산드로스의 신화가 왜 필요한가? 그들의 존재는 예수의 탄생을 예언한 선지자와 다를 바 없었다. 여기서 르브룅은 과감하게 지난 2세기 동안 전 유럽의 궁정에서 애용되어온 아폴론의 상징에서 벗어났다. 외교사절의 계단, 거울의 방, 전쟁의 방을 장식한 이른바 베르사유 3부작에서 고대 영웅은 루이 14세에게 밀려났다. 이때부터 베르사유 실내장식의 주제는 신화에서 역사로 바뀌고, 신 대신 왕이 주인공으로 등장하게 되었다. 이러한 변화가 구체화되기 시작한 것은 왕을 수행해서 전쟁터에 간 르브룅이 1678년 겐트 함락 장면을 목격한 뒤부터다. 베르사유는 고대 신전에서 전사-왕을 기리는 전쟁 박물관으로 바뀌었다.[313]

우선 외교사절들의 계단 장식에서부터 태양의 존재가 사라지고 천장화에 왕의 역사적인 행적을 주제로 한 그림이 그려졌다. 사법부 개혁, 상업 재개, 외교사설 섭견, 군 지휘권 장악, 에스파냐와 로마로부터의 만족힐 만한 보상, 라인강 경유, 프랑슈콩테 정복 등 왕의 역사가 8개의 주제로 표현되었다. 둥근 천장을 지탱하고 있는 4개의 모퉁이에는 권위, 너그러움, 힘, 신중함 등 왕의 미덕을 주제로 한 그림이 그려졌다. 벽에 걸린 장식 융단에는 발랑시엔 봉쇄, 캉브레 봉쇄, 생토메르 봉쇄, 카셀 봉쇄 등 1677년에 왕이 거둔 전승이 묘사되어 있다. 전쟁의 방을 장식한 부조는 더욱 구체적이다. 왕은 말 등에 앉아 두 명의 포로를 짓밟고 있는 전사의 모습이다.[314]

나머지 고대 신화에 등장하는 신들의 이름이 붙여진 각각의 방은 이에 걸맞은 고대 신화와 영웅의 행적, 그리고 왕의 역사적 행적을 재현하는 그림으로 장식되었다. 이처럼 역사 속에 등장하는 왕의 모습을 형상화한 실내장식

베르사유 궁전 전쟁의 방을 장식한 부조. 전쟁의 신 마르스의 형상을 한 루이 14세가 프롱드파를 무찌르고 있다.

이 꾸며지면서 궁전 내부에서는·현실적인 존재로서의 왕이 그리스 신화 속의 신들과 동거하는 기묘한 양상이 전개되었다.

신비스럽지만 모호하고 비가시적인 고대 영웅에 비유되던 왕의 존재가 이렇듯 현실적이고 가시적으로 부각된 이유는 무엇일까? 미학적 시각에서 보면 이는 당시 예술계 내부의 뜨거운 쟁점이던 고대와 근대 논쟁의 결과다.[315] 예술가들의 격론 끝에 근대주의가 승리함으로써 고대 신화의 비유에 의존한 상징체계보다는 현실 세계에 대한 긍정적 태도와 자신감이 역사화로 표출된 것이다. 하지만 더욱 직접적인 영향력을 발휘한 것은 역시 정치권력의 의지다. 연이어 거둔 전쟁에서의 승리에 들뜬 기쁨, 그리고 네이메헨 평화조약을 통해 확인된 프랑스의 권위와 영광을 과시하려는 강한 자신감 말이다.

이러한 정치미학의 압권은 역시 1681~1684년에 완성된 거울의 방의 천장화다. 르브룅은 본래 여기에 아폴론이나 헤라클레스의 신화를 소재로 한 그림을 그릴 예정이었다. 그런데 돌연 계획이 바뀌어 1659년 피레네조약에서 1678년 네이메헨조약까지 약 20년간 루이 14세가 거둔 군사적 공훈이 재현되었다. 공식 통로인 이곳은 궁전 내부에서 가장 많은 사람들이 왕래하는 곳이다. 이곳을 지나는 사람이면 누구나 자연스럽게 천장화를 바라보며 왕의 공적과 전쟁에서의 승리로 점철된 대형 그림 9점과 소형 그림 18점을 목격하게 된다. 대형 그림 8점은 네덜란드와의 전쟁을 주제로 한 그림들이다. 여기서 루이 14세는 홀로 모든 승리를 이끈 위대한 전사의 모습이다. 그의 곁에는 루이 14세의 위대한 장군 보방도 육군대신이자 탁월한 군 전략가였던 루부아의 모습도 보이지 않는다.

천장 한가운데 위치한 그림에서는 루이 14세가 새로운 역사의 출발로 친정을 선언하는 모습이 담겨 있다. 국가라는 거대한 배 가장자리에 유일한 지배자자 선장인 왕이 버티어 서 있고 그 밑에는 '왕이 친히 통치하시도다le roi gouverne par lui-même' 라는 문구가 새겨져 있다. 여기서 왕은 거대한 우주를 나누어 지배하던 고대 신화 속의 여러 신들이나 끝없는 모험을 찾아 떠나는 영웅에 비유되지 않고 프랑스의 살아 있는 신 그 자체로 묘사되었다. '모든 신민은 신의 화신이자 국가의 절대 존재인 왕에게 절대 복종해야 한다.' 보쉬에의 왕권신수설을 형상화한 듯한 이 작품을 통해 루이 14세는 일찍이 도달한 적이 없는 경지로 승화되었다.[316]

거울의 방 천장화

● 왕의 두 몸

천장화의 원리는 루이 14세의 초상화에도 그대로 적용되었다. 왕의 초상화에서 엄밀한 의미의 사실주의란 존재하지 않는다. 화가는 루이 14세의 역사에서 가장 극적인 장면을 포착해서 본보기가 될 만한 이미지로 재창조했다. 그것은 있는 그대로의 모습이 아니라 과시하기 위해 만들어진 왕의 이미지다. 왕실 수석화가였던 낭퇴유, 르브룅, 미냐르, 리고 등이 그린 초상화에서 왕은 대부분 백합 꽃무늬에다 흰담비 털을 댄 외투를 걸친 전형적인 군주의 복장을 하고 있다. 옥좌, 지구의, 왕홀, 검 등 군주의 권력을 상징하는 소품들도 빠짐없이 등장한다. 하지만 초상화 속 왕의 모습 역시 시간의 흐름에 따라 바뀌었다. 초상화의 주문과 제작 과정에서 왕의 의지와 화가의 이데올로기의 변화가 반영되었던 것이다.

오늘날 남아 있는 루이 14세의 초상화는 300점을 넘는다. 실제로 그려진 초상화는 이보다 훨씬 많은 700점으로 헤아려진다.[317] 루이 14세의 일생 전체가 정치선전의 소재로 활용되었다. 왕의 초상화는 대체로 실물보다 크게 그려졌다. 초상화가 걸리는 위치도 정교하게 계산되었다. 왕의 눈높이가 감상자의 시선보다 높게 맞추어졌다. 이는 위압적인 모습의 왕이 감상자를 내려다보고, 감상자는 왕을 우러러볼 수 있도록 하기 위함이다.

초상화 속의 왕은 평상복 차림인 적이 없다. 그는 언제나 로마 전사처럼 갑옷을 입은 모습이거나 군주의 복장을 하고 있다. 루이 14세의 즉위 초기에 전속 초상화가였던 낭퇴유는 주로 신비스런 종교적 분위기의 초상화를 그렸다. 그의 뒤를 이은 르브룅이 초기에 그린 초상화에서 루이 14세는 고대 신화에 등장하는 영웅의 자세를 취하고 있다. 전쟁에서 승리한 루이 14세가 벼락, 전차와 함께 나타나는가 하면, 반란자를 상징하는 퓌톤, 이교도에 비유된 히드

리고가 1701년에 그린 루이 14세의 초상화

라를 물리치기도 하는 왕의 모습이 낯설지 않다. 그것은 루이 14세의 역사를 영구불멸의 것으로 만들고 신화화하기 위해 고대 신화의 옷을 입힌 것이다. 이에 비해 말년의 초상화에 담긴 루이 14세의 모습은 신화 속의 극적이고 과장된 모습과 사뭇 다르다. 침착하고 자연스런 모습으로 표현된 루이 14세의 모습에서는 고요함과 군주로서의 품위가 느껴진다.[318] 그 대표적인 작품이 1701년에 야생트 리고Hyacinthe Rigaud가 완성한 루이 14세의 초상화다.

194×277미터의 이 대형 초상화는 루이 14세가 에스파냐 왕이 된 펠리페 5세에게 보내기 위해 주문한 작품이다. 1700년 루이 14세는 왕손 앙주 공작이 에스파냐로 출발하기 며칠 전 리고에게 공작의 초상화를 주문했다. 그때 왕의 초상화도 보내달라고 부탁한 앙주 공작과의 약속을 지키기 위해 왕은 리고에게 자신의 초상화도 주문했다. 리고의 솜씨에 매우 흡족해진 루이 14세는 같은 크기의 복제품을 주문하여 옥좌가 있는 아폴론 방에 걸었다. 이후 제5공화국까지 루이 14세의 공식 초상화로 지정된 이 초상화는 오늘날 루브르에 걸려 있다.

초상화 속의 루이 14세는 흰담비 털로 안을 대고 황금빛 백합꽃 무늬로 가득 찬 푸른빛 화려한 망토를 걸치고 있다. 높은 사자머리 가발과 가슴팍을 화려한 레이스로 장식하고 하얀 비단 스타킹을 신은 그의 모습은 화려한 궁정 사회의 세속 세계를 상징한다. 반면 다이아몬드로 장식된 칼집에 꽂혀 있는 길고 무거운 칼, 허리띠에 매달린 칼집, 백합꽃 문양이 걸린 황금 왕관, 왕홀王笏 등은 영원한 국가의 권위를 상징한다. 그림을 좀 더 자세히 살펴보면 왕의 모습에서 기묘한 이중성이 발견된다. 우선 살집이 올라 보이는 상체는 젊음의 가면을 쓰지 않고 있다. 가발을 썼다 해도 가볍게 늘어진 볼은 영락없는 63세 할아버지의 모습이다. 하체는 이와 퍽 대조적이다. 몸에 꼭 맞는 비단

바지를 입은 건강한 다리가 이제 막 춤을 추려는 듯한 자세를 취하고 있다.[319]

1661년 친정 초기 당시를 연상시키는 젊고 영웅적인 왕과 이제는 늙어버린, 그러나 준엄한 왕의 두 모습. 이렇듯 젊은 몸과 늙은 몸이 합체된 이 괴물 같은 왕의 형상이 의미하는 바는 무엇일까? 살아 있는 왕은 언젠가는 소멸하게 될 육체를 지닌 인간적인 존재다. 그러나 왕국을 지배하는 최고 주권자로서의 왕은 초시간적인 영원불멸의 존재다. 살아 있는 군주를 어떻게 영속적이고 절대적인 존재로 재현시킬 것인가. 이는 국왕 초상화의 영원한 주제다.[320] 유한한 생명체인 왕은 은유에 의존하지 않고는 영원불멸한 존재가 될 수 없지 않은가. 늙은 루이 14세가 프랑스 왕국의 상징물로 둘러싸이고 젊은 루이 14세와 한 몸으로 표현된 것은 바로 그런 이유에서다. 국왕이체론은 중세 말 이후 프랑스 군주정을 지탱해온 정치신학이다. 고전주의 양식을 대표하는 이 초상화는 바로 이러한 정치문화의 전통을 은유적으로 표현한 것이다.[321]

권력의 감옥, 궁정사회

일상생활의 연극화: 궁정의례의 발달

• 춤추는 왕에서 기계-왕으로

사적인 개인으로서의 왕과, 국가의 구현자로서의 왕을 조화시키려는 노력은 비단 정형화된 그림과 상징물에 국한되지 않았다. 왕에 관련된 모든 의식과 의례 그 자체가 왕의 위엄과 군주권의 원칙을 구현하고 실천하려는 시도다. 루이 14세가 무대 위에 서기를 즐긴 것도 바로 그 때문이다. 찬란하게 빛나는 아폴론 신의 상징물로 장식된 축제와 무도극에서 주인공 역을 맡아 우아하고 정교한 춤 솜씨로 관중을 압도하는 그의 모습은 살아 있는, 그러면서도 초월적인 군주의 존재를 각인시키기 위한 고도의 정치적 전략이었던 것이다.

그러나 1670년 이후 왕은 무대 위에 서지 않았다. 파리 한복판에서 수많은 인파를 불러 모았던 카루젤도 더 이상 개최되지 않았다. 다양한 계층의 신민들을 군주정에 통합시키려는 목적에서 거행되던 도시 입성식은 1660년 루이 14세와 마리 테레즈의 결혼을 기념하기 위해 거행된 후 완전히 사라졌다.[322] 이렇듯 궁정 밖의 공적 공간에서 직접 왕의 존재를 부각시키던 다양한 공적 의례와 볼거리가 쇠퇴한 이유는 무엇일까? 이러한 변화는 베르사유 궁전 내부에서 소리 없이 진행된 르브룅의 혁명과 어떤 관계가 있는 것이 아닐까?

특히 1682년 베르사유로의 이주를 계기로 카페 왕조 이래 계속되어온 복잡하고 정교한 각종 국가의례는 존재 이유를 상실한 듯 자취를 감추었다. 1673년부터 중단된 친림법정도 1713년까지 단 한 번도 개최되지 않았다. 그뿐이 아니다. 화려하고 정형화된 상징체계로 치장된 베르사유가 군주권의 위용을 마음껏 과시하게 된 이상, 민중과의 대화나 설득은 아예 불필요해진 것일까? 왕은 전쟁터로 향하는 길 외에 더 이상 자신의 왕국을 여행하지 않았다. 그는 이 성 저 성으로 황홀한 쾌락을 쫓아다니고, 불편한 막사생활과 거친 음식을 견디며 전쟁터를 전전하던 예전의 왕이 아니다. 이제 그는 궁정인들 위에 군림할 뿐이다.

베르사유의 창조는 정원 조성과 궁전 건축에 그친 것이 아니다. 루이 14세는 지방의 우두머리인 귀족들을 궁전으로 끌어들여 전과는 비교가 안 될 정도의 대규모 궁정사회를 건설했다. 궁정은 왕의 생활공간이자 왕과 귀족의 관계가 맺어지는 사회적 공간인 동시에 정부가 위치한 곳이다. 사적인 존재로서의 왕을 어떻게 공적 권위를 가진 존재로서의 왕과 조화시킬 것인가? 과거 왕을 향해 검을 겨누었던 프롱드파 귀족들을 어떻게 하면 베르사유에 정

궁정 놀이 모임인 아파르트망

착시키고 순종적인 궁정귀족으로 변모시킬 것인가? 무엇보다 먼저 파리의 유혹에 비하면 유배지나 다름없는 베르사유에서는 유인책이 필요했다. 궁정의 이주와 함께 베르사유에 모든 축제와 볼거리가 집중된 것은 이런 맥락에서였다.[323] 아파르트망Appartement도 그런 유인책 중 하나였다.

아파르트망은 거대한 건축물 안에 위치한 주거 단위를 뜻하는 단어다. 오늘날 우리 사회에서 가장 보편적인 주거공간으로 자리잡은 아파트는 바로 이 단어에서 유래한 것이다. 이 단어에 궁정 놀이 모임의 의미가 부여된 것은 루이 14세가 궁정인들과 함께 놀이를 즐기기 위해 자신의 공식 처소를 개방하면서부터다. 친정 이후부터 시작된 이 아파르트망은 베르사유에서 공식 일과로 정착했다. "아파르트망이란 저녁 7시에서 10시까지 왕이 공식 처소에 있는 식탁 앞에 앉아 있는 동안 거울의 방 끝에서부터 궁정 부속성당 특별석까지 궁정 전체에서 열리는 모임을 일컫는 말이다. 무엇보다 먼저 음악회가 열린다. 그리고 나서 온갖 종류의 놀이를 위한 준비물들이 탁자 위에 펼쳐진다."[324] 평화의 방에 당구대가 놓이고 거울의 방을 가로질러 전쟁의 방은 음악과 춤을 위한 공간으로 사용되었다. 메르쿠리우스의 방에는 왕실 가족의 도박을 위해 5각형, 정사각형, 삼각형 탁자 세 개가 놓였다. 비너스의 방에는 다과류가, 풍요의 방에는 음료수와 술이 준비되었다.

여기서 무엇보다 중요한 것은 왕의 참석이다. 루이 14세는 매주 저녁 며칠씩 아파르트망에 참여했다. 처음에는 간헐적으로 열리던 아파르트망은 점차 일상화되면서 궁정생활에서 빠질 수 없는 요소로 자리 잡았다. 하지만 궁정을 무대로 한 소규모 이 실내 축제에서 왕은 더 이상 무대 위의 주인공이 아니었다. 대신 그는 무대에서 펼쳐지는 모든 것을 기획하고 조종하는 연출자자 기술자였다. 시간이 흐르면서 루이 14세는 점차 모임에 참석하지 않았다. 그럼에도 불구하고 아파르트망은 마치 왕이 그곳에 있는 것처럼 똑같이 펼쳐졌다. 왕의 부재에도 불구하고 그의 상징적 존재감만으로도 아파르트망은 귀족들에게 똑같은 효과를 발휘했던 것이다.

왕을 중심으로 한 궁정의 대소사가 일정한 절차에 따라 의식으로 소식화된 것도 왕의 공적 상징성을 구현하기 위해서였다. 물론 궁정의례는 이미 중세 시대부터 유지되어왔다. 궁정의 규모가 커질수록 궁정의례도 점점 더 복잡해지고 정교해졌다. 시간이 흐를수록 궁정의례의 적용 범위가 확대되고 그만큼 궁정의 일상생활에서는 고도의 원칙과 규범이 요구되었다. 그러한 변화는 각국의 정치적 상황에 따라 차이가 많았다. 부르고뉴 공국과 에스파냐, 그리고 발루아 왕조의 궁정에서는 일찍부터 궁정문화가 발달하고 궁정의례가 체계화되었다. 반면 일찍이 의회제도가 발달한 영국에서는 궁정이 중요성을 상실하면서 궁정의례의 발달이 상대적으로 뒤늦었다. 프랑스에서는 16세기 전반기에 궁정문화가 꽃피면서 궁정의례가 발달했지만 종교내전의 와중에 침체되었다.

　궁정의례가 체계화되기 시작한 때는 앙리 3세 시대다. 앙리 3세는 1578년 블루아 왕령을 통해 궁정에서 지켜야 할 원칙과 의례, 궁정시종에 관한 세세한 법안을 마련했다. 그가 궁정의례의 필요성을 절감한 것은 무엇보다 먼저 군주의 위엄을 갖추기 위해서였지만 정치적 목적도 작용했다. 정치적 무질서와 혼란이 지배한 당시에는 궁정도 안전한 곳이 아니었다.[325] 그는 궁정인들로부터 일정한 거리를 유지하기 위해 주변에 탁자를 놓기도 했다. 실제로 그가 궁정인들에게 규칙적이고 질서 있는 행동을 강요한 것은 자신의 안전을 확보하려는 이유도 컸다. 이런 측면에서 보면 궁정의례란 왕과 궁정인들 사이에 설치된 칸막이자 궁정인들을 일정한 틀 속에 옭아매는 감시체제나 다름없었다. 그것은 왕과 궁정인 사이의 뛰어넘을 수 없는 거리를 제도화하고 가시화하는 정치적 장치였던 것이다. 앙리 3세의 우려와 대처는 근거 없는 것이 아니었지만 그의 노력은 실패한 셈이다. 1583년 그는 결국 궁정에서 궁정인들의 무리 틈에 섞여 있던 자크 클레망Jacques Clément에게 암살되었으니 말이다.

　몇 세기 동안 계속되어온 마구잡이식의 변화는 루이 14세의 노력에 의해 체계적으로 정비되고 궁정생활은 유례없이 엄격하게 조직화되었다. 특히 베르사유의 궁정의례가 독특한 의미를 지니게 된 것은 일상생활의 틀 속에서 가장 위엄 있게 정형화되었다는 점이다.

　궁정의례의 첫 번째 원칙은 군주의 가시성이다. 군주는 언제나 가시적이고 접근 가능한 존재여야 했다. 그는 사적 존재인 동시에 공적 권위와 위엄의 근원이기 때문이다. 따라서 왕의 일거수일투족은 어느 한순간도 숨겨지지 않아야 하는 공적 영역이다. 기상에서 취침까지, 그리고 일하고 놀이를 즐기며 사랑을 나누는 왕의 모든 일상생활이 노출되고 가시화된 것은 이러한 맥락에서였다. 죽음도 병도 이러한 가시성의 원칙을 흩뜨러 버릴 수 없었다. 그러니 왕이 질병과 죽음에 이르는 전 과정이 궁정인에게 공개되고 확인되어야 했다.

두 번째 원칙은 규칙성이다. 루이 14세는 자신의 행위 하나하나를 엄격한 순서와 규율에 따라 치밀하게 조직화하고 규범화했다. 왕을 중심으로 한 이러한 엄격한 생활규범은 매일 매일 한 치 오차도 없이 준수되어야 했다. 그는 이처럼 규칙적이고 빡빡한 일과를 좋아하고 심지어 즐기는 듯했다. 미사나 식사 시간, 침대에 들고 날 때의 지루한 의식 절차에서조차 그는 싫은 내색을 하지 않았다. 이 점에서 그는 천부적인 자질을 지닌 듯 늘 당당한 자세와 흠잡을 데 없는 태도를 유지했다. 루이 14세의 냉혹한 비판자인 생시몽조차 루이 14세의 엄청난 노력을 인정했을 정도다.[326]

실제로 루이 14세의 일과는 아침 8시의 기상의례에서 밤 10시의 취침의례까지 잠시도 쉴 새 없이 이어졌다. 궁전 전체가 이러한 왕의 리듬에 맞추어 매일 똑같이 움직였다. 그것은 단순한 반복이 아니라 매순간 사적 존재인 왕이 지닌 공적 권위가 확인되고 과시되는 상징적인 의미를 시닌다.

여기서 왕은 단지 무대의 연출자에 머무르지 않고 기계 자체가 되어 몸소 실천하는 모범을 보였다. 궁정의례는 궁정을 시계처럼 완벽하고 정확하게 움직이게 하는 기계장치고 왕은 그 기계장치의 일부이자 지배자였다.[327] 스스로 커다란 톱니바퀴가 된 왕은 한시도 쉬지 않고 일정하게 움직였다. 궁정인들 모두가 왕의 톱니바퀴에 맞물린 크고 작은 톱니바퀴처럼 움직였다. 거대한 톱니바퀴 장치처럼 시작도 끝도 없이 이어지는 궁정의례를 통해 육체적 소멸과 제도적 지속성 사이의 괴리가 메워진 셈이다. 살아 있는 인간-왕이 스스로 기계가 된 이유는 여기에 있다.[328] 한번 작동하기 시작한 기계가 계속 굴러가듯이 더 이상 아무런 노력을 기울이지 않아도 왕의 의지는 전달되고 실천될 것이 아닌가.

'짐이 곧 국가다.' 흔히 루이 14세가 선언한 것으로 알려진 이 문구는 지금까지 출처가 밝혀지지 않았다. 하지만 굳이 이 문구를 인용하지 않더라도 베르사유에서의 일상생활에서는 루이 14세를 국가와 동일시하는 일련의 절차가 반복되었다. 다시 말해 궁정은 살아 있는 왕과 영원불멸한 국가의 두 몸을 결합시키는 정치적 무대였던 것이다.

● 성무일과: 왕의 일상생활

이제 20년 이상 궁정에 거주하며 루이 14세를 관찰하고 묘사한 생시몽의 시선을 따라 직접 왕의 일과를 쫓아가 보자.[329]

왕의 하루는 8시에 시작된다. 8시가 되면 침대 다리 밑에서 자는 수석 침전시종이 왕을 깨우며 침대 커튼을 제친다. 그는 왕의 침실에서 잠을 자고 옷을 입는 유일한 사람이다.[330] 이때 수석시의와 외과의가 들어와 왕의 몸을 문지른다. 1688년 유모가 살아 있을 때까지는 유모도 함께 들어온다. 침전

위부터 부르고뉴 공작, 베리 공작, 앙주 공작

시랑감grand gentilhmme de chambre과 수석 침진시랑premier gentilhomme de chambre, 의상 담당관이 들어와 성수반의 성수를 내밀면 왕은 잠시 기도를 한다. 이어 가족 친견권을 지닌 세자, 부르고뉴 공작, 베리 공작, 앙주 공작 등 왕의 직계비속fils de France과 방계비속petit fils de France,[331] 방계왕족이 차례로 들어온다. 곧이어 문지기가 첫 번째 친견권grandes entrées을 지닌 사람들의 입장을 외친다. 로죙 공작, 부플레르 원수와 빌루아 원수 등 공작-중신이 이러한 특혜를 누리던 소수에 포함되었다. 생시몽은 공작-중신이었음에도 불구하고 루이 14세의 살아생전에 이 범주에 속하지 못했다.

그 과정에서 시종들은 왕의 의복들을 차례차례 들여와 왕에게 입힌다. 이때 왕의 옷을 내미는 데도 순서가 있다. 세자가 있으면 마땅히 세자가 하지만 그렇지 않으면 침전시랑감이나 수석 침전시랑의 순으로 이어진다. 의상 담당관이 오른쪽 소매, 수석 침전시종이 왼쪽 소매를 잡고 잠옷을 벗긴 다음, 내의류를 입힌다. 왕은 침대에서 가볍게 식사를 하고 세수를 한 다음 그날 쓸 가발을 선택한다. 그다음 시종은 두 번째 친견권을 지닌 다른 궁정인들을 들여보낸다. 여기에는 개인적으로 왕으로부터 특허장을 얻은 사람들이나 왕의 낭독가, 서재 비서 등이 포함된다. 이렇게 해서 이어지는 친견의 절차는 모두 6단계로 이루어지고 그동안 의상 담당관은 신발 끈을 묶고 검을 채워주며 왕이 의상을 갖추어 입는 것을 도와준다. 이 모든 순서는 바뀌는 법이 없이 매일매일 반복된다. 여기까지가 사적인 기상의례다.

몸단장이 어느 정도 이루어지면 공적 기상의례가 이어진다. 침실 문이 열리고 대기실에서 대기하고 있던 궁정귀족들이 지켜보는 가운데 왕이 겉옷을 입고 가운을 걸치는 절차가 이루어진다. 비좁은 방은 추기경, 각국의 대사, 공작-중신, 원수 등 100여 명의 궁정인들로 가득 찬다. 왕을 주인공으로 한 궁정의례에서 왕족과 일부 고위귀족은 조연으로 출현하지만 대부분의 귀족들은 이렇듯 엑스트라 신세를 면치 못했다. 친견권을 얻지 못한 우리의 생시몽도 그중 하나다. 그는 까치발을 하며 왕의 모습을 보려고 안간힘을 썼다. 왕은 이들에게 가볍게 목례를 하고 지나칠 뿐이다.

마지막으로 왕은 기도대에서 무릎을 꿇고 기도한다. 이 순간 어수선한 왕의 침실과 대기실 전체에 잠시 침묵이 흐른다. 왕이 침실 옆 부속실로 갈 때 왕을 쫓아갈 수 있는 사람은 직계가족과 대신 등 극소수다. 이때 왕은 그날의 지시 사항을 점검하고 명령을 내린다. 왕이 건축가들과 함께 건축 공사 계획과 설계도를 검토하는 것도 이 순간이다. 그다음은 오전 알현 시간이다. 이때는 주로 외교사절들을 접견한다. 9~10시경 접견이 끝나면 거울의 방과 공식 처소를 거쳐 부속성당으로 가서 미사를 본다. 그다음에는 참사회의실에서 참사회를 주재한다.

점심 식사 시간은 오후 1시다. 점심은 늘 혼자 침실에서 식사하는 사적 식사petit couvert다. 이때 친견권을 지닌 자들은 왕의 식사를 지켜볼 수 있다. 식사 후 다시 알현 신청자를 접견하고 사슴 사냥을 가거나 정원에서 4~5시간 정도 산책을 한다. 그 도중에 정원에서 진정서나 청원서를 검토하고 건축물을 시찰하거나 감독한다. 야외에서 돌아온 뒤 잠시 휴식을 취한 뒤 곧바로 아파르트망이 이어진다.

저녁 식사 시간은 상당히 늦은 편이다. 밤 10시가 되면 왕은 공적 식사grand couvert를 한다. 이는 왕실 가족과 참석권을 지닌 궁정귀족이 참석한 가운데 공개적으로 이루어지는 식사를 뜻한다. 공적 식사는 왕의 제1대기실에서 이루어졌다. 식탁은 단순한 사각 탁자에 불과했으며 식사 후 곧바로 치워졌다.[332] 12시까지 다양한 오락거리가 제공되고 왕은 가족들과 대화를 나눈 다음 침실로 간다. 다시 기상의례와는 정반대 순으로 왕의 옷을 벗기는 복잡한 취침의례가 이어진 다음 왕은 기도한 뒤 침대에 눕는다.

도저히 믿어지지 않을 만큼 복잡하고 엄격하게 이어진 왕의 일상생활은 연극적이라기보다는 차라리 엄숙한 종교적 의식을 연상시킨다. 실제로 왕의 일과는 수도원 수사들의 성무일과와 유사하고 전례의 성격을 띤다. 왕은 일어나자마자 침대에서 기도를 한다. 또한 궁전에 딸린 부속성당에서는 매일 전례가 행해지고 왕은 매일 미사에 참석했다. 왕의 기도대는 성직자석의 두 줄 사이, 다시 말해 성가대석에 있다. 물론 왕은 미사 참석을 중단할 수도 있지만 사실상 미사를 거른 적이 거의 없다.

왕은 기독교 신자로서의 의무를 소홀히 하지 않았을 뿐 아니라 왕의 직분에 합당한 종교적 의무도 성실하게 완수했다. 그는 목요일마다 13명의 빈민층 어린아이의 발을 씻어주는 행사를 한 번도 거른 적이 없었다. 1654년 6월 9일 대관식 직후부터 1년에 4~5차례 연주창 환자를 만지는 전통적인 종교의식도 꼬박꼬박 치렀다. 부활절, 성신강림축일, 만성절, 성탄절 등 4대 종교축일에 행해지는 이 종교의식에서 그는 "짐이 그대를 만지면 신이 그대를 치유하시도다!"라고 말하며 환자의 얼굴에 십자가를 그어주었다. 루이 14세가 살아생전에 성호를 그어준 연주창 환자는 총 35만 명에 달했다. 프랑스인들이 왕을 직접 만날 수 있는 유일한 기회인 이러한 종교의식에는 수많은 인파가 몰려들었다. 사전에 날짜가 공고되고 환자들에게는 풍성한 먹거리와 15수의 현금이 주어졌으니 민중들로서는 횡재가 아닐 수 없었다.[333] 이러한 정책이 효과를 발휘한 탓인지 엘리트층에서 왕이 행하는 기적에 대한 믿음이 사라진 후에도 민중층에서는 여전히 '기적을 행하는 왕'[334]에 대한 믿음이 유지되었다. 이러한 루이 14세의 모습은 아폴론 신과 동일시되어온 이미지와 얼마나 대조적인가.

지금까지 잘 알려지지 않았지만 루이 14세는 엄격한 신앙의 틀에 복종하며 살았다. 나이가 들수록 이런 성향은 더욱 강해졌고 금식 등 종교적 규율을 철저하게 지켰다. 생시몽은 루이 14세의 종교적 지식이 어린아이처럼 유치한 수준이라고 신랄하게 비판했다.[335] 그의 최대 실책으로 꼽히는 낭트칙령의 폐지와 얀센주의 박해와 같은 강압적인 종교정책이 그러한 종교적 무지에서 비롯된 것인지 아닌지 확인할 길은 없다. 다만 분명한 점은 루이 14세는 종교문제를 정치의 연장선상에서 다루었으며, 왕권의 세속화를 추구했음에도 불구하고 본능적으로 종교적 상징체계의 위력을 간파했다는 사실이다. 궁정의식은 본래 종교의식에서 유래했다. 상징적인 왕의 몸도 성경이 말하는 신비로운 몸의 개념에서 유래한 것이다. 루이 14세가 체계화한 궁정의례도 그리스도의 몸을 경배하는 미사전례를 왕의 몸을 경배하는 방식으로 전환시킨 데 불과하다. 그는 신의 이미지를 빌려 공적 권위를 높이고 미사전례를 궁정 전체를 지배하는 메커니즘으로 활용했던 것이다.[336]

차별과 경쟁: 복종의 정치학

교회에서 주교가 집전하는 미사에 참석하는 것이 신자의 가장 중요한 의무이듯이, 궁정에서 모든 궁정인들은 궁정의례를 받아들이고 따라야 했다. 미사가 전례 순서에 따라 진행되는 것처럼, 일상생활의 모든 측면을 규범화하고 통제한 궁정의례도 세세한 에티켓에 따라 이루어졌다. 궁정인들에게 상황과 서열에 따라 상이한 자세와 행위를 요구하는 에티켓의 절

왼편의 기도하는 루이 14세와 오른편의 '기적을 행하는 왕'으로 묘사된 루이 14세

차와 각본이 마련되었다. 자연히 에티켓은 궁정 안의 모든 공간과 시간, 궁정인들의 서열을 결정지었다.

서열화의 기준은 첫째 혈통과 작위였다. 국왕 직계비속, 국왕 방계비속, 방계왕족, 왕의 서출, 공작–중신, 공작, 외국 왕족의 순으로 기상의례와 취침의례, 공식 행사 때 입장하는 순서가 정해졌다. 그에 따라 왕을 대하는 자세와 역할도 달랐다. 이렇듯 궁정 안의 모든 움직임은 왕의 위대함과 권력을 느끼게 하고 주입시키는 방식으로 전개되었다. 장례식과 결혼식 등에서도 왕에게서 비롯된 서열에 따라 절차와 규모가 차이를 보였다. 공주의 장례식에서 6명의 귀족 부인이 밤샘을 하는 반면, 왕손녀의 경우는 3명, 방계왕족의 부인 경우에는 단지 하인들의 밤샘만이 허용되었다.

특히 식탁은 서열이 가장 명확하게 확인되는 자리였다. 왕 앞에서 앉을 권리를 지닌 사람은 극소수에 불과했다. 왕의 직계비속과 왕의 방계비속, 방계왕족의 부인 등이다. 방계왕족과 공작은 서 있어야 한다. 반면 공작부인들에게는 왕의 저녁 식사에 참석할 수 있는 특권이 허용되었고 팔걸이와 등받이가 없는 의자인 타부레tabouret가 주어졌다. 미래의 공작인 공작의 장남에게는 공작의 칙허장duc à brevet이 부여되고 그와 결혼한 배우자에게도 타부레가 주어졌다. 이로써 루이 14세 시대에는 왕족을 제외하고 왕 앞에서 공식적으로 타부레에 앉을 권리를 지닌 사람은 공작 55명과 그의 장남의 배우자 55명으로 총 110명이었던 셈이다.[337]

반면 나머지 대귀족과 군 원수는 왕이 식사하는 모습을 멀리서 지켜볼 수 있을 뿐이다. 고등법원 법관 출신 관리들도 귀족이지만 여기서 배제되었다. 루이 14세는 늘 명예로운 귀족의 역할과 행정가의 역할을 명백하게 구분하며 양자 간의 경쟁심을 유발시키려고 애썼다. 하지만 대신의 경우는 달랐다. 그들도 대검귀족과 같은 특권을 누렸고 등급에 따라 왕이 식사하는 자리에 참석할 수 있었다. "그들의 배우자들은 궁정에서 식사를 하고 마차를 탔다. …… 루부아의 부인 한참 전에 콜베르 부인이 그랬듯이 말이다. 그녀들은 남편의 직위에 따라 최고 신분의 부인들과 똑같은 대접을 받았다."[338]

이렇듯 혈통과 작위보다 더 결정적인 변수는 왕의 선택이었다. 왕 앞에서 앉을 것인지 서 있을 것인지, 머리를 굽혀 인사할 것인지 무릎을 꿇을 것인지, 왕의 침대 곁에서 촛대를 들 수 있거나 산책이나 사냥길에 나서는 왕의 마차에 동승할 수 있는지를 결정짓는 것은 왕의 총애였다. 이에 따라 미묘한 차이를 보이는 에티켓이 적용되었다.

이처럼 혈통과 작위, 총애의 정도에 따라 상이한 에티켓이 강요된 이유는 무엇일까? 모든 에티켓에서 요구되는 자세와 행위는 복종을 상징하는 것이었다. 서열이 낮아질수록 복종을 표하는 강도가 심해졌다. 자질구레한 에티켓은 권력과 지배의 도구였으며 복종의 미끼였다. "빈번한 축제와 베르사유에서의 사적인 산책 및 여행을 위해 왕은 매번 참석자를 지목했다. 그것은 사람들을 특별대우하거나 모욕하기 위한, 그리고 그들로 하여금 왕을 기쁘게 하기 위해 열심히 노력하도록 만들기 위한 수단이었다. 왕은 이런 효과를 유지하기 위해 베풀 만한 특혜가 턱없이 부족하다는 사실을 깨달았다. 따라서 왕은 매일매일 자질구레한 편애의 방법을 동원해서 궁정인들에게 실질적인 특혜 대신 허영심, 질투심 따위를 불러일으켰다. 말하자면 매순간이 그의 수완에 달렸던 것이다. 그런 식의 자질구레한 편애와 구별 짓기는 사람들의 기대심를 불러일으켰다. 그의 용의주도함은 용케 성공했다. 그런 종류의 일들을 그보다 더 기발하면서도 줄기차게 고안해낸 사람은 없었다."[339]

시간이 흐를수록 불평등과 차별은 궁정인들 삶의 모든 영역에 적용되었다.

그럴수록 에티켓은 더욱 복잡해지고 세분화되었다. 금그릇은 왕의 전용물이었고 대귀족은 은그릇, 나머지 사람들은 도기를 사용했다. 의복의 색깔, 자수, 옷감 등도 세밀하게 구분되었다. 그와 더불어 궁정인들 사이의 경쟁은 점점 더 치열해졌다. 그럼에도 불구하고 궁정을 확대시키려는 루이 14세의 욕망은 끝이 없었고 그는 끊임없이 차별을 위한 새로운 작품을 발명해내었다. 이런 면에서 그는 천재적인 능력을 발휘했다.

1661년 루이 14세가 고안해낸 '쥐스토코르justaucorps' 역시 경쟁을 부추기기 위해 만들어졌고 또 이런 수단으로 활용되었다. 쥐스토코르는 왕을 수행해서 산책길에 나설 궁정인들을 위해 특별히 만든 복장이다. 허리를 꽉 조이고 뒤가 늘어진 이 남자용 연미복은 푸른색 바탕에 금색과 은색 수가 새겨졌으며 안감은 붉은색인 전형적인 궁정예복이다. 1661년 12월 23일에 처음으로 1662년에 이 옷을 입을 40명의 명단이 발표되었다. 명단의 결정권은 오직 왕에게 있었다. 이후 매년 연말이면 궁정인들은 쥐스토코르를 얻기 위해 경쟁을 벌였다. 프롱드난 동안 왕에게 맞섰던 대귀족들이 이제는 쥐스토코르 한 벌을 얻기 위해 왕에게 아부하는 신세로 전락한 것이다.

차별이 확연히 드러날수록 경쟁은 치열해졌다. 그럴수록 에티켓은 강요가 아니라 적극적인 모방을 통해 자발적으로 받아들여졌다. 차별은 경쟁을 부추기고 경쟁은 복종을 심화시켰다. 이렇게 되면 왕은 사소한 눈짓 하나

쥐스토코르

만으로도 자신의 의사를 관철시킬 수 있었다. 결국 차별과 경쟁이야말로 궁정사회를 움직이던 추동력인 셈이다. 그중에서도 궁정인들의 경쟁이 가장 극심했던 것은 마를리 초대권이다.

베르사유에 정착하자마자 루이 14세는 사람들로 북적거리는 궁정을 피해 은신할 곳을 찾았다. 베르사유 인근 산비탈의 작은 골짜기 끝에 위치한 마를리는 휴식을 위한 '은신처'로는 안성맞춤이었다. 이곳에서 왕은 모든 격식에서 벗어나 자유롭고 편안한 삶을 추구했다. 이곳에 초대받은 사람들은 누구나 왕의 '친구'로 간주되고 왕이나 왕실 가족과 같은 식탁에서 식사를 했다. 이 점에서 마를리의 역할은 역설적이다. 베르사유가 엄격한 질서의 세계라면, 마를리는 모든 질서를 소멸시키는 척하면서 절대권력을 과시하는 공간이었으니 말이다. 마를리에는 모두 40개의 거처가 있었다. 그중 24개의 거처가 궁정인들에게 분배되었다. 왕은 마를리로 가기 전날 밤 직접 약 50여 명 정도의 동반자 명단을 작성했다. 왕실 직계가족을 제외하고는 수천 명의 궁정귀족들 중 어느 누구도 마를리행이 실현될지 장담할 수 없었다. 오직 왕의 선택을 기대할 뿐이었다. 자연히 마를리행 '명단'은 왕의 총애를 가늠할 수 있는 수단 중 하나로 여겨졌다. 궁정인들을 지배한 가장 결정적인 변수는 왕의 총애였던 것이다.

왕의 총애를 얻으려면 무엇보다 먼저 왕에게 가까이 접근할 수 있는 기회를 잡아야 했다. 그러려면 궁정에 거처를 마련하는 일이 급선무였다. 2층에 위치한 왕의 처소를 중심으로 220개의 공동주택, 450개의 방은 위계와 서열에 따라 분배되었다. 남쪽 익랑 건물은 왕족들의 거처가 되고, 북쪽 익랑 건물은 궁정귀족들의 거처용이었다. 1층은 왕의 시중을 드는 시종들과 관리들, 하인들의 거처로 사용되었다.[340] 궁정생활은 무척 고단하고 엄청난 지출을 요구했지

마를리. 중앙의 왕궁을 중심으로 양 옆에 늘어선 12동의 건축물들과 계단식으로 조성된 거대한 연못.

만 누구나 궁정에 거주하기를 원했다. 궁정이 정착한 이후 끊임없이 증축 공사가 진행되었음에도 불구하고 베르사유는 늘 공간 부족 사태를 면치 못했다. 자연히 궁정에 거처를 얻는 것은 하늘의 별따기처럼 어려운 일이었다. 여기서도 모든 결정권은 왕에게 있다. 보스의 평범한 지방귀족 출신인 당조Danjeau가 한순간에 거처를 얻을 수 있었던 것도 순전히 왕의 총애 덕분이다.

왕은 당조뿐만 아니라 거처를 요구하는 수많은 사람들 때문에 골치를 앓고 있었다. 그때 왕이 당조에게 농담조로 그가 시를 쉽게 쓰기는 하는데 솔직히 말하면 그중 좋은 시는 드물다고 말했다. 그러고는 갑자기 의외의 시구를 제시하며 즉석에서 시구를 완성하면 거처를 마련해주겠다고 약속했다. 당조는 이를 수락하고 한순간 생각에 잠기더니 시구를 완성했다. 이렇게 해서 그는 거처를 얻었다.[341]

그런 행운을 누릴 만한 기회도 재주도 없었던 생시몽은 1704년에 가서야 장인인 로르주 원수의 도움으로 1704년에 간신히 구석진 방 하나를 얻었다. 그가 궁정 안에서 제대로 된 거처를 마련하게 된 것은 1710년이다. 1710년 왕손인 베리 공작이 샤르트르 공작의 딸과 결혼하게 되면서 생시몽 부인이 베리 공작부인의 시녀에 봉해지자, 생시몽 부부는 왕실 가족의 거처에 인접한 곳에 부엌 달린 방 5개짜리 거처를 얻는 행운을 누리게 되었던 것이다.

거처뿐 아니라 앉는 자리와 순서, 옷차림을 둘러싼 경쟁과 다툼은 매우 사소한 것처럼 보이지만, 실은 매우 중대한 문제였다. 에티켓은 서열과 공적 지위에 직결되었고 그에 따라 충분한 보상이 주어졌기 때문이다. 물론 궁정이 지닌 권위가 명예를 존중하는 귀족의 허영심을 충족시켜준 것도 사실이다. 하지만 수천 명의 궁정인들을 경쟁과 복종의 사다리에 얽어맨 것은 무엇보다도 권력과 부가 지닌 가공할 힘이었다. 왕은 엄청난 액수의 연금을 지급하거나 혹은 빚을 탕감해주었다.

왕의 속셈은 그런 식으로 모든 사람들이 사치를 영광으로 여기고 일부는 필수적인 것으로 여기며 가진 것 전부를 탕진할 지경에 이르게 된 뒤, 서서히 생계유지를 위해 모두가 자신의 호의에 전적으로 의지할 수밖에 없도록 만드는 데에 있었다. 나아가 왕은 모든 면에서 최고인 궁정을 통해, 그리고 출생의 구별을 점점 더 소멸시키는 엄청난 혼란을 통해 자신의 자만심을 충족시켰다.[342]

왕의 직계가족이나 콩데와 콩티 같은 방계왕족의 연금 액수는 총애와 관계없이 높은 편이었다. 왕의 서출인 블루아 양은 30만 리브르, 대 콩데는 15만 리브르, 콩티 공은 3만 리브르의 연금을 받았다. 반면 다른 궁정귀족들의 연금은 천차만별이었다. 법관 출신으로 국왕 역사편찬관이 된 펠리송의 연금은 7만 5,000리브르에 달했다. 하지만 근위대 중대장인 노아유 공작은 2만 리브르를 받았을 뿐이다. 연금은 원칙적으로 매년 보장된 수입이었지만 왕의 말 한마디, 표정 하나로 한순간에 날아가 버릴 수도 있고 또 두 배로 뛸 수도 있었다. 그러니 왕의 시중을 드는 것이 전쟁에서 공을 세우는 것보다 훨씬 유익할 수밖에 없었다. 특히 "국왕의 첫 번째 친견권은 훈장보다 더 귀한 총애의 극치로 여겨졌다. 부플레르 원수와 빌라르 원수가 중신직에 봉해지고 아직 어린 자식들의 총독 승계권이 허용되는 큰 상을 받게 된 것도 그런 기회를 통해서였다."[343] 항상 왕 옆에 대기하며 시중을 드는 침전시종직은 고되기 짝이 없었지만 누구나 그 자리를 탐낸 것도 같은 이유에서였다. 왕의 각별한 신임을 받던 봉탕Bontemps은 이발사의 아들임에도 불구하고 베르사유 총독 자리를 차지했다. 봉탕 외에도 블루앵, 니에도 충분한 보상을 받았다. 루이 14세가 사망할 때까지 왕의 몸을 돌본 수석시의 파공Fagon도 귀족 작위를 받은 것과 함께 높은 액수의 연금 수혜자였다.

모든 궁정인들에게 이와 동일한 원리가 적용되었다. 그러니 왕은 늘 수많은 사람들로 에워싸이고 궁정인들은 왕에게 가까이 가기 위해 몸싸움도 불사했다. 궁정 안은 비좁고 기차역 대합실처럼 사람들로 붐볐다. 생시몽은 그런 궁정인들의 모습을 먹이를 찾아 몰려드는 곤충에 비유했다. 하지만 그 자신 역시 여기에서 크게 벗어나지 못했다. 그가 시종일관 주변을 살피는 관찰자의 자세를 유지한 것도 그 때문이었다. 모든 궁정인들은 기본적으로 관찰자들이었다. 끝없는 경쟁을 위해 상대방을 주시하고 관찰하는 것이 기본이었고 감시와 염탐은 상식이었다.

감시와 염탐을 누구보다 잘 활용한 사람은 루이 14세였다. 궁정의 이면을 파악하려고 그는 온갖 수단을 동원했다. 수석 침전시랑 오몽 공작은 왕의 지시를 받고 궁정 한 구석에서 모든 출입자를 감시했다. 모든 서신도 사전에 철저하게 검열되었다. 루이 14세는 비밀과 음모를 증오했다. 그는 열정을 경계했으며 투명성을 강요하는 헛된 꿈을 꾸었다. 우리는 여기서 에티켓의 또 다른 기능을 엿볼 수 있다. 에티켓은 사회 구성원 각자에게 식별 가능한 위치와 태도를 할당하고 구성원들의 관계와 상황을 통제하는 기능을 했다.[344] 늘 신변의 불안을 느끼다 결국은 궁정에서 암살된 앙리 3세의 불안이 여전히 그를 사로잡고 있었던 것이다.

● 궁정 안 : 가면무도회

베르사유는 오랫동안 엄청난 사치와 방탕, 귀족 길들이기의 일화로만 전해졌다. 궁정에서의 일상생활을 권력을 영속화시키기 위한 전략으로 보고 이에 대한 메커니즘을 분석해낸 것은 독일의 사회학자 엘리아스다.[345] 1969년에 발표된 《궁정사회》에서 그는 궁정사회의 출현 자체를 루이 14세의 정치 의지로 설명한다. 루이 14세는 반란을 진압한 후 귀족들을 베르사유로 불러 모아 영지에서 이탈시켰다. 이제 조세권과 폭력권을 무기로 모든 인간관계에 대한 통제권을 독점하는 고도의 사회 지배 전략을 펼칠 차례다. 그러기 위해서는 긴장의 균형 상태를 재생산할 필요가 있다. 루이 14세가 법복귀족에게 법과 재정을 전담케 한 이유는 여기에 있다. 다른 한편 법복귀족의 균형추로서 대검귀족을 보호하고 통제해야 했다. 엘리아스의 견해에 의하면 절대군주가 절대적일 수 있는 이유는 특정한 사회집단에 의존적이지 않기 때문이다. 이 점에서 보면 법복귀족과 대검귀족 사이의 긴장관계를 유지하며 조종하는 균형추 역할을 한 루이 14세야말로 진정한 의미의 절대군주다. 궁정의례는 이러한 목적을 위해 필수적인 제도고, 에티켓은 폭력적인 귀족의 충동을 억제하고 인간관계를 엄격히 통제함으로써 자신에게 저항하던 귀족을 순종적인 궁정귀족으로 길들이기 위한 수단이다.

엘리아스는 이렇듯 루이 14세의 궁정사회를 모델로 인간들을 지배하는 권력 행사의 방식과 법칙을 포착해내었다. 그의 이론의 핵심은 경쟁과 모방의 심리학이다. 궁정의 에티켓을 받아들이고 복종의 경쟁을 벌이던 궁정인들의 자기통제 방식이 어느새 심리적 굴절 과정을 거쳐 제2의 천성처럼 굳어짐으로써 루이 14세는 완벽한 의미의 절대군주로 자리 잡게 되었다는 것이다.[346]

권력에 의해 강요된 예절이 심리 구조의 변화를 통해 개인의 내면에 각인된 셈이다. 엘리아스의 또 다른 역작 《문명화 과정》은 궁정사회의 작동 방식에서 발견한 이러한 인간 심성의 변화를 보편적인 원리로 확대시켜 근대 서유럽 사회의 변화를 설명한 것이다. 이 책에서 그는 근대 서유럽인들이 자연스럽게 여기던 본능적 욕구와 행위를 억제하게 되는 과정을 중세 말 이후 완만하게 진행된 근대국가 형성의 대서사시와 결합시켰다.

엘리아스의 설명은 아름답게 채색되어온 중세 기사도의 실상을 폭로한다. 봉건 영주들이 각축전을 벌이던 중세에는 무분별한 폭력이 일상적으로 자행되었다. 무지막지한 칼잡이와도 같은 기사들이 모여 살던 대영주의 봉건 궁정은 거칠고 폭력이 난무하는 강도 소굴이나 다름없었다. 이러한 폭력의 시대에는 여성의 지위도 매우 불안정했다. 여성은 남성에게 종속된 존재였으며 남성의 육체적 쾌락을 충족시켜주는 존재에 불과했다. 서서히 봉건 궁정의 규모가 커지고 위계질서가 잡히면서 예절 개념이 도입되었다. 폭력 대신 공동생활을 위한 사교의 중요성이 강조되고 여성의 사회적 비중도 커졌다. 남성이 감정을 억제하고 자기통제를 통해 충동을 승화시킬 수 있는 것은 특히 높은 지위의 여성과의 관계에서다. 이런 관점에서 보면 중세 시대에 대봉건영주의 궁정에서 기사들의 서정시와 여성 숭배로 표출된 남녀관계는 일종의 사회적 게임이었던 것이다. 이렇듯 폭력적인 남성의 행동과 감정 표현 방식을 순화시킨 여성의 역할에 대해 엘리아스가 설명하는 방식은 퍽 흥미롭다. 여기서 여성의 역할은 어디까지나 독립적 변수가 아니라 권력의 강제력과 결합한 것이지만 말이다.

하지만 중세의 기사건 베르사유의 귀족이건 인간은 외부의 자극이나 강요에 의해 얼마나 바뀔 수 있을까? 권력에 의해 강요된 예절은 과연 인간의 마

베르사유의 귀부인들. 베르사유에서 귀부인들은 의무적으로 성장을 해야 했으며 앉는 위치와 의자의 종류도 서열에 따라 정해졌다. 왼쪽 두 번째 안락의자에 팔츠 대공비가 앉아 있으며 그 옆에 그녀의 며느리인 샤르트르 공작부인과 그녀의 자매들이자 루이 14세의 서녀들인 콩데 공작부인과 콩티 공비가 등받이 의자에 앉아 있고 한 공작부인은 등받이가 없는 타부레에 앉아 있다. 그 맞은편에 샤르트르 공작과 여동생이 서 있다.

음속에 침투하고 내면화되어 제2의 천성이 될 수 있을까? 그러나 인간의 정신을 완전히 통제하고 인간성마저 개조한다는 발상은 어리석은 꿈이었나보다. 장엄하고 정교한 궁정의례가 완성된 순간 궁정 밖 귀족의 살롱에서는 귀족 고유의 문화가 꽃피기 시작했으니 말이다. 겉으로는 엄격한 위계질서와 숨 막힐 듯한 궁정문화에 순종한 귀족들은 자유스러움을 동경하고 과거에 향수를 느꼈던 것이다.[347]

궁정에 대한 환상을 갖지 않았던 냉정한 현실주의자 생시몽의 《회고록》은 우리에게 화려한 궁정사회의 무대 이면의 모습을 폭로한다. 권력과 부가 난무하는 궁정은 그에게 허영의 시장에 불과하다. 더구나 가시성의 강요는 엄청난 위선과 가식을 낳았다. 궁정에서는 무엇보다도 자신의 감정을 드러내지 않아야 했다.[348] 자연히 궁정에서 지켜야 할 첫 번째 교훈은 비밀이요, 두 번째는 기만이었다. 루이 14세는 이 점에서도 모범을 보였다. 왕은 여우의 눈을 지녔으며 지나치게 말을 많이 하는 법도 없었다.[349] 그렇다고 해서 현실이 완전히 감추어지지는 않았다.

생시몽의 눈에 비친 궁정은 위선과 거짓이 판치는 세상이다. 그런 면에서 궁정은 인간 심리를 관찰하기에 적합한 공간이다. 맹목적인 충성을 바치는 궁정인의 얼굴은 생시몽에게 가면에 불과하다. 귀족이 복종의 굴레를 기꺼이 받아들인 것은 사실이지만 그것은 권력의 억압과 이해관계의 줄다리기 속에서 살아남아야 했던 생존전략일 뿐이다. 그렇다면 궁정의례는 자신의 이해관계를 위해 궁정을 이용하려 한 귀족이 벌인 가면무도회가 아닌가. 결국 겉으로 드러난 궁정귀족의 복종은 왕의 지배력과 일치하지 않는 셈이다. 엘리아스는 생시몽의 《회고록》을 토대로 궁정사회를 지배한 게임의 법칙을 발견했지만 루이 14세의 정치 의지와 에티켓의 기능을 과장한 나머지 막 뒤에서 펼쳐지는 진짜 게임을 놓쳤던 것이다.[350] 귀족은 왕에게 복종하며 공적 지위와 부를 차지하는 데 만족하지 않았다. 그들은 복잡한 인적 그물망을 통해 정치적 영향력을 발휘하는 동시에 엄청난 재산을 국가에 대부해 막대한 경제적 이익을 챙겼던 것이다.

이렇듯 귀족의 시각에서 보면 루이 14세는 자신을 둘러싸고 있는 무수한 귀족들의 먹이사슬의 포로에 불과하다. 절대군주의 상징인 루이 14세의 최대 비밀은 그가 절대군주가 아니라는 점이다. 화려한 베르사유와 엄격한 궁정의례의 비밀도 여기서 드러난다. 절대군주가 될 수 없음을 깨달은 루이 14세는 절대군주로서의 이미지에 집착했던 것이다. 베르사유에 현실과는 유리된 환상적인 소우주를 창조하고 귀족에게 화려하지만 굴욕적인 의례를 강요한 것은 그 때문이다.

생시몽은 이 모두를 왕의 자만심과 허영심의 소치로 돌린다. 하지만 이는 루이 14세 개인의 문제가 아니다. 궁정의 이중성과 허영은 궁정의 역사만큼이나 유구한 역사를 지닌 것이 아닌가. 더구나 절대군주정하에서 정치란 군주의 표상과 가치를 주입함으로써 정치적 권위와 정당성을 확보해야 하는 것 아닌가. 이런 점에서 보면 권력의 독점을 추구한 절대군주의 역사는 정치선전의 역사다. 르네상스기 국왕 장례식에서 허수아비를 세워 '왕은 죽지 않는다'는 정치적 환상을 불러일으킨 것도,[351] 도시 입성식과 친림법정에서 비현실적이고 신화적인 이미지에 의존해서 국왕을 주권의 화신으로 형상화한 것도 왕의 절대성의 빈틈을 메우기 위한 전략에 불과하다. 베르사유를 움직인 궁정의례의 기본원리와 목적도 이와 동일하다.[352] 이렇듯 전통적인 국가의례의 연장선상에서 바라보면 궁정의례의 허와 실이 더욱 선명하게 드러난다. 다만 궁정이라는 좁은 공간을 무대로 하면서 게임의 법칙이 바뀌었을 뿐이다. 베르사유의 실내장식과 초상화 속의 루이 14세의 이미지처럼 루이 14세의 궁정의례와 예절도 군주를 미화하고 논증하는 정치 행위와 다름없었던 것이다.[353]

● 궁정 밖 : 숨은 왕, 전사-왕

권력 및 부의 분배와 결합한 새로운 사회적 존재방식은 비단 베르사유 내에 국한되지 않았다. 물론 궁정에 출입하거나 거주한 귀족은 전체 귀족 중 소수에 불과하다. 하지만 베르사유는 결코 밀폐된 공간이 아니었으며 궁정귀족이 궁정에 갇혀 산 것도 아니다. 수많은 궁정인들은 직책에 따라 한 해의 일부를 궁정에서 보내고 나머지 시간은 자신의 영지에서 보냈다. 루이 14세의 침전시종을 지낸 마리 뒤부아의 경우 매년 초 3개월만 궁정에서 근무한 뒤 방돔 지방에 있는 영지에서 지방귀족으로서의 삶을 즐겼다. 궁정생활 후 그가 남긴 방대한 양의 일지에는 궁정생활뿐 아니라 지방에서의 영지생활이 생생히 묘사되어 있다.[354] 당시 지방귀족들 사이에서는 분쟁이 끊이지 않았다. 뒤부아는 이때 종종 귀족들 간의 싸움에 조정자 역할을 하기도 하고 지방 사회의 다양한 이권 문제에도 개입했다. 지방귀족들에게 궁정귀족과의 만남과 교류는 이해관계를 위한 것은 물론 새로운 문화를 접할 수 있는 데에서도 유익한 기회였다. 이렇듯 궁정귀족의 존재는 궁정의 권위와 함께 궁정 문화가 지방에 확산되는 중요한 통로 구실을 했다.

베르사유의 마력은 놀라운 파급력을 발휘했다. 정부와 긴밀한 관계를 유지하며 타협하던 지방귀족의 눈과 귀는 베르사유를 향해 쏠려 있었다. 그들에게 궁정은 부와 권력과 명예에 대한 기대를 충족시켜줄 새로운 이상향이었다. 자연히 궁정은 유행의 발상지자 모방의 대상이 되었다. 관직매매와 신분상승의 욕망에 사로잡힌 도시의 부르주아층 역시 적극적으로 궁정문화를 모방하는 데 앞장섰다. 도시에는 출세를 꿈꾸는 법관, 사제, 재정가, 법률가 등과 이들 주변을 맴도는 수많은 자산가들이 들끓었다. 임대료건 지세건 일정한 영지 수입이나 징세청부를 통해 부를 축적한 이들은 이미 다양한 방식으로 왕이 부여하는 사회적 지위나 특권의 세계에 연루되었다. 이들 역시 궁정문화의 숭배자 대열에 끼어들었다. 라브뤼예르의 표현처럼 "도시는 궁정의 원숭이"였던 것이다.

1670년대 이후 전국의 주요 도시에 빠른 속도로 파급된 지방 학술원은 궁정문화의 나팔수 역할을 했다. 학술원은 본래 지방귀족의 소규모 집회에서 출발했다. 그러나 프롱드난 후 프로방스를 방문한 국왕을 알현하고 감격한 아를의 지방귀족들은 1666년 왕에 대해 보은하는 마음으로 왕을 기리는 정식 모임을 결성했다. 이때부터 지방 학술원은 체제를 갖추기 시작했다. 법률가와 문인, 관리 등에게도 문호가 개방되었다. 여기에 왕의 총신 테냥이 그들을 부추기며 물질적 도움을 주었고 파리의 프랑스 학술원은 안내자 역할을 했다. 아를을 필두로 전국에 유사한 움직임이 퍼져나갔다. 지방 학술원과 프랑스 학술원의 만남은 공통의 문화의 결합이며 수도의 관행에 참여하겠다는 선언이었다.[355] 프랑스 학술원을 모델로 하는 지방 학술원이 17세기에만 모두 71개 설립되었다. 물론 그 중심은 궁정이었다.[356]

1674년 수아송에 설립된 학술원의 정관에 명시되어 있듯이, 지방 학술원의 주목적은 왕의 영광을 전파하는 데 있었다. 지방 학술원이 주도한 가장 중요한 행사가 상금을 걸고 왕을 기리는 시를 공모해서 발표하는 행사였다. 프랑스 학술원을 모방해서 궁정식 말하기와 관례를 체계화하고 문학작품을 읽고 토론을 벌이는 독서회도 유행했다. 독서회에서는 궁정식 사랑을 묘사한 몰리에르의 작품과 엄격한 고전주의적 원칙에 입각해서 왕을 찬미하는 라신의 희곡이 가장 인기를 누렸다. 이렇듯 궁정의 새로운 예절 규범과 교양은 장황하고 과장된 문학작품을 통해 소개되고 무수히 반복되면서 지방 엘리트층의 삶 속에 전파되고 녹아들었다.

1684년에 프랑스어로 번역된 《궁정인 L' Homme de Cour》의 인기는 궁정예절의 확산을 입증하는 구체적인 증거다. 이 책의 원저자 발타사르 그라시안 Baltasar Gracien은 아라곤 출신의 예수회 수사다. 펠리페 4세의 궁정에 매료된 그는 이 책에서 궁정사회에서 품행을 훈련하고 경쟁의 법칙을 익히는 데 필요한 300여 개의 격언을 열거했다. 이 책은 곧 프랑스 궁정인들의 필독서가 되었다. 하지만 이 책을 수차례 재간행시킨 광범위한 주독자층은 지방귀족과 야심 있는 부르주아들이었다. 《궁정인》의 인기는 당시 궁정의 사회적 의미와 기능을 말해준다. 미래를 준비하는 젊은이들에게 궁정예법을 배우고 익히는 것은 출세를 위한 몸가짐 다듬기의 필수조건이었던 것이다. 더욱 주목할 만한 사실은 유럽 다른 나라에서 출간된 이 책의 번역본이 에스파냐어 원본의 번역본이 아니라 프랑스 번역본의 재번역본이라는 점이다.[357] 이는 베르사유의 명성과 위력이 프랑스에만 국한되지 않았음을 의미한다.

이렇듯 직접 혹은 간접적으로 정부와 관계를 맺거나 연루된 다양한 계층을 통해, 그리고 막연히 출세를 꿈꾸는 무수한 지방귀족과 부르주아를 통해 베르사유의 문화적 모델은 폭포수처럼 파급되었다. 하지만 그럴수록 엘리트층의 일상생활은 평민들과 멀어졌다. 이미 오래전부터 완만하게 진행되어온 엘리트층과 민중층 사이의 사회문화적 분화현상이 루이 14세 치세를 거치며 심화되었다.[358] 문화적 격차의 확대를 보여주는 척도 중 하나는 일상 대화에 사용되는 언어다. 그때까지 표준 프랑스어를 사용하는 사람들은 소수였다. 17세기 중반까지는 부르주아와 귀족들도 지방어를 사용했다. 문학작품이나 예절서를 통해 궁정식 말하기와 예법이 유행하면서 교육받은 엘리트층에서는 점차 파리식의 표준 프랑스어를 사용하는 사람들의 수가 늘어났다. 하지만 프랑스인들 전체에 비하면 그들은 소수에 불과했다. 지방 사회에서 군림한 그들은 대부분의 민중층이 갇혀 있던 문맹의 바다 위에 떠 있는 섬 같은 존재였다.

하지만 루이 14세는 엄연히 2,000만 프랑스인들의 왕이 아닌가. 1682년 파리를 떠나 베르사유에 정착한 이후 왕의 존재는 민중과 단절된 '숨은 왕'일 뿐이다. 궁정 밖 광장에서 거행되던 국가의례가 사라지면서 왕과 민중층이 하나의 공간 속에서 호흡하고 소통하는 기회마저 사라졌다. 이제 왕을 직접 만날 수도

체험할 수도 없는 무수한 궁정 밖 사람들에게
어떻게 왕의 존재를 전달할 것인가?

글이나 문학작품에 의존한 리슐리외나 마자
랭과는 달리 콜베르가 좀 더 직접적인 선전 방식
을 활용한 것은 그 때문이었다. 1663년에 그는 샤플
랭의 도움으로 소학술원을 설립했다. 여기에 모인 40명의
문인, 화가, 조각가들은 조직적이고 체계적으로 메달 주조 작업에 주력했다.
루이 14세 치세 동안에 왕의 존재가 투사된 메달은 모두 318개가 주조되었다.
흔히 아폴론이 루이 14세의 상징으로 알려져 있지만 정작 318개의 메달 중
218개가 마르스고 아폴론 메달은 17개에 불과하다.[359] 특히 1672년 네덜란드
와의 전쟁에서 승리를 거둔 루이 14세의 영웅적인 순간을 기리는 메달이 주조
되고 전국에 보급되었다. 이미지의 역사가 역사 서술을 대신한 것이다.[360]

메달이나 화폐보다 더 가시적인 선전 수단은 수많은 사람들이 오가는 광장 한
복판에 세워진 대형 기념물이다. 1670년 파리 동쪽에 프랑슈콩테와 플랑드르에
서의 전승을 기념하는 개선문이 세워졌다. 생탕투안 성문 자리에 세워진 이 개선
문은 고대 이래 유럽에서 최초로 세워진 것이다. 1672년에 파리 북쪽 생드니 성
문 자리에 이어 파리에 모두 4개의 개선문이 세워졌다. 방돔 광장과 승리의 광장
이 조성된 것도 같은 목적에서였다. 광장 한복판에는 루이 14세의 동상이 자리
잡았다. 파리뿐 아니라 투르, 브장송, 몽펠리에 등 전국 주요 도시의 중심가에 개
선문과 루이 14세의 동상이 세워졌다. 지방 학술원이 주로 그 역할을 맡았다.[361]

왕의 조상은 메달처럼 말 위에서 검을 휘
두르는 전형적인 전사—왕의 모습이 압도적
으로 많다. 승리의 광장에 세워진 13피트(약 4
미터) 높이의 조상에서 왕은 대관식 예복 차림
으로 지옥문을 지키는 개 케르베로스를 짓밟고 있
는 모습이다. 대신 넓은 날개를 단 승리의 여신이 왕에게
관을 씌워주고 있으며 동상 발밑에 루이 14세에게 바치는 '불멸의 인간에게
Viro Imooortail' 라는 문구가 새겨졌다.[362] 1686년 3월 28일 파리에서는 이 조
상 제막식이 성대히 거행되었다.

'숨은 왕'을 대신해서 영원불멸한 왕의 몸을 구현한 루이 14세의 조상이
700여 개 제작되고 전국의 공적 공간에 세워졌다. 오늘날 우리에게 낯익은
루이 14세의 이미지는 이렇게 해서 광범위하게 전파되었다. 더구나 조상 제
막식은 늘 성대한 테데움Te Deum으로 치러졌다. 입성식과 테데움은 둘 다
군주권을 과시하고 군주에 대한 충성심을 확인하기 위해 거리에서 거행된
장엄한 의식이다. 그러나 도시 입성식이 1660년을 마지막으로 종식된 반면
루이 13세 시대에 간헐적으로 개최되던 테데움은 루이 14세 시대의 가장 대
표적인 공적 의식으로 자리 잡았다.[363]

동일한 목적을 지닌 두 의식이 이처럼 상반된 운명에 처한 이유는 무엇일
까? 두 의식은 여러 면에서 비교될 만하다. 우선 의식의 주관자가 달랐다. 도
시 입성식의 주관자는 도시의 성직자, 법관, 시청의 우두머리들인 반면 테데

움은 왕실 관리가 주관하였다. 둘째, 도시 입성식이 도시민과 왕의 만남의 장이라면 테데움은 승전이나 평화조약 체결, 혹은 왕자의 탄생 등 구체적인 사안에 따라 개최되었다. 셋째, 도시 입성식이 종교의식을 차용하기는 했지만 세속의식인 데 비해 테데움은 종교의식으로 치러졌다.

테데움이 화려해지고 빈번해지기 시작한 것은 30년전쟁을 치르던 루이 13세 치세부터다. 리슐리외는 승전의 소식을 전국에 전달하기 위해 테데움을 전국의 주교좌 성당에서 계주처럼 연달아 개최시켰다. 루이 14세는 1690년부터 테데움을 연례행사로 정규화시켰다. 1695~1710년 사이에는 전국의 도시뿐 아니라 촌락 공동체의 소교구 본당에서 동시에 개최되었다. 모든 교회에서 일제히 종소리가 울려 퍼지며 주교나 사제의 주재로 감사 예식이 치러졌다.

도시 입성식에서 테데움으로 대체된 정치문화의 변화는 중세 공동체 문화에서 왕권신수설에 기반한 절대군주정의 문화로의 전이를 여실히 증명해준다. 이러한 정치문화의 변화는 특히 왕의 존재를 부각시키는 방법에서 확연히 차이를 보인다. 도시 입성식에서는 왕이 직접 무대 위에 등장하는 반면 테데움에서는 왕이 사라졌다. 장엄하고 위압적인 테데움에서 왕의 존재는 추상적인 실체로만 등장할 뿐이다. 대신 주교와 함께 지방의 총독이나 총독을 대신한 국왕 대리인, 지사, 고등법원장이 참석했다. 의식이 절정에 도달한 순간 왕을 찬미하는 축시의 낭독은 그들 몫이었다. 고위 성직자와 지방 고등법원의 법관들, 도시의 지배층, 관리, 군 장교들이 성장을 한 채 신분과 서열에 따라 참석했다. 민중층은 신으로 승격된 인간-왕을 경배하는 역할을 맡았다. 볼테르의 말에 의하면 "백성들은 테데움 소리에 고단함을 잊었다." 화려한 의상으로 치장한 지배층과 무대 장치, 그리고 신과 왕을 찬미하는 우렁차고 정교한 화음 속에서 보이지 않는 상상 속 국왕의 존재는 더욱 강렬하게 각인되었다. 모든 권력이 왕에게 속하고 모든 제도의 힘이 궁정으로부터 발산되는 것처럼 보였다.

테데움은 왕의 찬미와 승전 소식의 전달에 그치지 않았다. 특히 전쟁에서의 승리를 자축하는 의식은 주교나 소교구 주임사제가 새로운 세금을 공지하는 순서로 이어졌다.[364] 엄숙하게 도열해 있던 지방 엘리트층은 이 감사예식을 통해 납세자를 독려하는 역할을 맡은 셈이다. 결국 테데움은 정치선전 차원에서만이 아니라 전쟁으로 인한 세금 부담을 정당화하는 국가의 통치 행위차원에서도 필수적인 행사였다. 여기서 상상적인 실체로서의 국왕은 아무런힘도 들이지 않고 사람들의 마음속에 경외심과 복종심을 불러일으킬 수 있는심리적 억압 장치의 역할을 했던 것이다.

권력의 미망

전쟁과 군사 군주정

• 영광의 순간

임종을 닷새 앞둔 1715년 8월 26일, 루이 14세가 만 5세의 어린 후계자에게 침상에서 남긴 마지막 유언은 77세의 할아버지다운 세심한 배려와 진심어린 후회, 그리고 백성에 대한 염려로 가득 차 있다.

아가, 너는 위대한 왕이 될 것이다. 건축물에 탐닉했던 짐의 취향을 닮지 말거라. 전쟁을 좋아하는 점도 닮지 마라. 그와는 정반대로 이웃 나라와 화친하도록 노력하라. 신의 은혜에 보답하라. 신에 대한 의무를 잊지 말라. 백성으로 하여금 신을 경배하게 하라. 항상 좋은 충고를 따르라. 백성의 짐을 덜어주려고 노력하라. 애통하게도 짐은 그렇지 못했느니라.[365]

스스로 전쟁을 좋아했다는 고백처럼 루이 14세는 전쟁에 몰두했다. 친정 54년 중 37년 동안 전쟁을 치렀다. 그 대가로 왕국 전체가 끊임없이 전쟁의 부담에 짓눌렸다. 루이 14세 치세는 사실상 전쟁에 지배된 셈이며 그는 시민의 공복과는 거리가 먼 인물이었음이 틀림없다. 그렇다고 해서 루이 14세를 단순히 전쟁광으로 단정 지을 수 있을까? 이 문제 역시 당시의 맥락에서 신중하게 따져볼 일이다. 오늘날 전쟁 하면 우리의 머릿속에 가장 먼저 떠오르는 것은 엄청난 살육, 공포, 혼란 등의 단어다. 반면 평화는 질서, 이성과 동일시된다. 하지만 이러한 인식은 20세기의 두 차례 대전을 겪은 우리의 사고방식일 뿐 적어도 17세기 유럽인들에게 들어맞지 않는다. 17세기인들에게 평화는 일시적인 휴전 상태로 인식되었고 교전국이 숨을 돌리고 전열을 재정비하기 위한 시간일 뿐이다. 평화에 대한 인식이 오늘날 우리의 사고방식으로 전환하기 시작한 것은 거대한 문명화 과정의 물결이 몰아치기 시작한 18세기 이후의 일이다.[366]

절대군주정의 역사는 전쟁사다. 절대군주정은 전쟁을 통해 성장하고 전쟁으로 몰락했다. 지배자의 최대 목표는 위대한 국가 건설이었고 전쟁에서의 승리와 영토 병합이 지상과제였다. 특히 17세기 유럽은 전쟁체제라고 해도 과언이 아니다. 유럽의 거의 모든 국가들이 전쟁으로 뒤엉키고 서로 긴밀하게 영향을 미쳤다. 1648년 베스트팔렌조약에서 이른바 세력 균형의 원칙이 명문화된 이후 그런 현상은 더욱 노골적이게 되었다. 17세기 후반 이후 프랑스는 모든 전쟁에 개입했으며 전쟁의 핵심에 있었다. 17세기 전반부까지의 전쟁이 에스파냐의 패권을 저지하기 위한 전쟁이었다면 17세기 후반부의 전쟁은 프랑스가 그 대상이 되었다.

루이 14세는 이런 17세기의 시대적 산물이다. 그는 스웨덴의 구스타브 2세, 러시아의 표트르 대제처럼 전형적인 17세기 전사—왕이었다. 그럼에도 불구하고 전쟁은 그의 궁극적 목표가 아니었다. 유난히 과시욕이 강하고 영광에 집착한 그는 "전쟁이야말로 자신을 가장 잘 과시할 수 있는 위대한 순간"이라고 여겼을 뿐이다.[367] 젊은 시절부터 루이 14세는 알렉산드로스를 동경하고 자신을 그와 비유하기를 즐겼다. 1667년 귀속전쟁과 1672년 네덜란드와의 전쟁은 그런 야심의 결과였다. 과거의 적인 대귀족과 불안한 동거관계가 유지되던 궁정생활 역시 그에게 전쟁을 부추기는 요소로 작용했다. 전쟁은 긴장 상태를 유지시키는 동시에 언제 되살아날지 모르는 귀족들의 음모와 반란의 싹을 잠재울 수 있는 유용한 수단이었던 것이다.

1665년 드디어 기회가 왔다. 1665년 에스파냐 왕 펠리페 4세가 두 번째 왕비 소생의 아들 카를로스 2세에게 왕위를 물려주고 사망하자 첫 번째 왕비 소생인 프랑스 왕비 마리 테레즈의 왕위 상속권 문제가 불거졌다. 왜냐하면 피레네조약에서 왕위계승권을 포기하는 조건으로 지참금 50만 에퀴를 지불하기로 한 에스파냐 왕실이 아직도 약속을 이행하지 않았기 때문이다. 1667년 루이 14세는 이를 핑계로 에스파냐령 플랑드르를 공격했다. 이 전쟁에서 그는 놀라운 성과를 거두었다.

왕의 터무니없는 야망은 거기서 멈추지 않았다. 1672년에 시작된 네덜란드와의 전쟁은 그런 자만심에서 비롯되었다. 그는 군대를 이끌고 라인 지역을 거쳐 네덜란드를 공격했다. 네덜란드는 점령 지역을 양도하는 대가로 평화조약을 요구했으나 루이 14세는 무조건적인 항복을 요구하며 시간을 끌었다.

1667년 귀속전쟁 당시 두에Douai 봉쇄를 단행하고 있는 루이 14세

그러는 동안 사태가 역전되었다. 왕의 오만함에 자극을 받은 네덜란드인들은 결사적으로 항쟁했고 네덜란드의 오라녜 공은 에스파냐와 신성로마제국을 부추겨 반 프랑스 동맹을 결성하는 데 성공했던 것이다.

그럼에도 불구하고 1678년 네덜란드 전쟁을 마무리 지은 네이메헨조약은 오늘날까지 루이 14세가 거둔 최대의 성과로 간주된다. 프랑슈콩테와 아르투아, 그리고 플랑드르 지방의 몇몇 도시가 프랑스에 합병되었다. 유럽의 패권을 장악했다고 과신한 루이 14세의 자만심은 성대한 테데움으로 표현되었다.

1678년 9월 29일 파리에서는 네이메헌조약을 축하하는 축제가 거행되었다. 트럼펫과 북소리에 맞추어 조약문의 11개 조항이 낭독되었다. 뒤이어 축포가 터지고 불꽃놀이가 펼쳐지며 테데움이 거행되는 동일한 의식이 각 지방에서 연이어 벌어졌다. 이듬해 파리 시는 왕을 평화의 구현자, 유럽의 중재자로 칭송하며 루이 대왕이라는 칭호를 바쳤다.

● 치욕의 순간

짧은 영광을 얻은 대가로 루이 14세는 긴 고통과 치욕을 겪어야 했다. 네덜란드 전쟁 동안 전 유럽에서 그의 이미지는 가혹하고 잔인한 전쟁광으로 굳어졌다. 그 바람에 프랑스는 그의 치세 말기까지 전쟁의 굴레에서 헤어나지 못하고 승산 없는 싸움에 휘말려야 했다. 페늘롱은 아우구스부르크 동맹전쟁과 에스파냐 왕위계승 전쟁의 발발을 모두 왕의 무모한 야망 탓으로 돌린다. 아우구스부르크 동맹전쟁이 진행 중이던 1693년 《루이 14세에게 보내는 익명의 편지》에서 그는 왕을 신랄하게 비난했다.

20년 이상 전 유럽을 유린한 끔찍한 혼란, 도처에 흘린 엄청난 피, 수많은 추문들, 황폐해진 지방들, 잿더미로 변한 촌락들. 이 모두가 당신의 영광을 과시하기 위해 네덜란드의 신문과 메달 제작자들을 징벌하려는 목적에서 벌인 1672년 전쟁이 빚은 불행입니다. …… 소인이 이 전쟁을 거론하는 것은 그것이 다른 모든 전쟁의 기원이기 때문입니다. 단지 영광을 얻고 복수하려는 목적을 지녔던 만큼 그 전쟁은 결코 정당한 전쟁이 될 수 없습니다.[368]

1693년 초 수확 부진과 기근으로 프랑스는 200만 명의 목숨을 잃었다. 페늘롱은 이 편지에서 이 모든 악조건에도 불구하고 전쟁을 감행한 왕 때문에 백성이 겪은 피해와 고통을 고발하고 있다. 사료 부족으로 인해 전쟁의 참상을 정확히 파악하기는 어렵다. 그러나 루이 14세의 치세 동안 2배로 늘어난 세금 부담은 백성의 어려움을 단적으로 말해준다. 전쟁도 전쟁이려니와 엄청나게 늘어난 상비군 유지로 천문학적 군사비가 들었다. 더구나 그의 즉위 후 1715년까지 장기적인 경기 침체로 세금 부담은 더욱더 무거워졌다.

앙리 4세 시대에 프랑스군은 기껏해야 만 명 수준이었다. 1635년 리슐리외가 합스부르크 왕가와의 전쟁에서 10만 명을 동원했을 때 유럽 군주들은 경악했다. 그런데 1681년 스트라스부르 병합 당시 루이 14세의 군대는 24만 명에 달했다. 24만 명의 상비군은 그 후에도 계속 유지되었다. 1696년에 39만 5,000명으로 늘어난 프랑스군은 에스파냐 왕위계승 전쟁 동안 드디어 65만 명으로 절정을 이루었다. 성인 남자 4분의 1에 해당하는 이 숫자는 성직자와 귀족의 수를 합한 것보다 많다.[369]

물론 최근의 연구에 의하면 65만 명은 장부상의 수치일 뿐 이 인원이 모두 실제로 전쟁에 투입되었다고 볼 수는 없다. 대군의 실상은 엉성하기 짝이 없었다. 우선 탈주병이 20퍼센트에 달했고 문서상의 조작으로 유령 군대가 존재하기도 했다. 군대의 약탈은 전쟁만큼이나 끔찍한 것이었다. 봉급은 연체되기 일쑤였고 그렇게 되면 군대는 종종 통제 불가능한 괴물로 둔갑했다. 군대의 주민 약탈, 이른바 '폭력의 세금'은 때로는 군대를 유지하는 방편으로 이용되거나 묵인되었다.[370]

이 모든 문제점에도 불구하고 군대는 거대한 국가체제 안에서 유일하게 조직화된 세력이었음을 부정할 수 없다.[371] 수십 만에 달하는 군조직과 지휘체계는 전쟁을 통해 끊임없이 단련되고 재조직되었다. 전국의 관리는 군대의 10분의 1

에 불과했다. 그럼에도 불구하고 지방행정은 지방마다 다양한 체제로 움직여지고 그나마 정부는 각 지방 엘리트층과의 타협과 조정에 의존하는 상태에서 벗어나지 못했다. 중앙과 지방의 관계가 주로 재정 충당을 위한 것임을 감안하면 결과적으로 전쟁과 상비군 유지를 위해 행정체제가 희생된 셈이다. 이런 측면에서 보면 사법 군주정에서 재정 군주정으로 변신을 시도한 루이 14세의 군주정은 사실상 재정 군주정이라기보다는 군사 군주정의 성격이 강했다.

군대는 국내 정치에서 만능 해결사 역할을 했다. 군대는 반란을 진압하고 세금을 징수했을 뿐 아니라 지방에서의 사적인 폭력을 근절했다. 낭트칙령의 폐지를 전후해서 용기병은 개신교 탄압에 투입되었다. 농촌이나 도시 작업장을 이탈해서 떠도는 무수한 유랑민이나 건달을 군대에 수용해서 훈련시키는 사회적 정화 기능을 담당한 것도 군대였다. 국가의 편에서 보면 군대는 질서의 보루였다. 경제적 측면에서도 군대는 중추 기능을 담당했다. 기본적으로 농업경제 국가인 프랑스에서 요새 건축, 항구 건설은 경제를 활성화시키는 역할을 했을 뿐 아니라 끊임없이 새로운 기술과 무기 개발을 요구하는 전쟁은 중요한 경제적 자극제였다.[372]

그러나 군대는 돈을 삼키는 하마였다. 전쟁이 없던 1669년의 총지출 7,627만 리브르 중 군사비는 3,621만 리브르였다. 이는 전체의 47.5퍼센트다. 한창 진행 중이던 베르사유 건축비는 7.6퍼센트에 불과하고 궁정 지출이 10.4퍼센트다. 그러나 전쟁이 시작되면 군사비 지출은 가파르게 상승했다. 1672년 네덜란드와의 전쟁이 시작되면서 친정 초기 콜베르가 가까스로 유지하던 재정 균형 상태는 곧 깨져버렸다. 1675년 군사비 지출은 전체의 72.4퍼센트로 급상승했다(주석 114번 참조). 네덜란드와의 전쟁 이후 잠시 주춤하다 1688년에 아우구스부르크 동맹전쟁이 시작되자 군사비 지출은 전체의 4분의 3을 차지했다. 1692년에는 80퍼센트로 최고조에 달했다. 1697년 라이스바이크조약이 조인되자 군사비는 50퍼센트로 감소했다. 에스파냐 왕위계승 전쟁이 시작되자 군사비는 다시 치솟아 1702년에 71퍼센트, 1706년 72퍼센트를 차지했다.[373]

계속해서 화폐 가치가 떨어지고 1701년부터 정부는 지폐 발행을 시작했으나 이는 제기능을 하지 못했다. 궁여지책으로 루이 14세는 은그릇을 녹여 경화 발행을 시도하기도 했다. 아우구스부르크 동맹전쟁 중이던 1695년에는 인두세가 부과되어 귀족도 과세 대상이 되었다. 그러나 귀족은 수적으로 미미했을 뿐 아니라 이들의 반대로 인두세도 흐지부지되었다. 에스파냐 왕위계승 전쟁이 시작되자 정부는 다시 세금을 쥐어짜냈지만 세금만으로는 도저히 전쟁 비용을 충당할 수 없었다. 급박하게 재정을 충당하기 위해 관직매매, 귀족서임장 매매 등 미봉책이 동원되었으나 역부족이었다. 부채를 지지 않으면 국가는 도저히 전쟁을 감당할 수 없었다.

루이 14세가 전쟁에 탐닉하면 할수록 재정가의 위력은 커지고 그 뒤에 숨은 대귀족과 성직자, 법복귀족은 더 많은 이익을 얻었다. 이럴수록 농민들의 세금 부담은 늘어나고 국가재정은 더욱 취약해졌다. 전쟁이 계속되는 한 재정 구조를 개혁한다는 것은 불가능한 일이었다. 전쟁이 끝나면 정부는 이자를 부담하는 또 다른 전쟁을 치러야 했다. 군사비와 이자 부담률은 비례 곡선을 그리며 움직였다. 부채 부담률은 1694년 8퍼센트에서 1695년 23퍼센트로 상승하다가, 전쟁이 끝난 뒤인 1699년에는 76퍼센트로 가히 폭발 직전의 상황에 도달했다. 구조적인 악순환 고리에서 벗어나지 못한 프랑스 군주정은 쇠약해질 대로 쇠약해졌다.

1697년 아우구스부르크 동맹전쟁을 종결짓는 라이스바이크조약이 체결되기 이전부터 루이 14세는 평화를 원했다. 1693년부터 그는 전쟁터에 가지 않고 베르사유에 틀어박혔다. 전사–왕이기를 포기한 것이다. 라이스바이크조약은 유럽 패권을 장악하려는 그의 야심을 봉쇄했다. 지난 30년간 그가 추구해온 외교적 목표도 좌절되었다. 스트라스부르를 제외한 로렌 지방을 포기해야 했으며 오라녜 공을 영국 왕으로 인정해야 했다.

그렇다고 해서 그의 정치적 허영심이 완전히 사라진 것은 아니다. 그 증거가 콩피에뉴 모의 전투다. 라이스바이크조약을 체결한 이듬해인 1698년 루이 14세는 파리 북서쪽 40킬로미터 지점에 위치한 콩피에뉴에서 대대적인 모의 전투를 감행했다. 주로 왕실 사냥터로 이용되어온 이곳에 6만 명의 군대가 집결되고 인공 촌락이 만들어졌다. 그런 다음 군대가 전쟁과 똑같은 공격과 전술을 펼치며 실전을 방불케 하는 대 군사작전을 전개했다.[374] 이는 순전히 과시용이었지만 언젠가 기회가 닿으면 그의 야망의 불씨가 되살아날 것임을 예고하는 것이었다. 그러한 우려는 곧 에스파냐 왕위계승 전쟁으로 현실화되었다.

1700년에 루이 14세의 증손자인 앙주 공작이 카를로스 2세의 유언으로 에스파냐 왕위에 오른 것은 예기치 않은 행운이었다. 그러나 루이 14세의 정치적 허영심은 또다시 프랑스를 불행에 빠뜨렸다. 그 순간에 그는 무모하게도

1700년 11월 손자 앙주 공작을 에스파냐 왕 펠리페 5세로 선포하는 루이 14세

"피레네는 더 이상 존재하지 않는다"[375]고 외쳤던 것이다. 유럽 군주들 사이에서 프랑스가 또다시 유럽의 패권 국가로 군림하려는 것이 아닌가 하는 불안감이 되살아났다.

이렇게 해서 루이 14세는 프랑스를 또다시 전쟁에 휘몰아 넣었다. 이 전쟁으로 루이 14세는 그때까지 획득했던 영토 거의 대부분을 잃었을 뿐 아니라 엄청난 부채에 시달렸다. 에스파냐 왕위계승 전쟁이 끝날 무렵인 1713년 정부의 부채는 20억 리브르라는 천문학적 액수에 달했다. 흔히 재정 파탄의 주범이자 혁명의 도화선으로 거론되는 미국 독립전쟁 참전으로 인한 부채 10억 리브르와 비교하면, 더구나 경제 규모가 상대적으로 작았을 것임을 감안하면 가히 천문학적인 액수가 아닐 수 없다. 전쟁은 그의 말년을 짓눌렀을 뿐 아니라 후손들마저 괴롭힐 것이었다. 실제로 에스파냐 왕위계승 전쟁으로 인한 부채는 루이 14세의 정치적 유산과 함께 다음 치세에 떠넘겨졌다.

에스파냐 전쟁은 결국 루이 14세가 원하던 바가 아니었다. 전쟁 도중에도 그는 계속해서 평화를 갈망했다. 그러나 유럽에서 그의 발언권은 더 이상 통하지 않았다. 오히려 평화에 대한 그의 바람은 적국에게 이용되었을 뿐이다. 동맹국들은 신성로마황제의 칼 대공을 에스파냐 왕 카를로스 3세로 칭하며 마드리드에 입성시켰다. 이후 한동안 에스파냐에는 두 왕이 존재했다. 루이 14세는 릴과 스트라스부르를 포기하고 에스파냐 왕위마저 칼 대공에게 양보하며 평화조약 체결을 요구했다. 그러나 동맹국들은 도저히 수용할 수 없는 조건을 내걸었다. 루이 14세에게 군대를 파병해서 직접 증손자인 에스파냐 왕 펠리페 5세를 폐위시킬 것, 프랑스에 개신교를 회복시킬 것, 보르도와 라로셸을 개신교도에게 넘기고 그곳에 잉글랜드와 네덜란드 군 주둔지 설치를 허용할 것 등이었다.

설상가상으로 1708년 겨울 초부터 이상 기후 현상이 계속되었다. 1709년 1월 6일 영하 3도로 시작된 추위는 3월 말까지 평균 영하 20도를 유지했다. 프랑스 전국이 거의 눈으로 뒤덮이고 하천이 얼어붙었다. 1709년 1월 한 달 동안에만 11만 5,000명이 기근과 전염병으로 사망했다. 1709년과 1710년에 2년 동안 사망자가 63만 명에 달했다.[376] 도처에 왕을 비난하는 벽보가 붙고 왕의 동상이 파괴되었다. 그의 암살을 주장하는 익명의 편지가 도심 곳곳에 뿌려지기도 했다.

위기에 직면한 루이 14세는 백성에게 도움을 요청했다. 1709년 6월 12일 토르시가 쓰고 루이 14세가 파리 총독 트렘 공작에게 보내는 형식을 취하고 있는 편지에서 그는 자신의 입장을 변명하고 있다.

백성을 아끼는 짐의 마음은 자식에 대한 사랑만큼이나 크도다. …… 짐은 백성들에게 적들이 평화를 이용하고 있음을 알리고자 하노라. 적들은 바라는 바를 얻기 위해 평화조약이 오직 내 의지에 달린 것처럼 선전하고 있다. 그러나 평화를 얻으려면 새로운 노력을 기울여야 한다. 왜냐하면 그들이 요구한 그 엄청난 조건에 짐이 동의한다고 해서 평안이 도래하지는 않을 것이기 때문이다.[377]

왕이 자신의 결정을 설명할 뿐 아니라 백성들에게 이해를 촉구한 이 편지는 친정 초기에 쓰여진 《회고록》과 얼마나 대조적인가. 그것은 오늘날 대통령이 국민에게 호소하는 대국민 담화문과 유사하다. 그러나 절대군주정하에서 군주가 자신의 행위를 설명하고 변명하는 이러한 관례는 퍽 드물다. 더구나 늘 자신의 영광을 과시하던 어조가 백성에 대한 염려와 애정을 표현하는 투로 바뀐 대목도 주목할 만하다.

이 편지는 어떻게 전달되고 어떤 반응을 얻었을까? 《메르퀴르 갈랑》에 의하면 이 편지는 수차례 재인쇄되었다. 루브르의 왕립 인쇄소 앞에는 수많은 인파가 이 편지를 얻기 위해 줄을 섰다.[378] 편지는 전국의 총독들과 주교들에게 전달되고 다시 모든 소교구의 주임사제들에 의해 미사 시간에 낭독되었다. 소교구에서는 이 편지를 놓고 격렬한 논쟁이 벌어졌다. 국경 근처 발랑시엔에 위치한 작은 촌락 뢰므지의 주임사제 뒤부아의 《일지》에는 이때의 일이 기록되어 있다. 그는 촌락민들에게 전쟁을 계속하지 않을 수 없는 이유를 설명하며 그로 인해 짊어져야 할 세금 부담을 받아들이도록 설득하는 역할을 하지 않을 수 없었던 것이다.[379] 생시몽의 《회고록》에 의하면 빌루아 원수는 군부대에서 이 편지를 낭독했다. 군인들은 우뢰와 같은 박수와 함께 만세를 외쳤다.[380] 뒤부아와 생시몽의 기록만으로는 루이 14세의 편지가 얼마만큼의 효과를 발휘했는지 단언하기 어렵다. 다만 전비 마련을 위한 정부의 노력이 어느 정도 성공을 거두었음은 분명하다. 1710년 데마레는 보방이 제안한 10분의 1세를 추진했다. 정부는 1711~1714년 동안 10분의 1세를 포함해서 1억 1,100만 리브르를 끌어 모았고 1713년 에스파냐 왕위계승 전쟁을 종결 짓는 평화조약에서 간신히 릴과 스트라스부르를 지킬 수 있었다.

파벌과 음모

아우구스부르크 동맹전쟁이 진행 중이던 1691년에 육군대신 루부아가 사망했다. 1661년 이후 아버지 르텔리에와 함께 군사적 측면을 전담해오던 그는 1683년 경쟁자인 콜베르가 사망한 뒤부터 사실상 정국을 주도했다. 그의 성격은 불같았다. 루이 14세도 그의 고집을 꺾지 못했다. 그럼에도 불구하고 왕은 전쟁이 계속되는 상황이었던지라 그에게 의존하지 않을 수 없었다. 갑

작스런 그의 사망 소식을 들은 루이 14세의 심경은 어떠했을까? 호기심으로 이날 왕을 쫓아다니며 관찰한 생시몽의 표현을 빌리면 루이 14세의 얼굴에서는 뭔지 모를 후련함이 역력했다고 한다.[381]

이로써 콜베르와 르텔리에를 중심축으로 움직여지던 마자랭의 정치적 유산이 사실상 종말을 고한 셈이다. 이제 과연 누가 대신체제를 계승해나갈 것인가? 루부아가 52세의 한창 나이에 갑자기 뇌졸중으로 사망하는 바람에 권력은 공백 상태에 놓였다. 육군 국무비서직을 물려받은 루부아의 아들 바르브지외 후작marquis de Barbezieux은 23세에 불과했다. 가능성을 지닌 유일한 인물은 1689년에 재무총감이 된 퐁샤르트랭 백작이다. 그는 1690년 콜베르의 아들 세뉼레의 사망으로 공석이 된 해군비서와 궁내부비서직마저 차지했다. 재무총감에다 궁내부 국무비서자 해군 국무비서인 그는 과거 육군을 제외한 모든 정부기구를 독점했던 콜베르를 연상시킨다. 그러나 그는 콜베르가 될 수 없었다. 정치적 상황과 권력 구도가 1661년과는 판이하게 달라졌던 것이다. 무엇보다도 루이 14세는 더 이상 정치에 미숙한 청년 왕이 아니었다. 실제로 1691년 이후 제2의 콜베르도 루부아도 존재하지 않았다.

그렇다면 친정 30년 만에 드디어 대신독재체제가 사라지고 진정한 의미의 친정체제가 완성된 것일까? 최근 루이 14세에 대한 재평가와 더불어 이러한 주장이 제기되었다.[382] 하지만 당시의 관찰자들에 의하면 이 또한 겉모습에 불과하다. 이제 생시몽을 따라 권력이 작동하는 방식을 세밀히 관찰해보자.

● 맹트농 부인

왕이 국사를 보는 동안 맹트농 부인은 책을 읽거나 수를 놓았다. 왕과 대신은 큰 소리로 말했기 때문에 그녀는 두 사람 사이에서 오가는 모든 말을 다 들었다. 그녀가 말참견을 하는 경우는 드물었고 더군다나 결정적인 말을 하는 경우는 더욱 드물었다. 왕은 종종 그녀의 의견을 물었다. 그러면 그녀는 상당히 신중하게 대답했다. 그녀는 결코, 아니 정말 결단코 무엇에도 애착을 느끼지 않으며 누구에게도 관심이 없는 사람처럼 보였다. 하지만 그녀는 대신의 견해에 찬성했다. 대신은 사적인 자리에서 감히 그녀의 의사에 반대하지 못했고 더군다나 그녀에게 시비를 걸지도 못했다. 따라서 특혜나 직위의 수여 문제는 왕과 대신이 함께하는 자리에서 결정되어야 함에도 불구하고 맹트농 부인과 대신 두 사람 사이에서 미리 결정되었다. 이따금 왕이나 어느 누구도 영문을 모른 채 결정이 지연되는 경우가 있었다.[383]

이 대목에서 우리는 왕이 겉으로 잘 드러나지 않는, 그러나 전보다 더욱 강력하고 끈질긴 힘에 조종되었음을 알 수 있다. 친정 이후 루이 14세는 외형상 소규모 참사회에 의존했다. 그러나 1691년 이후 궁정에 출입하기 시작한 생시몽이 목격한 왕은 늘 대신이나 대상서와 단둘이 만났고 그 장소는 맹트농 부인의 처소였다. 왕은 공식 의전 절차와 사냥 갈 때를 제외하고는 매일 몇 시간씩 그녀의 처소에 머무르며 국사를 처리했다. 사안에 따라 지사나 원수 등 실무자들이 그 자리에 소집되기도 했다. 물론 참사회는 이전처럼 정규적으로 소집되었다. 그러나 참사회는 형식적인 절차에 불과해졌고 그 기능도 축소되었다.[384]

1691년 이후 적어도 겉으로 보기에는 왕이 국사를 독점한 것같이 보인다. 그러나 궁정을 지배하고 공식적인 정부기구를 움직인 것은 사실상 술탄 황제비처럼 우아하게 왕을 조종한 맹트농 부인이다. 그녀의 정체는 무엇일까?

1683년 7월 30일 왕비 마리 테레즈가 사망한 지 2개월이 조금 지난 10월 6일 왕은 맹트농 부인과 비밀리에 결혼식을 올렸다. 파리 대주교의 집전으로 치러진 결혼식에는 가장 가까운 신하인 루부아와 봉탕 단 두 사람만이 증인으로 참석했을 뿐이다. 더구나 맹트농 부인의 출신 성분[385]과 과거의 복잡한 사생활로 말미암아 두 사람의 결혼은 공포되지 못했다.[386] 시인 스카롱의 부인 시절부터 루이 14세와의 결혼에 이르기까지 맹트농 부인의 인생 역정은 신데렐라의 탄생 그 자체였다. 그녀의 일화는 귀족의 살롱에서 가장 흥미로운 화젯거리였다.

맹트농 부인은 공식석상에서 왕의 배우자가 아니라 후작부인으로 대접받아야 했다. 예를 들어 왕의 식사 시간에 그녀는 방계왕족 부인이나 공작부인 다음에 앉아야 했고 공작부인에게 주어지는 타부레를 차지하지도 못했다. 하

맹트농 부인

지만 사적인 자리에서 그녀는 왕과 나란히 안락의자에 앉을 수 있는 유일한
인물이었다. 이처럼 사적으로는 왕비 대접을 받았지만 공식적으로는 숨어 지
내야 했던 불안정한 지위 탓이었을까? 그녀는 유달리 권력에 집착하고 국사
에 개입하기 위해 안간힘을 썼다. 마침내 "오랫동안 무의미한 결혼생활을 하
고 우리 모두 알다시피 공공연하게 방탕한 삶을 살았던 왕은 그 후 32년 동안
심복이자 정부요 아내요 대신인 무소불위한 존재가 거느린 사람들에게 포위
되었다."[387]

그러나 맹트농 부인이 왕과 비밀결혼에 성공한 1683년 당시는 루부아의 세상이었다. 루부아가 살아 있는 동안 그녀는 권력에 접근하기 위한 물밑 작업을 벌이며 조용히 때를 기다렸다. 무엇보다 먼저 그녀는 왕의 눈과 귀를 차단하기 위해 왕의 침전시종을 포섭했다. 특히 왕의 신임을 받던 블루앵을 통해 그녀는 궁정 안의 모든 정보와 비밀을 확보했다. 1690년에는 자신의 측근인 루앙 지사 샤미야르를 재무 지사로 불러들여 재정 문제에 간섭했다. 신중한 재무총감 퐁샤르트랭도 결국은 맹트농 부인에게 굴복하지 않을 수 없었다.

● 권력의 삼각구도

1691년 루부아의 사망을 계기로 궁정에서는 권력 구도가 재편성되었다. 맹트농 부인의 세력이 수면 위로 떠오르고 그녀를 중심으로 한 파벌의 윤곽이 드러났다. 그러자 그녀를 견제하려는 세력이 형성되었다. 만 30세가 되었음에도 불구하고 정치 일선에서 배제된 세자의 세력이 하나의 파벌을 이루었다. 다른 한편 어리석고 정치적 식견이 부족한 세자와 그의 측근 세력을 불안해하는 또 다른 세력이 부르고뉴 공작을 중심으로 모였다. 세자의 아들인 부르고뉴 공작은 아직 9세에 불과하지만 세자와는 다른 모습을 보여 여기에 권력의 미래를 점치는 세력이 모여들었던 것이다. 맹트농 부인, 세자, 부르고뉴 공작 등 3대를 둘러싼 파벌의 형성과 권력 다툼은 사도세자의 죽음으로 치달은 우리나라 영조 시대의 궁정 비극을 연상시킨다.

가장 강력한 파벌은 맹트농 부인의 파벌이다. 그것은 사실상 왕의 파벌이나 다름없었다. 우선 빌루아, 부플레르, 아르쿠르 원수 등 최고의 대검귀족이자 군 장성들이 맹트농 부인 곁으로 몰려들었다. 맹트농 부인과의 개인적인 인연 덕분에 출세하고 또 군대에서 더 높은 직책에 야심을 지닌 그들에게 맹

세자. 모든 면에서 루이 14세와 대조적인 세자는 적어도 두 가지 면에서는 아버지를 빼닮았다. 식탐이 강한 대식가라는 점과 세자비가 죽은 후 출신이 모호한 슈앵 양과 비밀결혼을 했다는 점이다.

트농 부인은 꼭 필요한 존재였다. 생시몽의 말처럼 "궁정에서는 맹트농 부인을 통하면 모든 게 만사형통이었다." 1699년 재무총감이 되고 1700년 육군대신직마저 겸하게 된 샤미야르는 맹트농 부인의 작품이었다. 그는 콜베르와 루부아를 하나로 합친 듯 재정과 육군을 총괄하는 막중한 자리를 차지했다. 그러나 무능하고 심약한 그를 뒤에서 조종한 것은 맹트농 부인이었다.

왕의 이름으로 전권을 행사하던 맹트농 부인은 세자나 어린 부르고뉴 공작에게는 도저히 상대가 되지 않는 존재였다. 누구든 그녀에게 맞서는 것은 위

부르고뉴 공작. 무능하고 무기력한 세자와는 달리 호기심이 강하고 총명한 부르고뉴 공작은 세자가 루이 14세의 견제를 받았듯이 세자 파벌의 견제와 음모에 시달려야 했다.

험천만한 일이었다. 그럼에도 불구하고 궁정인들이 세자와 부르고뉴 공작 편으로 몰려든 이유는 무엇일까? 파벌은 권력의 이면에서 자라는 독버섯이다. 맹트농 부인의 권력이 제아무리 하늘을 찌르더라도 자연의 섭리를 거스를 수는 없지 않은가. 시간이 흐를수록 왕은 나이를 먹어가고 언젠가 세자가, 그리고 그의 아들 부르고뉴 공작이 왕위를 물려받을 것이었다.

1693년 맹트농 부인이 왕의 수석시의를 다캥에서 파공으로 교체한 것은 그러한 우려에서였다. "그녀는 왕을 향한 모든 통로를 장악하기를 원했다. 특히 왕이 점점 늙어 몸이 쇠약해짐에 따라 능숙하고 재치 있는 수석 시의를 수하를 두는 일이 가장 중요하다고 판단했다. 이미 오래전부터 그녀는 다캥Daquin을 음해해왔다."[388] 왕의 정부였던 몽테스팡 부인Mme de Montespan과 가까웠던 다캥의 존재가 그녀에게는 걸림돌이었던 것이다.

왕이 세자를 경계한 것도 같은 연유에서다. 왕은 끊임없이 세자와 그의 측근을 경계하고 감시했다. 세자의 입장에서 보면 왕은 평생 철저하게 자신을 공포에 떨게 한 장본인이다. "세자가 누군가에게 호의를 보이기만 해도 그 당사자는 이로 인해 악영향을 받는다는 것을 충분히 느낄 수 있었다. 왕이 악착같이 왕세자의 무능력을 입증하는 데 집착했기 때문에 세자는 자신에게 접근하려고 애쓰는 사람들을 위해, 심지어 자신의 시종들을 위해 아무것도 하지 못했다."[389]

세자는 늘 억압과 불신의 고통 속에서 괴로워했지만 달리 아무런 도리가 없었다. 그는 언제 어디서나 감시를 받았기 때문에 매사에 허용된 것 외에는 무엇 하나 엄두를 내지 못했고 그 근처에는 아무도 얼씬 거리지 않았다. 공식적인 의례를 제외한 모든 자리에서 세자는 가급적 왕과의 대면을 피했다. 반면 왕의 서출인 몽테스팡 부인과의 사이에서 태어난 멘 공작duc de Maine과 툴루즈 백작comte de Toulouse은 시간만 나면 왕을 찾았다. 왕위 찬탈의 위험에서 비껴서 있는 탓일까? 그들을 대하는 왕의 태도는 자애로운 아버지 그 자체였다. 더구나 몽테스팡 부인의 가정교사 시절부터 두 사람을 직접 키운 맹트농 부인의 애정과 배려 속에서 두 사람은 맹트농 부인의 처소를 출입할 수 있는 특권을 누렸다. 특히 첫째인 멘 공작에게 맹트농 부인의 애정은 각별했다.

그럴수록 세자는 점점 더 말이 없어졌다. 외롭고 침울한 세자를 따뜻하게 감싸 안은 것은 콩데 공작부인duc de Condé과 콩티 부인princesse de Conti이다. 그녀들은 왕의 서출들이다. 그러나 같은 서출인 멘 공작과 툴루즈 백작이 왕의 관심과 총애를 받은 것과는 대조적으로 그녀들은 왕으로부터 냉대를 받았다. 왕이 그녀들에게 관심을 보인 것은 오직 결혼 문제에서였다. 반란을 미연에 방지하기 위한 정치적 술책의 일환으로 두 딸을 각각 콩데 및 콩티 가와 결혼시켰으나 그 후 왕은 그녀들마저 경계했다.

세 사람이 매사에 동병상련의 감정을 느꼈으리라는 점은 쉽게 이해할 만한 일이다. 어린 시절부터 늑대 사냥에만 몰두하던 세자는 점차 그녀들의 도움과 조언 없이는 아무것도 할 수 없게 되었다.[390] 여기에 방계왕족인 콩데 가와 콩티 가의 인물들이 합세했다. 세자의 파벌은 맹트농 부인의 파벌에 비하면 소극적이고 미미한 존재들이었다. 그러나 혈연관계에 기반한 만큼 결속력이 강했다. 이들은 1711년 세자가 사망할 때까지 온갖 술수를 동원해서 음모를 꾸몄다. 음모의 대상은 세자의 아들인 부르고뉴 공작이었다. 세자의 파벌이 경계해야 할 적은 늙어가는 왕이 아니라 하루하루 성장해가는 제2의 왕위계승권자인 부르고뉴 공작이었던 것이다.

자연히 부르고뉴 공작 주변의 인물들이 그를 보호하기 위해 뭉쳤다. 부르고뉴 공작 파벌의 핵심은 보빌리에 공작이다. 왕의 수석 침전시랑인 그는 1689년 부르고뉴 공작의 사부가 되었다. 왕실 관례상 왕자는 7세가 되면 유모의 손을 떠나 사부의 손에 맡겨졌다. 사부는 교육 전반에 관한 문제를 책임졌으며 실질적인 교육은 시강학사가 전담했다. 보빌리에 공작은 부르고뉴 공작의 시강학사로 페늘롱 신부를 천거했다. 높은 학식과 덕망을 갖춘 페늘롱은 오래전부터 보빌리에 공작과 슈브뢰즈 공작의 정신적 지주 역할을 해왔다. 이들을 중심으로 궁정에서는 소규모 모임이 형성되었다. 여기에 국무비서이자 대신인 토르시와 데마레가 참여했다. 보빌리에와 슈브뢰즈처럼 전통적인 대검귀족 출신의 대신과 법복귀족 출신의 대신 데마레와 토르시의 결합은 이 시기 귀족사회 내부에서 이뤄진 변화의 결과다. 전사귀족과 법복귀족의 범주를 초월한 이들의 목표는 대신체제의 부활이다. 행정기구의 최고위직인 국무비서와 대신이 되었으나 권력에서 소외된 이들은 왕을 에워싼 측근의 농간으로 점점 파행적으로 운영되어가는 군주정에 대해 불만으로 가득 찼다.

"왕이란 자고로 자신의 영광을 위해서 백성을 통치하는 것이 아니라 백성을 위해 통치해야 하는 것임을 결코 잊지 마시오." 페늘롱이 부르고뉴 공작의 교육을 위해 집필한《오디세우스의 아들, 텔레마코스의 모험*Les Aventures de Télémaque, fils d' Ulysse*》에 나오는 이 구절에는 권력의 독재를 견제하려는 그의 정치사상이 압축되어 있다. 이 책은 프랑스가 아우구스부르크 동맹전쟁에서 고전을 면치 못하고 있던 1693~1694년에 쓰여졌고 궁정에서는 비밀리에 이 책의 복사본이 떠돌아다녔다. 이 책을 읽은 사람이면 누구나 오만하고 사치스런 크레타 섬의 왕 이도메네우스 Idomeneus가 루이 14세를 가리키는 것임을 대번에 알아차릴 수 있었다. 또한 부유한 교역 도시로 묘사된 티르Tyr가 적국인 네덜란드의 수도 암스테르담을 가리킨다는 것도 분명했다. 왕권신수설을 신봉하는 루이 14세의 궁정에서 이렇게 대담한 내용의 책이 쓰여졌다는 사실은 실로 놀라운 일이 아닐 수 없다.[391]

이 책의 내용과 유포보다 더 의미심장한 점은 페늘롱이 왕위계승 서열 2위인 부르고뉴 공작에게 루이 14세의 정치사상과는 정반대되는 내용을 주입했다는 사실이다. 더

보쉬에

구나 세자의 시강학사인 보쉬에가 지나치게 엄격하고 철저한 교육으로 세자를 모든 지적 노력에서 멀어지게 한 것과는 정반대로, 페늘롱은 지적 호기심이 강한 부르고뉴 공작에게 지대한 영향을 미쳤다. 아키텐 지방의 유서 깊은 귀족 가문 출신인 페늘롱의 의도가 부르고뉴 공작에게 이상적인 군주상을 교육시키려는 순수한 목적에서 비롯된 것인지 아닌지 분명치 않다. 그러나 그의 위치와 사상적 성향은 부르고뉴 공작의 파벌에게 이념적 지표를 제공하기에 충분했다. 실제로 세자가 사망한 1711년에 보빌리에 공작과 슈브뢰즈 공작이 작성한 《숀 구상, 부르고뉴 공작에게 제안할 정부 안》에는 페늘롱의 정치사상이 고스란히 담겨 있다. 슈브뢰즈 공작의 영지 숀에서 쓰여진 데서 유래한 《숀 구상》은 왕위계승자가 된 부르고뉴 공작의 치세에 대비하기 위한 것이었다.[392] 이러한 발상 자체가 위험하기 짝이 없었지만 적어도 당시 권력의 미래는 그들에게 있는 것처럼 보였던 것이다.

그러나 궁정에서 이들의 존재는 여간해서 드러나지 않았다. 겉으로 보기에 궁정의 모든 일상생활은 그저 왕을 중심으로 우아하고 절도 있게 돌아갈 뿐이었다. 더구나 언제 어떻게 변할지 모르는 정치적 판세에서 파벌을 형성하거나 여기에 가입하는 것은 위험한 도박이었던 만큼 각 파벌은 그림자처럼 움직였다. 그럼에도 불구하고 각각의 파벌은 대귀족, 고위 성직자와 관리 등 중간층의 침투로 점차 비대해졌다. 파벌의 기반은 혈연, 결혼, 우정, 후견관계 등으로 얽힌 사적 인간관계였다. 그중에서도 혈연관계가 가장 강력한 흡입력을 발휘했다.

페늘롱

맹트농 부인 주변에는 늘 그녀의 조카딸 켈뤼스 부인 및 노아유 공작부인과 그들의 인척들이 진을 치고 있었다. 혈연관계로 치면 세자의 파벌이 단연 우세했다. 콩데와 콩티 가의 사람들 외에 앙리 4세의 서출 가문인 방돔 형제가 세자의 파벌에 합류했다. 몽테스팡 부인의 아들 당탱을 끌어들인 것은 그와 남매지간인 콩데 공작부인이다. 부르고뉴 공작의 파벌도 마찬가지다. 보빌리에 공작과 슈브뢰즈 공작은 콜베르의 사위고 데마레와 토르시는 그의 조카다. 루부아의 권세에 눌려 지내던 콜베르의 후손이 재기를 위해 다시 뭉친 것이다. 한마디로 부르고뉴 공작의 파벌은 콜베르 족벌체제의 유산이다.

혈연관계보다 더 집요하고 또 유용한 것은 사적 친분관계였다. 1683년 콜베르에서 루부아로 말을 갈아탔던 궁정인들은 각자 자신의 사적 그물망을 동원해서 자신에게 유리한 파벌에 침투했다. 그 대표적인 예가 퐁샤르트랭이다. 브르타뉴 고등법원에서 콜베르의 사주를 받아 궁정의 입장을 대변하던 그를 1687년에 재무지사로 발탁한 것은 루부아였다. 1689년 그는 재무총감이 되어 아우구스부르크 동맹전쟁의 전비 충당의 책임을 떠맡았다. 그러나 루부아 사망 후 그는 맹트농 부인 편으로 기울었다. 그녀의 도움으로 그는 1699년 대상서 자리에 오르고 대신과 국무비서직을 아들 펠리포 후작에게 물려줄 수 있었다.[393] 샤미야르와 부아쟁이 맹트농 부인의 신임을 얻게 된 것도 두 사람의 아내가 맹트농 부인과 친분을 쌓았기 때문이다. 뤽상부르 원수는 콩티 부인과의 친분을 통해 세자에게 접근했다. 생시몽이 부르고뉴 공작 파벌에 속할 수 있었던 것도 보빌리에 공작과의 우정 덕분이었다.

●당구 게임: 파벌의 작동방식

공과 사가 혼재된 궁정에서는 언제나 파벌이 존재했다. 다만 콜베르와 루부아의 지배하에서는 다른 파벌의 존재가 겉으로 드러나지 못했을 뿐이다. 독재적인 두 대신이 사라지자 궁정은 귀족들 간의 집단적인 경쟁체제에 휘말렸다. 왕이 절대권을 행사하며 유능한 인재를 등용했다는 것은 환상에 불과하다.

생시몽은 《회고록》에서 파벌의 인맥을 상세하게 파헤치고 있다. 그가 묘사한 파벌의 윤곽은 루이 14세의 동생인 대공 오를레앙 공작과 결혼한 팔츠 대공비의 편지에서 드러난 것과 거의 일치한다.[394] 그러나 생시몽의 설명이 팔츠 대공비의 것보다 훨씬 더 복잡하고 상세하다. 팔츠 대공비의 편지에는 왕실 직계가족과 방계왕족, 일부 고위귀족에 국한된 반면, 생시몽의 파벌 지도에는 수천 명의 궁정인들이 총망라되어 있다. 그런 생시몽의 관찰과 분석 덕분에 우리는 권력이 동맥과 정맥을 거쳐 모세혈관에 스며드는 과정을 들여다볼 수 있다.

궁정의 정치판은 당구대나 마찬가지다. 한 공이 다른 공에 부딪침으로써 제3의 공에 영향을 미치는 당구 게임처럼 궁정인들은 멀리 있는 권력의 실세를 움직이기 위해 중간에 위치한 인물을 이용했다. 이를 위해 다양한 방법이 동원되었다. 혈연과 친분관계, 특히 남녀관계를 이용한 고전적인 수법이 총동원되었다. 왕의 눈 밖에 난 뤽상부르 원수가 자신의 일가붙이인 미남 클레르몽Clermont을 콩티 공비와 세자의 정부인 슈앵 양에게 접근시킨 것은 남녀관계를 이용한 전형적인 수법이다. 그의 목표물은 세자였다. 세자의 신임을 얻기 위해 그는 클레르몽이라는 공을 쳐서 세자의 측근인 두 여성을 움직이고 당구 게임을 벌인 것이다. 뤽상부르 원수만이 아니다. 생시몽이 오를레앙 공작의 딸을 왕손인 베리 공작과 결혼시키기 위해 공을 들인 것도 그녀를 통해 권력의 핵심에 도달하려는 야망 때문이었다. 궁정인들은 제각기 직접적이거나 간접적으로 혹은 몇 단계를 거쳐 궁정 안의 어느 한쪽 파벌에 속해 있었다. 지위가 높건 낮건, 자의에서건 타의에서건 궁정 안의 사람들은 거의 대부분 파벌 간의 각축에서 자유로울 수가 없었던 것이다.

궁정 안에서 형성된 파벌은 복잡한 인적 그물망을 타고 궁정 밖으로 확대되었다. 파벌의 입김이 작용하면서 기존의 후견 조직망이 재편성되었다. 리옹 총독인 빌루아 원수, 베르사유 총독인 블루앵, 기엔 총독인 슈브뢰즈 공작, 프로방스 총독인 빌라르 원수 등은 궁정에 거주하지만 여전히 지방에 독자적인 세력권을 형성하고 있었다. 고위 성직자의 세력 또한 이에 못지않았다. 같은 가톨릭 국가인 에스파냐에서는 주교들이 대부분 교구 내에 거주하며 교구 관리에 주력한 것과는 달리, 프랑스 주교들은 주로 파리나 궁정에 머물기를 선호했다. 궁정사제장이나 왕과 왕비의 고해신부는 대부분 부재 주교나 부재 수도원장이었다. 세자의 시강학사였던 보쉬에는 모 주교였고, 궁정사제장 비시 추기경은 툴 주교, 로앙 추기경은 수비즈 수도원장이었다. 왕의 고해신부인 라셰즈와 텔리에 뒤에는 예수회의 거대한 조직이 있었고, 맹트농 부인의 고해신부인 고데는 생시르 학교[395]를 관할하는 샤르트르 교구의 주교였다. 연줄을 통해 궁정 입성에 성공한 이들은 성직 임명권을 통해 교구나 수도원의 인맥을 관리했다. 전국에 파견된 지사들과 정규적으로 서신왕래를 하던 대상서와 재무총감의 권한은 지사를 통해 뻗어나갔다. 정부의 지방 행정 기구와 지방 귀족사회는 지사를 통해 파벌 조직망 속에 포섭되었다. 이렇게 해서 권력의 힘이 미치는 곳은 어디든 파벌과 연결되었다.

그중에서도 가장 주목할 만한 점은 세 파벌 모두 재정가 집단에 연루되었다는 사실이다. 맹트농 부인은 유럽 제1의 은행가인 사뮈엘 베르나르의 후견인이었다. 두 사람의 연결 고리는 재무총감 퐁샤르트랭이다. 재정가로 부를 축적한 베르나르는 궁정 은행가로 변신한 뒤에도 여전히 프랑스 재정가 세계의 큰손이었고 그 뒤에는 늘 퐁샤르트랭이 있었다. 예를 들어 베르나르가 1693~1699년 사이에 체결한 14개의 관세 징수권 계약 중 13개가 두 사람 사이에서 이루어졌다. 이처럼 징세청부업을 통해 축적된 부는 국가재정을 지탱해주었다. 아우구스부르크 동맹전쟁 막바지인 1696년에 그는 왕실에 1,100만 리브르를 대부해주었다. 이 공로로 그는 1699년 루이 14세로부터 귀족 서임장을 부여받았다. 1702년 에스파냐 왕위계승 전쟁이 시작되자 궁정은 제일 먼저 그에게 손을 벌렸다. 이번에 그는 1,900만 리브르를 대부해주었다. 이러한 대부 자금 중에는 맹트농 부인을 위시한 측근의 사적 자금이 상당한 비중을 차지했다. 물론 국가 재정과 궁정인 사이에서 중개 역할을 한 베르나르는 가명을 사용하기를 잊지 않았다. 재정가 코스타Costar는 베르나르의 사촌이지만 실상은 베르나르의 가명이었다.[396]

세자의 파벌에서 이러한 중개 역할을 한 재정가는 수납총관 라크루아[397]였다. 1679년 아버지로부터 물랭 총징세구의 수납총관직을 물려받은 그는 세자의 정부 슈앵 양을 통해 세자의 파벌에 침투했다. 전형적인 재정가 집안 출신인 그는 주로 지방 징수청부에 세자와 콩데 및 콩티 가의 자금을 끌어들였다. 이렇듯 전국의 세금 징수권을 담보로 궁정인의 돈을 국가재정에 연결시켜주던 재정가들이야말로 파벌의 형성과 유지에 없어서는 안 될 필수적인 존재였다.

족보와 결혼관계, 그리고 사회경제적 관계를 결합시킨 생시몽의 파벌 분석은 한마디로 정치사회적 계급 분석 수준이다. 각 파벌은 사적 인간관계로 복잡하게 뒤엉켜 있었고 그 작동방식은 철저히 사적이었다. 그러니 궁정에서 펼쳐지는 정치를 이해하는 데 정치학이나 정치 이론은 아무 소용이 없는 셈이다. 정치를 움직인 것은 파벌이고 파벌은 지극히 현실적이고 사적인 이해관계에 의해 형성된 실체였으니 말이다. 이런 점에서 베르사유에서 형성된 세 파벌은 근대적 의미의 당파와는 전혀 다르다. 또한 1679년 영국 왕 찰스 2세의 왕위계승 문제를 둘러싸고 의회에서 형성된 휘그와 그 반대파인 토리의 두 정치집단과도 성격이 다르다. 가톨릭인 제임스 2세를 왕위계승에서 제외시키기 위해 왕위계승 법안을 상정한 휘그와 토리는 구체적인 정치 법안의 문제를 놓고 공개적인 논의를 거쳐 공식적인 입장을 표명했다. 그러나 루이 14세 치세 말기의 세 파벌이 저마다 은밀한 당구 게임을 벌이며 권력에 접근한 궁극적인 목적은 관직, 다양한 특권, 부, 군 장교직, 서열의 쟁취에 있었다.

그럼에도 불구하고 파벌의 대립은 정지적 견제 역할을 했다. 세 파벌의 의견이 가장 팽팽하게 맞선 것은 당면한 과제인 전쟁 문제에서였다. 부르고뉴 공작의 파벌은 전쟁을 반대했다. 반면 맹트농 부인의 파벌은 보수적이고 호전적이었다. 우선 다른 파벌에 비해 상대적으로 많은 비중을 차지한 대검귀족의 입김이 강하게 작용했기 때문이다. 여기에 맹트농 부인의 치밀한 정치적 계산이 더해졌다. 권력을 장악하기 위해서는 아무래도 영광에 도취된 왕의 관심을 전쟁에 붙들어 매어놓은 편이 유리했던 것이다. 이렇게 해서 루부아의 사망 후에도 프랑스는 아우구스부르크 동맹전쟁에서 벗어나지 못했다.

• 음모와 독살설

맹트농 부인의 파벌에게 가장 위험한 존재는 페늘롱이었다. 1693년 왕에게 보낸 익명의 편지에서 그는, 왕이 자신의 영광을 위해 전쟁을 지속하고 있다며 노골적으로 비판했다. 뿐만 아니라 그는 《우화》, 《죽은 자들의 대화》 등 일련의 정치적 팸플릿을 통해 왕권 제한과 귀족의 정치적 참여를 주장했다. 맹트농 부인의 파벌은 페늘롱의 정치적 야망을 공격하며 이 모두가 수석대신직을 염두에 둔 그의 술책이라고 비난했다.

그럼에도 불구하고 페늘롱에 대한 왕의 신임이 변치 않자 이번에는 다른 측면에서 그를 옭아매려는 음모가 시도되었다. 이때 왕을 에워싼 또 하나의 권력의 무리인 예수회가 맹트농 부인의 파벌과 결합했다. 두 집단은 페늘롱을 기존 교회의 권위를 부정하는 위험한 인물로 몰아세웠다. 나이 들고 몸이 쇠약해지면서 점점 더 구원의 문제에 집착한 루이 14세의 마음을 움직이는 데는 이 방법이 주효했다.

문제의 발단은 기옹 부인에 대한 고데의 시기심이었다. 정적주의[398]의 영향을 받은 기옹 부인은 페늘롱의 소개로 맹트농 부인을 만났다. 그 후부터 그녀는 생시르 학교의 여학생들에게 상당한 영향력을 미쳤으며 파리에서도 상당한 지지 세력을 형성했다. 생시르 학교의 지도신부인 고데는 맹트농 부인이 기옹 부인에게 생시르 학교의 종교 교육을 맡기자 그녀를 제거하기 위해 예수회와 의기투합했다. 이때 이단으로 고발된 기옹 부인과 정적주의 문제의 심의를 맡은 페늘롱이 그녀에게 우호적인 태도를 취하자 예수회와 맹트농 부인의 파벌이 그를 제거하기 위해 결합했다. 1697년 페늘롱은 정적주의에 연루되었다는 혐의를 받고 부르고뉴 공작의 시강학사직을 박탈당한 채 캉브레 교구에 유폐되었다. 1699년 페늘롱의 저서 《성인들의 격언들 *Maximes des saints*》은 로마 교황청의 종교재판소에 의해 금서로 지정되었다.

같은 해 페늘롱의 《오디세우스의 아들, 텔레마코스의 모험》이 파리에서 출판되었다. 이 책의 복사본이 어떻게 파리의 서적상에게 전달되었을까? 돈에 눈이 먼 궁정 하인의 소행일까 아니면 페늘롱의 복권을 노린 부르고뉴 공작 파벌의 정치적 공작일까? 이 문제는 지금까지도 밝혀지지 않았지만 당시에는 비밀리에 유포되던 필사본이 당국의 눈을 피해 몰래 출판되는 경우가 드물지 않았다. 경찰총감의 지시로 600부가 압수되었다. 그러나 그것은 불에

기옹 부인과 생시르 학교의 여학생들. 생시르는 1686년 맹트농 부인이 루이 14세의 후원을 받아 설립한 여자 기숙학교다. 가난한 귀족의 딸들을 위한 이 학교는 수녀원과 유사했으며 교과 과정도 비슷했다. 맹트농 부인은 여학생들의 종교 교육을 위해 순수한 종교적 열정으로 파리 귀족사회에서 명성을 누리던 기옹 부인을 이 학교에 초빙했다.

기름을 부은 격이었다. 페늘롱의 책은 오히려 세인의 관심을 끌면서 곧 재인쇄되어 파리 시내에 퍼지고 네덜란드에서도 해적판이 나왔다.[399]

《오디세우스의 아들, 텔레마코스의 모험》의 출판과 압수, 유포 등 일련의 과정은 18세기 계몽사상기에 책의 역사가 맞이할 운명의 전주곡이나 다름없다. 여기서 우리가 주목할 점은 18세기 중엽 정치 담론의 형성과 더불어 제기된 군주정의 원리와 통치방식의 문제에 대한 사고와 논의가 이미 절대군주정의 절정기에 궁정 안에서 이루어졌다는 사실이다. 이는 계몽사상이 부르주아 출신 철학자 이전에 귀족에게서 배태되었다는 최근의 연구와 일맥상통한다. 또한 맹목적 복종과 사치, 낭비의 아성으로만 여겨지던 궁정귀족에 대한 고정관념도 재고될 필요가 있음을 보여준다.

그러나 궁정을 지배한 파벌은 대부분 특정한 정치적 성향을 띠기보다는 정치적, 사회적, 경제적 이해관계, 심지어 사소한 시기심에 따라 움직였다. 특히 뚜렷한 목표 의식 없이 표류하던 세자의 파벌은 끊임없이 부르고뉴 공작을 음해했다. 일례로 에스파냐 왕위계승 전쟁이 진행 중이던 1708년 루이 14세가 부르고뉴 공작에게 플랑드르 전투의 군 지휘권을 부여하자 세자의 측근들은 부르고뉴 공작을 음해하는 음모를 꾸몄다. 때마침 릴 전투에서 프랑스군이 동맹군에게 패배하자 함께 전쟁에 참전한 방돔 공작은 곧바로 패전의 책임을 모두 부르고뉴 공작에게 전가하는 편지를 궁정에 보냈다. 궁정에서 세자의 측근들은 부르고뉴 공작의 유약함을 성토하는 소문을 퍼뜨리는 한편 방돔 공작을 치하하는 시를 지어 유포시켰다.

파벌 간의 긴장과 복수의 혈전은 끝없이 계속되고 왕은 점점 더 자신을 에워싼 인물들에 지배되었다. 군대 파병이나 철군 문제 등 중요한 문제일수록 파벌 간의 알력은 극심했고 왕은 무기력해졌다. 연이은 대외전쟁에서의 패배와 외교정책의 실패로 인한 불행이 프랑스를 압도한 가운데 왕실은 죽음의 그림자에 뒤덮였다.

비극의 시발점은 세자의 죽음이다. 1711년 4월 12일, 세자가 천연두에 걸린 지 4일 만에 사망했다. 그 순간 뫼동 성에서 온갖 향락을 누리던 무리들은 순식간에 뿔뿔이 흩어졌다. 시종 한두 사람을 제외하고는 아무도 관을 지키지 않았다. 관 옆에 양초 네 개만이 켜진 세자의 빈소는 마치 빈민층의 것 같았다. 국왕 의전 담당관인 브르퇴유에 의하면 심지어 세자의 관은 밀기울로 채워지고 관포도 덮이지 않은 채로 방치되었다.[400] 세자의 사망과 더불어 세자의 파벌은 형체도 없이 공중분해되었다. 반면 베르사유에서는 축제 분위기가 이어지고 부르고뉴 공작의 거처에는 사람들이 물밀듯이 몰려들었다. 파벌이란 이처럼 유동적이고 취약한 구조물에 불과했던 것이다.

부르고뉴 공작의 파벌의 운명 또한 오래 지속되지 않았다. 1712년 2월 12일 부르고뉴 공작부인이 사망한 지 일주일도 지나지 않은 18일에 부르고뉴 공작이 사망했다. 뒤이어 두 사람의 장남인 브르타뉴 공작이 같은 증세로 사망했다. 1년도 안 되는 기간 동안 3명의 왕위계승권자를 잃은 프랑스 왕실의 몰락이 눈앞에 다가온 듯했다. 충격과 절망에 휩싸인 와중에도 사망 원인을 놓고 궁정인들의 갑론을박이 이어졌다. 고열과 온몸에 검은 점이 돋아난 점으로 미루어 시의들은 세 사람의 병을 홍역으로 진단했다. 때마침 베르사유와 파리에는 홍역이 널리 퍼져 있었다.

그러나 궁정에서는 이미 독살설이 퍼져 있었다. 세자의 수석시의 부댕이 1월 18일 왕과 궁정 사람들이 모인 자리에서 누군가 부르고뉴 공작 부부를 독살하려 한다고 외치며 파란을 일으켰다. 그 자리에서 그는 미친 사람 취급을 받았고 그의 말은 일축되었다. 그런 지 한 달도 지나지 않아 두 사람이 사망하자 부명의 주장에 따라 여러 명의 시의들과 증인이 참석한 가운데 부검이 이루어졌다. 뇌 안쪽에서 이물질이 발견되었지만 시의들 간의 치열한 논쟁에도 불구하고 독살설은 입증되지 못하고 흐지부지되었다.

독살설의 결말은 늘 그랬다. 베르사유에서 독살설은 심심치 않게 등장하는 죽음의 그림자였다. 1670년 대공비의 사망 당시에도 1691년 루부아의 사망 후에도 독살설이 돌았다. 그 이전에도 왕실 직계가족의 사망 후에는 어김없이 독살설이 퍼졌다. 그러나 독살설은 미궁에 빠지거나 독살에 연루된 자의 자백으로 마무리되었다. 물론 당시의 의학적 수준으로 독살을 완벽하게 입증하기가 불가능했기 때문이기도 하지만 독살설 자체가 얼굴 없는 이름인 경우도 많았던 것이다.

틈만 나면 제기되는 독살설의 정체는 무엇일까? 위대한 세기의 이면을 장식하는 이러한 일화는 오랫동안 역사가들의 주목을 받지 못했다. 그러나 독살설은 독자의 호기심을 충족시키는 야사 이상의 가치를 지닌다. 사실 여부와 관계없이 독살설을 통해 우리는 17세기 말 프랑스인들의 심성의 단면을 엿볼 수 있다. 우선 이 시기에는 독살설이 빈번해진 반면 중세 이래 오랫동안 공포의 대상이었던 악마와 마녀에 대한 언급은 상대적으로 줄어들었다. 이는 사람들이 악마와 지옥, 마녀 등 초자연적인 존재보다는 단번에 목숨을 앗아가는 독약을 더 두려워하게 되었음을 의미한다. 치명적인 독약은 인간의 발명품이고 독살은 인간의 탐욕에서 비롯된다. 아무도 모르게 사람을 죽이는 인간의 탐욕과 죽음의 공포에 사로잡힌 베르사유에서 궁정인들을 지배한 것은 질서와 안정, 절제와 미덕의 고전주의적 심성보다는 공포와 불안, 불투명함과 충동의 바로크적 심성이었던 것이다.

어떤 측면에서 보면 독살보다 더 무시무시한 것은 독살설이다. 과학적 증명보다는 소문과 풍문에 지배되던 당시 독살설은 아무런 근거 없이 쉽게 퍼지고 또 사람들에게 영향을 미쳤기 때문이다. 궁정에 퍼진 독살설의 정체는 단순히 정적을 매장시키기 위한 술책인 경우가 많다. 번번이 독살의 배후로 지목된 것은 오를레앙 공작이다. 국왕 방계비속인 그는 왕의 직계 다음의 왕위계승권자였다. 그가 늘 왕의 견제를 받는 것은 바로 그 때문이다. 궁정에서 그는 외톨이였고 독살설이 퍼지면 흑사병 환자 취급을 받았다.

왕위계승권자를 둘러싸고 파벌 간의 각축이 치열하던 베르사유에서 독살설은 정치적 음모의 일환이자 궁정 문화의 일부였다. 궁정에서는 누가 언제 어떻게 독살의 대상이 될지 모른다는 불안감이 감돌았다. 물론 루이 14세도 예외가 아니었다. 독살설은 왕을 무너뜨렸다. 연이어 두 세자를 잃었다는 절망감보다 더욱 왕을 괴롭힌 것은 왕 스스로가 독살될지도 모른다는 공포심이었다.

1714년에는 또 다른 비극이 궁정을 덮쳤다. 4월 26일 왕의 손자인 베리 공작이 사냥 도중 사고를 당한 것이다. 마를리로 돌아오던 중 구토 증세를 보이며 피를 흘리던 그는 결국 5월 4일에 사망했다. 이제 루이 14세에게 남은 유일한 혈육은 4세가 된 증손자 앙주 공작뿐이었다. 앙주 공작에 이어 왕위계승 순서는 오를레앙 공작과 그의 아들 샤르트르 공작, 그리고 콩데 가와 콩티 가로 이어졌다.

1712년 부르고뉴 공작의 사망을 계기로 20년간 궁정을 지배해온 권력의 삼각 구도는 깨졌다. 유일하게 살아남은 맹트농 부인의 파벌이 권력을 독점했다. 하지만 76세의 왕은 연이은 불행으로 이제는 완전히 늙고 병든 무기력한 왕에 불과했고 겨우 4세가 된 세자는 너무 어리고 허약했다. 반면 40세의 오를레앙 공작은 혈기 왕성했다. 맹트농 부인의 파벌로서는 이제 루이 14세의 사후를 준비하기 위해 총공세를 펼쳐야 했다.

다시 독살설이 고개를 들고 오를레앙 공작이 도마 위에 올랐다. 이에 앞서 만약의 사태에 대비해 왕위계승 문제를 재정리할 필요가 있었다. 베리 공작의 사망 후 공포된 일련의 칙령은 왕의 서자를 왕위계승 서열에 포함시키기 위한 수순에 지나지 않았다. 1714년 7월 말 서자에게 왕위계승권을 부여하는 칙령이 공포되었다. 콩티 가의 뒤를 이어 이들에게 왕위계승권이 부여되었지만 사실상 왕위가 계승될 확률은 극히 낮았다. 이를 보완하기 위해 8월 23일에 왕의 서자에게 방계왕족의 지위를 부여하는 칙령이 공포되었다. 국가 기본법에 위배되는 이 칙령은 귀족들의 반대에도 불구하고 고등법원에서 등기되었다. 프랑스 왕국의 기본법에 의하면 "왕은 오직 왕비와의 사이에서 태어난 자만을 방계왕족에 봉할 수 있다." 다시 말해 방계왕족은 태어나는 것이지 후천적으로 획득할 수 있는 것이 아니었다. 1714년 8월 2일에 작성된 유언장에서 왕은 멘 공작을 국왕 교육총관에 임명함으로써 그에게 루이 15세를 맡겼다. 이와 동시에 멘 공작은 군 통수권을 장악했다. 유언장은 파리 고등법원 수석재판장에게 제출되었다. 수석재판장과 검찰총장은 유언장을 궁정의 벽감 속에 넣고는 쇠문을 닫고 각기 다른 자물쇠 세 개가 달린 창살로 잠근 다음 새벽질했다. 그리고는 수석재판장, 검찰총장, 수석 서기가 각각 열쇠를 하나씩 보관했다.

1715년 4월 13일과 8월 25일에 유언 변경서가 추가되었다. 첫 번째 유언 변경서는 빌루아 원수를 왕의 사부로 지명했다. 두 번째 유언 변경서는 플뢰리를 왕의 시강학사로, 텔리에 신부를 고해신부로 지명하는 것이었다. 유언장 작성과 유언 변경서 작성을 강요한 것은 멘 공작과 맹트농 부인, 텔리에 신부였다. 왕은 자신을 에워싼 이 세 사람의 요구에 저항할 수가 없었다. 그 최대 희생자는 오를레앙 공작이었다.

임종 직전 루이 14세는 맹트농 부인의 의도대로 멘 공작에게 모든 것을 양도하는 유언장을 작성했다. 멘 공작은 군 통수권을 부여받고 25개 스위스 연병대의 열병식을 거행했다. 또한 포병대와 기엔, 랑그독 등 국경 지방의 군사령부 지휘권을 부여받았다. 툴루즈 백작은 해군을 지배했으며 브르타뉴의 지휘권을 부여받았다. 모든 권력은 멘 공작에게 넘어가고 "국가는 그녀(맹트농 부인)의 희생양이 되었다."[401]

결국 "루이 14세의 긴 치세는 그의 것이 아니었다." 루이 14세는 자신이 절대 권력을 행사했다고 믿지만 생시몽이 보기에 그것은 허울에 불과했다. 궁정인들에게 강요된 치욕적인 궁정예절은 권력의 구조적 무능력을 은폐하려는 노력의 일환이며 화려한 의식은 겉으로 드러난 왕과 실제 왕 사이의 괴리를 메우기 위한 눈속임 수단에 불과하다. 스스로를 국가와 동일시하던 이 절대군주의 시기에 생시몽은 군주와 인간을 구분했다. 강력한 권한을 지닌 군주와 그 권한을 행사할 능력을 겸비하지 못한 인간으로 말이다.

질병에 시달린 왕의 몸

루이 14세의 《건강일지》

루이 14세를 탐욕과 허영심에 가득 찬 평범한 개인으로 묘사한 생시몽의 독설은 왕에 대한 사적 원한에서 비롯된 것이다. 반면 《루이 14세의 건강일지》(《건강일지》)는 생시몽의 《회고록》과는 전혀 다른 의도에서 쓰여졌음에도 불구하고 인간 루이의 실체를 생생하게 드러내는 흥미로운 자료다.[402] 매일매일 왕의 몸을 돌본 국왕 수석시의들의 관찰 기록인 《건강일지》에서 루이 14

세는 엄격하고 위엄 있는 절대군주가 아니라 끊임없이 병마에 시달린 가련한 인간일 뿐이다.

1647년 루이 14세는 천연두를 앓았다. 이때 왕을 치료한 국왕 수석시의 발로Vallot는 왕의 몸 상태와 치료법을 기록하며 《건강일지》를 쓰기 시작했다. 그 후 5년 뒤인 1652년부터 매년 정기적으로 기록한 《건강일지》에서 그는 어린 왕의 건강을 몹시 염려했다. "병약한 아버지에게서 그것도 뒤늦게 태어난 지라 건강을 해치지 않고 수명을 단축시키지 않으려면 의사의 조언에 따라 극도로 조심을 해야 하는 체질이다."[403] 1658년 성홍열, 1663년 홍역을 앓은 왕은 간신히 죽음의 고비를 넘겼다. 발로의 기록은 1671년 다캥이 수석시의가 될 때까지 이어지고 1693년부터는 새로 수석시의가 된 파공이 1711년까지 계속 기록했다. 실제로 《건강일지》 속의 왕은 평생 자리보전을 면치 못한 환자의 모습이다. 생사의 기로를 헤매게 한 전염병 외에도 크고 작은 병이 늘 왕을 괴롭혔다. 왕은 피부병이나 위염, 설사 등 가벼운 질병을 달고 살았으며 평생 편두통, 치통, 통풍, 신장결석, 당뇨 등 만성 질병을 앓았다.

《건강일지》를 처음 역사적 전거로 활용한 역사가는 미슐레다. 1860년에 발표한 《프랑스사》에서 그는 《건강일지》를 '황금 같은 책'으로 평했다. "왕이 시종일관 건강했다는 것은 우스꽝스런 신화에 지나지 않는다. 왕의 건강에 관해서는 평생 그를 지켜본 의사들의 말을 믿어야 한다."[404] 인간을 억압하는 권위와 압제에 항거한 이 자유주의 역사가가 《건강일지》에 주목한 이유는 자명하다. 《건강일지》는 루이 14세가 생로병사의 육체적 질곡에서 벗어나지 못한 유한한 생명체임을 여실히 증명해주는 확실한 증거다. 영원불멸의 존재로 미화되어온 태양왕에 대한 우상숭배를 공격하는 데 이보다 더 효과적인 무기는 없었던 것이다. 결국 수석시의들은 자신들도 모르는 사이에 루이 14세의

사냥터에서의 루이 14세

신화를 파괴하는 반역을 저지른 셈이다.

그렇다고 해서 《건강일지》를 액면 그대로 받아들일 수 있을까? 루이 14세는 천연두와 성홍열, 홍역 등 누구나 피할 수 없는 돌림병에도 불구하고 살아남았을 뿐 아니라 평균 수명이 20세를 웃돌던 당시에 77세까지 장수했다. 왕이라는 특별한 신분 덕분에 온갖 의료 혜택을 받았음을 감안하더라도 평생 사냥을 즐기고 하루 4~5시간씩 산책을 한 것을 보면 그는 약골이 아니라 건강 체질이었음이 분명하다. 왕에 대한 긍정적 평가에 인색했던 생시몽조차 왕의 몸에 대해서는 칭찬을 아끼지 않았다. "왕은 유례없이 운이 좋은 군주였다. 그는 빼어난 외모에 강인한 신체를 지녔으며 균형 잡히고 건강한 체질이었다."[405] 볼테르의 《루이 14세의 세기》에서도 루이 14세는 기골이 장대한 영웅의 전형으로 묘사되었다. "왕은 우람한 체격으로 모든 궁정 신하들을 압도했다. 기품이 있으면서도 쩌렁쩌렁 울리는 그의 목소리는 주변에 있는 사람들에게 위압감을 주었다."[406]

우리는 여기서 《건강일지》의 특수성을 고려할 필요가 있다. 의사 앞에서 인간은 누구나 환자일 뿐이다. 루이 14세도 예외가 아니었다. 《건강일지》는 본업에 충실한 의사가 환자의 건강을 염려하며 작성한 결과물이라는 점이 전제되어야 한다. 하물며 《건강일지》는 평범한 개인에 관한 기록이 아니라 일거수일투족이 정치적 의미를 띤 왕의 몸에 관한 기록이다. 당시 평범한 개인의 경우에는 이러한 기록 자체가 불가능했다. 자연히 《건강일지》에서 국왕 시의들은 왕의 질병과 몸 상태, 심지어 생리현상까지 지나칠 정도로 장황하게 열거했다. 뿐만 아니라 당시에는 아직 전염병의 면역체계는커녕 병의 원인조차 규명되지 않았다. 그럼에도 불구하고 그들은 가능한 모든 온갖 치료법을 시도하며 치료 과정을 상세하게 기록하고 때로는 과장도 서슴치 않았다. 이것이야말로 그들에게 부여된 역할이자 그들의 존재 이유였기 때문이다.

위대한 세기의 질병과 치료법 등이 망라된 《건강일지》는 의학사의 측면에서 퍽 귀중한 자료다. 그러나 《건강일지》의 의미는 단지 의학사의 차원에 국한되지 않는다. 몸과 질병에 관한 의사들의 관찰과 진단을 통해 우리는 당시의 의료관, 나아가 인간의 몸에 대한 태도와 인식을 읽을 수 있다. 또한 여기서 흥미로운 사실은 왕의 몸이 단순한 생명체가 아니라 정치적 몸이었던 만큼 왕의 몸을 대하는 시의들의 태도가 복합적이라는 점이다. 실제로 《건강일지》에서는 의사로서의 사명에 충실하려는 시의들의 태도가 궁정인으로서의 입장과 미묘하게 충돌하는 지점이 종종 목격된다.

왕의 식습관과 체질

수석시의의 일과는 왕과 함께 시작해서 왕과 함께 끝났다. 또한 사냥터건 전쟁터건 수석시의는 늘 왕을 동반했다. 한마디로 수석시의는 침전시종과 더불어 왕의 일상생활을 돌보는 최측근이었다. 그 대가로 그에게는 귀족의 작위와 엄청난 특혜가 부여되었다.

아침 8시에 왕이 잠에서 깨면 수석시의는 가장 먼저 왕의 침실에 들어가 왕의 몸을 마사지해주었다. 매일매일 왕의 용변 문제를 해결하고 관찰하는 것도 그의 중요한 임무 중 하나였다. 《건강일지》에서는 왕의 생리현상에 관한 부분이 가장 많은 지면을 차지하며 혐오스러울 정도로 상세하게 묘사되어 있다. 동시에 하제(설사약)가 가장 중요한 치료법으로 사용되고 종류 또한 다양하다.

그것은 왕의 식습관 때문이었다. 왕은 영광과 쾌락에 집착한 것만큼이나 식탐이 강했다. 그는 매끼마다 엄청난 양의 음식을 먹어치웠을 뿐 아니라 시도 때도 없이 먹어댔다. 생시몽은 이런 왕의 모습을 라블레의 소설에 등장하는 팡타그뤼엘에 비유했다. 루이 14세뿐 아니라 그의 동생 오를레앙 공작과 세자도 대식가자 폭식가였다. 루이 14세의 궁정에서는 우아하고 절도 있는 식사예절이 강요되고 포크 사용이 일상화되었지만 음식을 절제한다는 것은 여전히 생소한 개념이었다.[407] 무제한 먹을 음식이 있다는 것 자체가 권력의 상징이었고 또 그것을 먹을 수 있는 것이 능력으로 간주되었다. 따라서 루이 14세는 자신이 많이 먹는 것을 과시하고 늘 다른 사람에게 음식을 권했다. "왕은 다른 사람이 먹는 것, 특히 배가 터지도록 먹는 것을 보기를 즐겼다. 그러니 사람들은 배가 고파야 했고 흥겨워해야 했으며 그리고 왕성한 식욕으로 기꺼이 음식을 먹어야 했다. 그렇지 않으면 왕은 탐탁지 않아 하고 심지어 못마땅함을 드러내었다."[408]

왕의 식사는 군주권을 과시하는 또 하나의 무대였다. 특히 매일 밤 10시에 제1대기실에서 행해진 공적 만찬grand couvert인 저녁 식사는 장엄한 의식 그 자체였다. 국왕 공적 처소의 핵심 공간인 대기실은 궁정인 누구에게나 공개된 장소였다. 왕이 이곳에서 식사를 한 것은 아직 식당이라는 공간이 세분화되기 전이기도 하지만 왕의 식사가 그만큼 중요한 공적 의식이었기 때문이다. 수많은 궁정인들이 지켜보는 가운데 식사를 하는 왕의 식탁은 미사가 거행되는 제단을 방불케 했다.

반면 점심 식사는 침실에서의 사적 만찬petit couvert이었다. 하지만 그때도 왕은 측근들 앞에서 혼자 식사를 했다. 점심에 왕은 세 코스의 음식을 먹었고 코스마다 각각 10종류의 요리가 나왔다. 저녁은 5코스에 양도 훨씬 많았다. 식사 시간 외에도 왕의 침실, 심지어 마차 안에도 과자류나 초콜릿 등이 수북이 쌓여 있었다. 왕은 늘 사탕을 입에 물고 살았다. 초콜릿은 아메리카에서 전래된 이후 17세기 후반 유럽의 궁정에서 거의 필수품처럼 애용되었고 그 안에는 설탕이 듬뿍 들어 있었다.

루이 14세가 이렇게 쉴 새 없이 먹어댈 수 있었던 것은 그의 신체 조건이 뒷받침된 덕분이다. 그의 사망 후 이루어진 부검 결과 "몸의 기관들은 모두 온전한 상태고 건강해서 왕은 당연히 100세를 넘길 만했다. 특히 왕의 위를 보고 사람들은 경악했다. 창자의 부피와 길이는 보통 사람의 두 배였다."[409] 그럼에도 불구하고 왕의 위와 장은 엄청난 먹성을 견디지 못했다. 왕은 수시로 위염을 앓고 설사를 되풀이했다. 무엇보다도 왕의 식습관이 건강을 해쳤던 것이다.

발로는 왕의 음식습관을 만병의 근원으로 보았다. 적어도 이 점에서 발로의 진단은 정확했다. 왕은 늘 "머리에서 멍하고 무거운 통증을 느꼈다. 동시에 현기증과 심장의 부담, 의기소침함을 느꼈다." 자신을 헤라클레스나 알렉산드로스로 자처하며 플랑드르와 라인강 주변 지역을 누비던 1670년대 초에 이미 루이 14세는 현기증과 두통에 시달렸다. 발로에 의하면 두통의 진원지는 위였다. "왕은 머리에 체기가 가득 차 머리가 무거운 통증을 느꼈다."[410] 이럴 때마다 발로는 왕에게 휴식을 권하며 숙면을 위해 약간의 아편을 처방했다. 발로의 진단과 처방은 고대 그리스의 의학자 갈레노스[411]의 생리학 이론에 기반한 것이다.

당시 의학계는 여전히 갈레노스에서 벗어나지 못하고 있었다. 아리스토텔레스의 가설을 토대로 한 갈레노스의 이론에 의하면 사람의 몸속에는 피, 담즙, 흑 담즙, 점액 등 4개 종류의 체액이 있다. 그중에서 가장 중요한 피는 음식물이 위에서 변형된 다음 간에서 만들어지는 것으로 여겨졌다. 또한 체액은 사람마다 각기 구성 비율이 다르고 이로 인해 체질의 차이가 생길 뿐 아니라 성격 형성에도 결정적인 영향을 미친다. 따뜻하고 습한 속성을 지닌 피가 많은 사람은 다혈질이다. 따뜻하고 건조한 속성의 담즙이 많으면 흥분하기 쉬운 기질이 된다. 흑담즙은 차갑고 건조한 속성으로 우울한 기질을, 점액은 차갑고 습한 속성으로 둔한 기질을 만든다.

따라서 병이 나면 체액의 균형 상태를 회복시키기 위해 사혈과 관장의 치료법이 사용되었다. 구체적인 치료법에서는 파리 대학과 몽펠리에 대학이 약간의 차이를 보였다. 파리 대학은 생리학과 해부학을 중시한 반면, 몽펠리에 대학은 이 밖에도 아랍 연금술사들의 영향을 받아 아편과 안티몬을 치료제로 사용했다.

몽펠리에 대학 출신인 발로는 왕의 두통을 완화시키기 위해 보리물 반 병에 박하의 일종인 멜리사액 1온스 반을 섞고 여기에 정류시킨 키프로스산 독주 5방울을 넣어 휘저은 다음 왕에게 권했다. 동시에 변의 배설을 완화시키는 탕약과 구토를 유도하는 포도주를 사용했다. 체액에서 발산되는 독기가 머리로 올라와 왕을 흥분하게 만들고 두통에 시달리게 한다고 진단했기 때문이다. 하지만 왕이 차도를 보이지 않으면 그는 수시로 사혈에 의존했다.

1671년 4월 왕이 플랑드르 지방에 새로 건설된 요새들을 시찰하러 여행을 떠났을 때 발로 대신 다캥이 왕을 수행했다. 그는 두통으로 고생하던 왕에게 하제 성분이 들어 있는 수프를 권했다. 몽펠리에 대학 출신인 그는 특히 아랍의 온갖 신비스런 약초와 영약에 밝았다. "뇌를 가장 안전하게 지키는 방법은 수시로 위 안의 찌꺼기를 제거하고 반복적으로 하제를 사용해서 위에 체액이 축적되는 것을 막는 것이다."[412] 다캥의 권고와 치료로 여행 중 속이 편해지고 머리가 맑아진 왕은 1672년 4월 18일 수석시의를 발로에서 다캥으로 교체했다. 기독교로 개종한 랍비의 아들인 다캥은 야심에 가득 찬 인물이었다. 발로의 조카딸과 결혼한 덕분에 궁정에 진출한 그는 평소 왕이 사혈을 꺼리는 것을 눈치 채고 하제에 의존함으로써 수석시의 자리를 가로채는 데 성공한 것이다.

1672년 당시 왕은 33세의 한창 나이였지만 다캥은 왕의 체질과 건강 상태에 관해 몹시 우려를 표했다. 왕의 변비 증세와 피부 상태, 그리고 성격으로 미루어 그는 왕을 담즙 체질로 진단했다. "전하는 담즙이 지나치게 많아 선천적으로 몸에 열이 많기 때문에 늘 조심하고 유의해야 한다. 전하가 어려서부터 온몸에 옴과 단독이 오르곤 한 것은 그 때문이다."[413] 그러면서도 그는 이같은 진단을 토대로 왕을 영웅의 반열에 올려놓는 능수능란함을 보였다. "피속에 열이 많고 기질적으로 예민하기 때문에 왕은 다른 사람들에 비해 활동

파공

적이며 열정적이다. …… 그는 과거의 모든 영웅들보다 더 위대하다.”[414] 이처럼 탁월한 궁정인이었던 다캥 덕분에 그의 형제들과 아들들은 궁정과 교회의 고위직을 차지하며 부와 명성을 누릴 수 있었다.[415]

그러나 1693년 다캥에 뒤이어 수석시의가 된 파공은 여러 면에서 다캥과 대조적이었다. 다캥이 아부에 능한 궁정인이었다면, 파공은 강직하고 완고한 학자풍의 인물이었다. 다캥이 몽펠리에 대학 출신인 반면 파공은 파리 대학 출신이었다. 갈레노스의 추종자인 파공은 피의 순환에 관한 논문으로 파리 대학에서 박사학위를 받았고 생리학 이론에도 밝았다. 왕의 체질 분석에서도 두 사람은 다른 견해를 보였다. 파공에 의하면 담즙 체질은 “구토 증세를 보이고 음식에 까다로운 편”이다. 그런데 왕은 구토 증세를 보이지 않았다. 또한 담즙 체질의 사람들은 식성이 좋지 않은 편인데 왕은 어느 계절이든 항상 많이 먹고 밤에도 식성이 줄지 않았다. 담즙 체질은 화를 잘 내고 참을성이 없는데 왕은 인내심이 강하고 냉정하다. 이처럼 파공은 왕의 담즙 체질에 관한 다캥의 분석을 조목조목 비판했다.[416] 치료법에서도 약물 치료에 주력한 다캥과는 달리 파공은 주로 사혈에 의존했다. 왕은 사혈을 못마땅하게 여겼지만 명성이 높고 충직한 파공의 의견을 뿌리치지 못했다. 더구나 파공의 뒤에는 그를 적극적으로 천거한 맹트농 부인이 버티고 있었다. 그러나 파공이 수석시의가 되기 이전부터 이미 왕은 지친 상태였고 파공은 관장과 사혈 두 방법 모두를 남용함으로써 오히려 왕의 건강을 해쳤다.

병든 몸, 만들어진 이미지

문제의 근원은 역시 왕의 그릇된 식습관에 있었다. 단것을 좋아하던 왕의 치아는 일찍부터 망가졌다. 10대부터 잇몸에 염증이 생기고 30대에는 아래

턱 치아 전체가 썩었다. 1685년에는 마침내 위턱의 치아 하나만 남긴 채 전부 뽑아냈다. 치아가 없어진 뒤 왕의 식사는 모두 유동식으로 바뀌었다. 이때부터 전설적인 그의 식성도 사라졌다. 더욱 심각한 문제는 1685년에 받은 수술이 잘못되어 입천장에 구멍이 생긴 것이다. 그래서 액체를 마시면 분수처럼 그 일부가 코로 흘러들어 갔다. 자연히 잇몸에 염증이 생겨 혈농이 흘렀고 왕 주변에 가면 악취가 진동했다. 1685년 1월 10일 이 구멍을 막기 위해 잇몸을 14번이나 뜨거운 쇠로 지지는 대수술을 받았다. 더구나 수술은 한 번으로 끝나지 않고 세 차례나 계속되었다.

1686년은 왕에게 1685년보다 더욱 괴로운 해였다. 1월 15일 항문 근처에 종기가 발견되었다. 종기는 곧 수술을 하지 않으면 안 될 정도로 커졌다. 1월 20일부터 왕은 수차례 종기를 짜내고 불에 달군 쇠로 지지는 수술을 받았다. 2월 21일에는 통풍이 도졌다. 이번에는 오른쪽 발이었다. 설상가상으로 23일부터는 항문의 종기가 종양으로 발전하여 장기로 번지는 치루로 발전했다. 그때부터 10월까지 키니네와 독주, 하제 등 온갖 치료 방법이 동원되었다.

11월 18일 왕은 마침내 치루 수술을 받았다. 소독제도 마취제도 없이 이루어진 이 무자비한 수술로 왕이 얼마나 고통을 받았을지 상상이 간다. 그러나 왕은 꿋꿋하게 버티며 수술 중 단 한 번도 비명을 지르지 않았다. 1687년 1월에 가서야 비로소 왕은 수술에서 회복되었다. 그렇다고 해서 통풍이 사라진 것은 아니었고 두통도 계속 그를 괴롭혔다. 또한 수술과 통풍으로 인한 격심한 통증을 견디지 못해 그는 우울증과 류머티즘에 시달렸다.

이러한 육체적 고통은 왕의 정치에 어떤 영향을 미쳤을까? 미슐레는 괴롭고 힘든 왕의 육체적 상태가 그해 10월 18일에 공포된 낭트칙령의 폐지와 관련이 있다고 주장한다. 하지만 이는 추측일 뿐 구체적으로 증명되기는 어려운 문제다. 다만 분명한 사실은 1685~1686년의 대수술과 빈번한 사혈로 허약해진 왕의 몸에서는 감기와 고열이 떠나지 않았고 1685년을 정점으로 그의 치세도 내리막길에 처했다는 점이다. 낭트칙령의 폐지로 그는 전 유럽의 개신교 국가들의 반감을 샀으며 아우구스부르크 동맹전쟁은 그에게 치욕적인 결과를 안겨주었다. 전쟁으로 왕의 건강은 더욱 악화되었다. 1692년 나무르 봉쇄 당시 마지막으로 군대에 합류한 왕은 양쪽 발의 통풍으로 걷기조차 어려운 형편이었다. 그 이후 왕은 두 번 다시 전쟁터에 나타나지 않았다.

이러한 루이 14세의 모습은 우리에게 익숙한 그의 이미지와는 얼마나 대조적인가. 칼을 휘두르며 군대를 이끄는 자세를 취하고 있는 강인한 전사나 백합 무늬가 수놓인 푸른색 망토를 걸친 위풍당당한 군주의 자세를 취하고 있는 루이 14세에게서는 질병의 흔적도 고통의 낌새도 찾아보기 어렵다.

그러나 《건강일지》에 의하면 질병은 왕의 몸에 뚜렷한 흔적을 남겼다. 1647년 9살에 앓은 천연두로 왕의 얼굴에는 곰보 자국이 생겼다. 1658년 성홍열을 앓고 난 뒤에는 머리가 빠져 왕은 거의 대머리 상태가 되었다. 유난히 외모에 민감한 왕은 그때부터 실내에서도 항상 가발을 썼다. 또한 외모를 의식한 탓인지 초상화가를 직접 선정하고 제작을 감독하는 강박증을 보였다. 1665년에 베르니니가 제작한 흉상을 제외하면 대부분의 루이 14세 초상

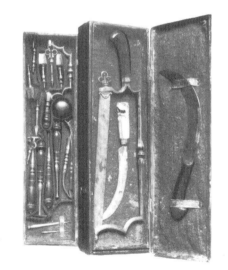

17세기 초의 수술 도구들

화에서 곰보 자국은 찾아보기 어렵다. 루브르 재건축을 위해 고심하던 콜베르의 초대로 프랑스를 방문한 당대 최고의 이탈리아 조각가자 건축가가 프랑스에 남긴 최고의 작품은 바로 루이 14세의 흉상이다. 오늘날에도 베르사유 궁전의 다이아나의 방을 지키고 있는 이 흉상은 강인한 전사의 모습이다. 베르니니는 왕의 야망과 포부를 표현하기 위해 낮은 이마를 높이고 작은 눈은 크게 만들었다. 또한 시선을 약간 높여 먼 곳을 응시하는 좌우 비대칭의 전형적인 콘트라포스트 기법을 활용했다. 뺨의 곰보 자국이 오히려 사실감을 더해준 탓인지 휘날리는 사자머리를 한 젊은 왕의 흉상은 이후 한 세기 동안 전 유럽에서 군주들의 흉상의 모델이 되었다.

20세에 대머리가 된 루이 14세가 가장 애용한 가발은 사자머리다. 구불거리는 사자머리는 강한 힘을 느끼게 하며 게다가 위로 높게 부풀려졌다. 그것은 작은 키를 감추기 위해서였다. 그의 키는 160센티미터에 불과했는데 당시에도 작은 편에 속했다. 그가 늘 높은 굽의 구두를 신은 것도 이 때문이었다. 영국 소설가 새커리W. Thackeray는 1840년에 발표한 《파리 스케치북*Paris Sketchbook*》에서 이런 말년의 루이 14세의 외모를 풍자한 데생화 3부작을 선보였다. 첫 장면은 사자머리 모양의 가발, 높은 굽의 구두, 불룩하게 부풀린 반바지, 우아한 스타킹, 백합 문양이 수놓인 망토, 은으로 된 왕홀, 장식용 검 등이 맞춤옷처럼 조합된 모습이다. 두 번째 장면은 왜소한 대머리 할아버지

베르니니의 루이 14세의 흉상(1664)

루이 14세 만들기를 풍자한 새커리의 데생화 3부작

가 엉거주춤 서 있는 모습이다. 마지막 장면에서 조립된 껍데기를 걸치고 당당한 자세를 취하고 있는 루이 14세의 모습이다. 몸이 굽은 대머리 할아버지를 대번에 근엄한 군주로 둔갑시키는 과정을 담은 이 데생화는 1701년 리고가 완성한 루이 14세의 초상화를 풍자한 듯하다.[417]

막이 내리다

그러나 《건강일지》 속에 묘사된 루이 14세는 1701년에도 통풍에 시달렸다. "1701년 3월 9일, 왕의 발, 특히 왼쪽 엄지발가락에 통풍이 왔다. 9일에서 10일 밤은 불안하게 지나갔다. 왕은 통증에 못 이겨 잠을 깼고 발과 다리가 붉은색으로 변해 퉁퉁 부어올랐다. 왕은 3일간 들것에 실려 미사를 보러 갔다."[418]

같은 해 팔츠 대공비의 편지 속에 등장하는 루이 14세도 마찬가지다. "왕의 모습이 전혀 딴판으로 변하게 된 것은 이를 전부 뺏기 때문이에요. 전하의 건강은 전과는 달라요. 계속해서 약을 드셔야 하니까요. 8일 전에도 의사가 5접시나 사혈을 했답니다. 이제는 사냥도 즐기지 못하지요."[419]

시간이 흐를수록 왕은 몸을 뒤뚱거리며 걸었고 휠체어에 의존하는 시간이 길어졌다. 춤꾼이었던 왕이 통풍 환자가 된 것이다. 왕이 통풍을 앓기 시작한 것은 1682년부터다. 1682년은 루이 14세의 역사에서 상징적인 의미를 지닌다. 이 해에 궁정은 베르사유로 이전하고 왕을 중심으로 한 궁정의례가 더욱 엄격하고 우아해진 까닭이다. 그러나 《건강일지》에 의하면 이 해부터 그의 몸은 만성적인 고통에서 헤어나지 못했다.

그럼에도 불구하고 루이 14세가 엄격한 궁정의례를 체계화하고 몸소 실천하는 모범을 보인 이유는 무엇일까? 궁정의례는 생시몽의 주장처럼 왕의 정치적 무능력을 감추기 위한 것만이 아니라 허약한 몸을 감추기 위한 것이 아니었을까? 루이 14세가 베르사유라는 실내 무대에서 펼쳐지는 일상적인 연극에 주력하게 된 데에는 더 이상 쾌락을 추구할 수 없게 되었기 때문이 아닐까? 실제로 그의 화려한 여성 편력은 1682년부터 중단되었다. 왕비가 사망하자 그는 3살 연상의 맹트농 부인과 결혼하고 종교생활에 몰두했다. 뿐만 아니라 아침에 일어나서 의복을 갖추어 입는 일에서부터 잠자리에 들기까지 성무일과처럼 빡빡한 일정에 자신의 생활을 맞췄다.

그러나 그의 노력도 생물학적인 인간의 조건을 초월하지는 못했다. 끝없이 이어지는 공적 의례와 알현은 점차 그를 지치게 했다. 사적 존재인 자신의 몸을 통해 공적 권위를 유지하려던 그는 스스로 놓은 덫의 노예가 되었던 것이다. 늘 위엄을 지키며 모두의 주시를 받는 것 자체가 두려워진 그는 수시로 별궁 마를리를 찾았다. 1703년부터는 왕의 기상의례와 취침의례마저 중단되었다. 통풍 증상이 심해져 침대에 누워 있는 시간이 늘어났기 때문이다. 그럼에도 불구하고 루이 14세의 가장 중요한 통치 방식 중 하나였던 궁정의례는 헛바퀴 돌듯 공허하게 유지되었다. 한번 작동하기 시작한 기계가 계속 굴러가듯이 궁정의례는 왕의 참여 없이도 계속되었던 것이다. 그러나 왕이 불참하는 횟수가 늘어나면서 궁정의례는 점차 빛이 바래지듯 활기를 잃어갔다.

1711년 세자의 사망은 이미 오래전부터 육체적으로 허약해져 있던 그에게 마지막 일격을 가했다. 그때부터 왕은 거의 몸을 가누지 못했다. 《건강일지》도 1711년에서 끝이 났다. 동시에 왕은 주로 마를리에 칩거했다. 공적 존재로서 궁정인들에게 모든 것을 공개하던 그는 이제 사적 개인으로 돌아간 것이다.

팔츠 대공비가 베르사유 남성들의 파리 출입을 개탄한 것도 이 무렵이다. 1713년 쥐르생 공비에게 보낸 편지에서 그녀는 "남자들이 밤나들이에 익숙해져서 큰일이에요. 여자들의 밤나들이를 조장한 것은 바로 그들이지요. 남자들은 여자들보다 더 심해요. 그들은 가정을 내팽개치고 여자들이 담배 피고 술 마시며 도박에 빠지기를 원하고 의복을 갖추어 입는 것도 좋아하지 않습니다."[420] 젊은 귀족들은 몰래 베르사유를 빠져나가 파리로 갔다. 마레 지구와 귀족들의 저택이 늘어선 생토노레에 귀족들의 마차 행렬이 이어졌다. 숨 막히는 궁정예절에서 벗어난 그들은 그곳에서 파리의 밤문화를 즐겼다. 그들이 추구한 것은 무엇보다 자유였다. 특히 오를레앙 공작의 궁전이 위치한 팔레루아얄은 젊은 귀족들의 해방구 역할을 했다. 감옥으로 변모한 베르사유와 화려하고 활기에 가득 찬 파리. 이 모두가 한 시대의 종말을 알리는 예고편이나 다름없다.

페르시아 대사를 접견하는 루이 14세

1714년부터 왕의 건강은 극도로 악화되었다. 시종들과 궁정인들은 모두 이 사실을 눈치 챘지만 아무도 발설하지 못했다. 수석시의 파공만이 예외였다. 몸도 정신도 쇠약해진 그는 아무것도 모른 채 왕이 좌골 신경통을 앓고 있다며 자신의 치료법을 고집했다. 왕은 이런 파공의 말을 따르며 남몰래 임종을 준비했다. 팔츠 대공비, 당조, 생시몽 등은 왕의 마지막 나날들을 상세히 묘사하고 있다. 1715년 6월 8일 성신강림축일 전날 왕은 거의 기력이 없는 상태임에도 불구하고 연주창 환자들의 발을 씻겨주는 행사를 했다. 이날 왕이 만난 사람은 모두 1,700명이었다. 온갖 부류의 사람들이 몰려들고 유럽 각처, 특히 에스파냐에서 온 사람들도 꽤 있었다.

8월 10일부터 왕은 다리가 아파 일어나 앉지도 못했다. 그럼에도 불구하고 13일에는 선 채로 페르시아 대사Hussein-Mirza를 접견했다. 8월 24일, 왕의 다리가 검게 변했다. 8월 25일, 최후의 공적 만찬이 열렸다. 이 자리에서 그는 공적인 죽음을 천명했다. "짐은 궁정인들 사이에서 살아왔다. 이제 그들 사이에서 죽고 싶다. 그들은 평생 나와 함께 동거동락했으니 그들로 하여금 내가 가는 모습도 지켜보게 함이 옳을 것이다."[421] 궁정인들에게 작별을 고하는 마지막 순간 왕은 조금도 자만심을 보이지 않았다. 죽음을 눈앞에 둔 그는 의연하고 위엄 있는 태도를 보였으며 전혀 육체적 고통이나 공포심을 드러내지 않았다. 적어도 이 점에서 그는 위대한 군주로서의 풍모를 보였다.

만 77세가 되기 꼭 나흘 전인 1715년 9월 1일 아침 8시 15분에 왕은 사망했다. 재위 72년, 친정 54년의 장기 치세가 막을 내린 것이다. 9월 4일, 왕의 장기가 파리 노트르담 성당으로 옮겨졌다. 6일, 관례대로 왕의 심장이 도려내어져 예수회 수도원에 안치되었다. 9일, 왕의 시신을 실은 운구 행렬이 베르사유를 떠나 천천히 불로뉴 숲을 지난 다음 역대 왕들의 시신이 보존되어 있는 생드니 성당을 향했다. 새벽안개 속에서 800명의 기병대가 횃불을 손에 든 채 관을 호위하며 작은 보폭으로 움직이는 장관이 펼쳐졌지만 아무도 감탄하지 않았다.[422] 이렇게 루이 14세는 역사의 무대 뒤로 사라졌다.

맹트농 부인　　　　　　　　　　　　Mᵐᵉ de Maintenon, François d'Aubigné, marquis de(1635~1719): 몰락한 지방귀족 출신으로 어린 나이에 고아가 되어 17세에 시인 스카롱과 결혼했으나 1660년에 남편이 사망했다. 루이 14세와 몽테스팡 부인 사이에서 태어난 자녀들의 가정교사를 하다가 루이 14세의 눈에 들어 1683년 비밀결혼을 했다. 자신과 같은 가난한 귀족 소녀들을 위한 기숙학교인 생시르 학교를 설립하여 직접 경영과 교육을 담당했으며 루이 14세의 사망 후 그곳에 은둔했다.

세　자　　　　　　　　　　　　Monseigneur, Louis le Grand Dauphin(1661~1711): 루이 14세와 마리 테레즈의 장남이자 장성한 유일한 아들이었으나 1711년 사망했다. grand이라는 칭호가 붙은 것은 위대하다는 의미에서가 아니라 뚱뚱하고 큰 체격 때문이다. 루이 14세를 닮아 식탐이 강한 대식가였으나 아버지와는 달리 게으르고 우둔하며 심약했다. 평생 루이 14세의 감시와 견제를 받았으며 이를 피해 주로 뫼동 성에 기거하며 늑대 사냥에 몰두했다.

부르고뉴 공작　　　　　　　　　　　　duc de Bourgogne, Louis(1682~1712): 세자의 아들이자 루이 14세의 장손. 까다롭고 예민한 성격이나 페늘롱의 교육을 통해 지적 호기심을 키우며 정치적 식견을 갖추어 루이 14세의 총애를 받았다. 덕분에 30세가 넘어 국무참사회에 참석한 세자와는 달리 14세부터 국무참사회에 참석하며 궁정의 주목을 받았으나 홍역에 걸려 사망한 부르고뉴 공작부인에게 전염되어 6일 만에 갑작스럽게 사망했다.

Louis Le Grand Monarque

에필로그

새 시대, 낡은 굴레

왕이 사망한 다음날인 9월 2일 파리 고등법원에서 왕의 유언장이 낭독되었다. 유언장에 따라 어린 왕을 대신해서 국정을 책임질 섭정참사회가 공포되었다. 오를레앙 공작에게는 섭정직이 아니라 단지 이 섭정참사회의 수장직이 부여되었을 뿐이다. 섭정참사회의 구성원은 모두 16명으로 오를레앙 공작 외에 부르봉 공작, 멘 공작, 툴루즈 백작, 대상서 부아쟁, 재무참사회의 수장 노아유 공작, 빌루아 원수, 빌라르 원수, 위셀 원수, 아르쿠르 원수, 탈라르 원수, 재무총감 데마레, 4명의 국무비서 등이다. 그중 오를레앙 공작을 제외한 거의 대부분이 맹트농 부인과 멘 공작의 파벌에 속한 사람들이다. 섭정참사회의 의사결정 원칙은 다수결로 정해졌다. 유언장의 의도는 분명했다. 오를레앙 공작은 허수아비 같은 존재에 불과했던 것이다.

그로부터 열흘 후인 12일 사태는 완전히 역전되었다. 이날 오를레앙 공작은 간신히 병석에서 일어난 루이 15세를 앞세워 파리 고등법원으로 갔다. 친림법정이 개최된 이 자리에서 선왕의 유언장이 파기되고 오를레앙 공작이 섭정으로 선포되었다. 15일에는 1673년 루이 14세가 박탈한 파리 고등법원의 간주권을 회복시키는 칙령이 공포되었다. 루이 14세의 유언이 송두리째 뒤집힌 것이다. 하지만 왕은 죽기 전에 이 모든 상황을 예감했음이 틀림없다. 임종을 앞둔 8월 26일, 그는 고등법원 수석 재판장 멤과 검찰총장 다게소를 불러 추가 유언 변경서를 내밀며 말했다.

선왕들과 부왕의 유언장 전례를 통해 짐은 이 유언장이 어떻게 되리라는 것을 짐작할 만하오. 그럼에도 불구하고 사람들은 내게 이 유언장을 강요하며 나를 못살게 굴고 도무지 나를 쉬게 내버려 두지 않는다오. 결국 나는 이 유언장으로 휴식을 산 셈이지. 자 여기 있소. 이 유언장을 가져가시오. 유언장은 운명에 맡길 수밖에. 적어도 나는 더 이상 유언장에 관해 말하는 것을 듣고 싶지 않소.[423]

8월 27일 왕은 맹트농 부인 앞에서 다시 한 번 이 말을 되풀이했다. 멘 공작에게도 다짐했다. "너는 그 유언장을 원했지. 하지만 내가 살아 있는 동안 네게 아무리 커다란 혜택을 부여했을지라도 너는 내가 없으면 아무것도 아니다."[424] 왕은 자신의 유언장과 멘 공작의 운명을 정확히 예감했다. 그럼에도 불구하고 맹트농 부인과 멘 공작의 강요에 못 이겨 유언장을 작성하지 않을 수 없었던 것이다.

이렇게 해서 위대한 세기는 막을 내리고 새로운 시대의 막이 올랐다. 루이 14세와 대조적인 오를레앙 공작이 섭정이 되자 곧 모든 부분을 조이고 있던 나사가 비틀어지기 시작했다. 그때까지 숨을 죽이고 있던 고등법원과 귀족, 얀센파와 예수회는 저마다 유리한 입지를 굳히기 위해 각축을 벌였다. 그 모든 중심지는 파리였다.

매사를 구속하는 복종관계에 신물이 난 파리 사람들은 자유에 대한 희망으로 가득 찼으며 권력을 남용하던 수많은 사람들의 종말을 보고는 기쁨에 넘쳤다. 파괴와 절멸에 낙담하던 각 지방에서는 환희가 메아리쳤다. 고등법원들은 중요한 역할을 하게 되기를 은근히 기대했으며, 칙령과 파기로 궤멸당했던 온갖 종류의 사법기구들은 구속에서 해방되기를 기대했다. 헐벗고 짓눌린 가운데 절망하던 백성들은 해방감에 기뻐 날뛰며 신에게 감사했다. 그들이 의심할 여지없이 가장 강렬하게 갈구해 왔던 것은 바로 해방이었다."[425]

그러나 해방의 기쁨과 기대는 잠시뿐 루이 14세와 그의 치세가 남긴 유산이 궁정과 프랑스 전체를 짓눌렀다. 무엇보다 심각한 문제는 국가재정 상태였다. 2,000만이 넘는 인구에 부유하고 풍성한 나라인 프랑스는 1715년에 평화가 도래하고 군사비 지출이 감소했음에도 불구하고 파산 직전에 처해 있었다. 1715년의 총수입은 1억 6,500만 리브르였다. 그러나 7,700만 리브르의 적자를 기록했고 한 해 이자로만 8,600만 리브르를 지출했다. 1716년과 1717년의 조세 수입도 이미 선취금으로 받아 다 써버린 상태였다. 뿐만 아니라 이미 오래전부터 해마다 적자가 누적되어 눈덩이처럼 불어난 부채가 전부 28억 리브르에 달했다.

루이 15세

오를레앙 공작

빚더미에 앉은 재정 문제를 해결하는 것이 급선무였다. 적어도 이 점에서 섭정 자리에 오른 오를레앙의 처지는 1661년 3월 마자랭 사망 직후 루이 14세가 처한 상황과 유사했다. 그가 선택할 수 있는 길은 단둘뿐이었다. 파산을 선언해서 부채와 이자 지급을 거부할 것인가 아니면 정의법정을 소집해서 재정가들로 하여금 돈을 토해내게 할 것인가. 여기서 또다시 두 번째 방법이 선택되었다. 1661년 푸케를 희생양으로 삼았던 정의법정의 소집이 결정된 것이다. 그렇다면 역사는 반복되고 54년간의 친정은 정치적 막간극에 불과한 것인가?

상반된 증언들

그러나 루이 14세가 친정을 시작한 1661년과 그가 사망한 1715년의 상황은 엄연히 달랐다. 무엇보다도 1661년 이전 한 세기 동안 프랑스를 혼란에 빠뜨렸던 반란과 무질서는 1715년의 프랑스인들에게 희미한 과거로 기억될 뿐이다. 이미 오래전부터 지방은 왕에게 충성을 맹세하고 전국에는 왕의 대리인인 지사가 파견되었다. 또한 행정귀족과 재정가 집단이 새로운 엘리트층으로 부상한 반면 정치적 영향력을 상실한 귀족은 궁정 문화에 길들여지고 독립적인 권위를 상실했다. 이 모두가 루이 14세의 장기 치세의 결과임이 틀림없다. 루이 14세의 존재감은 국외에서 더욱 뚜렷하게 부각되었다. 말년에 패전을 거듭했음에도 불구하고 루이 14세는 영토를 확장시켰을 뿐 아니라 그와 베르사유 궁정의 모든 것은 전 유럽에 빛을 발하고 모방의 대상이 되었다.

이렇듯 루이 14세의 치세는 프랑스사에 뚜렷한 흔적을 남겼다. 그때부터 지금까지 루이 14세만큼 화려하게 역사적 조명을 받은 군주도 드물다. 그는 한편에서 강력한 행정군주로 눈부신 찬사를 받는가 하면 다른 한편에서는 오만한 전제군주로 신랄한 비판의 표적이 되어왔다. 긍정이나 부정 그 어느 편에서건 그는 강력한 통치권을 행사한 지배자의 전형으로 간주되었다. 이를 증명이라도 하듯 베르사유 궁전과 프랑스 도처에 남아 있는 그의 초상화와 조상은 한결같이 위대한 영웅이나 근엄한 군주의 모습이다. 문인들의 작품에서도 마찬가지다. 그는 끝없는 정치적 야망과 영광에 대한 집념의 소유자로 묘사되었으며 야망을 실천하기 위해 필요한 강한 의지와 엄청난 자제력을 겸비한 인물로 등장한다.

하지만 그와 정반대의 증언도 무수히 많다. 생시몽, 팔츠 대공비, 불랭빌리에, 페늘롱이 전하는 루이 14세는 열정적이고 성실하기는 하지만 소심하고 인색하며 편협한 인물이다. 게다가 초상화나 조상의 이미지와는 달리 그는 키가 크지도 기골이 장대하지도 않다. 군사적 능력도 행정적 역량도 갖추지 못했다. 한마디로 표트르 대제나 프리드리히 대제에 비하면 그는 무능력한 편에 속했다.

태양왕 루이 14세의 숨겨진 모습을 폭로한 증거들을 접하기는 그리 어려운 일이 아니다. 루이 14세의 궁정에서 그를 직접 목격하거나 경험한 증인들의 글은 그의 치세 당시부터 이미 필사본으로 유포되거나 출판되었다. 그럼에도 불구하고 그들의 증언이 오랫동안 역사에서 제목소리를 내지 못한 이유는 무엇일까? 오늘날까지 루이 14세가 절대주의의 화신이자 절대군주의 전형으로 일컬어지는 이유는 무엇인가? 이 책은 이러한 문제의식에서 출발했다.

절대주의와 절대군주에 대한 오해

태양왕 루이 14세의 신화는 절대주의와 절대군주의 용어에 대한 오해에서 비롯되었다. 절대주의라는 용어는 1797년에 발표된 샤토브리앙Chateaubriand의 《혁명론*Essai sur les révolutions*》에서 탄생했다. 샤토브리앙은 프랑스혁명 이전의 정치체제를 가리키기 위해 절대군주의 용어에서 '절대'를 빌려 '군주가 무제한적이고 완벽한 권한을 행사하는 정치체제'라는 의미의 신조어를 만들었다. 이렇듯 절대주의는 정치적 실체로서의 절대군주가 역사의 무대에서 퇴장한 뒤에야 비로소 등장했다. 1789년 6월 17일 이른바 '테니스코트의 서약'을 통해 탄생한 국민의회가 국민의 대표자임을 자처하며 국민주권의 이념을 선포한 순간 군주의 존재는 무기력해졌으며 1793년 군주는 마침내 혁명가들에 의해 처형되었으니 말이다. 절대주의는 혁명의 소용돌이 속에서 사라진 절대군주의 박제인 셈이다.

살아 있던 생명체를 영구히 보존하기 위해 만들어지는 박제는 보통 그 생명체가 절정에 달한 순간을 포착한다. 절대군주를 박제한 절대주의의 원리도 동일하다. 절대주의는 프랑스 역사상 가장 강력한 절대군주로 간주되는 루이 14세의 치세가 독재 혹은 전제주의와 유사한 개념으로 박제된 것이다. 이러한 절대주의 개념을 가장 즐겨 사용한 대표적인 역사가는 미슐레다. 프랑스혁명을 지지한 그는 전쟁과 종교적 박해, 그리고 무거운 세금으로 백성을 짓누른 루이 14세를 역사상 가장 포악한 전제군주로 여겼던 것이다. 19세기 공화주의와 부르주아 역사가들에 의해 루이 14세와 절대주의의 개념은 더욱 부풀려졌다.

그렇다면 절대주의로 박제된 루이 14세는 과연 무제한적이고 완벽한 권한을 행사한 절대군주였을까? 하지만 루이 14세는 친정을 시작한 1661년 이전에도 절대군주로 불렸다. 그만이 아니라 루이 13세도 앙리 4세도, 그리고 그 이전의 역대 왕들도 마찬가지였다. 절대군주라는 용어의 기원은 명확하지 않지만 프랑스 군주에게 '절대' 라는 수식어가 부여된 것은 14세기부터다. 여기서 절대란 종교적 의미다. 성경을 근거로 군주는 누구와도 권력을 공유하지 않으며 오직 신에게만 책임을 지는 존재로 부각되었던 것이다. 신의 축성을 받은 왕에게 경외심을 표현하는 이러한 전통은 왕국과 권위에 대한 충성심을 고양시키기 위해 유지되었으며 프랑스 고유의 정치문화로 자리 잡았다. 종교내전과 무수한 반란의 와중에 절대군주에 대한 프랑스인들의 기대는 더욱 간

1674년 프랑슈콩테 지방을 정복한 루이 14세

절해졌다. 정치 이론서들이 앞다투어 세속적인 차원에서 권력분립의 불가능성을 말하며 군주의 절대권을 논증한 것도 이 무렵이다. 문제는 이러한 절대군주의 담론이 이상이자 염원이었을 뿐 실제와 거리가 멀었다는 점이다. 루이 14세도 예외가 아니다. 박제는 겉모습에 불과했던 것이다.

프랑스 역사 속에 존재했던 절대군주는 오늘날 우리가 알고 있는 절대군주의 개념과 거리가 있다. 루이 14세 시대의 정치와 사회를 연구한 메탐은 이런 맥락에서 프랑스사에서 진정한 의미의 절대군주도 절대군주정도 존재하지 않았다고 단언한다. 그의 주 연구 대상은 권력의 요체인 궁정이다. 그러나 중앙의 권력 구조와 그 작동방식을 설명하기 위해 그는 지방에서의 세금 징수 문제에서 출발한다. 끝없는 전쟁으로 점철된 루이 14세 시대에 모든 국가정책은 전쟁 자금을 충당하는 데 집중되었기 때문이다. 백년전쟁 동안 국가조세가 강요되기 시작한 이래 군주정은 조세의 독점권을 추구했다. 그러나 그것은 여전히 요원한 일이었다. 루이 14세 시대에도 정부는 지방이나 도시, 공동체와 조세 할당액을 협의했고 공제액을 제외한 선취금을 받는 조건으로 징세청부업자들에게 징수권을 넘겨주는 오랜 관행에서 벗어나지 못했다.

왕과 지방의 관계는 지방 엘리트층과의 은밀한 뒷거래를 통해 맺어졌으며 그들에게는 전보다 더 많은 특권과 이익이 보장되었다. 그 과정에서 중개 역할을 한 재정가들은 엄청난 이익을 가로채었다. 그러나 이러한 비정상적인 재정운영 방식의 최대 수혜자들은 재정가들의 패거리를 거느린 고위 관리들과 대신들이었다. 루이 14세는 중앙과 지방을 연결 짓는 이 먹이사슬 구조를 개혁할 의지도 능력도 없었다. 결과적으로 루이 14세는 국가의 부를 갉아먹는 기생계층만 살찌게 한 셈이며 그 피해는 고스란히 농민에게 전가되었다. 여기서 루이 14세 치세의 사회적 기반에 대한 근본적인 문제가 제기된다.

과거의 묵계는 전통적인 가치체계와 위계적인 사회질서를 유지시켰다. 신분질서가 더욱 강화되고 귀족의 상석권과 신분적 표시가 엄격히 통제되었다. 루이 14세는 스스로 제1귀족으로 자처하며 다양한 특권을 귀족에게 부여하고 또 창조해냈다. 그는 전통적인 제도들을 파괴하거나 개혁하기보다는 자신의 발밑에 둔 채 지배하기를 원했던 것이다. 신분의 강화와 특권의 보장은 종교내전과 반란에서 패한 귀족들에게 거부할 수 없는 유혹이었다. 귀족들은 여전히 군복무를 원했고 고위 성직을 독점했다. 군주정의 필요와 귀족의 야망이 합일점을 찾은 것이다. 왕과 귀족은 경제적 착취, 특권의 분배, 질서 유지 등 지배의 세 측면을 공유했다.

이럴수록 귀족의 사회적 열망은 커졌다. 본래 신분적 특권에서 배제되었던 재정가들과 법관들이 관직매매와 귀족 증서의 매매를 통해 이 대열에 가세하면서 신분과 서열의 미묘한 개념은 더욱 세분화되고 확대되었다. 군주정은 여러 갈래의 사회적 지위를 귀족 신분으로 통합하고 철저하게 위계화함으로써 사회적 유동성을 통제하는 데 성공했던 것이다. 이 과정에서 부르주아의 자본은 생산에 재투자되기보다는 관직, 징세청부업, 사치산업에 흘러들어 갔다. 반면 귀족의 아성은 더욱 견고해졌다. 그렇다고 해서 특권이 귀족만의 전유물은 아니었다. 성직자층, 부르타뉴 지방, 리옹의 견직물업자들, 파리 고등법원 등 다양한 집단에게 분배되었다. 이처럼 다양한 특권층 혹은 특권 집단과의 상호관계에 의해 유지된 루이 14세의 군주정은 복잡하고 불평등한 권력의 집합체에 불과했다.

복종의 전염병의 정체는 바로 여기에 있다. 루이 14세는 역설적이게도 과거의 낡은 톱니바퀴에 의존해서 선왕들이 이루지 못한 성과를 실현하는 놀라운 능력을 발휘했던 것이다. 각 지방이 왕에게 충성을 맹세하고 과도한 조세 요구에 기꺼이 순응한 것은 왕이 복잡한 사회적 조직망을 통해 각 지방의 특권과 이익을 보장해주었기 때문이다. 복종은 상호이익을 전제로 한 타협의 결과이며 자발적인 것이었다. 결국 루이 14세의 통치 수단은 효율적인 관료제가 아니라 귀족의 광범위한 사회적 조직망인 후견제였던 셈이다. 왕은 그 조직망을 통합하고 이용함으로써 행정적 취약성, 포괄적인 국가조세 구조의 부재 상황을 극복할 수 있었다. 제도 개혁이 아니라 왕과 지방 간의 사적인 관계를 통해 사회가 국가행정체계 속에 편입되고 중앙집권화가 진척되었던 것이다.

권력을 지탱해주던 사회적 매개자들에 대한 재정사, 사회사 연구를 통해 밝혀진 루이 14세의 정치적 진면목은 이렇듯 복합적이다. 루이 14세 시대에는 봉건적 지배 구조와 사고방식이 사회 전체에 영향력을 행사했지만 그와 동시에 상당히 근대적인 면모를 갖추었던 것이다. 그것은 루이 14세의 의지의 소산일까 아니면 우연일까?

루이 14세가 처음부터 새롭고 근대적인 프랑스를 건설하려고 의도했던 것이 아님은 분명하다. 그의 행보가 일사불란한 성공을 거둔 것도 아니다. 더욱 중요한 사실은 이 모두가 이미 반세기 전부터 리슐리외와 마자랭에 의해 추진되어왔다는 점이다. 두 수석대신은 정치적 혼란을 극복하기 위해 귀족들 간의 대립과 탐욕을 이용해서 후견 조직망을 교란시킨 뒤 자신들을 정점으로 하는 거대한 사회적 그물망을 구축했다. 루이 14세의 장기 치세로 이러한 후견제는 강화되었다. 문제는 그 성과가 루이 14세가 아니라 콜베르와 르텔리에, 루부아의 것이라는 사실이다. 겉으로는 루이 14세가 권력을 움켜쥔 것처럼 보이지만 그는 마자랭의 유산인 세 사람에게 지배되었다. 사적 충성 서약을 통해 사회 저변까지 세분화된 견고한 인적 그물망은 이 강력한 대신들의 손아귀에 놀아났던 것이다.

절대군주의 신화 창조

이처럼 뿌리 깊은 권력의 구조적 한계와 불투명한 전망 속에서 어떻게 절대군주가 될 것인가? 태생적으로 영광에 집착한 루이 14세는 외부에서 대안을 찾을 수밖에 없었다. 이렇게 해서 전쟁과 화려한 정치문화의 대프로젝트가 가동되기 시작했다. 사회의 각 계층도 기꺼이 이 프로젝트에 동참했다. 그들이 확보한 사회적 지위와 경제적 기반은 군주권의 반사물이었을 뿐 아니라 프로젝트 자체가 그들을 포용할 수 있는 방식으로 움직였기 때문이다. 귀족은 전사귀족으로 거듭날 수 있는 기회를 놓치지 않았다. 예술가들도 위대한 왕을 통해 마음껏 표현할 수 있는 기회를 누릴 수 있었다. 절대군주의 신화 창조를 목표로 한 이 프로젝트의 실질적 운영자자 총책임자는 콜베르였다.

친정 초기에 루이 14세는 전쟁터에서 눈부신 승리를 거두었으며 거리의 무대 위에서 헤라클레스나 태양왕 아폴론으로 변신했다. 그의 모습은 관객을 열광시키고 전 유럽의 이목을 집중시켰다. 과거의 향수에 사로잡힌 백성은 메달과 동상을 통해 전달된 위엄 있고 당당한 왕의 이미지에 안도했으며 찬사를 아끼지 않았다. 1679년 파리 시가 그에게 루이 대왕의 칭호를 바친 순간 그의 프로젝트는 절정에 달했다. 절대군주에 대한 프랑스인들의 염원이 실현된 듯했다. 루이 14세의 절대군주의 신화는 결과가 아니라 수단이었던 것이다.

그러나 루이 14세는 값비싼 대가를 치러야 했다. 무모한 야망에서 비롯된 전쟁의 멍에가 그의 발목을 잡았다. 엄청난 전비를 충당하고 상비군을 유지하기 위해 그는 더욱더 재정가와 대신에게 의존하지 않을 수 없었다. 프랑수아 1세 시대부터 누적되어온 재정 편법과 관직매매의 폐해가 극에 달하면서 프랑스 군주정은 마침내 한계상황에 도달했다. 그러나 1691년 이후에는 콜베르도 루부아도 더 이상 존재하지 않았다. 그들이 사라진 뒤 루이 14세는 경건함으로 위장한 맹트농 부인과 평범하고 무능한 그녀의 파벌에 의해 눈과 귀를 봉쇄당했다.

그렇다고 해서 구조적 모순을 개혁하려는 노력이 없었던 것은 아니다. 면세특권과 관직매매의 폐지가 논의되고 시도되기도 했으나 계속 무산되거나 미루어졌다. 면세특권의 폐지는 신분적 정체성에 기반한 절대군주정의 토대를 무너뜨리는 것이나 다름없었고, 국가의 공직을 담보로 한 관직매매 또한 관직을 되사지 않는 한 도저히 사라질 길이 없었다. 둘 다 혁명을 통해서나 가능한 일이었다. 결국 영국과 네덜란드가 사회경제적인 대변혁으로 꿈틀대던 1680~1715년에 프랑스는 자신의 능력과 부를 효율적으로 활용할 만한 제도를 갖출 수 있는 기회를 놓치고 말았다.

대신 루이 14세는 베르사유에 틀어박혔다. 베르사유에서는 화려하고 인위적인 세계가 창조되고 질서와 조화, 통일의 원리를 구현한 고전주의 문화가 완성되었다. 그것은 권력의 구조적 무능력과 원천적 의존성을 은폐하려는 거대한 프로젝트의 일환이었다. 베르사유가 거대한 연극 무대가 된 것 역시 같은 맥락에서다. 왕은 스스로를 국가의 권위를 구현하는 구체적이고 현실적인 존재로 만들기 위해 자신을 정점으로 하는 엄격한 의례와 장엄한 의식을 체계화하고 실천했다. 만여 명에 달하는 궁정인들이 참여한 이 연극 무대에서 왕은 주연을 맡고 궁정인들은 서열과 지위에 따라 조연 혹은 엑스트라로 참여했다.

질식할 듯한 의례는 궁정귀족의 이해관계와 허영심을 교묘하게 이용하여 그들을 통제하는 기계장치로 작동했다. 그러나 이른바 귀족 길들이기의 내막은 겉으로 드러난 것이 전부가 아니다. 그것은 지금까지 굳어져온 고정관념처럼 일방적인 귀족 굴복시키기가 아니라 높은 수익을 보장하는 총애의 분배를 조절함으로써 귀족들 간의 충성경쟁을 유발하기 위한 교묘한 심리전이었다. 이 심리전의 성패는 위대한 기술자의 개인적 능력과 성향에 달렸다. 루이 14세의 능력과 전략이 유감없이 발휘된 것은 바로 이 대목에서다. 궁정인들 위에 군림하게 된 그는 과거의 특권적인 틀을 강화시키는 가운데 부와 권위의 재분배를 통해 왕권을 강화시키는 중심축이자 조정자 역을 훌륭히 소화해 냈던 것이다.

부와 권위, 문화가 집중된 궁정은 사회 지배의 모델로 선전되고 강요되었으며 또 모방되었다. 라브뤼예르의 말처럼 특히 도시는 궁정의 원숭이였다. 물론 대부분의 프랑스인들은 왕의 존재를 직접 목격하지도 느끼지도 못했다. 그러나 궁정식 말투와 의복, 생활방식은 왕에 대한 복종심과 함께 일상생활 속에 뿌리내리고 머릿속에 각인되었다. 모자이크처럼 다양하고 독자적인 삶을 유지하던 지방 공동체들 사이에서 서서히 유대감이 형성된 것은 바로 이러한 독특한 경험을 통해서였다. 왕에 대한 충성심이야말로 민족 통합의 원동력이었던 것이다. 루이 14세는 이 점을 명확히 인식했다. 친정 초기에 쓰여진 《회고록》에서 그는 "프랑스에서 국민이란 그 자체가 하나의 공동체를 형성하는 것이 아니라 오직 왕의 존재를 통해 결속되는 것이다"[426]고 언급했다. 추상적 실체인 국가와 육신적 존재인 자신을 동일시하는 데 전력을 기울인 그는 개인적 차원에서 보면 영광과 권위를 향해 끝없이 달려나간 욕망과 집착의 화신이었다. 그러나 국가의 차원에서 보면 그의 일생은 민족 통합의 실현 과정이나 다름없다. 이 점에서 그는 근대 서유럽 사회가 경험한 국민국가로의 긴 여정에 뚜렷한 흔적을 남긴 셈이다.

죽음을 앞두고 그가 던진 마지막 말 한마디는 더욱 의미심장하다. "짐은 떠나노라. 그러나 국가는 영원히 존재할 것이다." 당조가 전하는 이 말을 통해 그는 군주와 국가의 분리를 선언했다. 유한한 생명체가 영원불멸한 존재임을 과시하던 이 절대군주 스스로가 절대군주정의 유산을 부정한 것이다.

절대군주정의 해체 과정

루이 14세 시대에 형성된 정치사회 구조는 프랑스혁명 직전까지 유지되었다. 궁정은 여전히 권력의 핵심이었다. 루이 15세와 루이 16세는 루이 14세와 마찬가지로 참사회들을 열었고 왕의 의지는 지사를 통해 지방에 전달되었다. 권력은 소수의 귀족과 대신들에게 장악되었다. 대부분의 궁정귀족들은 정치에서 배제되었지만 궁정 안을 맴돌았다. 또한 계속해서 위대한 프랑스를 목표로 하는 외교정책이 추진되었고 이로 인해 프랑스는 끊임없이 전쟁에 휘말렸다.

하지만 이는 겉모습에 불과했다. 시간이 흐르면서 모든 것이 바뀌었다. 프랑스는 이미 오래전부터 군사 강국이 아니었다. 귀족들은 여전히 베르사유에 가기를 원했지만 그것은 오직 연금과 특권에 대한 탐욕 때문이었다. 베르사유는 더 이상 정치, 사회, 문화의 구심체가 아니었다. 《파리의 풍경》에서 루이 16세 시대의 파리의 모습을 묘사한 메르시에의 표현에 의하면 "궁정이라는 단어는 더 이상 루이 14세 시대 사람들이 느꼈던 것과 똑같은 것을 연상시키지 않았다." 한때 절대군주정의 위엄을 상징하던 베르사유는 서서히 허약하고 고립된 군주정의 상징이 되어버렸다. 화려하지만 가식과 공허함으로 가득 찬 베르사유는 봄이 되거나 일요일에 한가하게 놀러가는 구경거리로 전락했다.[427]

대신 파리가 새로운 문화의 중심지로 부상했다. 파리의 살롱에서는 궁정에서와는 비교가 안 될 정도로 자유로운 대화와 토론이 가능했다. 새로운 세상

탈脫 루이 14세화. 루이 14세 치세가 끝나자 궁전 도처를 장식하던 태양–왕 루이 14세의 초상화도 상자에 갇히는 신세를 면치 못했다. 앙투안 바토가 1721년에 완성한 이 유명한 그림은 섭정기의 반反 루이 14세 정서를 압축적으로 표현하고 있다.

을 꿈꾸는 이상주의자들은 살롱으로 모여들었다. 이른바 계몽사상가들이 출현한 것이다. 18세기 중엽 계몽사상가들은 인간성에 대한 궁극적인 질문을 던지며 인간의 행복을 가로막고 인간성을 억압하는 기존의 모든 사고방식과 체제를 비판했다. 그러나 기존 체제로 흡수되지 못한 새로운 지적 시도와 희망은 혼란을 가중시킬 뿐이었다. 지적 혼란은 제도적, 정치적 혼란으로 번졌다. 수세기에 걸친 절대군주정의 역사에서 복종의 전염병 시기는 짧은 밀월에 지나지 않았던 것이다.

루이 14세의 후손들은 이러한 변화를 읽을 재주도 대처할 능력도 없었다. 왕이 상징적 존재인 동시에 전권의 실행자인 군주정은 강력한 카리스마를 지닌 군주를 필요로 한다. 하지만 이러한 자질은 결코 상속될 수 없는 것이었다. 불행하게도 루이 15세와 루이 16세는 카리스마의 부재에다 치장술마저 결핍된 인물들이었다. 루이 14세가 완성시킨 궁정의례와 에티켓은 그들에게 감당하기 어려운 올가미에 불과했다. 그들은 궁정귀족을 장악하지도 후견 조직망을 지배하지도 못했다. 냉혹한 현실에 직면하게 되자 그들은 루이 14세로부터 물려받은 낡고 딱딱하게 굳어버린 체제의 껍질 속에 숨어 허우적거렸다. 궁정은 변화하는 사회에 대해 주도권을 행사하지 못하고 새로운 세력으로 성장한 여론으로부터 스스로를 고립시켰을 뿐이다.[428] 구조적 모순과 선천적 허약함을 드러낸 군주권은 더 이상 지탱할 힘을 잃어버렸다. 루이 14세 시대부터 누적된 부채는 군주권을 더욱 무기력하게 만들었다. 이때부터 절대군주정의 해체 과정이 급속도로 진행되었다.

멘 공작　　　　　　　　　　　　　　　　　　duc de Maine, Louis-Auguste(1670~1736): 루이 14세와 몽테스팡 부인
사이에서 태어난 서출. 루이 14세와 가정교사였던 맹트농 부인의 총애를 받아 적자로 인정받은 뒤 온갖 특권을 누리며 궁정 음모의 중
심이 되었다. 루이 14세의 사망 후 지위가 강등되고 특권을 박탈당하자 다시 음모를 꾸미다가 1719년 감옥에 갇혔다.

오를레앙 공작　　　　　　　　　　　　　　duc d'Orléans, Philippe(1674~1723): 오를레앙 공작의 아들로 루이 14세
의 조카이자 사위. 루이 14세와 몽테스팡 부인 사이에서 태어난 서출 블루아 양과 결혼했으며 루이 14세의 사망 후 루이 15세의 섭정
이 되었다. 자유분방하고 지적 호기심이 강해 루이 14세와는 정반대로 자유주의적인 개혁을 시도했다. 그러나 계으르고 방탕한 생활
로 인해 뇌졸중으로 갑작스럽게 사망하는 바람에 모든 시도가 수포로 돌아갔다.

루이 15세　　　　　　　　　　　　　　　　　Louis XV(1710~1774): 루이 14세의 증손자이자 부르고뉴 공작의 둘째 아
들. 1715년 5세의 나이로 왕위에 올라 오를레앙 공작(1715~1723)과 부르봉 공작(1723~1726)의 섭정기를 거쳐 1726년 친정을 시작했
으나 정사는 시강학사인 플뢰리 추기경에 맡긴 채 사치와 낭비를 일삼으며 숱한 애정 행각으로 왕실의 권위를 실추시켰다.

주석

1 이영림, 〈루이 14세는 과연 절대 군주였나?〉, 《역사와 문화》 10호, 2005년 9월, pp. 373~393; 〈태양-왕에서 인간-왕으로: 정치사의 부활과 루이 14세 연구〉, 《서양사론》 84호, 2005년 3월, pp. 305~330.

2 P. A. Chéruel, *Histoire de l'administration monarchique en France depuis l'avènement de Philippe-Auguste jusqu'à la mort de Louis XIV*, 2vols (Paris: Hachette, 1855).

3 'la monarchie administrative'의 개념을 처음으로 사용한 사람은 토크빌이지만 라비스는 이를 절대군주정을 가리키는 역사적인 개념으로 보편화시켰다: E. Lavisse, *Louis XIV: histoire d'un grand règne 1643~1715*, *Histoire de France depuis les origines jusqu'à la Révolution*, t. 7~8 (Paris: Hachette, 1905~1908).

4 P. Goubert, *La Vie quotidienne des paysans au XVIIe siècle* (Paris: Hachette, 1982).

5 R. Mousnier, *Fureurs paysannes* (Paris: Calmann-Lévy, 1967); B. Porchnev, *Les Soulèvements populaires en France au XVIIe siècle* (Paris: Flammarion, 1972); M. Foisil, *La Révolte des Nu-pieds et les révoltes normandes de 1639* (Paris: PUF, 1970).

6 P. Goubert, *Louis XIV et vingt millions de français* (Paris: Fayard, 1977).

7 D. Dessert, *Argent, pouvoir et société au Grand Siècle* (Paris: Fayard, 1984); F. Bayard, *Le Monde des financiers au XVIIe Siècle* (Paris: Flammarion, 1988).

8 duc de Saint-Simon, *Mémoires*, Y. Coirault (s.d.), (Paris: Gallimard, 1983~1988), 8vols.

9 이영림, 〈프롱드난 시기 파리의 민중의식과 정치문화〉, 《서양사론》 55호, 1997년 12월, pp.

119~144.

[10] J. Cornette, "L' Histoire au travail. Le Nouveau 'Siècle de Louis XIV' : un bilan historiographique depuis vingt ans (1980~2000)", *Histoire économique et sociale* (oct.~déc., 2000), No. 4, p. 561.

[11] S. Kettering, *Patrons, Brokers, and Clients in Seventeenth Century France* (Oxford Univ. Press, 1986); R. Mettam, *Power and Faction in Louis XIV' s France* (Oxford Univ. Press, 1988); 전통 해석에 도전한 영미사가들의 연구를 종합한 N. Henshall, *The myth of absolutism* (London, 1992) 참조.

[12] R-E Giesey, "The King Imagined", ed. by K. M. Baker, *The Political Culture of the Old Regime 1* (Pergamon Press, 1987), p. 52; P. Burke, *The Fabrication of Louis XIV* (Yale Univ. Press, 1992).

[13] R. Mousnier, *Les Institutions de la France sous la monarchie absolue, 1598~1789*, 2vols (Paris: PUF, 1980) .

[14] 임승휘, 〈프랑스 절대왕정의 권력과 행정구조〉, 최갑수 외, 《프랑스 구체제의 권력구조와 사회》, 한성대출판부, 2009, pp. 39~68에서도 루이 14세 연구는 기본적으로 제도사적 틀을 유지하고 있다.

[15] J. Cornette, *Le Roi de guerre* (Paris: Editions Payot & Rivage, 1993); K. Béguin, *Les Princes de Condé, rebelles, courtisans et mécènes dans la France du Grand Siècle* (Paris, Seyssel : Champ Vallon, 1999); L. Bourquin, *Noblesse seconde et pouvoir en Champagne aux XVIᵉ et XVIIᵉ Siècles* (Paris: Publication de la Sorbonne, 1994); J-C Petitfils, *Louis XIV* (Paris: Librairie Perrin, 1995).

[16] R. M. Golden, *The Godly Rebellion: Parisian Cures and the Religious Fronde 1652~1662* (Univ. of North Carolina Press, 1981).

[17] R. Pillorget, *Les Mouvements insurrectionnels en Provence entre 1596 et 1715* (Paris: Pedone, 1975), p. 863.

[18] 카를로스 1세의 뒤를 이은 펠리페 2세와 앙리 2세는 개신교 탄압과 가톨릭 보호를 위해 카토캉브레지 화약을 맺었다. 여기서 두 나라는 영토 문제를 협약하고 앙리 2세의 딸 엘리자베트와 펠리페 2세의 결혼을 성사시켰다. 이 조약으로 프랑스는 플랑드르 지방의 칼레를 얻었으나 이탈리아에 대한 점유권을 포기함으로써 이후 북이탈리아는 오랫동안 에스파냐의 지배하에 놓였다.

[19] 16세기 후반과 17세기에 반란에 참여한 귀족들의 정치문화와 심성을 연구한 A. Jouanna의 책 제목이다: *Le Devoir de révolte. La noblesse française et la gestion de l' Etat moderne 1559~1661* (Paris: Fayard, 1989).

[20] 피레네 조약에서 지참금은 마리 테레즈가 에스파냐 왕위계승권을 포기하는 대가로 주어졌다. 그러나 에스파냐는 끝내 지참금을 지불하지 않았다. 이를 구실로 루이 14세는 1667~1668년에 귀속전쟁을 벌였다.

[21] 1660년 8월의 도시 입성식에 관해서는 빅토르 타피에, 《바로크와 고전주의》, 정진국 옮김, 까치, 2008, pp. 171~176 참조.

[22] *Archives de l' Occident*, J. Favier (dir.), *Les Temps modernes, 1559~1700* (Paris, 1995), p. 450 에서 재인용.

[23] E. Lavisse, *Louis XIV : histoire d' un grand règne 1643~1715*, t. 7-1, p. 172.

[24] 4명의 국무비서는 라브릴에르La Vrillière, 뒤플레시스게네고Duplessis-Guénégaud, 로메니 드 브리르엔Loménie de Brienne과 그의 아들이다.

[25] J. Cornette, *La France de la Monarchie absolue* (Paris: Société d' éditions scientifique, 1997), p. 282.

[26] 안 도트리슈의 시녀였던 모트빌 부인은 1615년부터 1666년까지의 궁정생활을 회고록으로 남겼다. 마자랭의 사망 직전까지 정치에 깊숙이 개입했던 안 도트리슈가 정치에서 배제되는 이 과정을 모트빌 부인은 비교적 상세히 묘사하고 있다: *Les Mémoires de Madame de Motteville* (Pais: Libraires Fontaine editeur, 1982), p. 398.

[27] 마자랭의 개인 재산   단위: 리브르

저 택	1,495,000
관 직	2,428,300
조세권	2,617,657
채 권	9,902,253
현 금	8,704 794
귀금속	4,424,102
다양한 종류의 어음	301,599
책과 필사본	22,486

D. Dessert, *Fouquet* (Paris: Fayard, 1987), p. 353.

[28] 푸케 사건을 연구한 데세르는 푸케의 변론을 토대로 그와 재정가들의 회계장부를 면밀히 검토함으로써 마자랭뿐 아니라 당시 권력 실세들의 부의 정체를 폭로했다: D. Dessert, "Pouvoir et finance au XVIIe siècle, la fortune du cardinal de Mazarin", *Revue d'histoire moderne et contemporaine* (avril~juin, 1975), No. 2, pp. 161~181.

[29] 이러한 증언은 주로 모트빌 부인 등 모후 안 도트리슈 측에서 나왔다. M. Aron, Les *Mémoires de Madame de Motteville du dévouement à la devotion* (Paris: PUF, 2003), p. 31.

[30] *Mémoires de Louis XIV, annotés par J. Longon* (Paris: Editions Tallandier, 1978), p. 47.

[31] 훗날 왕실 건축사가가 된 펠리비앵은 당시 푸케의 후원을 받고 있었다. 그의 기록 덕분에 이날의 축제는 상세하게 알려졌다: A. Félibien, *Relation des magnifiques faites par Monsieur Fouquet à Vaux le Vicomte lorsque le Roy y alla le 17 août 1661, et de la somptuosité de ce lieu*: J. Cornette, *Chronique du règne de Louis XIV* (Paris: Editions SEDES, 1997), p. 86.

[32] *Les Mémories de Madame de Motteville*, p. 498.

[33] *Mémoires de Louis XV*, p. 47.

[34] D. Dessert, *Fouquet*, Annex 4, "projet de Saint-Mandé", pp. 354~362.

[35] *ibid.*, p. 289.

[36] "projet de Saint-Mandé", p. 355.

[37] D. Dessert, *Fouquet*, pp. 17~31.

[38] J. Jacquart, "Colbert", *L'Etat classique 1652~1715*, dir. par H. Méchoulan et J. Cornettte (Paris: Vrin, 1996), p. 182.

[39] 콜베르의 가계에 대해서는 J-L Bourgeon, *Les Colbert avant Colbert* (Paris: PUF, 1973), pp. 27~55.

[40] 이영림, 〈파리 고등법원의 프롱드난 연구〉, 《이대사원》 28집, 1995년 9월, p. 438.

[41] D. Dessert, *Argent, pouvoir et société au Grand Siècle*, p. 213.

[42] Mme de Sévigné, *Correspondance* (Paris: Editions Gallimard, 1972), t. 1, p. 48.

[43] 경건파에 관해서는 임승휘, 〈17세기 초반 프랑스의 경건신자〉, 《서양사연구》 22호, 2001년 9월, pp. 71~98; 얀센주의에 관해서는 이영림, 〈얀센주의와 프롱드난〉, 《역사학보》 182호, 2004년 6월, pp. 197~228 참조.

[44] 어머니 마리 드 모페우Marie de Maupéou도 독실한 경건파 신자로 자선활동에 적극적이었다. 매

우 독실한 기독교 신자였으며 뱅상 드 폴을 후원해서 자선 활동을 했다.

45 푸케를 변호한 데세르의 연구와는 대조적으로 콜베르의 업적을 높이 평가한 M. Vergé-Franceschi, *Colbert. La politique du bon sens* (Paris: Payot, 2003), pp. 215~29 참조. 이 책에서 필자는 푸케와 경건파의 정치적 음모 가능성을 제기한다.

46 1662년 파리에서 비밀리에 출판된 푸케의 변론은 1696년 정의법정에 관한 일련의 문서와 함께 재간행되었다: N. Fouquet, *Œvres vres de M. Fouquet, ministre d'état, contenant son accusation, son procès et ses défenses contre Louis, roi de France*, 16 vols (Paris: La Veuve de Cramoisy, 1696): D. Dessert, *Argent, pouvoir et société au Grand Siècle*, p. 303~306.

47 N. Fouquet, *Défenses*: A. Chéruel, *Histoire de l'admini stration monarchique*, t.1, p. 321. Ch. p. 81.

48 D. Dessert, *Fouquet*, Annex 3: Tableau comparatif de la fortune de Mazarin et de Servien à leur mort et de celle de Fouquet lors de son arrestion, p. 353.

49 *ibid*, p. 115~118.

50 R. Bonny, *The King's Debts: Finance and Politics in France, 1589~1661* (Oxford: Clarendon Press, 1981), pp. 123~129.

51 김복미, 〈프랑스 절대왕정기 니콜라 푸케의 재정 운영연구〉, 연대 박사학위 논문, 2000년 6월, p. 38.

52 R. Mousnier, *Les Institutions de la France sous la monarchie absolue*, t. 2, pp. 71~75.

53 R. Bonny, *The King's Debts*, pp. 308~309.

54 김복미, 〈니콜라 푸케의 재정정책과 운영〉, 《프랑스사 연구》 3집, 2001년 6월, p. 15.

55 *Dictionnaire de Furtière*, t. 2 (Paris, 1690), p. 199.

56 17세기 재정가들의 직업

	직업명	수	퍼센트
	행정관리	5	0.50
	사법관리	67	6.64
	재정관리	334	34.10
	군관리	30	2.97
관리	궁내부관리	24	2.38
	국왕비서	255	25.27
	참사	33	3.27
	기타	16	1.59
	소계	764	75.70

상인	20	1.98
부르주아	9	0.89
은행가	10	0.99
변호사	64	6.34
직접세나 임시세입 사무직	47	4.66
총괄징세청부 사무직	63	6.24
고위관리의 서기	21	2.08
재정관의 서기	11	1.09
수공업자		
가복		
성직자		
총계	1009	100

D. Dessert, *Argent, pouvoir et société au Grand Siècle*, p. 108.

57 그는 대부 사유와 상환 방법이 명시된 계약서를 받고 8일 만에 이 액수를 수납청recette générale에 납부했다. 하지만 대부의 규모가 커지면서 이처럼 완벽한 절차를 거쳐 계약을 체결하는 경우는 점차 드물어졌다: F. Bayard, *Le Monde des financiers au XVIIe siècle*, p. 226.

58 D. Dessert, *Fouquet*, p. 165.

59 D. Dessert, "Le laquais-financier au Grand siècle: mythe ou realité", *XVIIe SIècle*, V. 122 (1979), p. 32.

60 D. Dessert, *Argent, pouvoir et société au Grand Siècle*, p. 303.

61 J. Collins, *The State in Early Modern France* (Cambridge Univ. Press, 1995), p. 87.

62 J. Bergin, "Cardinal Mazarin and his bénéfice", *French History*, 1~3(1987), No. 1, p. 11.

63 F. Bayard, *Le Monde des financiers au XVIIe siècle*, p. 267.

64 J. Dent, "The Role of Clientele in the Financial Elite of France under Cardinal Mazarin" in *French Government and Society, 1500~1800*, ed. by J-F Bosher (London: Athlone Press, 1973), p. 52.

65 R. Mousnier, *Les Institutions de la France sous la monarchie absolue*, t. 2, pp. 469~473.

66 M. Marion, *Dictionnaire des institutions de la France aux xviie et xviiie siècles* (Paris: Editions A. & J. Picard & Cie, 1969), pp. 79~80.

67 당시 관장, 사혈 등은 질병치료 수단이기 전에 민간건강 요법으로 통했고 지나칠 정도로 일상화되었다: E. Le Roy Ladurie, *Saint-Simon ou le système de la Cour* (Paris: Fayard, 1997), pp.

146~150.

68 1661년에 열린 정의법정에 관해서는 D. Dessert, "A Propos de la Chambre de Justice de 1661", *Annales ESC* (juil.~août, 1974), No. 4, pp. 872~881.

69 C. Grell, *Histoire intellectuelle et culturelle de la France du Grand-Siècle, 1654~1715* (Paris: Editions Nathan, 2000), p. 80.

70 D. Dessert, *Argent, pouvoir et société au Grand Siècle*, p. 298.

71 Mme de Sévigné, *Correspondance*, t. 1, p. 55.

72 *ibid*, p. 58. 재판 마지막 무렵인 1664년 11월 17일에서 12월 26일까지 총 13편의 편지에서 그녀는 재판 과정을 상세하게 묘사하며 푸케의 당당함과 무고함을 역설한다.

73 *L'Innocence persécutée*, éd. par M-F Baverel-Croissant (Publications de l'Université de Saint-Etienne, 2002). 이 작품의 저자는 몰리에르, 아르노 당딜리, 라퐁텐 등 당대 최고의 문필가들로 추정되지만 여전히 의견의 일치를 보지 못한 상태다.

74 *ibid*., 6664~6671행, p. 459.

75 D. Dessert, *Argent, pouvoir et société*, p. 299.

76 *ibid*., p. 339.

77 *ibid*., pp. 325~340.

78 *Mémoires de Louis XIV*, p. 34.

79 *ibid*., p. 43.

80 1651년 영국에서 출판된 홉스의 《리바이어던》은 1660년 보노 뒤 베르뒤Bonneau du Verdus의 번역으로 출판되기 이전부터 주목을 받았다.

81 *Mémoires de Louis XIV*, p. 38.

82 P. Sonnino, "the Dating and Authorship of Louis XIV's *Mémoires*", *French Historical Studies* (printemps, 1964), No. 3 , pp. 303~337.

83 S. Perez, "Les Brouillons de l'absolutisme: les "mémoires" de Louis XIV en question", *XVIIe Siècle*, V. 222 (janvier~mars, 2004), p. 30.

84 "introduction" *Mémoires de Louis XIV*, p. 9.

85 1679년 평화가 도래하자 루이 14세는 《회고록》 집필을 재개했다. 하지만 세자가 18세로 성년이 된 만큼 세자를 위한 교육서는 더 이상 필요하지 않았다. 1679년의 《회고록》에 '왕이라는 직분에 대한

성찰Réflexion sur le métier de roi'이라는 부제가 붙여진 것은 그 때문이다.

[86] *Mémoires de Louis XIV*, p. 34.

[87] *ibid.*, p. 36.

[88] 1726년 루이 15세의 시강학사인 플뢰리 추기경에게 수석대신의 지위가 부여될 때까지 한동안 프랑스에서는 수석대신이 존재하지 않았다.

[89] 4명의 국무비서들은 본래 지역분담체계에 따라 왕국의 4분의 1씩을 담당했다. 1589년 앙리 3세 시대에 궁내부와 외무부가 생겼지만 지리적 분담과 기능적 분담 체계가 혼용되었다. 국무비서들이 육군, 해군, 외교, 궁내부 등 4개 부서로 분화된 업무를 담당하기 시작한 때는 1626년부터다: M. Marion, *Dictionnaire des Institutions de la France aux XVIIe et XVIIIe siécles*, pp. 502~504.

[90] J. Collins, *The State in Early Modern France*, p. 89.

[91] R. Mousnier, *Les Institutions de la France sous la monarchie absolue*, t. 2, p. 153.

[92] *ibid.*, t. 2, p. 159.

[93] J-P Labatut, "Les Membres du Conseil du roi", *Noblesse, pouvoir, société en France au XVIIe siècle* (Limoge: Trames, 1987), pp. 85~94.

[94] K. Béguin, "Louis et l'Aristocratie: Coup de Majesté ou retour à la tradition?", *Histoire Economie et Société* (octobre~décembre, 2000), No. 4, p. 498.

[95] 그 밖에 추밀참사회, 성무참사회 등이 존재했지만 왕이 정규적으로 참석해서 회의를 주재한 경우는 드물다.

[96] G. Cabourdin et G. Viard, *Lexique historique de la France d'Ancien Régime* (Paris: Armand Colin, 1978), p. 58.

[97] R. Mousnier, *Les Institutions de la France sous la monarchie absolue*, t. 2, p. 154. 세기에의 뒤를 이은 달리그르d'Aligre, 르텔리에Le Telier, Boucherat, 퐁샤르트랭Ponchartrain도 마찬가지였다.

[98] J-C Petitfils, *Louis XIV*, p. 225.

[99] B. Barbiche, *Les Institutions de la monarchie française à l'époque moderne*, p. 156.

[100] *Mémoires de l'abbé de Choisy* (Paris: Mercure de France, 2000), p. 68.

[101] 조영총관직은 앙리 4세 시대에 처음 만들어졌다. 콜베르는 마자랭의 뒤를 이어 1656년에 조영총관이 된 앙투안 드 라타봉Antoine de Ratabon으로부터 이 자리를 구입했으며 그의 사후에는 루부아가 조영총관이 되었다.

102 B. Barbiche, *Les Institutions de la monarchie française à l'époque moderne*, p. 86.

103 E. Le Nabour, *La Reynie, le policier de Louis XIV* (Paris, 1990), pp. 120~132. 파리의 행정구역은 1702년에 20구역으로 개편되었다. 이후 파리는 외곽으로 확대되기는 했지만 오늘날까지도 20구역 체제가 유지되고 있다.

104 C. Engrand, "Clients du roi, Colbert et l'Etat, 1661~1715", dans *Un Nouveau Colbert*, pp. 85~93.

105 K. Béguin, "Louis et l'Aristocratie: Coup de Majesté ou retour à la tradition?", p. 499.

106 D. Dessert, *Argent, pouvoir et société au Grand Siècle*, pp. 340~341.

107 *ibid.*, pp. 323~342.

108 16세기 이후 지방 삼부회의 수는 눈에 띄게 줄어들었다. 리슐리외와 마자랭 역시 지방 삼부회를 무력화시키는 데 총력을 기울여 오트오베르뉴(1624), 도피네(1628), 노르망드(1655)에서 더 이상 삼부회가 소집되지 않았다. 결국 콜베르 시대에 삼부회 지방으로 분류될 수 있는 곳은 바스오베르뉴, 프로방스, 브르타뉴, 랑그독, 부르고뉴, 프랑슈콩테 정도다. 이중 프로방스와 브르타뉴, 랑그독, 부르고뉴는 프랑스혁명기까지 삼부회를 유지했다(G. Cabourdin et G. Viard, *Lexique historique de la France d'Ancien Régime*, p. 131).

109 루이 14세 시대의 재정 수입

단위: 리브르

연도	징세구지방	삼부회지방	왕령지수입	관직매매	간접세	총수입
1663	37,935,610	6,274,735	297,709	2,041,948	41,634,000	88,184,002
1665	35,345,219	5,934,726	909,618	1,817,220	44,644,595	88,651,378
1667	36,743,162	8,232,073	617,966	1,354,667	44,928,407	91,875,275
1669	33,832,240	9,235,580	649,433	458,936	47,334,600	9,510,789
1671	33,845,979	12,221,041	667,478	1,945,924	51,248,335	99,927,820
1673	36,645,510	7,038,421	1,017,639	3,806,924	53,043,926	101,552,420
1675	38,122,834	12,687,857	887,852	9,686,640	57,965,500	119,350,683
1677	40,435,347	10,069,327	711,122	5,610,879	59,636,166	116,461,841
1679	34,761,420	10,685,477	717,435	2,906,665	59,363,255	108,434,252
1681	34,153,457	8,826,536	914,976	1,966,798	66,893,298	113,365,455
1683	37,508,216	9,830,019	1,411,313	7,493,117	64,937,000	116,053,374
1685	34,508,216	11,127,333	1,564,808	3,055,665	66,043,250	120,736,724
1687	32,439,655	10,840,322	1,557,857	3,055,665	65,881,234	113,774,733

단위: 퍼센트

연도	징세구지방	삼부회지방	왕령지수입	관직매매	간접세	총수입
1663	43.0	7.1	0.3	2.3	47.2	
1665	39.9	6.7	1.0	2.0	50.4	
1667	40.0	9.0	0.7	1.5	48.9	
1669	37.0	10.1	0.7	0.5	51.7	
1671	33.9	12.1	0.7	1.9	51.3	
1673	36.1	6.9	1.0	3.7	52.2	
1675	31.9	10.6	0.7	8.1	48.6	
1677	34.7	8.6	0.6	4.8	51.2	
1679	32.1	9.9	0.7	2.7	54.7	
1681	30.1	7.9	0.8	2.3	59.0	
1683	32.7	8.5	1.2	1.7	56.0	
1685	28.6	9.2	1.3	6.2	54.7	
1687	28.5	9.5	1.4	2.7	57.9	

W. Beik, *Louis XIV and Absolutism* (Boston: Bedford/St. Martin's, 2000), pp. 99~101.

[110] R. Villers, "Colbert et les finances publiques. L'ordre, la prévision. Propotion respectives des impôts directs et des impôts indirects", dans *Un Nouveau Colbert*, pp. 184~186.

[111] D. Dessert, *Argent, pouvoir et société au Grand Siècle*, p. 322.

[112] 루이 14세 시대의 재정 지출   단위: 리브르

지출내역	1663	1669	1675	1681	1687	1688
궁정비용	5,535,248	7,939,064	6,951,128	7,336,733	8,345,177	8,250,971
궁전건축	1,905,825	5,775,866	3,695,416	6,441,001	7,757,438	6,985,978
연금, 하사금	8,951,032	5,868,800	6,190,562	7,934,055	7,976,744	7,870,184
외교	2,293,580	3,433,291	6,980,512	4,361,898	1,619,766	3,368,030
공공 공사	306,190	568,118	231,500	604,326	1,447,018	1,139,695
군사비	19,898,640	36,214,951	81,019,042	52,264,085	57,906,146	74,500,398
왕의 기밀비	6,085,508	4,939,926	2,454,984	3,265,022	6,851,814	3,907,111
부채상환, 이자	1,569,714	11,531,542	4,337,361	58,292,953	1,166,624	3,110,037
합계	46,545,737	76,271,558	111,860,415	141,000,073	93,070,727	109,132,404

지출내역	1663	1669	1675	1681	1687	1688
궁정비용	11.9	10.4	6.2	5.6	9.0	7.6
궁전건축	4.1	7.6	3.3	4.6	8.3	6.4
연금, 하사금	19.2	7.7	5.5	5.6	8.6	7.2
외교	4.9	4.5	6.2	3.1	1.7	3.1
공공 공사	0.7	0.7	0.2	0.4	1.6	1.0
군사비	42.8	47.5	72.4	37.1	62.2	68.3
왕의 기밀비	13.1	6.5	2.2	2.3	7.4	3.6
이자 지급	3.4	15.1	3.9	41.3	1.3	2.8

W. Beik, *Louis XIV and Absolutism*, p. 106.

[113] D. Dessert, *Argent, pouvoir et société au Grand Siècle*, pp. 335~337.

[114] 군납업과 궁정납품 독점권 등 수익성이 높은 사업이 차례로 바슐리에Bachelier, 베르틀로 Berthlot, 프레몽Frémont, 코키유Coquille, 오카르Hocart, 펠리사리Pellissari, 위송Usson, 달리에 드 라투르Daliès de la Tour 등 콜베르의 수하 사람들에게 독점되었다. 전국의 밀가루 유통 총 감독관인 프랑수아 베르틀로François Berthelot가 궁정의 밀가루 공급독점권을 따낸 것도 콜베르의 영향력 때문이었다. 이들의 조직은 콜베르의 측근인 프레몽, 솔뤼Solu, 코키유 등의 재정가 집단과 연결되었다.

[115] J. Jacquart, "Colbert", p. 187.

[116] *Mémores au roi sur les finances*, Texte complet dans Lettres, *Mémoires et Instructions de Colbert*, Publication par P. Clément (Paris, 1861), t. VII, p. 233~256; D. Woronoff, *Histoire de l'industrie en France, du XVIe siècle à nos jours* (Seuil, 1994), 제2장 "L' Etat nécessaire?", p. 52.

[117] A. Guéry, "Industrie et colbertisme: origine de la forme française de la politique industrielle?", *Histoire, économie et société*(juil.~déc., 1989), No. 3, pp. 299~302.

[118] Antoine de Montchrestien, *Traité de l' économie politique*, 1615; J. Cornette, *La France de la Monarchie absolue*, p. 277에서 재인용. .

[119] P. Clément (éd.), *Histoire de la vie et l' administration de Colbert* (Paris, 1846); *Lettres, instructions et mémoires de Colbert* (Paris: Imprimerie Impériale, 1861~1867), 10 vols.

[120] P. Minard, *La Fortune du colbertisme. Etat et industrie dans la France des Lumières* (Paris: Fayard, 1998), p. 35.

[121] *ibid.*, p. 49.

[122] A. Croix, *L'Age d'or de la Bretagne, 1532~1675* (Renne: Ouest-France, 1993), p. 332.

[123] E. Lavisse, *Histoire de France*, t. 7, pp. 169~176.

[124] P. Goubert, *Louis XIV et vingt millions de français*, p. 85.

[125] J. Cornette, *La France de la Monarchie absolue*, p. 279.

[126] 관직매매에 관해서는 R. Mousnier, *La Vénalité des offices sous Henri et Louis XIII* (Paris: PUR, 1971) 참조.

[127] 프랑수아 1세의 방만한 재정정책에 관한 연구로는 J-R Major, *From Renaissance to Absolute Monarchy: French Kings, Nobles & Estates* (Johns Hokins Univ. Press, 1994), pp. 23~28.

[128] R. Bonny, *The King's Debts: Finance and Politics in France, 1589~1661*, pp. 304~305.

[129] 앙시앵 레짐하의 최고법원은 문자 그대로 최고의 사법기구로 고등법원parlement, 보조세법원cour des aides, 회계법원chambre des comptes, 대법원grand chambre으로 이루어졌다. 고등법원은 사법기구로서의 역할뿐 아니라 전통적으로 사회질서를 유지하고, 필수품의 공급을 감독하며, 감옥과 자선시설의 운영을 관리했다. 보조세법원은 과세 할당에 대한 항소를 접수하고, 재정 비리, 특히 타유세 관련 문제를 조사했다. 회계법원은 지방 삼부회와 재무국 등 세금 징수 기구들의 회계를 검토했다. 그리고 대법원은 사법기구들 간의 분쟁들을 처리했다.

[130] 1260년 파리 고등법원이 왕실 법정에서 파생된 데 이어 1302년에 툴루즈 고등법원이 설립된 이후 1686년에 설립된 두에 고등법원까지 루이 14세 시대에는 전국 12개의 주요 도시에 고등법원이 존재했다. 그중 파리 고등법원은 명칭과는 달리 파리만이 아니라 프랑스 왕국 3분의 1을 관할하는 사실상의 전국적인 사법기구였다.

[131] 1664년 당시 관직 가격은 4억 1,963만 842리브르였고 관리들에게 지급되는 급료는 834만 6,847리브르, 그들로부터 거두어들이는 관직세는 200만 2,447리브르였다: W. Doyle, "Colbert et les offices", *Histoire Economie et Société* (octobre~décembre, 2000), No. 4, p. 475.

[132] R. Mousnier, *Les Institutions de la France sous la monarchie absolue*, t. 2, p. 493.

[133] B. Barbiche, *Les Institutions de la monarchie française à l'époque moderne*, pp. 383~390.

[134] A. Smedley-Weill, *Les Intendants de Louis XIV* (Paris: Fayard, 1996).

[135] K. Béguin, *Les Princes de Condé, rebelles, courtisans et mécènes dans la France du Grand siècle*, pp. 73~79.

136 D. Bohanan, *Crown and Nobility in Early Modern France* (New York: Palgrave, 2001), p. 10.

137 G. Hanlon, *L'Univers des gens de bien. Culture et comportement des élites urbaines en Agenais-Condomois au XVIIe siècle* (Bordeaux, 1989), p. 42; P. Goubert, *Louis XIV et vingt millions de français*, p. 119.

138 C. Brossault, *Les Intendants de Franche-Comté, 1674~1790* (Paris: La Boutique de l'Histoire éditions, 1999), pp. 23~53.

139 W. Beik, *Absolutism and Society in Seventeenth Century France: State Power and Provincial Aristocracy in Languedoc* (Cambridge Univ. Press, 1985).

140 R. Mettam, *Power and faction in Louis XIV's France*, pp. 210~216.

141 F-J Ruggiu, *Les Elites et villes moyennes en France et en Angleterre, XVIIe–XVIIIe siècles* (Paris: L'Harmattan, 1997), pp.75~79.

142 A. Reinbold, "Peinture et pouvoir au XVIIe siècle", *L'Etat baroque 1610~1652*, dir. par H. Méchoulin (Paris: Vrin, 1985), pp. 360~362. 이탈리아에서 프랑스로 살롱이 도입된 것은 17세기다. 그러나 이 시기에 살롱은 궁정이나 일부 대귀족의 저택에 도입되어 사람을 맞이하고 친교를 나누는 용도로 사용되었을 뿐이다. 부르주아 가정에 살롱이 마련되어 친구를 맞이하고 가족이 휴식을 취하는 공간으로 사용된 것은 18세기다. 이전에는 침실의 일부가 그 역할을 대신했다.

143 Gaius Clinius Maecenas: 베르길리우스와 호라티우스 등 예술가들에 대한 지원을 아끼지 않은 로마 시대의 정치가.

144 P. Dandrey, "qu'est-ce le classicisme?", *L'Etat classique 1652~1715*, dir. par H. Méchoulan et J. Cornettte (Paris: Vrin, 1996), p.47.

145 빅토르 타피에, 《바로크와 고전주의》, p. 17.

146 P. Dandrey, "qu'est-ce le classicisme?", p. 53. 콜베르의 사망 후 소학술원은 루부아에게 소속되었다가 1691년 그가 사망하자 궁내부 국무비서의 관할로 바뀌었다. 당시 궁내부 국무비서인 퐁샤르트랭과 그의 조카인 비뇽 수도원장의 주도로 소학술원은 재정비되고 1701년 7월 16일 명칭도 Académie des inscriptions et médailles로 바뀌었다. 1716년에는 명칭이 다시 Académies des inscription et belles-lettres로 바뀌었다.

147 P. Burke, *The Fabrication of Louis XIV*, p. 54.

148 시인 스카롱이 마자랭의 비방문을 빗대어 표현한 이 단어는 이후 정치적 지배자에게 도전하는 인

쇄물을 총칭하는 단어로 사용되었다.

[149] H-J Martin, *Livre, pouvoir et société à Paris, au XVIIe siècle*, 1598~1701 (Genève: Droz, 1969), t. 2, pp. 678~698.

[150] A. Viala, *Naissance de l'écrivain. Sociologie de la littérature à l'âge classique* (Paris: Ed. de Minuit, 1985), p. 43.

[151] C. Grell, *Histoire intellectuelle et culturelle de la France du Grand-Siècle*, p. 103.

[152] F. Bluche, *Louis XIV* (Paris: Fayard, 1986), p. 99

[153] A. Viala, *La Naissance de l'écrivain*, p. 481.

[154] C. Grell, *Histoire intellectuelle et culturelle de la France du Grand-Siècle*, p. 114. 169.

[155] Ph. Tamizey de Larroque (éd.), *Lettres de Jean Chapelain* (Paris: Imprimerie Nationale, 1883), 2: 275-276: W. Beik, *Louis XIV and Absolutism*, p. 201에서 재인용.

[156] 프롱드난 이후의 자유로운 문학활동에 대한 최근의 연구로는 M. Maître, *Les Précieuses. Naissance des femmes de lettres en France au XVIIIe siècle* (Paris: Honoré Champion, 1999); R. Halévi, "La Modération à l'épreuve de l'absolutisme. De l'Ancien Régime à la Révolution française", *Le Débat*, No. 109 (mars~avril, 2000), pp.73~98.

[157] 가장 극적 장면이 연출된 친림법정은 앙리 4세의 사망 직후다. 1610년 5월 15일 아침 선왕인 앙리 4세가 죽은 지 12시간도 채 되지 않은 시각에 8세의 어린 왕이 파리 고등법원으로 행차했다. 선왕의 승하 40일 후에 치러지는 장례식 이후에야 신왕이 공적으로 모습을 드러내던 관행을 깨고 루이 13세가 선왕의 장례식을 치르기도 전에 직접 왕관을 쓰고 옥좌에 앉은 것이다. 루이 13세는 왕위 계승과 모후인 마리 드 메디치에게 섭정권을 부여하는 왕령을 공포한 뒤 이를 파리 고등법원에게 법으로 등기할 것을 명령했다. 앙리 4세가 암살된 급박한 정치 위기 속에서 마리 드 메디치는 권력을 손에 쥐기 위해 왕권의 부재 기간을 최소화해야 한다는 절박함을 이용하여 극적인 장면을 연출했던 것이다. 1643년 5월 루이 14세에 의해 재현됨으로써 프랑스 군주정의 전통이 되어버린 이 장면은 1715년에 다시 한번 무대 위에 등장한다: S. Hanley, *Le Lit de justice des Rois de France. L'idéologie constitutionnelle dans la légende et le discours* (Paris: Aubier, 1991).

[158] 빅토르 타피에, 《바로크와 고전주의》, p. 160

[159] P. Burke, *The Fabrication of Louis XIV*, p. 181

[160] M. de Certeau, "L'Histoire religieuse du XVIIe siècle, problèmes de méthodes", *Recherches*

de Science Religieuse, V. 57 (1969), p. 243.

[161] J-P Néraudau, *L'Olympe du Roi-Soleil. Mythologie et idéologie royale au Grand Siècle* (Paris: 1986), p. 130

[162] 오늘날 튈르리 정원 동쪽에 위치한 카루젤 광장의 명칭은 이날의 카루젤에서 유래한 것이다. 1662년의 카루젤에 관한 자세한 분석은 J-M Apostolidès, *Le Roi-machine, spectacle et politique au temps de Louis XIV* (Paris: Editions de Minuit, 1981), pp. 41~45.

[163] *Mémoires de Louis XIV*, p. 132.

[164] 이 모든 것은 시인 방세라드Isaac de Bensérade의 풍부한 상상력에서 비롯되었다.

[165] J-C Petitfils, *Louis XIV*, pp, 294~295.

[166] A-M Lecoq, "La symbolique de l'Etat", dans P. Nora (dir.), *Lieux de mémoire*, t. 2, *La Nation* (Paris: Gallimard, 1986), p. 178.

[167] C. Grell, *Histoire intellectuelle et culturelle de la France du Grand-Siècle*, pp. 114~115. 아직 제 모습을 갖추지 못하고 있던 연극은 이러한 궁정 축제와 공연을 모방하고 그 영향을 받으며 성장했다. 파리에 최초로 상설 극단이 생긴 것은 1629년이다. 1634년 마레 극장이 개관하면서 파리에는 극장이 2개가 되고 1658년에 3개로 늘었다. 3개의 극장은 1680년에 모두 Comédie-Française로 통합되었다.

[168] G. Sabatier, "La Gloire du roi. Iconographie de Louis XIV de 1661 à 1672", *Histoire Economie et Société* (octobre~décembre, 2000), No. 4, p. 531.

[169] 아마추어 무도극의 시대는 종말을 고하고 전문 발레의 시대가 시작되었다. 이후 안무가 전문화되고 전문 무용수가 배출되었다: J-C Petitfils, *Louis XIV*, p. 289.

[170] 생시몽, 《루이 14세와 베르사유 궁정》, 이영림 옮김, 나남, 2009, p. 424.

[171] 조르주 뒤비, 《세 위계》, 성백용 옮김, 문학과지성사, 1997, 92쪽.

[172] R. Mousnier, *Les Institutions de la France sous la monarchie absolue*, t. 1, p. 14.

[173] R. Mousnier, *La Plume, la Faucille et le Marteau* (Paris: PUF, 1970), p. 15.

[174] 계급사회를 주장하는 학자로는 P. Goubert, W. Beik, D. Parker 등이 있다: D. Parker, *Class and State in Ancien Regime: The Road to Modernity?* (London, 1996). 반면 Collins와 Doyle은 신분사회론으로 기울었다: J-B Collins, *Classes, Estates, and Order in Early Modern Brittany* (Cambridge, 1994); W. Doyle, *Old Regime* (Oxford Univ. Press, 2001). 도일은 프랑스의 계층

구조가 19세기 초까지 거의 변화를 겪지 않았다고 주장한다. 그의 견해에 의하면 혁명은 계급구조가 아니라 단지 신분의 차이를 지탱하던 법적 체계를 변화시켰을 뿐이다.

[175] 22등급에는 21등급까지 속하지 않은 사람들 모두가 포함되었다. 예를 들어 군인, 용기병, 단순 노동자, 2리브르 이상의 타유세를 납부하는 촌락 공동체의 주민들이다.

[176] F. Bluche et J-F Solnon, *La Véritable Hiérarchie sociale de l'ancienne France, Le Tarif de la première capitation, 1695* (Genève: Droz, 1983); A. Guéry, "Etat, classification sociale et compromis sous Louis XIV: la capitation de 1695", *Annales ESC*, V. 41 (1986), pp. 1041~1060.

[177] 귀족을 과세 대상에 포함시키려는 노력은 18세기에도 계속되었다. 1710년 11월에는 모든 수입의 10분의 1을 세금으로 부과하는 특별전시세가 칙령으로 선포되었다. 그러나 이 역시 특권층의 반발로 1717년에 폐지되었다.

[178] Etienne Pasquier, *Recherches de la France, Revues et augmentées d'un Livre, et de plusieurs Chapitres par le mesme Autheur* (1607); A. Cremer, "La Genèse de la notion de noblesse de robe", *Revue d'histoire moderne et contemporaine*, V. 46 (jan.~mars, 1999), No. 1, p. 23.

[179] J-M Constant, "Les Structures sociales et mentales de l'anoblissement, analyse comparative d'études récentes, xvie–xviiie siècles", *L'Anoblissement en France, xve–xviie siècles. Théories et réalités* (Univ. de Bordeaux III, 1985), p. 52.

[180] Gilles André de La Roque, *Traité de la noblesse, 1678* (Paris: Mémoire & Documents, 1994), chapitre 41, p. 237.

[181] David D. Bien, "Manufacturing Nobles: The Chancelleries in France to 1789", *Journal of Modern History*, v. 61 (1989), pp. 445~486.

[182] Saint-Simon, "Projets de rétablissement du royaume de France. Lettre anonyme au Roi (1712)", *Traités politiques et autres écrits* (Paris: Gallimard, 1996), p. 758.

[183] R. Mousnier, *Les Institutions de la France sous la monarchie absolue*, t. 1, p. 122.

[184] *ibid.*, p. 21.

[185] A. Jouanna, *Le Devoir de Révolte*, pp. 18~19.

[186] François de L'Alouëte, *Traité des Noblesse* (1577): A. Jouanna, *Le Devoir de Révolte*, pp. 18~19.

[187] Montaigne, *Essai*, livre II, 7.

[188] 생시몽, 《루이 14세와 베르사유 궁정》, p. 36.

[189] J. Dewald, *The European Nobility 1400~1800* (Cambridge University Press, 1996), p. 16.

[190] L. Bouquin, *La Noblesse dans la France moderne XVIᵉ~XVIIIᵉ siècles* (Paris: Belin, 2002), pp. 9~10.

[191] 콘스탄스 브리텐 부셔, 강일휴 역, 《중세 프랑스의 귀족과 기사도》, 신서원, 2005, 1장 〈귀족과 기사〉, 13~46 쪽 참조.

[192] A. Jouanna, *Le Devoir de Révolte*, p. 27.

[193] A. Chéruel, *Dictionnaire historique des institutions, moeurs et coutumes de la France* (Paris: Hachette, 1855), p. 653.

[194] L. Bély, *Dictionnaire de Ancien Régime* (Paris: PUF, 1996), p. 890.

[195] Gilles André de La Roque, *Traité de la noblesse*, chapitre 4, p. 37.

[196] E. Schalk, *L'Epée et le sang*, (Paris: Champ Vallon, 1996), p. 9.

[197] A. Jouanna, *Le Devoir de Révolte*, p. 91.

[198] Henri de Boullainvilliers, *Dissertation sur la noblesse françoise, servant de préface aux mémoires de la maison de Boulainvilliers, 1700~1709*: L. Bourquin, *La Noblesse dans la France moderne*, p. 72.

[199] E. Schalk, *L'Epée et le sang*, p. 156에서 재인용.

[200] 17세기 위기론의 시각에서 귀족의 몰락을 연구한 Davis Bitton, *The French Nobility in Crisis, 1560~1640* (Stanford Univ. Press, 1969) 참조.

[201] A. Jouanna, *Le Devoir de Révolte*, p. 65

[202] 임승휘, 〈프랑스 신교도 모나르코마크Monarchomaques의 정치이론(1572~1584)〉, 《프랑스사 연구》 15, 2006년 8월, pp. 5~27.

[203] A. Jouanna, *Le Devoir de Révolte*, p. 65.

[204] 이영림, 〈프롱드난 시기의 정치의식과 민중문화―마자리나드를 중심으로〉, p. 123.

[205] *Mémoires de Louis XIV*, p. 33.

[206] A. Chéruel, *Dictionnaire historique des institutions*, pp. 1022~1023

[207] K. Béguin, *Les Princes de Condé*, pp. 167~169. 보방의 요새 축조 능력을 높이 산 마자랭은 포로가 된 그를 설득해서 국왕군에 편입시켰다.

[208] 역사가들이 귀족들 간의 인적 그물망에 주목하게 된 것은 바로 이 지점에서다. 귀족들 간의 사적 유

대관계가 저항의 수단이자 동력으로 간주되면서 오랫동안 농민 반란에 치중하던 지방사 연구는 귀
족 반란 연구로 확대되었다. 나아가 반란의 결집체로서가 아니라 그 이전부터 지속적으로 유지되
어왔으며 구체제의 일반적인 사회현상이었던 후견제의 실체가 밝혀진 것은 1980년대에 들어서다.
사회제도적 기능에 초점을 맞춘 사회사 연구를 넘어서 후견제가 귀족의 정치문화와 귀족의 정서를
이해할 수 있는 열쇠로 간주된 것은 비교적 최근의 일이다. 후견제의 작동원리를 통해 중간귀족과
반란을 새롭게 해석하려는 시도는 바로 이러한 맥락에서 이루어졌다. 후견제에 관한 참고문헌으로
는 S. Kettering, *Patrons, Brokers, and Clients in Seventeenth Century France* (Oxford Univ.
Press, 1986); 1992년 *French Historical Studies*의 "Forum: Patronage, Language, and Political
Culture"에 실린 S. Kettering, J−R Major, A. Jouanna의 논문 참조(V. 17, pp. 839~881).

[209] J−H−M. Salmon, "A Second Look at the Noblesse Seconde: The Key to Noble Clientage and
Power in Early Modern France?", *French Historical Studies*, Vol. 25, No.4(fall, 2002), p. 207,
pp. 575~593.

[210] J. M. Constant, "Un Groupe socio−politique stratégique dans la France de la première moitié
du xviiᵉ siècle: La noblesse seconde", in *L'Etat et les aristocraties, France, Angleterre, Ecosse,
XIIᵉ−XVIIᵉ siècles*, éd par. P. Contamine (Paris: 1989), pp. 279~304.

[211] L. Bourquin, *Noblesse seconde et pouvoir en France Champagne aux XVIᵉ et XVIIᵉ siècles*
(Publication de la Sorbonne, 1994), pp. 23~26.

[212] S. Kettering, *Patrons, Brokers, and Clients in Seventeenth Century France.*

[213] D. Bohanan, *Crown and Nobility in Early Modern France*, p. 92.

[214] J−M Constant, *Les Conjurations. Le premier libéralisme politique sous Rechelieu* (Paris:
Hachette, 1987), p. 232.

[215] D. Bohanan, *Crown and Nobility in Early Modern France*, p. 94.

[216] Pillorget, *Les Mouvements insurrectionnels en Provence entre 1596 et 1715*, pp. 708~715

[217] J−M Constant, *Les Consjuratureur*, pp. 211~215

[218] D. Bohanan, *Crown and Nobility in Early Modern France*, p. 125.

[219] K. Béguin, "Louis et l'Aristocratie: Coup de Majesté ou retour à la tradition?", p. 498.

[220] W. Beik, *Absolutism and Society in Seventeenth Century France*, pp. 43~44.

[221] 정부 관리와 법복귀족에게 뻗어나간 후견관계 역시 용맹, 기사도 정신 등 귀족의 언어로 가득 차 있

다. 다만 법복귀족의 후견제는 대검귀족의 후견제에 비해 상대적으로 더 이해관계에 밝으며 덜 감정적일 뿐이다. 프랑스 역사가들은 patronage와 clientèle의 두 용어를 혼용한다. 하지만 clientèle에서는 protecteur와 creature, serviteur라는 단어가 사용되었다. serviteur가 단순히 임금을 받는 하인을 지칭하는 단어로 사용된 것은 18세기부터다.

[222] 루이 15세의 궁정을 분석한 P-R Campbell, *Power and Politics in Old Regime France 1720~1745* (London: Routeledge, 1996) 참조.

[223] Voltaire, *Le Siècle de Louis XIV*, dans *Oeuvre de Voltaire* (Paris: Editions Gallimard, 1957), p. 674.

[224] F. Billacois, *Le Duel dans la société française des XVIᵉ~XVIIᵉ siècles. Essai de psychosciologie historique* (Paris: Ecole de hautes études en sciences sociales, 1986), pp. 297~301.

[225] J-C Petitfils, *Louis XIV*, p. 288.

[226] J. Dewald, *The European Nobility 1400~1800*, p. 111.

[227] *ibid.*, p. 117.

[228] L. Bourquin, *La Noblesse dans la France moderne*, pp. 21~27.

[229] F. Billacois, *Le Duel dans la société française des XVIᵉ~XVIIᵉ siècles*, pp. 133~154.

[230] R. Mousnier, *Les Iustitutions de la France sous la monarchie absolue*, t. 2. p. 25

[231] R. Muchembled, *L'Invention de l'homme moderne, cultures et sensibilités en France du XVIᵉ au XVIIIᵉ siècles* (Paris: Fayard, 1988), p. 145.

[232] 생시몽, 《루이 14세와 베르사유 궁정》, p. 59.

[233] *ibid.*, p. 406.

[234] L. Bourquin, *La Noblesse dans la France moderne*, p. 78.

[235] 생시몽, 《루이 14세와 베르사유 궁정》, p. 37.

[236] E. Le Roy Ladurie, *Saint-Simon, ou le système de la Cour*, p. 47.

[237] compagnie d'ordonnance: 샤를 7세가 창설한 중무장 기병으로 20명에서 100명의 창병으로 구성되었다.

[238] Gilles André de La Roque, *Traité de la noblesse*, chapitre 108, p. 472.

[239] *ibid.*, p. 487.

[240] 평민 출신 군 장교들이 점차 귀족화되면서 18세기에는 군대에서 평민들이 사라졌다. 1781년에는 아예 소위 이상의 군 장교들에게도 4대 이상의 귀족 족보가 요구되었다.

[241] J-M Constant, *La Vie quotidienne de la noblesse française*, p. 72, 190.

[242] 1653년 망명지에서 돌아오자마자 마자랭은 귀족의 모든 집회와 회합을 금지했으며 이를 어기는 자들을 처형할 것이라고 경고했다. 대참사회에서는 35명의 귀족들이 조사를 받았다. 대부분이 방면되었지만 그중 한 명은 일벌백계로 처형되었다(C. Grell, *Histoire intellectuelle et culturelle de la France du Grand-Siècle*, p. 199).

[243] franc-fief: 귀족의 봉토를 구입한 평민에게 부과된 세금으로 13세기 이전에는 왕령지에 국한되었으나 점차 확대되어 샤를 5세 시대 이후 전국적으로 시행되었다. 일생 한 번 부과된 이 세금은 액수도 그다지 크지 않아 오랫동안 그다지 부담스런 존재가 아니었으나 18세기에 강화되어 20년에 한 번 부과되고 액수도 크게 증가되었다(Gilles André de La Roque, *Traité de la noblesse*, chapitre 23, p. 135).

[244] J-M Constant, *La Vie quotidienne de la noblesse française*, p. 112.

[245] Gilles André de La Roque, *Traité de la roblesse*, chapitre 135, p. 526.

[246] *ibid.*, chapitre 12, pp. 73~75

[247] écuyer는 본래 방패를 든 이로 기사의 시종 출신이었으나 점차 기사와 동등한 지위에 올랐다.

[248] *Arrêt du conseil précisant les documents à fournir par les familles aux enquêteurs*. L. Bourquin, *La Noblesse dans la France moderne*, p. 57에서 재인용.

[249] Mme de Sévigné, *Correspondance*, t. 1, 677.

[250] L. Bourquin, *La Noblesse dans la France moderne*, p. 56.

[251] L-F Le Febvre de Caumartin, *Procès-verbal de la recherche de la noblesse de Champagne, 1673* (L. Bourquin, La Noblesse dans la France moderne, p. 55).

[252] J. Meyer, *La Noblesse bretone au XVIIIe siècle* (Paris: EHESS, 1966), pp. 29~61.

[253] J. Dewald, *The European Nobility 1400~1800*, p. 23.

[254] Gilles André de La Roque, *Traité de la noblesse*, chapitre 31, pp. 174~176 참조.

[255] 모든 작위 귀족에게 중신직이 부여된 영국은 전체적으로 귀족 숫자가 적은 편이다(J. Dewald, *The European Nobility 1400~1800*, p. 27).

[256] Marie Du Bois, *Moi, Marie Du Bois, gentilhomme vendômois valet de chambre de Louis XIV 1647~1671* (Rennes: Editons Apogée, 1992), p. 217.

[257] J-F Solnon, *La Cour de France* (Paris: Fayard, 1987), p. 367.

258 그럼에도 불구하고 콩데는 샹티에서 독립적인 소궁정의 주인으로 자처하며 학문과 예술 후원자 역할을 했다. 샹티에서는 베르사유에서 총애받지 못한 자유사상가들도 환대를 받았다. 1668년 파리에서 〈타르튀프〉 공연을 성사시킨 것도 그였다. 또한 샹티 성과 생제르맹데프레를 중심으로 한 콩데 가의 파리 저택은 다른 귀족들의 저택과 비교가 되지 않았다. 그러나 시간이 흐르면서 그의 성에 몰려드는 귀족들의 수는 점차 줄어들었다. 1660년 콩데의 저택에는 546명이 거주했으나 1664년에 180명에 불과했다.

259 K. Béguin, *Les Princes de Condé, rebelles*, p. 134.

260 Marie Du Bois, *Moi, Marie Du Bois, gentilhomme vendômois valet de chambre de Louis XIV 1647~1671*, p. 143, pp. 212~222.

261 생시몽, 《루이 14세와 베르사유 궁정》, p. 292.

262 C. Blanquie, "Dans la Main du grand maître. Les offices de la maison du roi 1643~1720", *Histoire & Mesure*, No. 13 (octobre~décembre, 1998), pp. 243~288.

263 R. Mousnier, *Les Institutions de la France sous la monarchie absolue*, t. 2, pp. 124~126.

264 *Mémoires de Breteuil*, éd. par Evelyne Lever (Paris: François Bourin, 1992).

265 J. Boucher, "L' Evolution de la maison du roi: des derniers Valois aux premiers Bourbons", *XVIIᵉ siècle*, V. 137(oct.~déc., 1982), No. 4, p. 365.

266 L. Bourquin, *La Noblesse dans la France moderne*, p. 74.

267 A. Jouanna, *Le Devoir de Révolte*, p. 32.

268 생시몽, 《루이 14세와 베르사유 궁정》, p. 358.

269 *ibid.*, p. 60.

270 17세기 귀족의 결혼 유형

결혼의 유형 수	수	퍼센트
남녀 동등혼	740	54.2
남성 상위혼	378	27.7
남성 하위혼	133	9.7
특별 사례	115	8.4
총계	1366	100

E. Le Roy Ladurie, *Saint-Simon, ou le système de la Cour*, p. 271.

271 *ibid.*, pp. 264~293.

272 생시몽, 《루이 14세와 베르사유 궁정》, p. 82.

273 주인공 당댕의 이름은 dandiner을 연상시킨다. 학술원 사전에 의하면 dandiner은 "제정신이 아닌 것 처럼 머리와 몸을 흔드는 것 혹은 침착하지 못한 사람"을 가리킨다: R. Chartier, "George Dandin ou le social en représentation", *Annales*, No. 2 (mars~avril, 1994), p. 299.

274 D. Dessert, *Argent, pouvoir et société au Grand Siècle*, p. 532.

275 J. Dewald, *The European Nobility 1400~1800*, p. 16.

276 L. Bourquin, La *Noblesse dans la France moderne*, p. 44.

277 *ibid.*, p. 47.

278 바이외 징세구에 대한 우드의 연구에 의하면 귀족의 경제적 몰락이라는 고정관념 역시 오류다. 1552년, 1637년, 1666년 세 시기의 귀족 259명, 459명, 553명의 수입의 분포도를 분석한 결과 전 체적으로 귀족의 부는 거의 변화가 없다. 부유한 귀족 10퍼센트가 귀족 전체 수입의 50퍼센트, 가 난한 50퍼센트의 귀족은 10퍼센트, 나머지를 40퍼센트의 귀족이 차지했다. 일부는 가난해지고 일 부는 부유해졌지만 가난한 귀족의 수는 거의 변화가 없다: J-B. Wood, *The Nobility of the Election of Bayeux, 1463~1666* (Princeton, 1980), pp. 120~155.

279 A. Jouanna, *Le Devoir de Révolte*, p. 296.

280 1702년의 인명 대장에 의하면 프랑스에는 대주교가 18명이며 주교는 100명이 넘었다. 소교구 주 임사제 14만 명, 소수도원장 2,400명, 영주의 성에 소속된 사제 1만 5,200명으로 재속 사제가 모 두 약 17만 명 정도였다. 수도원장은 700명 이상이며, 수도 사제는 구체적인 통계가 없으나 성직록 수혜자의 수로 어림잡아 3만 6,500명 정도였다(프란체스코회와 카푸친회 2만 1,000명, 카르멜 아 우구스티누스회 9,500명, 성 프랑수아드폴 2,500명, 수녀 8만 명 이상). 신부와 수녀가 총 35만 명 정도였고 교회는 9,000개의 재판소를 운영했으며 2만 5,000개의 소작지를 보유했다(C. Grell, *Histoire intellectuelle et culturelle de la France du Grand-Siècle*, p. 213).

281 구베르빌의 《가정일지》는 영주의 일상생활에 관해 구체적이고도 생생한 증거를 제시하고 있다: M. Foisil, *Le Sire de Gouverville: un gentilhomme normand au XVIᵉ siècle* (Aubier, 1981).

282 L. Bourquin, *La Noblesse dans la France moderne*, p. 140.

283 *ibid.*, p. 142.

284 파리의 경우 아직 성내에 편입되지 못한 생토노레 외곽지역과 생재르맹데프레 외곽지역에도 저택 이 들어서기 시작했다.

285 C. Mukerji, "Territorial Gardens: The Control of Land in Seventeenth-Century French Formal

Gardens", in *The Culture of the Market: Historical* Essays, ed. by T. Haskell and R. Teichgraeber III (Cambridge, 1993), pp. 61~101.

286 J. Dewald, *The European Nobility 1400~1800*, p. 103.

287 생시몽, 《루이 14세와 베르사유 궁정》, p. 84.

288 D. Bohanan, *Crown and Nobility in Early Modern France*, p. 26.

289 E. Bourgeois et L. André, *Les Sources de l'histoire de France, XVIIe siècle (1610~1715)*, t. II (Paris: Picard, 1913): F. Charbonneau, "Les Mémoires français du XVIIe siècle: Prolégomènes à l'établissement d'un corpus", *XVIIe Siècle*, No. 191(avril~juin, 1996), p. 349에서 재인용.

290 E. Pommier, "L'Image du souvrain ", dans *Lieux de mémoire* par P. Nora (dir.), *La Nation*, t. 2 (Paris: Gallimard, 1986), p. 194.

291 H. Himmelfarb, "Versailles, fonctions et légendes", dans *Lieux de mémoire* par P. Nora (dir.), *La Nation*, t. 2, p. 235.

292 J. Jaquart, "La Fronde des princes dans la région parisienne et ses conséquences materielles", *Revue d'Histoire moderne et contemporaine* (oct.~déc., 1960), No. 4, p. 287.

293 Primi Visconti, *Mémoires*, 1667: J. Cornette, *Chronologique du règne de Louis XIV* (Paris: SEDES, 1997), p. 150에서 재인용.

294 H. Himmelfarb, "Versailles, fonctions et légendes", p. 236.

295 *ibid.*, pp. 235~236.

296 P. Burke, *The Fabrication of Louis XIV*, p.118.

297 생시몽, 《루이 14세와 베르사유 궁정》, p. 440.

298 J. Vanuxem, "La Scénographie des fêtes de Louis XIV auxquelles Molière a participé", *XVIIe siècle*, V. 98~99 (1973), pp. 77~90.

299 Louis XIV, *Manière de montrer les jardins de Versailles*, éd. par Simone Hoog (Paris: Réunion des Musées nationaux, 1982).

300 J. Cornette, *Le Roi de guerre*, p. 231.

301 F. Bluche, *Louis XIV*, p. 290.

302 H. Himmelfarb, "Versailles, fonctions et légendes", p. 251.

303 임석재, 《서양건축사 4, 인간와 인간》, 북하우스, 2007, p. 591

304 A. Guéry, "Versaille, le fantôme de l'absolutisme", *Annales HSS* (mars~avril, 2001), No. 2, p. 510.

305 이 계단은 1752년에 없어졌다.

306 J-C Petitfils, *Louis XIV*, p. 428.

307 생시몽, 《루이 14세와 베르사유 궁정》, p. 526.

308 H. Himmelfarb, "Versailles, fonctions et légendes", p. 246.

309 생시몽, 《루이 14세와 베르사유 궁정》, p. 440.

310 H. Himmelfarb, "Versailles, fonctions et légendes", p. 243

311 W-R Newton, *L'Espace du roi: la cour de France au château de Versailles 1682~1789* (Paris: Fayard, 2000), p. 52.

312 G. Sabatier, "Versailles, un imaginaire politique", *Culture et idéologie dans la genèse de l'Etat moderne* (Ecole Française de Rome, 1985), p. 316.

313 J. Cornette, *Le Roi de guerre*, p. 239.

314 외교사절의 계단 장식에 관해서는 G. Sabatier, "Le Parti figuratif dans les appartements, l'escalier et la galerie de Versailles", *XVIIe Siècle*, V. 161 (oct~déc, 1988), pp. 401~426.

315 1660년대 이전부터 예술계에서는 고대와 근대의 논쟁으로 의견이 분분했다. 예술계의 논의는 궁정으로 번지고 조영총관 콜베르와 그의 수석 서기관 페로의 지원을 받던 근대주의의 우세가 확실해졌다. 퐁트넬은 페로를 지지하고 라브뤼에르와 부알로가 반대편에 섰으나 직접 대면하지는 못하고 풍자시를 발표했을 뿐이다. 페로는 1687년 1월 27일 프랑스 학술원에서 〈루이 대왕의 세기〉라는 제목의 강연을 했다. 이 자리에서 그는 학술원 회원들 앞에서 근대의 시인들이 그리스-로마 시인들보다 우월함을 선언하는 시를 낭송했다. 그 다음해 발표한 《고대인과 근대인의 비교*Parallèls des Anciens et des Moderns*》에서 그는 "인간 정신의 법칙은 진보다. 과학에서 근대인은 고대인보다 더 많이 알고 있다. 따라서 문학에 있어서도 우리가 그들보다 뛰어남이 틀림없다"고 단정 지었다. 결국 이 논쟁은 근대파의 승리로 끝난 셈이다. 미래를 향한 인간 정신이 고대의 아름다움을 누르고 승리하면서 18세기는 철학의 시대, 진보의 시대로 자리매김되었다: A. Niderst, "Les Gens de Versailles et les gens de Paris", *D'Un siècle à l'autre. Anciens et modernes*, colloque du Centre méridional de rencontres sur le XVIIe siècle (Marseille, 1986), p. 159

316 보쉬에의 사상은 《성경 말씀에서 발췌된 정치적 교훈*Politique tirée des propres paroles de l'*

Ecriture sainte)에 집약되어 있다. 이 책은 본래 세자의 시강학사가 된 보쉬에가 세자 교육을 위해 1670년에 쓴 것이다. 1700년에 개작된 이 책이 출판된 것은 1709년이다. 이 책에서 보쉬에는 신성화된 국가와 세속 국가 사이의 영원한 긴장과 조화를 역설했다. 루이 14세를 인간의 능력을 초월하는 동시에 현실정치를 통해 사회를 통제하는 통치자로 이상화한 이 책은 왕권신수설을 토대로 위대한 세기의 이데올로기를 체계화한 대표적인 절대주의 이론서다.

317 C. Grell, *Histoire intellectuelle et culturelle de la France du Grand-Siècle*, p. 112.

318 *Visages du Grand Siècle. Le portrait français sous le régime de Louis XIV, 1660~1715* (Paris: Somogy éditions d'art, 1997).

319 J. Cornette, "Versaille et Louis XIV: le miroir de l'absolutisme", *Textes et documents pour la classe*, V. 687 (1ᵉʳ janvier, 1995).

320 Louis Marin, *Le Portrait du roi* (Paris: Les Edition de Minuit, 1981), p. 12.

321 A. Guéry, "Versaille, le fantôme de l'absolutisme", p. 512.

322 도시 입성식은 왕과 신민의 직접적인 만남의 장이다. 아직 궁정이 수도에 정착하기 전에 도시를 순회하고 돌아온 왕은 파리 시민들 앞에서 군주임을 확인하는 행사를 치렀다. 중세의 유산인 이 행사는 16세기에도 13번 차례나 치러졌다. 그러나 17세기에는 모두 4번에 불과하며 모두 1661년 전이다.

323 J. Cornette, *Absolutisme et Lumières, 1652~1789* (Paris: 1993), p. 57.

324 생시몽, 《루이 14세와 베르사유 궁정》, p. 45.

325 L. Bourquin, *La Noblesse dans la France moderne*, p. 201.

326 생시몽, 《루이 14세와 베르사유 궁정》, p. 436

327 J-M Apostolidès, *Le Roi-machine*, p. 156.

328 M. Fogel, *L'Etat dans la France moderne de la fin XVᵉ au milieu du XVIIIᵉ siècles* (Paris: Hachette, 1992), p. 51.

329 생시몽, 《루이 14세와 베르사유 궁정》, pp. 553~559.

330 고위귀족 출신인 침전시랑감이나 수석 침전시랑과는 달리 수석 침전시종은 하위귀족이나 평민 출신으로 왕의 침실에 관한 모든 일을 도맡아하고 다양한 하인들이나 관리들을 진두지휘한 총책임자다. 침전시종은 모두 28명이고 그중 4명이 수석 침전시종이고 24명이 시종이다. 수석 침전시종과 침전시종들은 각각 1년에 3개월씩 4개조로 나누어 근무했다. 따라서 수석 침전시종 1명과 침전시종 6명이 한꺼번에 근무하고 비근무자는 시간을 재량껏 사용할 수 있다. 이들은 대부분 자신의 영

지에서 지방 영주로서의 삶을 누렸다: M Da Vinha, *Les Valets de chambre de Louis XIV* (Paris: Perrin, 2004), pp. 20~52.

[331] 국왕 직계비속Fils de France은 왕실의 직계 자손을 포함한다. 루이 14세의 궁정에서는 왕의 아우인 대공인 오를레앙 공작, 세자와 그의 세 아들(부르고뉴 공작, 앙주 공작, 베리 공작), 그리고 부르고뉴 공작의 아들(브르타뉴 공작와 앙주 공작)이 여기에 포함된다. 국왕 방계비속Petits-Fils et Petites-Filles de France으로는 대공의 아들 샤르트르 공작과 세 딸이 있다.

[332] 베르사유에서 식당이 독자적인 공간으로서의 면모를 갖추게 된 것은 18세기 이후다: H. Himelfarb, "Versailles, fonctions et légendes", 261.

[333] P. Burke, *The Fabrication of Louis XIV*, p. 157.

[334] M. Bloc, *Les Rois thaumaturges. Etudes sur le caractère surnaturel attribué à la puissance royle particulièrement en France et en Angleterre* (Paris: Gallimard, 1983[1924]). 1688년 잉글랜드 왕으로 즉위한 윌리엄 3세는 이 행사를 포기했다. 루이 15세는 방탕한 생활로 인해 영성체를 하지 못해 사실상 이 행사를 치를 수가 없었다.

[335] 생시몽, 《루이 14세와 베르사유 궁정》, p. 471.

[336] A. Maral, "Portrait religieux de Louis XIV", *XVIIᵉ siècle* (oct.~déc., 2002), No. 4, p. 701.

[337] R. Mousnier, *Les Institutions de la France sous la monarchie absolue*, t. 2, p. 104.

[338] 생시몽, 《루이 14세와 베르사유 궁정》, p. 361.

[339] *ibid.*, p. 426.

[340] W-R Newton, *L'Espace du roi*, pp. 45~50.

[341] 생시몽, 《루이 14세와 베르사유 궁정》, pp. 88~89.

[342] *ibid.*, p. 437.

[343] *ibid.*, p. 367.

[344] J Revel, "Cour", *Lieux de mémoire par P. Nora (dir.)*, *Les France*, t. 2, p. 162.

[345] 노르베르트 엘리아스, 《궁정사회》, 박여성 옮김, 한길사, 2003; 《문명화 과정》, 박미애 옮김, 한길사, 1996.

[346] J-M Apostolidès(*Le Roi-machine*)와 J-F Solnon(*La Cour de France*)은 엘리아스의 이론을 토대로 프랑스의 궁정사회를 분석했다.

[347] J. Revel, "Cour", p. 175.

[348] *ibid.*, p. 163.

[349] 생시몽, 《루이 14세와 베르사유 궁정》, p. 558.

[350] 엘리아스의 이론에 대한 재검토를 위해서는 J. Duindam, *Myths of Power, Norbert Elias and the Early Modern European Court* (Amsterdam University Press, 1994); E. Le Roy Ladurie, *Saint-Simon ou le système de la Cour*; 이영림, 〈문명화의 거미줄에 갇힌 근대인-엘리아스와 문명화 이론〉, 《서양사론》 89호, 2006년 6월, pp. 245~266 참조.

[351] 1610년 앙리 4세의 장례식을 마지막으로 국왕 장례식에 허수아비를 세우는 관행은 사라졌다: R-E Giesey, "The King Imagined", pp. 51~57.

[352] *ibid.*, p. 52.

[353] A. Maral, "Portrait religieux de Louis XIV", p. 700.

[354] Marie Du Bois, *Moi, Marie Du Bois, gentilhomme vendômois valet de chambre de Louis XIV 1647~1671*.

[355] 다니엘 로슈, 《지방의 계몽주의》, 주명철 옮김, 동문선, 2002, p. 21.

[356] 1625~1650년에 아카데미의 인원은 200명 정도였으나 1660년에 300명의 규모로 확대되었다. 아카데미가 가장 많은 곳은 파리였고 활동도 가장 활발했다. 지방 아카데미의 절반은 10년 미만으로 단명했지만 20여 개는 더욱 확대되었다: C. Grell, *Histoire intellectuelle et culturelle de la France du Grand-Siècle*, pp. 221~223.

[357] 1647년에 쓰여진 이 책은 Amelot de la Houssaie에 의해 번역되었다. H-J Martin, *Livre, pouvoir et société à Paris au XVIIe siècle, 1598~1701*, t. 2, p. 857.

[358] R. Muchembled, *L'Invention de l'homme moderne, cultures et sensibilités en France du XVIe au XVIIIe siècle*, p. 383.

[359] *Médailles sur les principaux événements du règne de Louis le Grand* (Paris: 1702); C. Grell, *Histoire intellectuelle et culturelle de la France du Grand-Siècle*, p. 137.

[360] J-F Schaub, "Une Histoire culture comme histoire politique", *Annales HSS* (sep.~oct., 2001), No. 4~5, p. 983.

[361] A. Boureau, "Les livres d'emblèmes sur la scène publique. Côté jardin et côté cour", *Les Usages de l'imprimé* par R. Chartier (Paris: Fayard, 1987), pp. 372~373.

[362] P. Burke, *The Fabrication of Louis XIV*, p. 94.

363 테데움의 횟수는 17세기를 거치며 꾸준히 늘어났다. 1609~1620년: 9회, 1621~1642년: 18회, 1643~1660년: 22회, 1661~1715년: 89회, 1715~1748년: 39회: M Fogel, *Les Cérémonies de l'information dans la France du XVIᵉ et XVIIIᵉ siècle* (Paris: Fayard, 1989), pp. 156~173.

364 프랑스 북쪽 끝에 위치한 작은 촌락 뤼므지Rumegies의 주임사제 알렉상드르 뒤부아는 1683년에서 1739년까지 《일지》를 기록했다. 그의 《일지》는 17세기 말 프랑스 농민들의 종교생활의 단면을 보여줄 뿐 아니라 세금 부담, 경제적 곤궁을 짐작케 한다. 또한 당시 국왕 칙령이나 왕령을 전달하고 시행을 독려하는 역할을 하던 소교구 주임사제가 절대군주정하에서 실질적인 하부 행정기구로서의 역할을 했음을 증명해준다: A. Dubois, *Journal d'un curé de campagne au XVIIᵉ siècle* (Presses Universitaire du Septentrion, 1997), p. 84

365 생시몽, 《루이 14세와 베르사유 궁정》, p. 324.

366 L. Bely, *Espions et ambassadeurs au temps de Louis XIV* (Paris: 1990), p. 13.

367 *Mémoires de Louis XIV*, p. 58.

368 *Lettre anonyme à Louis XIV*; A. Richardt, *Le Soleil du Grand Siècle* (Paris: Tallandier, 2000), Annexe II, p. 375에서 재인용.

369 G. Parker, *The Military Revolution* (Cambridge, 1987), p. 46.

370 J. Lynn, *Giant of the Grand Siècle. The French Army, 1610~1715* (Cambridge Univ. Press, 1997).

371 B. Downing, *The Military Revolution and Political Change. Origins of Democracty and Autocracy in Early Modern Europe* (Princeton Univ. Press, 1992). 이러한 논지는 J. Black의 것과 매우 유사하다: J. Black, *A Military Revolution? Military Change and European Society, 1550~1800* (Atlantic Highlands, 1991).

372 J–C Petitfils, *Louis XIV*, pp. 343~344.

373 J. Meyer, *Le Poids de l'Etat* (Paris: 1983), pp. 46~65.

374 J. Cornette, *Le Roi de guerre*, pp. 156~157.

375 Voltaire, *Le Siècle de Louis XIV*, dans *Oeuvre de Voltaire*, 693.

376 그러나 1709년의 사망자 수는 1693~1694년의 200만 명에 비하면 훨씬 적은 편이다: M. Lachiver, *Les Années de misère* (Paris: Fayard, 1991), p. 97, p. 383.

377 *Lettre du Roi a M. le duc de Tresmes, pair de France, premier gentilhomme de la chambre de*

S. M. et gouverneur de la ville de Paris, au sujets des propositions extraordinaires qui avaient été faites pour la paix de la part des puissences alliées, A Paris de l' Imprimerie royale, 1709: J. Cornette, *Chronologique du règne de Louis XIV*, p. 505에서 재인용.

[378] P. Burke, *The Fabrication of Louis XIV*, p. 112.

[379] A. Dubois, *Journal d' un curé de campagne au XVIIᵉ siècle*, p. 146.

[380] J-C Petitfils, *Louis XIV*, p. 639.

[381] 생시몽, 《루이 14세와 베르사유 궁정》, p. 383.

[382] 루이 14세 연구자인 프티피스는 루이 14세의 치세를 1661년 이전과 1661년에서 1691년, 그리고 1691년 이후로 구분하며 1691년 이후 루이 14세는 진정한 의미에서 정부의 수반 역할을 했다고 주장한다: J-C Petifils, *Louis XIV*, pp. 519~520.

[383] 생시몽, 《루이 14세와 베르사유 궁정》, p. 493.

[384] J-C Petitfils, *Louis XIV*, p. 519.

[385] 그녀의 할아버지 아그리파 도비녜는 루됭의 양화공이었다.

[386] 세비녜 부인은 딸에게 보내는 편지에서 맹트농 부인의 이야기를 상세하게 묘사했다: Mᵐᵉ de Sévigné, *Correspondance*, t. 2, pp. 243~251.

[387] 생시몽, 《루이 14세와 베르사유 궁정》, p. 507.

[388] *ibid.*, p. 50.

[389] *ibid.*, p. 205.

[390] *ibid.*, p. 205.

[391] 《오디세우스의 아들, 텔레마코스의 모험》에 관해서는 H. Merlin, *Public et littérature en France au XVIIᵉ siècle* (Paris: Les Belles letres, 1994), pp. 322~344 참조.

[392] *Tableau de Chaulne, Plans de gouvernement pour être proposés au duc de Bourgogne.* 슈브뢰즈 공작은 남서부 기엔 지방의 총독이지만 파리에서 가까운 피카르디 지방 숀Chaulnes에도 영지를 소유하고 있다. 이 영지에서 슈브뢰즈 공작, 보빌리에 공작과 함께 페늘롱이 장고 끝에 작성한 이 정치 계획서의 골자는 페늘롱이 1693년에 왕에게 보낸 편지의 내용과 동일하다. 특히 불필요한 연금 지급 정지, 3년마다 정기적으로 삼부회 소집, 경제적 자유주의와 귀족정치, 지사제 폐지 등 핵심적인 내용은 루이 14세의 정책과 근본적으로 대치된다. 1712년 부르고뉴 공작의 갑작스런 사망으로 이 모든 기대와 계획은 물거품이 되었다. 그러나 자유주의적 귀족주의의 정치적 골격과 원

리는 오를레앙 공작에 의해 수용되었다.

393 이를 계기로 퐁샤르트랭 가문은 앙시앵 레짐 말기까지 프랑스 군주정에서 가장 영향력 있는 정치 가문 중 하나로 성장했다.

394 루이 14세의 동생 오를레앙 공작의 두 번째 부인인 팔츠 대공비는 1671년 프랑스에 왔다. 그때부터 1722년까지 프랑스의 궁정에서 지낸 그녀는 엄격한 궁정생활의 답답함과 고향에 대한 그리움을 하소연하는 수많은 편지를 남겼다: E-C Palatine, *Correspondance complète* (Mercure de France, 1981).

395 맹트농 부인이 루이 14세의 후원을 받아 1686년에 베르사유 인근에 설립한 여학교다. 여기에서는 주로 가난한 귀족의 딸들이 수학했다. 17세기에 여학교는 세속 수녀원과 성격이 유사하며 교과 과정도 비슷했다. 가톨릭 개혁의 일환으로 교육사업이 전개되면서 귀족, 특히 왕실의 여인들의 여학교 설립이 유행했다. 이는 순수한 종교적 열정과 교육열에서 비롯되기도 했지만 사적 근거지를 확보하려는 의도에서 비롯되기도 했다. 예를 들어 파리에 생조제프 수녀원을 운영하던 몽테스팡 부인은 왕의 총애를 잃은 뒤 이곳에 칩거했으며 맹트농 부인도 마찬가지였다.

396 D. Dessert, *Argent, pouvoir et société au Grand Siecle*, p. 532.

397 La Croix, Calude-François de(1653~1729): 루이 14세 후반기에 가장 영향력 있는 재정가 중 하나로 1688~1708년 70개의 관세 징수권을 따냈으며 군납업에도 종사했다(D. Dessert, *Argent, pouvoir et société au Grand Siecle*, p. 613).

398 정적주의는 종교적 신비주의의 한 형태로 1680년대 후반 기옹 부인을 통해 프랑스에 전래되었다. 기독교사에서 신과의 합일을 추구하는 신비주의의 전통은 초대교회 시대 이래 오랜 역사를 지닌다. 그러나 외적인 종교생활보다 마음의 평화를 강조하는 신비주의는 종종 제도로서의 교회와 충돌을 빚곤 했다. 특히 가톨릭 개혁 이후 교황지상주의를 내세우며 적극적인 선교활동을 펼치던 예수회가 교황청을 지배하게 되면서 신비주의에 대한 이단 시비가 본격화되었다. 이때부터 신비주의 문제는 각국에서 왕의 고해신부와 같은 고위 성직을 차지한 예수회에 의해 반대파를 제거하기 위한 방편으로 이용되고 여기에 다양한 정치 세력이 합세했다. 17세기 후반 이후 프랑스에서 일어난 이단 논쟁과 종교적 박해는 이처럼 종교 외적 측면이 강하게 작용했다. 1695년 기옹 부인의 체포로 표면화된 정적주의 문제 역시 순수한 종교적 차원보다는 경쟁심과 정치적 이해관계에서 비롯되었다. 예수회는 기옹 부인의 저작에 담긴 정적주의quiétisme가 교회와 교황청의 권위를 부정하는 위험한 사상을 전파하는 것이라고 고발했다. 1699년 교황청은 프랑스 궁정의 요청을 받아들여 기옹

부인과 페늘롱을 정적주의로 단죄했다.

399 H. Merlin, *Public et littérature en France au XVIIᵉ siècle*, p. 332.

400 *Mémoires de Breteuil*, p. 232.

401 생시몽, 《루이 14세와 베르사유 궁정》, p. 316.

402 국왕 도서관에 보존되었던 이 원사료는 파공의 후손들에 의해 일부가 사취되어 불완전한 상태였으나 1744년 국왕 도서관의 문서관리사 *Hulst*에 의해 정리되고 보관되었다. 오늘날 국립도서관 고문서실에 *Remarques sur la santé du Roy*, BnF, Ms. fr., no. 6998, no. 6999로 보관된 이 기록에는 *Héroard*가 기록한 《루이 13세의 건강일지》도 포함되어 있다. 그중 《루이 14세의 건강일지》는 1862년 베르사유 도서관 책임자에 의해 처음으로 출간된 이후 몇 차례 재출간되었다.

403 *Journal de santé de Louis XIV* (Grenoble: Editions Jérôme Millon, 2004), p. 68.

404 Michelet, "De la santé du roi", *Histoire de France au XVIIᵉ siècle, Louis XIV et le duc de Bourgogne*, t. XIV, p. 440 (S. Perez, "La Lancette et le sceptre", *Journal de santé de Louis XIV*, pp. 10~11에서 재인용).

405 생시몽, 《루이 14세와 베르사유 궁정》, p. 401.

406 Voltaire, *Le Siècle de Louis XIV*, dans *Oeuvre de Voltaire*, p. 712.

407 M. Caroly, *Le Corps du Roi-Soleil, grandeur et misère de Sa Majesté Louis XIV* (Paris: Editions de Paris, 1999), pp. 64~65.

408 생시몽, 《루이 14세와 베르사유 궁정》, p. 502.

409 *ibid.*, p. 306.

410 *Journal de santé de Louis XIV*, p. 167.

411 페르가몬 태생의 갈레노스(131~201)는 마르크스 아우렐리우스의 시의를 지냈으며 해부학의 아버지로 일컬어진다. 그러나 그의 해부학은 인간의 몸이 아니라 돼지나 개의 해부를 토대로 유추한 것이다. 갈레노스의 이론을 토대로 근대 해부학의 발전시킨 것은 이탈리아의 베살리우스이다. 그는 1543년에 출판된 《인체의 구조에 관하여》에서 인간의 골격, 근육, 혈관, 신경, 내장 등 신체의 몸을 있는 그대로 묘사했을 뿐 아니라 목판화로 찍은 상세한 도표와 그림을 첨부했다.

412 *Journal de santé de Louis XIV*, p. 169.

413 *ibid.*, p. 173.

414 *ibid.*, p. 177.

[415] 생시몽, 《루이 14세와 베르사유 궁정》, p. 49.

[416] M. Caroly, *Le Corps du Roi-Soleil*, p. 13

[417] P. Burke, *The Fabrication of Louis XIV*, p. 124.

[418] *Journal de santé de Louis XIV*, p. 310.

[419] E-C Palatine, *Correspondance complète* (Mercure de France, 1981), p. 297.

[420] *ibid.*, p. 473.

[421] duc de Saint-Simon, *Mémoires*, t. 5, p. 892.

[422] J-C Petitfils, *Louis XIV*, p. 697.

[423] duc de Saint-Simon, *Mémoires*, t. 5, p. 902.

[424] *ibid.*, t. 5, p. 926.

[425] 생시몽, 《루이 14세와 베르사유 궁정》, p. 571.

[426] *Mémoires de Louis XIV*, p. 57.

[427] J. Revel, "Cour", p. 130.

[428] T-C. W. Blanning, *The Culture of power and the power of culture:old regime Europe, 1660~1789* (Oxford, 2002), pp. 384~387.

참고문헌

Apostolidès, J-M, *Le Roi-machine, spectacle et politique au temps de Louis XIV* (Paris: Editions de Minuit, 1981).

Archives de l'Occident, J. Favier (dir.), *Les Temps modernes, 1559~1700* (Paris: Fayard, 1995).

Aron, M., *Les Mémoires de Madame de Motteville du dévouement à la devotion* (Paris: PUF, 2003).

Barbiche, B., *Les Institutions de la monarchie française à l'époque moderne* (Paris: PUF, 2001).

Bayard, F., *Le Monde des financiers au XVIIe siècle* (Paris: Flammarion, 1988).

Béguin, K., *Les Princes de Condé, rebelles, courtisans et mécènes dans la France du Grand siècle* (Paris: Champ Vallon, 1999).

_____, "Louis et l'Aristocratie: Coup de Majesté ou retour à la tradition?", *Histoire Economie et Société* (octobre~décembre, 2000), No. 4, pp. 478~499.

Beik, W., *Absolutism and Society in Seventeenth Century France: State Power and Provincial Aristocracy in Languedoc* (Cambridge Univ. Press, 1985).

_____, *Louis XIV and Absolutism* (Boston: Bedford/St.Martin's, 2000).

Bély, L., *Dictionnaire de Ancien Régime* (Paris: PUF, 1996).

_____, *Espions et ambassadeurs au temps de Louis XIV* (Paris: Fayard, 1990).

Bergin, J., "Cardinal Mazarin and his bénéfice", *French History* (1~3, 1987), No. 1, pp. 32~45.

Bien, D., "Manufacturing Nobles: The Chancelleries in France to 1789", *Journal of Modern History*, v. 61 (1989), pp. 445~486.

Billacois, F., *Le Duel dans la société française des XVIe~XVIIe siècles. Essai de psychosciologie historique* (Paris: EHESS, 1986).

Bitton, D., *The French Nobility in Crisis*, 1560~1640 (Stanford Univ. Press, 1969).

Black, J., *A Military Revolution? Military Change and European Society, 1550~1800* (Atlantic Highlands, 1991).

Blanning, T-C W., *The Culture of power and the power of culture: old regime Europe, 1660~1789* (Oxford, 2002).

Blanquie, C., "Dans la main du grand maître. Les offices de la maison du roi 1643~1720" *Histoire & Mesure*, V. 13 (octobre~décembre, 1998), No. 4, pp. 243~288.

Bluche F., et J-F Solnon, *La Véritable Hiérarchie sociale de l'ancienne France, Le Tarif de la première capitation, 1695* (Genève: Droz, 1983).

Bluche, F., *Louis XIV* (Paris: Fayard, 1986).

Bohanan, D., *Crown and Nobility in Early Modern France* (New York: Palgrave, 2001).

Bonny, R., *The King's Debts: Finance and Politics in France, 1589~1661* (Oxford: Clarendon Press, 1981).

Bosher, J-F (ed.)., *French Government and Society, 1500~1800* (London: Athlone Press, 1973).

Boucher, J., "L'Evolution de la maison du roi: des derniers Valois aux premiers Bourbons", *XVIIe siècle*, V. 137 (oct~déc. 1982), No. 4, pp. 352~378.

Boullainvilliers, Henri de, *Dissertation sur la noblesse françoise, servant de préface aux mémoires de la maison de Boulainvilliers* (1700~1709).

Bourgeois, E., et L. André, *Les Sources de l'histoire de France, XVIIe siècle (1610~1715)*, t. II (Paris: Picard, 1913).

Bourquin, L., *Noublesse seconde et pouvoir en Champagne aux XVIe et XVIIe siècles* (Paris : Publication de la Sorbonne, 1994).

_____, La *Noblesse dans la France moderne XVIe~XVIIIe siècles* (Paris: Belin, 2002).

Bourgeon, J-L, *Les Colbert avant Colbert* (Paris: PUF, 1973).

Brossault, C., *Les Intendants de Franche-Comté, 1674~1790* (Paris, La Boutique de l'Histoire éditions,1999).

Burke, P., *The Fabrication of Louis XIV* (Yale Univ. Press, 1992).

Cabourdin G., et G. Viard, *Lexique historique de la France d'Ancien Régime* (Paris: Armand Colin, 1978).

Campbell, P-R, *Power and Politics in Old Regime France 1720~1745* (London: Routeledge, 1996).

Caroly, M., *Le Corps du Roi-Soleil, grandeur et misère de Sa Majesté Louis XIV* (Paris: Editions de Paris, 1999).

Certeau, M. de, "L'Histoire religieuse du XVIIe siècle, problèmes de méthodes", *Recherches de Science Religieuse*, V. 57 (1969), pp. 231~250.

Charbonneau, F., "Les Mémoires français du XVIIe siècle: Prolégomènes à l'établissement d'un corpus", *XVIIe Siècle*, V.191 (avril~juin, 1996), No. 2, pp. 324~344.

Chartier, R. (éd.), *Les Usages de l'imprimé* (Paris: Fayard, 1987).

Chartier, R., "George Dandin ou le social en représentation", *Annales*, No. 2 (mars~avril 1994), pp. 283~302.

Chéruel, P. A., *Histoire de l'administration monarchique en France depuis l'avènement de Philippe-Auguste jusqu'à la mort de Louis XIV*, 2vols (Paris: Hachette, 1855).

_____, *Dictionnaire historique des institutions, moeurs et coutumes de la France*, 3Vols (Paris: Hachette, 1855).

Collins, J., *The State in Early Modern France* (Cambridge Univ. Press, 1995).

Constant, J-M, *La Vie quotidienne de la noblesse française* (Paris: Hachette, 1985).

_____, "Les Structures sociales et mentales de l'anoblissement, analyse comparative d'études récentes, xvie~xviiie siècles", *L'Anoblissement en France, xve~xviiie siècles. Théories et réalités* (Univ. de Bordeaux III, 1985).

_____, *Les Conjurations. Le premier libéralisme politique sous Rechelieu* (Paris: Hachette, 1987).

_____, "Un Groupe socio-politique stratégique dans la France de la première moitié du xviie siècle: La noblesse seconde", in *L'Etat et les aristocraties France, Angleterre, Ecosse,*

XIIe~XVIIe siècles, éd. P. Contamine (Paris, 1989), pp. 279~304.

Cornette, J., *Le Roi de guerre* (Paris: Editions Payot & Rivage, 1993).

_____, *Absolutisme et Lumières, 1652~1789* (Paris, 1993).

_____, "Versaille et Louis XIV: le miroir de l'absolutisme", *Textes et documents pour la classe*, V. 687 (1er janvier, 1995).

_____, *La France de la Monarchie absolue* (Paris: Société d'éditions scientifique, 1997).

_____, *Chronique du règne de Louis XIV* (Paris: Editions SEDES, 1997).

_____, "L'Histoire au travail. Le Nouveau Siècle de Louis XIV: un bilan historiographique depuis vingt ans(1980~2000)", *Histoire économique et sociale* (oct~déc., 2000), No. 4, pp. 561~605.

Cremer, "La Genèse de la notion de noblesse de robe", *Revue d'histoire moderne et contemporaine*, V. 46 (jan.~mars, 1999), No. 1, pp. 5~26.

Croix, A., *L'Age d'or de la Bretagne, 1532~1675* (Renne: Ouest-France, 1993).

Dandrey, P., "Qu'est-ce le classicisme?", *L'Etat classique 1652~1715*, dir. par H. Méchoulan et J. Cornettte (Paris: Vrin, 1996), pp. 38~52.

Da Vinha M., *Les Valets de chambre de Louis XIV* (Paris: Perrin, 2004).

Dent, J., "The Role of Clientele in the Financial Elite of France under Cardinal Mazarin" in *French Government and Society, 1500~1800*, ed. by J-F Bosher (London: Athlone Press, 1973), pp. 42~67.

Dessert, D., "A Propos de la Chambre de Justice de 1661", *Annales ESC* (juil~août, 1974), No. 4, pp. 872~891.

_____, D., "Pouvoir et finance au XVIIe siècle, la fortune du cardinal de Mazarin", *Revue d'histoire moderne et contemporaine* (avril~juin,1975), pp. 161~181.

_____, "Le Laquais-financier au Grand siècle: mythe ou realité", *XVIIe Siècle*, V. 122 (1979) No. 1, pp. 23~41.

_____, *Argent, pouvoir et société au Grand siècle* (Paris: Fayard, 1984).

_____, *Fouquet* (Paris: Fayard, 1987).

Dewald, J., *The European Nobility 1400~1800* (Cambridge University Press, 1996).

Dictionnaire de Furtière, 3Vols(Paris, 1690).

Downing, B., *The Military Revolution and Political Change. Origins of Democracty and Autocracy in Early Modern Europe* (Princeton Univ. Press, 1992).

Doyle, W., "Colbert et les offices", *Histoire Economie et Société* (octobre~décembre, 2000), No. 4, pp. 469~480.

_____, *Old Regime* (Oxford Univ. Press, 2001).

Dubois, A., *Journal d'un curé de campagne au XVIIᵉ siècle* (Presses Universitaire du Septentrion, 1997).

Duindam, J., *Myths of Power, Norbert Elias and the Early Modern European Court* (Amsterdam University Press, 1994).

Engrand, C., "Clients du roi, Colbert et l'Etat, 1661~1715", dans *Un Nouveau Colbert* (Paris: Editions SEDES, 1985), pp. 85~93.

Fogel, M., *Les Cérémonies de l'information dans la France du XVIᵉ et XVIIIᵉ siècles* (Paris: Fayard, 1989).

_____, *L'Etat dans la France moderne de la fin XVᵉ au milieu du XVIIIᵉ siècle* (Paris: Hachette, 1992).

Foisil, M., *La Révolte des Nu-pieds et les révoltes normandes de 1639* (Paris: PUF, 1970).

_____, Le *Sire de Gouverville:un gentilhomme normand au XVIᵉ siècle* (Aubier, 1981).

Giesey, R-E., "The King Imagined", ed. by K. M. Baker, *The Political Culture of the Old Regime*, t.1 (Pergamon Press, 1987).

Gilles André de La Roque, *Traité de la noblesse, 1678* (Paris: Mémoire & Documents, 1994).

Golden, R. M., *The Godly Rebellion: Parisian Cures and the Religious Fronde 1652~1662* (Univ. of North Carolina Press, 1981).

Goubert, P., *La Vie quotidienne des paysans au XVIIᵉ siècle* (Paris: Hachette, 1982).

_____, *Louis XIV et vingt Millions de français* (Paris: Fayard, 1977).

Grell, C., *Histoire intellectuelle et culturelle de la France du Grand-Siècle, 1654~1715* (Paris: Editions Nathan, 2000).

Guéry, A., "Etat, classification sociale et compromis sous Louis XIV: la capitation de 1695",

Annales ESC, V. 41 (1986), pp. 1041~1060.

_____ , "Industrie et colbertisme: origin de la forme française de la politique industrielle?", *Histoire, économie et société* (1989), No. 3, pp. 288~305.

_____ , "Versaille, le fantôme de l'absolutisme", *Annales HSS* (mars~avril, 2001), No. 2, pp. 501~517.

Halévi, R., "La Modération à l'épreuve de l'absolutisme. De l'Ancien Régime à la Révolution française", *Le Débat*, No. 109(mars~avril, 2000), pp.73~98.

Hanley, S., *Le Lit de justice des Rois de France. L'idéologie constitutionnelle dans la légende et le discours* (Paris: Aubier, 1991).

Hanlon, G., *L'Univers des gens de bien. Culture et comportement des élites urbaines en Agenais-Condomois au XVIIe siècle* (Bordeaux, 1989).

Henshall, N., *The Myth of absolutism* (London, 1992).

Himelfarb, H., "Versailles, fonctions et légendes", dans *Lieux de mémoire* par P. Nora(dir.), La Nation, (Paris: Gallimard, 1986), pp. 235~292.

Jaquart, J., "La Fronde des princes dans la région parisienne et ses conséquences materielles", *Revue d'Histoire moderne et contemporaine* (oct.~déc., 1960), No. 4, pp. 275~294.

_____ , J., "Colbert", *L'Etat classique 1652~1715*, dir. par H. Méchoulan et J. Cornettte (Paris: Vrin, 1996).

Jouanna, A., *Le Devoir de révolte. La noblesse française et la gestion de l'Etat moderne 1559~1661* (Paris: Fayard, 1989).

Journal de santé de Louis XIV (Grenoble: Editions Jérôme Millon, 2004).

Kettering, S., *Patrons, Brokers, and Clients in Seventeenth Century France* (Oxford Univ. Press, 1986).

Labatut, J-P, "Les Membres du Conseil du roi", *Noblesse, pouvoir, société en France au XVIIe siècle* (Limoge: Trames, 1987), pp. 72~94.

Lachiver, M., *Les Années de misère* (Paris: Fayard, 1991).

Lavisse, E., *Louis XIV: histoire d'un grand règne 1643~1715, Histoire de France depuis les origines jusqu'à la Révolution*, t. 7~8 (Paris: Librairie Hachette, 1905~1908).

Lecoq, A–M, "La symbolique de l'Etat", dans P. Nora (dir.), *Lieux de mémoire*, t. 2, *La Nation* (Paris: Gallimard, 1986), pp. 145~192.

Le Nabour, E., *La Reynie, le policier de Louis XIV* (Paris, 1990).

Le Roy Ladurie, E., *Saint–Simon ou le système de la Cour* (Paris: Fayard, 1997).

L'Innocence persécutée, éd. par M–F Baverel–Croissant (Publications de l'Université de Saint–Etienne, 2002).

Louis XIV, *Manière de montrer les jardins de Versailles*, éd. par Simone Hoog (Paris: Réunion des Musées nationaux, 1982).

Lynn, J., *Giant of the Grand Siècle. The French Army, 1610~1715* (Cambridge Univ. Press, 1997).

Maître, M., *Les Précieuses. Naissance des femmes de lettres en France au XVIIIe siècle* (Paris: Honore Champion, 1999).

Major, M–J, *From Renaissance to Absolute Monarchy: French Kings, Nobles & Estates* (Johns Hokins Univ. Press, 1994).

Maral, A., "Portrait religieux de Louis XIV", *XVIIe siècle* (oct.~déc., 2002), No. 4, pp. 697~723.

Marin, L., *Le Portrait du roi* (Paris: Les Edition de Minuit, 1981).

Marion, M., *Dictionnaire des institutions de la France aux xviie et xviiie siècles* (Paris: Editions A. & J. Picard & Cie, 1969).

Marie Du Bois, *Moi, Marie Du Bois, gentilhomme vendômois valet de chambre de Louis XIV 1647~1671* (Rennes: Editons Apogée, 1992).

Martin, H–M, *Livre, pouvoir et société à Paris, au XVIIe siècle, 1598~1701*, 2Vols (Genève: Droz, 1969).

Mémoires de Breteuil, éd. par Evelyne Lever (Paris: François Bourin, 1992).

Mémoires de Louis XIV, annotés par J. Longon (Paris: Editions Tallandier, 1978).

Mémoires de l'abbé de Choisy (Paris: Mercure de France, 2000).

Mémories de Madame de Motteville (Pais: Libraires Fontaine editeur, 1982).

Merlin, H., *Public et littérature en France au XVIIe siècle* (Paris: Les Belles letres, 1994).

Meyer, J., *La Noblesse bretone au XVIIIe siècle* (Paris: EHESS, 1966).

_____, *Le Poids de l'Etat* (Paris: PUF, 1983).

Mettam, R., *Power and Faction in Louis XIV's France* (Oxford Univ. Press, 1988).

Minard, P., *La Fortune du colbertisme. Etat et industrie dans la France des Lumières* (Paris: Fayard, 1998).

Mounsier, R., *Fureurs paysannes* (Paris: Calmann-Lévy, 1967).

_____, *La Plume, la Faucille et le Marteau* (Paris: PUF, 1970).

_____, *La Vénalité des offices sous Henri et Louis XIII* (Paris: PUR, 1971).

_____, *Les Institutions de la France sous la monarchie absolue, 1598~1789*, 2vols (Paris: PUF, 1980).

Muchembled, R., *L'Invention de l'homme moderne, cultures et sensibilités en France du XVIe au XVIIIe siècle* (Paris: Fayard, 1988).

Mukerji, C., "Territorial Gardens: The Control of Land in Seventeenth-Century French Formal Gardens", in *The Culture of the Market: Historical Essays*, ed. by T. Haskell and R. Teichgraeber III (Cambridge, 1993), pp. 61~101.

Newton, R-P, *L'Espace du roi : la cour de France au château de Versailles 1682~1789* (Paris: Fayard, 2000).

Néraudau, J-P, *L'Olympe du Roi-Soleil. Mythologie et idéologie royale au Grand Siècle* (Paris, 1986).

Niderst, A., "Les Gens de Versailles et les gens de Paris", *D'Un siècle à l'autre. Anciens et modernes*, colloque du Centre méridional de rencontres sur le XVIIe siècle (Marseille, 1986).

Oeuvre de Voltaire (Paris: Editions Gallimard, 1957).

Parker, D., *Class and State in Ancien Regime: The Road to Modernity?* (London, 1996).

Pasquier, E., *Recherches de la France, Revuës et augmentées d'un Livre, et de plusieurs Chapitres par le mesme Autheur* (1607).

Perez, S., "Les Brouillons de l'absolutisme: les "mémoires" de Louis XIV en question", *XVIIe Siècle*, V. 222 (janvier~mars, 2004), pp. 1~23.

Petitfils, J-C., *Louis XIV* (Paris: Librairie Perrin, 1995).

Pommier, E., "L' Image du souvrain ", *Lieux de mémoire par P. Nora* (dir.), *La Nation*, t. 2 (Paris: Gallimard, 1986), pp. 193~234.

Pillorget, R., *Les Mouvements insurrectionnels en Provence entre 1596 et 1715* (Paris: Pedone, 1975),

Porchnev, B., *Les Soulèvements populaires en France au XVIIe siècle* (Paris: Flammarion, 1972).

Princesse de Palatine, E–C, *Correspondance complète* (Mercure de France, 1981).

Reinbold, A., "Peinture et pouvoir au XVIIe siècle", *L' Etat baroque 1610~1652*, dir. par H. Méchoulin (Paris: Vrin, 1985), pp. 345~366.

Revel, J., "Cour", *Lieux de mémoire* par P. Nora (dir.), *Les France*, t. 2, pp. 128~193.

Ruggiu, F–J, *Les Elites et villes moyennes en France et en Angleterre, XVIIe~XVIIIe siècle* (Paris, L' Harmattan, 1997).

Sabatier, G., "Versailles, un imaginaire politique", *Culture et idéologie dans la genèse de l' Etat moderne* (Ecole Française de Rome, 1985), pp. 303~323.

_____, "Le Parti figuratif dans les appartements, l' escalier et la galerie de Versailles", *XVIIe Siècle*, V. 161(oct.~déc., 1988), No. 4, pp. 401~426.

_____, *Versaille ou la figure du roi* (Paris: Albin Michel, 1999).

_____, "La Gloire du roi. Iconographie de Louis XIV de 1661 à 1672", *Histoire Economie et Société* (octobre~décembre, 2000), No. 4, pp. 523~543.

Saint–Simon, *Mémoires* (Paris: Gallimard, 1983~1988), 8vols.

_____, *Traités politiques et autres écrits* (Paris: Gallimard, 1996).

Salmon, J–H–M, "A Second Look at the Noblesse Seconde: The Key to Noble Clientage and Power in Early Modern France?", *French Historical Studies*, Vol. 25, No.4 (fall, 2002) pp. 575~593.

Schalk, E., *L' Épée et le sang* (Paris: Champ Vallon, 1996).

Schaub, J–F, "Une histoire culture comme histoire politique", *Annales HSS* (sep.~oct., 2001), No. 4~5, pp. 981~997.

Smedley–Weill, A., *Les Intendants de Louis XIV* (Paris Fayard, 1996).

Sévigné, Mme de, *Correspondance*, 2Vols (Paris: Editions Gallimard, 1972).

Solnon, J-F., *La Cour de France* (Paris: Fayard, 1987).

Sonnino, P., "The Dating and Authorship of Louis XIV's Mémoires", *French Historical Studies* (1964), No. 3, pp. 303~337.

Vanuxem, J., "La Scénographie des fêtes de Louis XIV auxquelles Molière a participé", *XVIIᵉ siècle*, V. 98~99 (1973), No. 1, pp. 77~90.

Vergé-Franceschi, M., *Colbert. La politique du bon sens* (Paris: Payot, 2003).

Viala, A., *Naissance de l'écrivain. Sociologie de la littérature à l'âge classique* (Paris: Ed. de Minuit, 1985).

Villers, R., "Colbert et les finances publiques. L'ordre, la prévision. Propotion respectives des impôts directs et des impôts indirects", dans *Un Nouveau Colbert* (Paris: Editions SEDES, 1985), pp. 172~192.

Visages du Grand Siècle. Le portrait français sous le régime de Louis XIV, 1660~1715 (Paris: Somogy éditions d'art, 1997).

Wood, J-B, *The Nobility of the Election of Bayeux, 1463~1666* (Princeton, 1980).

Woronoff, D., *Histoire de l'industrie en France, du XVIᵉ siècle à nos jours* (Paris: Seuil, 1994).

김복미, 〈프랑스 절대왕정기 니콜라 푸케의 재정 운영연구〉, 연대 박사학위 논문, 2000년 6월.

뒤비, 조르주, 《세 위계》, 성백용 옮김, 문학과지성사, 1997.

로슈, 다니엘, 《지방의 계몽주의》, 주명철 옮김, 동문선, 2002.

부셔, 콘스탄스 브리텐, 《중세 프랑스의 귀족과 기사도》, 강일휴 옮김, 신서원, 2005.

생시몽, 《루이 14세와 베르사유 궁정》, 이영림 옮김, 나남, 2009.

엘리아스, 노르베르트, 《문명화 과정》, 박미애 옮김, 한길사, 1996, 1999.

_____, 《궁정사회》, 박여성 옮김, 한길사, 2003.

이영림, 〈프롱드난 시기 파리의 민중의식과 정치문화〉, 《서양사론》, 제55집, 1997년 12월, pp. 119~144.

_____, 〈얀센주의와 프롱드난〉, 《역사학보》 182집, 2004년 6월, pp. 197~228.

_____, 〈루이 14세는 과연 절대 군주였나?〉, 《역사와 문화》 10호, 2005년 9월, pp. 373~393

_____, 〈태양-왕에서 인간-왕으로: 정치사의 부활과 루이 14세 연구〉, 《서양사론》 84호, 2005년 3

월, pp. 305~330.

임석재, 《서양건축사 4, 인간와 인간》, 북하우스, 2007.

임승휘, 〈17세기 초반 프랑스의 경건신자〉, 《서양사연구》 22호, 2001년 9월, pp. 71~98.

_____, 〈프랑스 신교도 모나르코마크Monarchomaques의 정치이론(1572~1584)〉, 《프랑스사 연구》 15, 2006년 8월, pp. 5~27.

최갑수 외, 《프랑스 구체제의 권력구조와 사회》, 한성대출판부, 2009.

타피에, 빅토르, 《바로크와 고전주의》, 정진국 옮김, 까치, 2008.

찾아보기

ㄱ

가스코뉴 107
가스통 도를레앙 95, 179, 183~184, 212
《가제트》 45, 142, 249
갈레노스 344, 347
겐트 266
고데 328, 331
고블랭 113, 144, 265
구베르 28, 116
구베르빌 230~231
《국가론》 89
《국왕 군주론》 89
〈국왕 로베르 전하께 바치는 시〉 158
《궁정인》 298~299
《귀족론》 170
그르노블 55
그리마니 40
기 샤보 197~198
기 파탱 60
기엔 107, 184, 218, 328, 338
기옹 부인 331~332
기즈 공작 71, 151, 187

ㄴ

나르본 대주교 195
나바르 208
낭퇴유 270
낭트 52, 207
낭트칙령 34, 180, 283, 309, 348~349

네덜란드 91, 112, 115, 117, 123, 132~133, 210, 258, 268, 300, 305~307, 309, 312, 324, 333, 372
네이메헨조약 143, 269, 307
노르망디 32, 105, 107, 183~185, 189, 205~206, 226
노아유 공작 290, 359
노트르담 성당 246, 356
니에 291
니콜라 모느로 71
니콜라 푸케 17~18, 44~46, 48~56, 58~65, 69~75, 77~84, 87, 96, 98~99, 104, 106, 109, 115, 135, 136, 141~143, 146, 245, 263~265

ㄷ

다게소 360
다르장송 229
다캥 321~322, 339, 345, 347
당댕 224
당조 23, 289, 355, 373
당탱 326
대 콩데 135~136, 143, 151, 182~185, 188, 193, 212~213, 215~218, 290
대공 95, 327
데마레 100, 314, 323, 326, 359
데세르 44
도브레 128
도피네 129, 184, 193

두에 306
뒤부아 314
뒤플레시스게네고 82, 99
디종 127

ㄹ

라레니 101~102
라로셸 102
라로슈푸코 공작 71
라로슈푸코의 《회고록》 145
라무아뇽 79, 229
라바약 34
라보기옹 202
라부아제 138
라브뤼예르 162, 297, 373
라비스 27~28, 112, 116
라비외빌 75
라비외빌레 58
라샤테느레 197~198
라셰즈 328
라신 82, 141, 144~145, 162, 298
라울 174
라인강 133, 266, 344
라크루아 329
라토나 251
라퐁텐의 《우화》 145
랑 158
랑그독 32, 128~131, 184, 193, 219, 338
랑부예 성 233
랭스 56, 146
레 추기경 136, 236
레르마 181
레스디기에르 공작 184
로렌 311
로르주 양 234
로르주 원수 289
로슈슈아르 공작 102, 228
로스내 백작 184
로제 249
로죙 공작 280
로즈 91

롱그빌 공작 179, 183, 185
루됭 172
루부아 57, 96, 164~165, 268, 314~317, 319~320, 326, 335, 370, 372
루브르 151, 214, 234, 242~246, 252, 272, 314, 350
루시용 38, 106
루이 12세 121
루이 13세 21, 34~35, 37~38, 47~48, 72~73, 90, 93~95, 128, 147~148, 150, 174, 178~179, 181, 183, 199, 214, 219~220, 248, 252~253, 260, 301, 367
루이 14세의 《회고록》 14, 20, 30, 45, 48, 52, 87, 89~91, 150
《루이 14세의 세기》 26, 197, 341
루이 15세 23, 26, 260, 337, 360, 362, 376, 374
루이 16세 374, 376
《루이 대왕의 세기》 239
루이 르냉 67
루이 마르샹 70
루이 푸케 61
루이 필립 26
뤼므지 314
뤼송 41
뤽상부르 원수 326~327
뤼느 181
륄리 249
르노트르 51, 136, 250, 263
르보 51, 136, 245~246, 252~254, 263
르브룅 51, 81, 113, 136, 139, 262~266, 268, 270, 274
르장드르 110
르텔리에 45~46, 57, 62, 95~96, 98~100, 155, 314~315
리고 22, 270~272, 352
《리바이어던》 88
리비아 78
리비우스 235
리슐리외 27, 34, 36, 41, 46~47, 55, 61, 72~73, 75, 81, 85, 90, 93, 103, 106, 124~125, 128~129, 135, 140~142, 176, 179, 181, 188~189, 192, 194, 196, 200, 214, 300,

302, 308, 370
리온 45, 95~96, 99
리요네 184
릴 312, 314, 333

ㅁ

마르스 256~257, 262, 267, 300
마를리 242, 287~288, 336, 354
마리 뒤부아 214, 218~219, 297
마리 드 카스티유 55
마리 샤롱 57
마리 테레즈 38~39, 155, 224~225, 256, 274,
    305, 317, 357
마에케나스 135
마자랭 12, 20, 27, 34, 36, 40~41, 44~49,
    53~54, 57~65, 72~74, 81, 83, 85, 91~95,
    98~100, 103~104, 106, 109, 121~122,
    126~127, 129, 136, 142, 147, 155, 179,
    181~183, 185, 189, 190~194, 237, 244,
    315, 364, 370
마자리나드 12~14, 29, 140, 181, 182
마키아벨리 33
망사르 173~174, 253~254, 260
맹트농 부인 172, 257~258, 316~323, 326,
    328~332, 336~338, 347, 353, 357,
    359~360, 372, 377
메디치 33
메로 71
메르시에 374
메르쿠리우스 256~258, 262, 276
《메르퀴르 갈랑》 142, 314
메센 135
메즈레 144
멘 102
멘 공작 322, 337~338, 359~360, 377
멤 360
모랑 223
모르네 180
모바종 공작 184
모트빌 부인 236
몰리에르 50, 61, 141~142, 145, 154, 168~169,

224, 249
몽고메리 33
몽모랑스부트빌 200
몽스 171
몽크레티앵 112
몽테뉴 171
몽테스키 90, 229
몽테스팡 부인 322, 326, 357, 377
몽펠리에 300, 344~345, 347
뫼동 51, 334, 357
무니에 30, 95
물랭 329
미냐르 270
미셸 앙투안 98
미슐레 339, 348, 366

ㅂ

바르보 수도원 58, 61
바르브지외 228
바스빌 128~129
바스티유 202
바외 209
바이에른 세자비 261
바이크 130
바질 58, 61
바텔 50
《반폭군론》 180
발로 339, 344~345
발타사르 그라시안 298
〈밤의 춤〉 149
방돔 공작 179, 214, 333
뱅센 45, 244, 248
버킹검 181
《법의 정신》 229
베네치아 40, 245
베르길리우스 235
베르니니 349, 350~351
베르몽 71,
베리 공작 279~280, 289, 327, 337
베리 공작부인 289
베리에 79

베스트팔렌조약 88, 304
베아른 208
베자르 양 50
벨일 63
보노 71
보댕 89, 110
보르도 312
보르비콩트 성 49~51, 63~64, 85, 136, 141, 233, 245, 263
보방 160, 185, 268, 314
보빌리에 공작 96~97, 102~103, 164, 228, 323, 325~326
보쉬에 268, 324~325, 328
보스 66, 184, 186, 207, 289
보포르 공작 179, 182
볼테르 26, 90, 116, 197~198, 242, 302, 341
봉탕 290~291, 317
부르고뉴 127~128, 184, 216
부르고뉴 공작 255, 261, 279~280, 319 321, 320, 323~326, 330, 333~334, 336, 357, 377
부르봉 공작 359, 377
부아쟁 326, 359
부알로 139, 142
부플레르 원수 280, 290, 319
북아메리카 115
브르타뉴 52, 55, 63, 70, 107, 115~116, 126, 129, 132, 191, 209~210, 228, 326, 338
브르퇴유 334
브리엔 45, 20
브장송 300
블루아 왕령 207, 219, 277
블루아 양 290, 377
블루앵 218~219, 291, 319, 328
비너스 256~257, 262, 276
비스마르크 256
비스콘티 245
빌라르 원수 218, 290, 328, 359
빌루아 원수 96~97, 228, 280, 314, 319, 328, 337, 359
빌루아 후작 154, 184

ㅅ

사도세자 319
사뮈엘 베르나르 226~227, 328~329
사보이아 공작 255
샤를 루아조 158, 169
샹티 성 233
새커리 350, 352
생드니 23, 300~301, 356
생마르 178, 201
생망데 계획 53~54, 63
생시르 학교 328, 331~332, 357
생시몽 13~14, 17, 21, 29, 103, 155, 164, 166~167, 171, 176, 203, 205, 211, 216, 220~224, 226~228, 233~236, 248, 278~280, 283, 289, 291, 295~296, 314~316, 320, 326~327, 329, 338, 340, 342, 353, 355, 365
생시몽의 《회고록》 176, 220, 221, 223~224, 226~227, 295, 314, 327, 338
생자크 로 140
생제르맹 214, 244, 246, 248
생탕투안 300
생테브르몽 82
생토노레 354
생토메르 266
생푸앙주 57, 100
샤르트르 328
샤르트르 공작 289, 294, 336
샤를 8세 167
샤를 9세 32~34
샤미아르 96, 221, 228, 319, 320, 326
샤토브리앙 366
샤틀랭 71
샤플랭 141, 144
샹파뉴 72, 184, 186
《서민 귀족》 142~143, 154, 169, 191, 210, 228
서인도 제도 115
세기에 45, 71, 79, 81, 97
세뉼레 후작 96, 100
세르비앵 51, 58~59
세비녜 부인 60, 79, 82, 146, 200, 209

세비녜 부인의 《서간집》 145
세실 경 181
세자 20, 87, 90~91, 95, 151, 161, 280, 319~323, 325~329, 333~334, 336, 342, 354, 357
숀 325
수비즈 328
수아송 298
쉴리 72, 75, 90, 98
슈브뢰즈 공작 102~103, 164, 218, 228, 323, 325~326, 328
슈아지 신부 98
슈앵 양 320, 327, 329
스카롱 71, 317, 357
스트라스부르 308, 311~312, 314
스트라포드 백작 181
시테 섬 147, 242, 246
《신분론과 간단한 품계들》 158
신성로마제국 306

ㅇ
아그드 주교 61
아그리파 도비녜 172
아달베롱 158
아라곤 298
아르노 당딜리 61, 82
아르마냑 백작 154
아르쿠르 원수 319, 359
아르투아 38, 306
아리스토텔레스 344
아미앵 231
아브라함 보스 37
아우구스투스 78, 143, 135
아주네 32, 102, 129
아키텐 325
《아탈리》 145
아폴론 20, 143, 148~149, 152~153, 251, 256~258, 262, 268, 272~273, 281, 300, 371
안 도트리슈 37~38, 41, 47, 48, 147, 179, 244
알레 백작 184
알렉산드로스 143~143, 152, 266, 305

《알렉산드로스 대왕》 144
앙리 쥘 드 부르봉 216
알자스 102, 106, 107
알프스 45
암스테르담 324
앙리 2세 32~33, 135, 151, 198
앙리 3세 33~34, 98, 204, 214, 219, 277, 291
앙리 4세 33~34, 39, 41, 68, 72, 75, 90, 93, 111, 121, 179, 199, 219~220, 237, 308, 326, 367
앙리 드 부르봉 188
앙제 54
앙젤리크 249
앙주 54
앙주 공작(펠리페 5세) 258, 272, 279~280, 311
앙주 공작(루이 15세) 336
앙티유 115
《에세테르》 145
에스파냐 22, 37~38, 40, 148, 154, 181~182, 204, 211, 213, 215, 224, 237, 242, 256, 266, 272, 299, 305, 307~308, 310~312, 314, 328~329, 333, 356
에트레 원수 223
에티엔 파키에 165
에페르농 184
엑스 129, 226
엘리아스 292~293, 295
엘에스코리알 궁전 242
영국 36, 62, 66, 88, 111, 115, 117, 123, 130, 152, 181, 199, 204, 211~212, 232, 276, 311, 330, 350, 372
오라녜 공 306, 311
오를레앙 113, 209
오메르 탈롱 58, 121~122
오베르 71
오베르뉴 178, 201, 230
오세르 백작 103, 187~189
오페드 129, 187~189
올리바레스 181
〈왕에게 바치는 서간시〉 142
《왕에게 바치는 재정 보고서》 111
《왕의 재정운영》 90
우다르 57

《우화》 330
위셀 원수 359
위제스 82
위제스 공작 228
윌리엄 템플 152
이도메네우스 324
이탈리아 33, 41, 56, 73, 119, 135, 138~139, 147, 204, 250, 265, 350
일드프랑스 107
《일지》 230

ㅈ

자나르 78
자냉 드 카스티유 71, 81
자르낙 198
《정치경제론》 112
《정치적 유언》 90, 120, 176
《정치학 개요》 88
장 부슈 127
제노아 총독 255
제임스 2세 330
《조르주 당댕, 혹은 얼빠진 남편》 224
《죽은 자들의 대화》 330
질 게랭 246, 247

ㅋ

카르댕 르브레 89, 97
카를로스 1세(칼 5세) 33 152
카를로스 2세 256, 305, 311
카셀 266
카이사르 151, 152
카트린 드 메디치 33, 34, 135
칼 대공 312
캉브레 266, 331
캉피옹 189
캐나다 115
켈뤼스 부인 326
코르네유 60
코마르탱 210
코스타 329

코페르니쿠스 250
콘치니 41, 181
콜베르 17~18, 27, 43~49, 52~54, 56~62, 65, 72~73, 76, 78~81, 85, 91, 95~107, 109~112, 114~117, 122, 126, 131~132, 136~142, 144, 146, 164, 195~196, 210, 212, 216, 223~224, 226, 228, 245, 253, 263, 265, 300, 309, 314~316, 320, 326, 350, 370, 371
콩데 공 46, 94, 127, 179, 182, 188, 216, 290
콩데 공작부인 294, 322, 326
콩라르 140
콩스탕 186
콩티 공 20, 71, 94, 135~136, 150, 179, 237, 290
콩티 부인 322, 326
콩피에뉴 311
크레타 324
크루아시 후작 96, 99, 100, 102, 164
클레르몽 201
클레르몽Clermont 327
클레망 33~34, 277
클로드 부슈 127~129
키케로 235

ㅌ

타르디외 245
《타르튀프》 61, 143
탈라르 원수 359
탕보노 71
테롱 62, 102
테티스 261
텔리에 328, 337
토르시 후작 96, 164, 313, 323, 326
토크빌 171~172
투렌 102
투르 209~300
투르크 151
툴 328
툴루즈 백작 322, 338, 359
튀렌 59, 214, 215
튈르리 궁전 244~245, 251

트렘 공작 313
트리아농 242
트리톤 251
티르 324
티베리우스 78

ㅍ

파공 291, 321, 339, 346, 347, 355
파리 15, 21, 23, 32, 36, 39, 49, 51, 55~56, 71,
  73, 100~102, 128, 130~131, 142, 147,
  151~152, 183, 186, 188, 191, 200~201,
  214, 216, 224, 226, 232, 242~246, 248,
  274~275, 299~301, 307, 328, 331,
  333~334, 354, 361, 374
《파리의 풍경》 374
팔츠 대공비 14, 294, 327, 353~355, 365
페늘롱 14, 145, 307, 323~325, 330~331, 333,
  365
페늘롱의 《오디세우스의 아들, 텔레마코스의 모
  험》 145
《페드라》 145
페로 142
페르시아 151
페르시아 대사 356
페리니 91
페리클레스 143
《펠레우스와 테티스의 결혼식》 148
펠리송 64, 78, 82, 91, 142, 290
펠리페 2세 242
펠리페 4세 38, 148, 298, 305
펠리포 164, 326
포르루아얄 수도원 82
포므뢰 126
폴레트법 119, 168
퐁네프 243
퐁샤르트랭 96, 132, 164~165, 221, 226,
  228~229, 315, 319, 326, 328~329
퐁텐블로 성 244, 248
표트르 대제 305, 365
푸코 80
퓌르티에르 136

《퓌르티에르 사전》 69
퓌소르 79~80, 122
프랑수아 1세 66, 119, 135, 174, 176, 371
프랑수아 2세 32~33
프랑수아 드랄루에트 170
프랑수아 자키에 73
프랑수아 푸케 55, 61
프랑슈콩테 102, 131, 266, 300, 306, 367
《프랑스 연구》 165
프레몽 223
프로방스 32, 128, 129, 184, 186~187, 193~194,
  207, 218, 226, 228, 298, 328
프리드리히 대제 365
플랑드르 56, 102, 106, 300, 305, 344~345
피녜롤 44, 80
피렌체 33
피카르디 102, 164, 191
피터 버크 30
필로르제 32

ㅎ

합스부르크 33, 36~37, 59, 115, 308
헤라클레스 266, 268, 344, 371
헤로도토스 235
호메로스 235
홉스 88, 89
〈훼방꾼들〉 50
《훼방꾼들》 142

루이 14세는 없다

◉ 2009년 8월 7일 초판 1쇄 발행
◉ 2014년 2월 18일 초판 4쇄 발행
◉ 지은이   이영림
◉ 발행인   박혜숙
◉ 디자인   이보용
◉ 영업·제작   변재원
◉ 종이   화인페이퍼
◉ 펴낸곳   도서출판 푸른역사
            우 110-040 서울시 종로구 통의동 82
            전화: 02)720 · 8921(편집부) 02)720 · 8920(영업부)
            팩스: 02)720 · 9887
            전자우편: 2007history@naver.com
            등록: 1997년 2월 14일 제13-483호

ⓒ 이영림, 2014

ISBN   978-89-91510-99-9 03900